大正期日本法学とスイス法

Der Einfluss des schweizerischen Rechts
auf die japanische Rechtswissenschaft in der Taisho-Zeit

小沢奈々
Nana Ozawa

慶應義塾大学出版会

目 次

序　論 …………………………………………………………… 1
　一　近代日本におけるスイスについての概観　1
　二　法学領域における動向　3
　三　本書の考察対象とその方法　6

第一編　近代日本とスイスの法学交流

第一章　ルイ・アドルフ・ブリデル（Louis Adolphe Bridel）…… 23
　一　はじめに　23
　二　ブリデルの生涯とその業績　28
　　1　来日までの経歴　28
　　2　ブリデル・東京帝国大学間の雇用契約をめぐる交渉　31
　　3　来日の理由　33
　三　ブリデルの日本における活動――ブリデル・フーバー書簡からの考察　36
　四　スイス民法典の紹介　39
　　1　講　義　40
　　　（一）東京帝国大学「仏蘭西法」及び「独逸法」講義　40
　　　（二）明治法律学校「泰西比較法制論」及び「法理学」講義　42
　　　（三）ブリデルの講義内容の変化　45
　　2　スイス民法典に関する書籍・冊子の配布　46
　五　小　括――ブリデルの活動の限界　52

i

第二章　穂積重遠 …… 79

　一　はじめに　79
　二　穂積重遠の生涯と学風の点描　82
　　1　略　歴　82
　　2　法律を学ぶまでの経緯、家族法を専門領域として選択した理由　84
　　3　留学期に確立した学風——「社会学的研究」と「判例研究」　85
　　4　「法律」と「社会」とを歩み寄らせるための活動　88
　三　穂積重遠とスイス　95
　　1　穂積重遠とスイス人法学者との出会い　95
　　　（一）　穂積重遠とブリデル　95
　　　（二）　穂積重遠とオイゲン・フーバー、そして日本人法学者との交流　99
　　2　穂積重遠のスイス民法への関心　104
　　　（一）　「婚姻の解消」規定におけるスイス民法の参照　105
　　　（二）　「親権」規定におけるスイス民法の参照　108
　　　（三）　「家族制度」規定におけるスイス民法の参照　109
　　　（四）　家族法以外にみられるスイス民法への関心　115
　四　小　括——戦後民法改正へのまなざし　117

第二編　蘇る太政官布告
明治8年太政官第103号布告裁判事務心得第3条とスイス民法典第1条第2項

第三章　日本の条理論とスイス民法 …… 141
　一　現代の条理理解　142
　二　「忘却」「再自覚」を辿った太政官布告とスイス民法　143
　三　第二編の課題と方法　148

第四章　制定時の太政官布告 …… 151
　一　明治8年太政官第103号布告裁判事務心得第3条　151

二　裁判事務心得の制定過程　153
　三　裁判事務心得の由来について　154
　四　制定時の裁判事務心得にみられる「条理」の位置づけ　158

第五章　裁判事務心得第3条の消滅？ ……………………………… 169
　一　法令集にみる裁判事務心得の効力の可否　169
　二　裁判事務心得の「消滅」の意義　172
　　1　大日本帝国憲法　172
　　2　裁判所構成法（明治23年法律第6号）　174
　　3　民事訴訟法（明治23年法律第29号）　175
　　4　旧民法証拠編第9条　178
　　5　法例（明治23年10月6日法律第97号／明治31年6月21日法律第10号）　181

第六章　消滅後の太政官布告 ……………………………………… 195
　　　　──「忘却」から「再自覚」へ
　一　明治23年「旧民法典公布」から明治31年「明治民法典施行」まで（前半期）　195
　二　明治31年「明治民法典施行」から明治末年まで（後半期）　197

第七章　「再自覚」された太政官布告 ……………………………… 205
　一　民法学領域における「条理」論　206
　　1　松本烝治「民法ノ法源」（明治43年）　206
　　2　石坂音四郎「法律ノ解釈及ヒ適用ニ就キテ」（明治45年）　208
　　3　富井政章「自由法説ノ價値」（大正4年）　209
　　4　杉山直治郎「『デュギュイ』ノ権利否認論ノ批判」（大正5年）　211
　　5　穂積重遠『民法総論』（大正11年）　213
　　6　我妻栄『民法總則』（昭和5年）　215
　　7　末弘厳太郎「法源としての条理」（昭和24年）　217

二　比較法学領域における「条理」論　218
　　1　穂積陳重『法律進化論　原形論』（大正13年）　218
　　2　杉山直治郎「明治八年布告第一〇三號裁判事務心得と私法法源」（昭和6・7年）　220
　　　（一）　研究の概要　220
　　　（二）　裁判事務心得第3条の比較法研究　223
　　　（三）　杉山の問題点　225

第八章　穂積重遠の「条理」解釈　233
　　——大正4年1月26日大審院民事連合部判決「婚姻予約有効判決」からの一考察

一　法律婚主義対事実婚主義　234
　　1　太政官期法令、旧民法及び明治民法典に見られる「婚姻の成立」規定　234
　　2　明治民法典制定後の社会事情　236
　　3　婚姻予約有効判決（大正4年1月26日大審院民事連合部判決）　238
二　婚姻予約有効判決をめぐる穂積重遠の見解と「条理」論　240
　　1　穂積重遠における内縁問題の基本認識とその解決の方向性　240
　　2　穂積重遠による「婚姻予約有効判決」の評価　241
　　3　穂積重遠の「条理」解釈　242
　　　（一）　条理の根拠条文としての裁判事務心得第3条とスイス民法第1条第2項　242
　　　（二）　条理と判例法の関連性　246
　　　（三）　「条理」規定の機能——重遠の判例研究からの分析　248
　　　（四）　条理裁判と民法改正　252
　　　（五）　条理裁判の立法的承認　255
三　「条理」を重視する穂積重遠の真の目的　259

第九章　日本近代法学における「条理」理解の転換　269

結　論　273

補　論　穂積重遠の法理論 ……………………………………… 281
　　　　──法律進化論を中心として
　一　法律進化論と「共同生活規範としての法律」　282
　二　法律進化論と「法律と道徳」　285
　　1　法律進化論からみる重遠の「法律と道徳」　286
　　2　具体的な法律問題にみる「法律と道徳」との関係について　289
　　　（一）　法律と道徳の分界──「家族法」「家族制度」における「法律と道徳」
　　　　　との関係　289
　　　（二）　法律の道徳化──信義誠実の原則と権利濫用の禁止　292
　　　（三）　「法律と道徳の交渉」としての調停制度　296

資料　穂積重遠の判例研究一覧　　307
参考文献　　315
初出一覧　　331
あとがき　　333
事項・人名索引　　336

凡　例

一、史料の引用に際しては、原文のまま掲載するのを原則としている。句読点や下線部を付す場合には文尾に筆者によって記した旨を明記している。また、引用文中の筆者による補記は〔　〕により示し、中略箇所については（……）と示した。なお、既に別の研究の中で紹介されているものについては、その研究の中で付された句読点を踏襲している。

一、引用文中に現在では用いない、あるいは不適切な語句・表現が見られる場合も、歴史的資料であることを尊重してそのままにしている。

一、本書で、所謂、明治太政官期の布告、布達、達等の法令を指称するに際しては、堀内節「布告・達の謬った番號標記について」（『法学新報』第 91 巻第 5・6・7 号、1984 年）の指摘に基づき、発令年（月日）・発令機関・法令番号・法令の種別の順に記すことにする。

一、年（年度）の表記は原則として、我が国の動向については和暦（西暦併記）を、海外及び国際比較については西暦（和暦併記）を使用している。また、文中に挙げた著書・論文の発刊年は全て西暦を使用している。

一、人名は敬称を略した。

一、条理については、旧漢字を用いた「條理」という表現が史料ではしばしば用いられているが、本文では「条理」に統一した。

序　論

一　近代日本におけるスイスについての概観

　2014 年は、日本とスイスの国交樹立 150 周年の年であった。
　両国の交流は元治元 (1864) 年の日瑞修好通商条約の締結に始まる[1]。当時、国外市場や植民地を求めてアジア進出を試みていた欧米列強は、鎖国当時の日本に次々と押し寄せて来た。スイスもまた同様に、自国の製品の販路拡大のため、安政 6 (1859) 年、ルドルフ・リンダウ (Rudolf Lindau) を長とするスイス使節を日本へ派遣し、1 年間に渉る交渉を行った。これは失敗に終わったが、その後、エメ・アンベール (Aimé Humbert) を長とした新たなスイス使節が再び来日し、列強の後押しを得て、第 14 代将軍徳川家茂との間で日瑞修好通商条約を締結するに至った。これは日米和親条約締結から遅れること 10 年、日米修好通商条約から 6 年後のことであり、スイスは日本にとって 8 番目の条約締結国となった。その後、徳川幕府から政権を奪った明治政府は、諸外国の様々な制度を取り入れつつ、新たな近代国家形成を目指すとともに、列強との間の不平等条約の改正に向けて進み始めた。その一環として派遣された、条約改正の予備交渉及び西洋文明の調査を目的とした岩倉具視を特命全権大使とした使節団は、明治 4 (1871) 年 11 月から同 6 年 9 月までの 2 年弱にわたる欧米諸国の視察の中で、スイスも訪問している[2]。使節団の公式な報告書である『特命全権大使米欧回覧実記』(久米邦武著・明治 11 年刊) にも、スイスの政治、教育、

建国精神などが鮮明に綴られている。

　幕末から明治にかけて活躍した啓蒙思想家たちの間にも、スイスに対する関心の萌芽を見出すことが出来る。例えば、加藤弘之や福澤諭吉は、民主共和制を採用するスイスの政治制度に関心を持ち、それぞれ自らの著書で紹介している[3]。また、明治7（1874）年より明治20年代まで続いた自由民権運動の中でも、運動を盛り上げるため、自由の国の象徴としてスイスが崇められた[4]。例えば、中江兆民は、「東洋のルソー」との異名を持つように、ジュネーヴ共和国出身の哲学者、ジャン・ジャック・ルソー（Jean-Jacques Rousseau）の急進的民主主義思想の熱心な推進者であった。中江は、明治日本のあるべき姿として、力による膨張政策を行うことをせず、中立的不可侵で民主主義的であることを求めていくのだが、その際、自らの理想をルソーの民主主義理論の基盤となったスイスの「小国主義」に求めた[5]。中江と並んで自由民権運動に尽力した植木枝盛もまたスイスに関心を抱いていた。彼は、自由を象徴する人物として、スイスの伝説の英雄であるウィリアム・テル（William Tell）を位置づけ、スイスを「自由郷」として讃え、明治20年10月に発表した『自由詞林』の中に「瑞西独立」を書き、ここでスイスの自由を謳った[6]。

　当時の新聞からもスイスに関連する記事を見ることが出来る。例えば、読売新聞に掲載されている明治年間（明治7～45年）のスイス関連の記事は約450件にものぼる。最も早い時期に投稿された記事は明治7（1874）年12月26日のもので、「山国のスイスは西洋の中でも勤勉で裕福だ」というタイトルの投書となっている[7]。全体的にはスイス国内の社会・政治に関するニュースが多い[8]。また当初、日本にはスイス人によって経営されていた時計店が多くあったため、時計の広告なども頻繁に見られる[9]。メディアを通して伝えられるこうしたスイスの情報は、当然、大衆のスイスへの関心を引き起こしたと考えることが出来る。さらに教育面——例えば、明治初期の小学校の歴史・地理教科書——にもスイスに関する記述が見られる[10]。その多くが、スイス独立の経過や共和政の実態を紹介するものであり、ここでスイスは「政治が安定し、経済が興隆し、文化が進展した国」というイメージの下で描かれている。

　その後、スイスは「平和」「中立」の象徴として意識されるようになる。日清・日露戦争を経て、国際社会において拡大主義に猛進していこうとする日本

への戒めとして、反戦を唱えるシンボル的な意味合いが与えられる。日本社会主義運動の先駆者として知られる安部磯雄は、自著『地上之理想国瑞西』（明治37年）の中で、スイスを実在する理想国家であるとし、スイスの政治・教育・社会問題――連邦制、直接民主制、学校教育の必要性、工場法をはじめとする労働者の生活環境と社会福祉の問題等――を紹介している[11]。また、同国の平和・中立理念を「理想なるもの」と賞揚し、日本における平和運動を推進していった。こうした彼の意識は、「戦争の悪夢から覺まさせようといふ目的で、私は今『地上の理想國瑞西』といふ本を書いてゐますが、この世の中に瑞西といふやうな國があつて、その國の生活がどんなにうまく営まれてゐるか、そしてどんなに羨ましい状態にあるかを知つただけでも、戦争熱狂に對する反省の念が國民の間に湧き起ることだと思ひ、又、さうなることを希望してゐるのです。」といった彼の発言からも明らかであろう[12]。

このように、幕末から明治期の政治・社会・教育といった領域において、日本のスイスに対するある種の憧憬とも言うべき態度を確認することが出来るだろう。おそらくこうした態度やスイスへのイメージというものは、今日まで続いてきているのではないだろうか。

二　法学領域における動向

それでは、法学領域での両国の関係はどのようなものであったのだろうか。

明治15（1882）年には、「横濱扶桑商會より瑞西商人乙九十番のアヘッキに係る生糸買込差縺の訴訟」を新聞は伝えている[13]。尤も、こうした日本とスイスとの紛争は、これがスイスの領事の下での裁判であったものの、スイス法への関心を引き起こすというものではなかった。また、学術誌に目を転じると、早くも明治18年には、東京大学の学術誌『法学協会雑誌』に、「瑞西国離婚ノ統計」が掲載されている[14]。その後も、欧米諸国の死刑に関する統計の中でスイスの死刑制度について取り上げたものや、「瑞西諸州辯護士制度比較」といった、スイスの法状況・制度の紹介がなされている[15]。

しかし、我が国の法学界におけるスイス法の本格的な登場は、明治民法典の

編纂まで待たねばならない。

　民法典起草者の一人である梅謙次郎は、「我新民法ハ舊民法ヲ基礎トシ日本ノ從來ノ慣習ヲ參酌シテ之ニ修正ヲ加ヘタリト雖モ亦汎ク外國ノ民法ヲ參照シテ其長ヲ取リ以テ我短ヲ補ヒシコト固ヨリ論ヲ俟タス」とし、海外諸法典の参照の必要性を唱えた[16]。そして明治26（1893）年に設置された法典調査会では、「佛、澳、蘭、伊、葡、瑞（スユヰッス）、孟（モンテ子グロ）、西、白、獨、英、米」といった12カ国の法律を参照すべきであるとされ、その中で「瑞」としてスイスが挙げられている[17]。梅は同調査会のスイス法の参照に関して次のように述べている[18]。

　瑞國ハ聯邦ヨリ成リ未タ全ク法律ノ統一ヲ得ス千八百八十一年債務法ヲ發布シテヨリ民法、商法ノ一大部分ハ僅ニ統一ニ歸シタリト雖モ其他仍ホ各州法ニ委スルモノ多シ債法務ハ其名稱ノ示ス如ク專ヲ債務關係ヲ規定セルモノナリト雖モ之ト直接ノ關係ヲ有スル民法、商法ノ規定ハ大抵之ヲ網羅セリ故ニ其條數九百〇四ノ多キニ及ヘリ亦浩澣ト謂フヘシ獨國法系ニ屬シ其商法ニ關スル部分ハ獨國商法ニ倣ヒタルモノ尤モ多シト雖モ今却テ獨國民法草案ヲ模範トスル所ト爲レル點尠カラス實ニ近世立法事業中ノ首班ニ列スルノ價値アリト曰フモ敢テ溢美ト爲スヘカラス故ニ新民法中之ニ則リタル點尠シトセス瑞國各州ニハ皆別異ノ民法行ハレテ之ヲ法典ニ編纂セシモノ亦尠カラスト雖モ法典調査會ニ於テ主トシテ參照セシハ左ノ三州ノ法典ニ過キス

　梅のいう「法典調査會ニ於テ主トシテ參照セシハ左ノ三州ノ法典」とは、「ヴォー」（Vaud）「グラウブュンデン」（Graubünden）「ツューリヒ」（Zürich）の「州（カントン）民法」である[19]。なお、スイスで同民法典（ZGB）の編纂が本格的に開始されたのは1892（明治25）年であり[20]、法典調査会が編纂事業を開始する直前のことであった。従って、明治民法典の編纂段階では、起草段階の統一民法典を参照することはまず不可能であった。そこで、梅をはじめとする法典調査会は、上記の諸カントン法と1883年施行のスイス債務法（Obligationenrecht）[21]とを調査対象とせざるを得なかった。それでも、例えば、民法第109条（代理権授与の表示による表見代理）や、第117条第2項（無権代理人の責任における相手方の善意無過失）[22]、第635条（請負人の担保責任）[23]など、スイ

ス法の参照の可能性が指摘されている条文もある。

　梅個人も、1855 年施行のチューリヒ私法法典 (Privatrechtliches Gesetzbuch des Kantons Zürich) に特別な関心を抱いていたようであり、「瑞西『チューリヒ』民法ハ素ト有名ナル『ブルンチュリー』ノ起草 (シタル法)」として様々な場面で紹介している[24]。七戸克彦によると、例えば、彼の著書『民法総則』の権利能力の始期に関する説明の中で「瑞西ノ連邦ノ中デ『チューリヒ』即チ最モ重モナル州ノ一ツデ民法ニ付テハ有名ナ『ブルンチュリー』ガ起草シテ其儘行ハレタ所ノ民法ガ存シテ居ル国」と述べたり、失踪宣告に関する説明の中でも「瑞西『ツューリヒ』ノ民法、即チ『ブルンチュリー』ノ起草シタル民法」という文言を確認したりすることが出来る[25]。また同じく七戸によると、梅は、ローザンヌ高等学校 (後のローザンヌ大学) の教授であったエルネスト・ロガン (Ernest Roguin) の学説に関心を抱き、その学説を上記『民法総則』の中で積極的に紹介しており、とりわけ同氏の "Traité de droit civil comparé", Paris, 1904-1912, vol.7 から多くの示唆を受けたとのことである[26]。

　また、明治 26 (1893) 年より同 32 年まで、東京帝国大学法科大学において「仏蘭西法」を講じていたフランス人教師ミシェル・ルヴォン (Michel Revon) は、ジュネーヴで誕生し、来日前にはジュネーヴ大学でも教鞭を執っていた人物である[27]。彼は、来日後、我が国の法学界においてスイスに関するいくつかの情報を提供している。例えば、明治 26 年に明治法律学校にて行った講演「不法ニ審問又ハ処罰セラレタル刑事被告人ノ国ニ対スル損害賠償請求権」では、「瑞西國は其小さき境土を有ちながら、欧羅巴の天地に於て總てが進歩し、殊に法律上の進歩に於て第一の地位を占めて居る、恰も之と同じく今日東洋の天地に於ける日本ハ進歩的の日本である、又寬裕なる制度、自由ある制度を採(ママ)るものである、總て法律上の改革に就てハ熱心に從事すべき今日の時勢で(ママ)ある」として、日瑞両国における法律の発展への期待を込めた発言も見られる[28]。

　そのような中、スイス連邦統一民法典 (ZGB) が起草されると、状況は大きく変化する。『瑞西民法』[29] (1911 年) や『日本民法商法対比瑞西債務法』[30] (1914 年) といった邦訳書が出版されるなど、同民法典は「ドイツ民法典に変りつつある民法学において 1 つの立法的モデルとして紹介され」[31]、我が国で

も大いに注目されるようになる。特に我が国では、本国のスイスにて施行される以前より、上記の『瑞西民法』をはじめ、学説から判決に至るまで、実に多くの場面でスイス民法典が言及・引用されており、その関心の高まりを窺い知ることが出来る。例えば、大審院では明治42（1909）年にスイス債務法を取り上げた判決（明治42年2月17日第2民事部判決「賃金請求ノ件」）が下され、また、明治43年の大審院判決文（明治43年7月7日第一民事部判決「損害賠償請求ノ件」）の中には、法の欠缺を認めたスイス民法第1条に準拠すべしとの弁護士の意見も見られる[32]。また、スイス民法典が施行されると、岡村司や穂積重遠など、東西両京の大学に所属する家族法学者たちによって、スイス民法の優秀性を伝える論文が発表された[33]。

この動きは、大正期から昭和前期にかけて継続し、さらなる盛り上がりを見せた。上記の穂積重遠をはじめ、彼の弟子である中川善之助によってスイス婚姻法や同国の家長制に関する研究が、また末川博によってドイツ民法やスイス民法の権利濫用規定をめぐる研究が、さらには、刑法領域からは牧野英一の研究が見られる。また昭和30年代には、我妻栄によるスイス相続法の改正をめぐる報告、中川一郎によるスイス税法研究やスイス民法の試訳（相原東孝と共訳）が見られる[34]。このように、大正期以降の日本法学にあっては、スイス法はかなりの存在感を持っていたといえる。実際、我妻栄は「スイス民法五十年」の中で、「わが国の民法学者はもっとスイス法を研究すべきだ」と、同法の研究の必要性をはっきり主張している[35]。

しかしその後、スイス法への関心はやや低調になる。確かに昭和50年以降には、スイス法についての優れた研究[36]が現れてはいるものの、それ以前のような、法学界の広い範囲で情報が共有され、我が国の実定法との関わりの中で議論が活発化されるまでには至っていない印象を受ける。

三　本書の考察対象とその方法

このように法学領域においては、明治20年代半ば以降、スイス法への言及がなされるようになった。その初期の段階では、民法典編纂といった、いわば

国家的事業の一環した行程の中にこれを見て取ることが出来る。しかし、ここでのスイス法への関心は立法作業の際の参照法典の1つとしてのものに過ぎず、しかもフランス・ドイツがその中心に据えられていたため、スイス法の影響力はさほど大きくなかったと言ってよい。ところが、その後の時代、つまり、我が国の主要な法典編纂事業が一応の完成をみた明治30年代以降になると、統一民法典としてのスイス民法典（ZGB）との関連で、決してその他大勢の1つとはいえないレベルで、我が国におけるスイス法への関心が高まっている事実を確認出来る。近代における日本民法学の歴史の中で、我妻栄と中川善之助は、前者は財産法領域で、そして後者は家族法領域で、それぞれ最も偉大なる先駆者として位置づけられているが、この両者がスイス法への強い関心を有していたという事実は注目に値する。また、その一世代前の、時代をリードする法学者たちもまた、軒並みスイス法への関心を示しているのである。今日の民法学における外国法研究は、何といってもドイツ法やフランス法が文献数としては圧倒的に多く、他方、スイス法への関心はわずかでしかない現状に鑑みると、上記の諸事実の特異性はなお一層際立ってくる。本書が考察対象とするのは、こうした一時期になぜスイス法への関心が高まったのか、その関心は具体的にどのような過程を経て生じたのか、またそうした関心の高まりの中で、スイス法は日本にどういう影響を与えたのかを考究することにある。

　法の継受、受容、影響といったものを論じる[37]にあたっては、一般的に2つの観点があると思われる。第一の観点は、影響を与える側の国を起点とし、その国の法制度や法思想が、別の国へと伝わり受容されていく過程を、時間の流れに沿いながら考察していくというものである。そして第二の観点は、影響を受けた側の国を起点とし、別の国から与えられた異質の法制度・思想が、どのようにして現在のものへと形成されるに至ったかをいわば遡及的に辿るというものである。通常、前者は法制史的関心に、後者は実定法的関心に基づくと言えるが、異なる2つの法秩序の影響関係を論じるためには、この両者の観点双方からの考察が必要となろう。そこで本書では、まず第一編にて、人物史観点より、2人の人物に焦点を当てつつ、スイス法が日本へと入ってくる過程を見ていく。また第二編では、制度解釈の学説史（Dogmengeschichte）的観点より、今日の日本の法学上の言説の中で、スイス法由来とされる1つの議論に焦点を

当て、それがスイス法のいかなる影響の下に成立したかを考察する。そして、この両者の観点を総合することで、スイス法の影響という本書の課題に解答を見出すことにしたい。

　第一編「近代日本とスイスの法学交流」では、スイス民法を日本民法に導く過程において、両者を繋ぎ合わせた「法学者」の存在に注目する。具体的には、(1)明治33年より東京帝国大学法科大学にて教鞭を執ったスイス人法学教師ルイ・アドルフ・ブリデル（Louis Adolphe Bridel）と、(2)大正・昭和期に活躍した家族法学者穂積重遠を考察対象に据え、我が国がスイス法——特に統一スイス民法典（ZGB）を知るところとなった経緯を明らかにする。スイス法への関心の高まりは、前述のように、統一スイス民法典の制定がその端緒となった。これが日本に紹介され、日本の法学界の関心を引き起こす過程については、上記の2人の人物が非常に重要な役割を担っている。そのため、こうした過程については、この2人の活動に着目することにより、その全体像を描き出すことが出来る。

　ブリデルに関する研究は、筆者による研究の以前にあってはほとんど無きに等しいものであった。松本暉男がかつて「身分法学者ルイ・ブリデルのフェミニズム——『女性と権利』を中心として——」と題し、彼のフェミニズム思想に関する研究成果を発表しているに過ぎない[38]。穂積重遠に関しては、近年、大村敦志によって包括的なバイオグラフィーが刊行されるなど、穂積法学への関心がやや高まりつつある[39]。またそれ以前にも、利谷信義をはじめとする様々な研究者によって、彼の人柄、実績、（家族）法理論に関する概括的な研究がなされている[40]。しかし、これらは穂積重遠とスイス法との関係に焦点を当てるものではない。

　スイスにおいて民法典が誕生した、あるいは誕生しようとしていた時期に、同国から来日したブリデルが、スイスの新民法典に興味を抱き始めていた日本法学界の学説面・立法面に対して一定の影響力を持ち得たことは、想像に難くない。また、ブリデルの尽力によって我が国に萌芽したスイス民法への関心が、民法改正の動きが現実化していく大正・昭和戦前期を背景に、彼とともにスイス法の紹介に尽力した穂積重遠によってさらなる展開をみせ、その結果、同民

法がドイツ・フランスに続く「第三の大陸法典」として、我が国の法学界に位置づけられた可能性もあり得よう。そこで本書では、ブリデルを「日本におけるスイス法研究の端緒となるべき人物」と、重遠を「スイス民法の存在の有効性を力説した人物」として位置づけ、両者が果たした日本とスイス間の法学上の架け橋的役割を見ていくことにしたい。

　第一章では、ブリデルという「人物」についての研究から着手する。主として、東京大学に残された史料に基づき、ブリデルの生涯のほぼ全体にわたる経歴を復元・整理し、さらにスイス連邦公文書館（Schweizerisches Bundesarchiv）に現在も保管されている書簡史料を補完的に用いながら、その人物の全容を解明する。また本章では、ブリデルの日本での活動にも注目し、特に、彼が我が国において積極的に行ったスイス民法典（ZGB）の普及活動について考察していく。その際、明治民法典編纂後の我が国の次なる課題であった「法改正」に関心を持ち、そこにスイス民法の存在意義を見出したブリデルの真意を描き出すことで、彼の日本法学界での役割やその貢献、さらには日本法学界に及ぼした影響、そして明治後期お雇い外国人としての彼の活動の限界についても考えてみたい。

　第二章では、日本法学界におけるブリデルの影響の実態をさらに進んで考証するため、彼と最も接点のあった穂積重遠とスイス民法典との関係を辿る。重遠は、英米法に関心を持った法学者として知られるところが大きいのだが、東京帝国大学の学生の頃から学者として歩み出した時に、彼の関心の中核にあったのはスイス法であった。実際、彼は、自身の生涯をかけた研究や立法作業において、スイス民法典に主要な位置づけを与え、同法を我が国に定着させるべく尽力した。そこで本章では、彼の生涯と業績を概観した上で、多分野にわたる活動や法学研究に見られる彼のスイス法への関心について、具体的分析を試みる。そしてその際には、重遠とスイス人法学者との関係に注目し、人と人との繋がりから、スイスと日本の法学交流を発展させようと努めた彼の活動を理解した上で、彼の言説に見出せるスイス民法の記述から、彼の同法への関心がどの範囲に及び、日本法との関連の中でどのような存在意義を見出していたのかを明らかにする。なお、上記の問題提起については、その前提となる重遠自身の法理論や法思想についても若干の考察が必要となってくると思われるが、

それについては「補論」という形で論じていきたい（後述参照のこと）。

　第二編「蘇る太政官布告――明治8年太政官第103号布告裁判事務心得第3条とスイス民法典第1条第2項」では、今日の概説書の中にあるスイス法に関する記述が出発点となる。無論、そこでのスイス法の登場はさほど多いとはいえないし、またその多くは、民法典制定過程における参照立法例としてスイスを挙げたり、単なる外国法的紹介にとどまったりするものといえよう[41]。しかし、唯一、そうした域を超え、複数の論者たちにより、繰り返し参照されているスイス民法の規定が存在する。それは法源論としての「条理」に関する説明においてである。現代の法学の教科書の条理の説明の中で、しばしば条理の法源性の根拠として、裁判事務心得第3条「民事ノ裁判ニ成文ノ法律ナキモノハ習慣ニ依リ習慣ナキモノハ条理ヲ推考シテ裁判スヘシ」の規定が挙げられた上で、これと同趣旨の立法例として、スイス民法第1条第2項「裁判官（所）は、（……）自己が立法者ならば法規として定めるであろうと考えるところに従って判断しなければならない」が引き合いに出されている。ここ10年ほどの間に出版されたものに限っても、末川博（『法学入門』2003年（第5版補訂版第7刷））、五十嵐清（『法学入門』2005年（第3版第1刷））、団藤重光（『法学の基礎』2007年（第2版第1刷））、伊藤正己（『現代法学入門』2008年（第4版第6刷））などがこうした説明を行っている[42]。しかしながら、ここで次のような疑問が生じる。両法令を同趣旨とする説明方法はいかなる経緯を経て確立されたのであろうか、またそこにおけるスイス法はいかなる役割を果たし得たのであろうかと。こうした疑問点を解明することが第二編の目指すところである。

　条理をめぐる研究は、実定法学・法史学の両側面から、これまでにも多くの研究・議論がなされている。法史学領域での研究においては、昭和期には牧健二や野田良之など、そして近年には、村上一博や大河純夫などによって、裁判事務心得第3条に関する研究がなされている[43]。尤も、これらの研究はいずれも明治8年時に遡り、制度史的観点から同心得の実像を実証的に再構成させることを目指したものである。これに対し、筆者は、解釈論としての明治民法典編纂後の裁判事務心得第3条への理解を特別な分析対象とする方法に関心を寄せている。こうした関心から取り上げるべき業績としては、唯一、昭和初期

に比較法学者杉山直治郎によって著された「明治八年布告第一〇三號裁判事務心得と私法法源」が挙げられる[44]。杉山は、明治〜昭和初期における裁判事務心得第3条の解釈変遷の跡付けを試み、またそれに類似する欧米法令との比較研究を行っている。このような、歴史・文化的差異の下の2国間に存する類似法令の関連性に着目し比較法的検討を試みる研究は、法史学領域のみならず、実定法分野、比較法分野においても非常に有益な内容を包含していると思料する。筆者もまた、杉山の研究手法を参考にしながら、裁判事務心得第3条に見られる条理解釈の推移に着眼することにした。

以上の前提を踏まえ、第二編では、明治期から昭和戦前期までの裁判事務心得第3条の法学上の位置づけを時系列に沿いながらに考察していく。その際には、杉山にならって、条理に基づく裁判が可能であることの根拠法令とされる裁判事務心得第3条には、明治民法典の制定後に一度は忘却され、大正期以降にスイス民法第1条という新たな西欧の法素材との比較から、再び法学者たちに注目されるに至るという、「忘却」と「再自覚」の経緯があるという前提で、「明治8年制定時の裁判事務心得」と「大正期以降に再自覚された裁判事務心得」との条理解釈の違いにそれぞれ注目しながら、その解釈変遷を辿ることにする。なお、杉山のこの捉え方自体についても批判的に検討するつもりである。それでは各章の概要を述べていこう。

第三章では、上記に示したような第二編全体をつらぬく基本的指針を改めて詳述する。

第四章では、裁判事務心得第3条の制定過程、由来、「条理」解釈の特徴について言及する。また、裁判事務心得第3条に見られる「条理」が制定直後において明治期の法実務家や法学者によってどのように理解されたかについて考えていく。

第五章では、条理解釈の変化を辿る中で、裁判事務心得第3条の効力の是非に関する問題について着目する。明治20年代になると『法令全書』の編者は同心得を「消滅」と判断しているが、ここではその真偽を確認すべく、大日本帝国憲法、裁判所構成法、民事訴訟法、旧民法、法例についての編纂過程を分析する。

第六章では、ボアソナードが旧民法を編纂した明治20年代から明治民法が

施行された明治31（1898）年までの間における法学者の裁判事務心得第3条への認識について考察し、同心得の「忘却」の過程、そして自由法学やスイス民法典を通して、我が国の法学界でも新たな「条理」解釈が求められるようになった経緯について確認する。その際には、本書第一編にて取り上げたルイ・ブリデルが、日本法学界にスイス民法を紹介する際に、裁判事務心得第3条の「再自覚」を促すきっかけになり得たという点にも言及していく。

　第七章では、大正期の「条理」解釈の具体的検討として、富井政章、穂積重遠、我妻栄、末弘厳太郎などの民法学者たちや、穂積陳重や杉山直治郎などの法理学者、比較法学者の「条理」をめぐる言説を考察・分析する。そしてこの作業を通し、この時期に穂積重遠によって提唱された条理論がその後も大きな影響力を有したことを指摘したい。その上で、穂積重遠の条理解釈については次章（第八章）にて具体的に論じる。重遠による条理論は、本書のテーマでもある「近代日本におけるスイス法の影響」を実証するための好素材であるのみならず、現代の法学方法論との関連においても重大な意味をなすといっても過言ではない。その意味において詳論する必要がある。

　第八章では、内縁の妻を初めて保護した、大正4年1月26日大審院民事連合部判決に対する重遠の評価からの分析を通して、穂積重遠の「条理」解釈を明らかにしていくこととする。

　近代日本におけるスイス法の影響を考えるにあたり、穂積重遠が重要なカギを握っている。前述のように、本書では「人物史的研究」と「学説史的研究」という2つの観点から考察を行うのであるが、この2つのルートが等しく辿りつく先は、まさしく穂積重遠という人物である。ブリデルと深い関わりを持ち、自身もまたスイス法に多大なる関心を持った重遠の条理論が、現代の日本法学に見られる「条理」の言及方式の原点をなしているのである。それでは、重遠はなぜ、スイス法に重要な位置づけを与えていったのであろうか。スイス法の影響を考察するにあたっては、彼の学説を、彼の法学観や当時の社会状況という文脈の中に入れて解釈し直すことで、もう一段深めて捉えていく必要があるのではないかと考えている。しかし、彼の法理論を総合的に論じることはあまりにも壮大であり、現時点では筆者の力量の及ばないところである。そこで本

書では、重遠による、法と道徳をめぐる見解、そして父・陳重から受け継ぎ展開された「法律進化論」について、補論という形で考察するにとどめる。この部分は、我が国におけるスイス法の影響についての結論を出すにあたっては、必要不可欠なものというわけではない。しかし、彼の条理論や法と道徳論の今日的意義、あるいはその再考をするにあたっては、前提として押さえるべきものであると考える。

注

1) 日瑞修好通商条約の内容や条約締結の経緯については、中井晶夫「日本・スイス交流の誕生過程」(森田安一編『日本とスイスの交流』(山川出版社、2005年)所収)、同「1864年における日瑞外交の開始について」(日本スイス修交満百年記念委員会『日本スイス外交・文化・通商関係の百年』(1964年)所収)に詳しい。

2) 岩倉使節団のスイス視察については、田中彰『岩倉使節団の歴史的研究』(岩波書店、2002年)、同『岩倉使節団『米欧回覧実記』』(岩波書店、2002年)、同「岩倉使節団の見たスイス」(森田前掲『日本とスイスの交流』所収、55頁以下)に詳しい。

3) 加藤が文久元(1861)年に記した『鄰艸』は、日本に初めてスイスを紹介した書物である。同書で彼は、「万民同権」(民主共和制)を採用するスイスの政体は最も望ましいと評価している。加藤にとって、日本におけるスイスの政体の実現は企図し得ないものであったが、彼自身の思想においては、スイスをモデル国家化していることがわかる(森田安一「スイス像の変遷とその日本社会への影響」(同『スイスと日本』刀水書房、2004年、16頁)。福澤もまた、安政3(1858)年以降に条約を締結した国々を自著『條約十一國記』(1867年発刊)にて紹介した際、スイスの政治制度について触れており、「瑞西は欧羅巴第一番の山國にて、海なし。國中の人別二百四十萬人に足らざる小國なれども、政事向よく行届て風俗よし。國の人都てぢりを重んじ、國を大切に思ひ、正直一片にて惡事をする者甚だ少く、何事にも出精して、學問の道も開け産物も多し。此國の政事は寄合持にて、國王もなく亦大統領といふ者もなし。國を二十一群に分て、一群より二人づゝ評議役を出し、これを上院といひ、又國中の人別二萬人の内より一人づゝの割合にて評議役を人撰して、これを下院といふ。何れも三年づゝの交代なり。斯く上下二組の評議役を立、『ベルン』といふ都に寄合て國の政事を取扱ふことなり。」(同「條約十一國記」、慶應義塾『福澤諭吉全集』第2巻、岩波書店、1959年、182頁)と説明している。また1869年に書かれた『世界國盡』でも、「西の境の『禮陰河』、その源

を尋れば山阪高かき『瑞西』、國の政事は共和政、小國なれど一様に文字の教の繁昌し百工技藝手を盡し他の侮を被らず。」「瑞西の都を『べるん』といふ。時計細工の名所なり。此國は山國して人皆質素儉約、且勇氣あり。故に小國なれども外國の輕蔑を受けず。」(同「世界國盡巻三」(前掲『福澤諭吉全集』第2巻) 623頁) と、スイスを紹介している。

4) 政府に対抗する人々がスイスに関心を抱く傾向があったように窺える。一方、明治政府は、スイスを特段重視することもなく、同国から政治制度や思想、理念を取り入れることはなかった。これについて、岡本三彦は、「明治政府がスイスを参考としてこなかったのは、何よりもその民主的な思想や制度が天皇を中心とする国家体制を志向する明治政府にとって望ましいものではなかったことが一因であると思われる。欽定憲法の形式をとって一八八九年に制定された大日本帝国憲法の下では、日本は天皇主権の君主国家であり、公に『民主主義』を議論し、主張することさえ憚られていた。したがって、一九四五年の敗戦に至るまで、非常に民主的であったスイスをモデルにしようという議論はほとんど高まることはなかった。」と指摘している (岡本三彦「日本におけるスイス政治の受容」、森田前掲『スイスと日本』84頁))。

5) 中江の小国主義の支持への見解については、明治15 (1882) 年の『自由新聞』に掲載された中江の論稿「論外交」に見ることが出来る (田中前掲「岩倉使節団の見たスイス」65頁)。

「顧ふに小国の自ら恃みてその独立を保つ所以のものは他策なし、信義を堅守して動かず、道義のあるところは大国といへどもこれを畏れず、小国といへどもこれを侮らず、彼もし不義の師を以て我に加ふるあるか挙国焦土となるも戦ふべくして降るべからず。隣国内証あるも妄りに兵を挙げてこれを伐たず、いはんやその小弱の国の如きは宜しく容れてこれを愛し、それをして徐々に進歩の途に向はしむべし。外交の道唯これあるのみ。」

6) 植木枝盛「自由詞林」(1887年10月刊) (同『植木枝盛集』第1巻、岩波書店、1990年) 289-296頁。

7) これは、読売新聞データベース「ヨミダス歴史館《明治・大正・昭和》」より「スイス AND 瑞西」をキーワードとして、明治7年 (同11月2日に第1号発刊) から明治45年までを検索した結果である。一方、朝日新聞 (明治12年1月創刊 (大阪)) では、同じ条件のもと「934件」となった (朝日新聞オンライン記事データベース「聞蔵Ⅱビジュアル」)。なお、各新聞の名称について、読売新聞は創刊時より一貫して「讀売新聞」である。一方、朝日新聞は、創刊時より明治21年7月9日までは「朝日新聞」であるが、翌10日より、東京で発行されるものは「東京朝日新聞」と、明治22年1月3日より大阪で発行されるものも「大阪朝日新聞」とそれぞれ変更している。

8) 例えば、スイスの「大統領」「副大統領」の選挙・動向に関するものや赤十字に関するニュースが目立つ。またスイスで開催される国際会議等の情報も多い。明治10

(1877) 年 12 月には、ジュネーヴの大地震についての記事も見られる。
9) 明治初期の我が国にあったスイス人経営の時計店として、例えば読売新聞には「ジャコー商会」「ワーゲン商会」といった名を見ることが出来る。なお、当時の新聞からは、明治 10 年以降になると、日本人がスイス時計を輸入して販売するようになり、さらには時計の製造技術を身につけるためにスイスに留学する者も増えたといった事実を確認することが出来、非常に興味深い。
10) 例えば、明治初期の小学校歴史教科書として文部省著作刊行の『史畧』(1872 年)、小学校外国史教科書として田中義廉『万国史略』(1876 年)、地理教科書として黒田行元『万国地名往来』(1873 年刊) などがあるが、これらにはいずれもスイスの歴史や地勢風土についての内容となっている (森田前掲「スイス像の変遷とその日本社会への影響」17-18 頁)。
11) 安部磯雄 (1865 年 2 月 4 日 (旧暦) - 1949 年 2 月 10 日) は、キリスト教的人道主義の立場から社会主義を主張し、戦前の日本において、衆議院議員、社会民衆党党首、社会大衆党執行委員長を歴任した人物として知られている。また早稲田大学教授の経歴も持ち、同大学野球部を創設、日本における野球の発展に貢献し「日本野球の父」としても有名である。安部に関しては、片山哲『安部磯雄伝』(毎日新聞社、1958 年)、早稲田大学社会科学研究所『安部磯雄の研究』(1990 年)、井口隆史『安部磯雄の生涯―質素之生活高遠之理想』(早稲田大学出版部、2011 年) などの文献に詳しい。

　　安部は、スイスの社会福祉や社会政策について特に関心を抱いていたようである。また彼は、スイスの制度に対し、「瑞西の制度は純粋たる社會主義のものではない。然れども社會の各方面に亘りて社會主義の思想が如何に普及せるかは誰も看取することが出來るだろう」との見方をしている (安部磯雄『地上之理想国瑞西』第一出版、1947 年、98-99 頁)。
12) 横田保之助「安部先生と私」(安部前掲『地上之理想国瑞西』所収) 185-186 頁。
13) 『読売新聞』1882 年 8 月 20 日朝刊、同 9 月 3 日朝刊。
14) 『法学協会雑誌』第 17 号 (1885 年)。
15) スイスの死刑制度に関しては『法学協会雑誌』第 9 巻第 5 号 (1891 年) に、同国の各カントンにおける弁護士制度に関しては『法学協会雑誌』第 15 巻第 1・3・5 号 (1897 年) にそれぞれ掲載されている。
16) 梅謙次郎「我新民法ト外國ノ民法」(法典質疑会『法典質疑録 (巻之一)』(復刻版) 有斐閣、1989 年) 669 頁。
17) 梅前掲「我新民法ト外國ノ民法」671 頁。このような諸外国の様々な立法、判例を参考にし独自の配慮のもとで形成された我が国の民法典を、起草者の一人である穂積陳重は、「日本法は比較法の結実である (Japanese Law is a fruit of comparative jurisprudence)」と評価している (八木鉄男「20 世紀初頭 (明治後期) の日本の法哲学」(『同志社法学』第 42 巻第 1 号、1990 年) 30 頁)。

18) 梅前掲「我新民法ト外國ノ民法」673-674 頁。
19) スイス・カントン法は、1830 年以降、国家統一の前段階として編纂された各州の法典である。Basel, Uri, Schwyz, Obwalden, Appenzel, St. Gallen などのカントンでは法典編纂の実現には至らなかったが、他の大部分のカントンは法典を有することとなった。これらのカントン法は次の 3 つの大きなグループに分類することが出来る。
 1、西南スイス型グループ：Genève、Fribourg、Vaud、Neuchâtel など、フランスに近い地方や Ticino といったスイス・イタリア語圏の法典。これらは 1804 年ナポレオン法典に依拠することにより、その私法基礎を形成した。
 2、ベルン型グループ：Bern、Luzern、Solothurn、Aargau などのカントン私法典は、1811 年オーストリア一般民法典（ABGB）を模倣した。1 のグループと同様、外国法の模倣であるが、カントン古来の法制度の精神も存続させている。
 3、チューリヒ型グループ：東部・中央スイスや Graubünden では、外国法を自己のカントンの法典編纂の基礎とする方向をとらず、ブルンチュリの尽力により編纂されたチューリヒ州私法法典（Privatrechtliches Gesetzbuch des Kantons Zürich）をモデルとした。このチューリヒ州私法法典は「カントンの法典の中で最も土着的色彩の色濃き法典」といわれ、「民衆性」「土着の法の体系化」「完全性の放棄」を特色に持ち、スイス連邦により後に編纂された統一民法典（ZGB）にも多大な影響を及ぼしたとされている。
 我が国における法典調査会は、Vaud、Graubünden、Zürich の諸州法典を参照したため、上記ベルン型グループは比較対象に入っていないことがわかる。
 スイスのカントン法そしてその後の統一民法典の編纂過程については、石田穰「スイス民法 1 条の法源イデオロギー」（同『民法学の基礎』有斐閣、1976 年所収）や松倉耕作「スイス民法典の統一とその特色」（『名城法学』第 23 巻第 2 号、1974 年）に詳しい。またチューリヒ州私法法典とブルンチュリについては、クラインハイヤー・シュレーダー編・小林孝輔監訳『ドイツ法学者事典』（学陽書房、1983 年）34 頁を参照のこと。
20) 1892 年 6 月、連邦司法・警察省よりスイス民法典草案起草を要請されたオイゲン・フーバーは、同年の秋より、スイス民法典草案の起草に着手した。
21) スイスでは、連邦統一民法典（ZGB）が編纂される以前に、債務法（Obligationenrecht）が既に連邦レベルでの統一を果たしていた（松倉前掲「スイス民法典の統一とその特色」142 頁）。なお、債務法に関しては、その後、連邦統一民法典の立法作業が進められるにつれ、同民法典の第 5 編（Fünfter Teil）として組み込まれるべきであるという議論が生じたため、スイス民法典施行までに同法中の「総則」と「個々の契約関係」の改正作業が行われ、1911 年 3 月 30 日に、連邦議会の両院（全州議会、国民議会）にて一般民法典の第 5 編に採録され、連邦統一民法典の施行日と同一の 1912 年 1 月 1 日に施行された（Berner Kommentar zum Schweizerischen Zivilrecht, Einleitungsband, herausgegeben von Arthur Meier-Hayoz, Bern, 1966, S. 35 ff.）。
22) 大村敦志『民法読解総則編』（有斐閣、2009 年）386・414 頁。

23) 岡孝「明治民法と梅謙次郎」(『法学志林』第 88 巻第 4 号、1991 年) 15 頁。
24) 梅前掲「我新民法ト外國ノ民法」675 頁。
25) 七戸克彦「外国法学説の影響」(『法律新報』第 70 巻第 7 号、1998 年) 19 頁。
26) 七戸前掲「外国法学説の影響」19 頁。ロガンについては Français Guisan, "Ernest Roguin", in: Max Huber, Schweizer Juristen, Zürich, 1945, S. 393-421 を参照のこと。梅とロガンはともに「比較立法協会 (Société de législation comparée)」に所属していたことから、両者に接点があった可能性は大いにある。
27) ミシェル・ルヴォン (1867-1947) は、ブリデルの前任者として、東京帝国大学法科大学の「仏蘭西法」を担当していた (本書第一章第二節第 2 項を参照のこと)。1867 年 3 月 24 日、スイスのジュネーヴで生まれる。フランス・グルノーブル大学で法学博士号を取得した後、ジュネーヴ大学で民法を講じ、パリ控訴院検事局にて特赦及び復権に関する調査を行う。滞日中は、東京帝国大学をはじめ、和仏法律学校にて、多くの学生たちの育成に携わったかたわら、司法省法律顧問に就任、勅任取扱に遇せられた。さらに日本文化の研究にも従事し、のちにパリ大学より文学博士の学位も取得している。帰国後は、パリ大学文科大学で日本文学や東洋史を講じ、1920 年に同大学正教授に就任した。1947 年 1 月 10 日に死去。彼が 1910 年に著した『日本文芸抄』は、ヨーロッパへの我が国の文学紹介に多くの貢献を果たした (武内博『来日西洋人名事典』(日外アソシエーツ、1995 年 (増補改訂普及版)) 539 頁)。

　ルヴォンに関する研究論文としては、畠中敏郎「『ミッシェル・ルヴォン』と『日本文芸抄』」(『大阪外国語大学学報』第 2 号、1963 年)、中村光夫「ミシェル・ルヴォン」(『図書』第 209 号、1967 年)、勝本正晃「ルヴォン先生と日本文学」(『図書』第 210 号、1967 年)、同『枕辺散語』(創文社、1975 年)、西堀昭「帝国大学法科大学外人教師兼司法省名誉法律顧問ミッシェル・ジョセフ・ルヴォンについて」(手塚豊編著『近代日本史の新研究Ⅰ』北樹出版、1981 年)、島本昌一「仏文雑誌とミッシェル・ルヴォン—Revue français du Japon と M. Revon」(『研究と評論』第 40 号、1988 年)、島本昌一「ルヴォン」(法政大学大学史資料委員会編『法律学の夜明けと法政大学』1993 年) が挙げられる。
28) ミシェール・ルヴォン講演安達峯一郎通譯「不法ニ審問又ハ処罰セラレタル刑事被告人ノ国ニ対スル損害賠償請求権」(『明法誌叢』第 21 巻、1893 年) 19-20 頁。講演内容は上記の他、同誌第 16・20 巻にも掲載されている。
29) 辰巳重範訳・穂積重遠閲『瑞西民法』(法学新報社、1911 年)。
30) 水口吉蔵訳著『瑞西債務法 (日本民法商法対比)』(清水書店、1914 年)。
31) 鄭鍾休『韓国民法典の比較法的研究』(創文社、1989 年) 284 頁。
　さらに鄭は続けて、「ところが、スイス民法・債務法典の制度・条文は解釈論ないし立法論において条文そのものとして紹介されるに止まり、スイス民法学として全体的に紹介されることはなかったように思われる。」「つまり、スイス民法典・債務法典はドイ

ツ民法学の成果として受け入れられたのである。」と述べている。前半の引用文に関しては、なるほど、そのような側面も一部分においてはあり得るのではないかと思うが、後半の引用文については、筆者自身、否定的な立場をとりたい。確かにドイツ民法典や当時のドイツにおける学説からの影響がスイス民法の編纂に及んだ部分は大きいが、スイス民法の特色は、何といっても、独自の固有法を重んじていたという点にある。また、我が国の法学界でのスイス民法典への関心は、単に「ドイツ民法学の成果として」ではなく、スイス民法それ自体へ向かっていたと思われる。この点については本書全体で明らかにしていく。

32) 大審院で下された判決のうち、裁判書の中に「スイス民法」を取り上げているものは9件あり、本文で挙げたもの以外に、大正5年2月7日第二民事部判決（「保険金請求ノ件」）では「瑞西民法第1条2項」、大正5年12月25日第二民事部判決（「不動産質権無効確認登記抹消請求ノ件」）では「瑞西民法第888条2項」、大正8年3月3日第二民事部判決（信玄公旗掛松事件）では「瑞西民法第648条」、大正15年12月2日第一民事部判決（「当座貸越金請求事件」）では「瑞西債務法第18条」、昭和3年1月30日第一民事部判決（「養育料立替金請求事件」）では「スイス民法第30条」、昭和4年3月30日第三民事部判決（「損害賠償請求事件」）では「瑞西債務法第101条」、昭和10年4月6日判決では「瑞西債務法第630条」がそれぞれ参照されている。

33) 岡村司によるスイス法関連の論文は、「瑞西民法ニ就キテ」（『京都法学会雑誌』第7巻第9号、1912年）、「瑞西民法に於ける妻の地位」（『京都法学会雑誌』第8巻第7号、1913年）がある。また、明治時代に発表された穂積重遠のスイス法関連の論文は、「瑞西ノ新民法」（『法学協会雑誌』第26巻第10号、1908年）、「最新の親族法」（『法学志林』第11巻第3号、1909年）、そしてスイス民法の翻訳書である『瑞西民法』（注29）がある。

34) 大正・昭和期に発表された穂積重遠のスイス法関連の論文は、「スイス民法の家制」（『日本社会学院年報』第6巻第1・2・3号合冊、1918年）、「トルコ民法典」（『法学協会雑誌』第44巻第11号、第45巻第7-9号、1927年）である。また中川善之助による研究として、「スウィス民法における家・家長・家長権」（『法律時報』第6巻第5号、1934年）、「瑞西婚姻法（婚姻の成立）」（台北大学比較法学会刊『比較婚姻法』第1部所収、1937年）、「スイスにおける家と家長」（『家族制度全集』」料篇4巻所収、1938年）、「瑞西婚姻法（婚姻の証明及効果）」（台北大学比較法学会刊『比較婚姻法』第2部所収、1942年）、「スイス婚姻法」（『比較法研究』第18号、1959年）などがある。その他、末川博「ドイツ民法及びスイス民法における権利濫用に関する規定の制定過程」（『法学論叢』第20巻第5・6号、1928年）、牧野英一「スイスの新刑法典（上）（中）（下）」（『警察研究』第10巻第5・6・7号、1939年）、同「スイス新刑法」（『法学新報』第11巻第9号、1939年）、我妻栄「一子相続制に関するスイス民法の改正」（『法学協会雑誌』第73巻第1号、1956年）、中川一郎「スイス防衛税法の研究(1)～(13)」（『税法学』第76-88

号、1957-1958年)、同「最近のスイス税法学」(『税法学』第118号、1960年)、同「スイス民法試訳(1)～(10)」(相原東孝と共訳)(『名城法学』第7巻第2・3・4号、第8巻第2・3・4号、第9巻第1号、第9巻第2-4合併号、第10巻第2・3・4号、第11巻第4号、1957-1962年)などが挙げられる。

35) 我妻栄「スイス民法五十年」(『ジュリスト』第156巻、1958年) 25頁。

また我妻は、「わが民法の解釈の参考として」「スイス民法を好む」とし、「スイス民法の解説書が、つねにフランス法とドイツ法との対照においてスイス民法の立場を明らかにしてくれることはすこぶる示唆に富む。」と述べている。

36) 民法領域においては、石田前掲「スイス民法1条の法源イデオロギー」にみられる民法解釈学研究や、松倉耕作に代表される家族法研究(『スイス夫婦財産法』(千倉書房、1977年)『スイス親子法』(千倉書房、1980年)『スイス家族法・相続法』(信山社、1996年)の著書をはじめ、『名城法学』『名城ロースクールレビュー』『南山法学』などを中心に発表した論文が多数ある)がある。また憲法領域では小林武や渡邉久丸による研究が、刑法領域では宮沢浩一による研究などが挙げられるだろう。また、法制史分野においては、松倉前掲「スイス民法典の統一とその特色」「オイゲン・フーバー」(『名城法学』第24巻第2・3号、1975年)や、大川四郎による「スイス民法第1条第2項の学説史的起源」(森田安一編『スイスの歴史と文化』刀水書房、1999年所収)などの労作がある。

37) 継受に関する類同概念――影響・模倣・移入・摂取・受容・継受等――については様々な議論がある。その中で大木雅夫は、外国法の継受とは、外国法文化財或いは外国の法的思考財の移動を意味し、そういう観点から継受を捉えるならば、上記の概念をそれぞれ区別する必要はないと言う。また大木は、法の継受について、その概念を捉えることよりも、採用された法規が新たな社会に定着するかどうか、どういう違和の現象が生ずるか――継受のソシオロジー――という観点から追求する必要があるとする。そうであれば、むしろ概念を細かく分けて継受現象を分析していくというよりも、そこに現れる一般的な問題に注目していく方が適当であると言う。本書もこの考えに立脚している。大木の見解については、大木雅夫他「討論(シンポジウム「日本の近代化におよぼした外国法の影響」)」(『比較法学』第6巻第2号、1971年)を参照のこと。

38) 松本暉雄「身分法学者ルイ・ブリデルのフェミニズム―『女性と権利』を中心として」(『法学論集』第9巻第2号、1960年)。

本論文は題名からも窺えるように、女権拡張論者ブリデルの思想に焦点を当てて論じられたものである。また、ブリデルの人物に関する記述も若干において見られるものの、情報量としては非常に少なく、また誤りも多々見られる。

39) 大村敦志『穂積重遠』(ミネルヴァ書房、2013年)。

大村はその他にも、『われらの法(第1集～第3集)』(信山社、2011年)『終戦戦後日記(1945-50年)』(有斐閣、2012年)など、穂積の業績の整理・校訂・解題作業を行い、

穂積法学の再検討の必要性を訴えている。

40) 穂積重遠の人柄、実績に関しては、利谷信義「穂積重遠」（潮見俊隆、利谷信義編『日本の法学者』日本評論社、1975年）同「日本における家族法学の生誕」（同『家族と国家―家族を動かす法・政策・思想』筑摩書房、1987年）の他、末川博（他）編『穂積先生追悼記念集　家族法の諸問題』（有斐閣、1952年）、中川善之助「身分法学の父、穂積重遠先生」（『書斎の窓』第9号、1954年）、穂積仲子・穂積重行・中川善之助「穂積三先生を語る」（座談会）（『書斎の窓』第63・64号、1959年）、山主政幸「穂積重遠」（『法学セミナー』第52号、1960年）、我妻栄「穂積重遠の人と学問」（『法学セミナー』第157号、1969年）、中嶋忠三郎「穂積重遠」（『法曹百年史』法曹公論社、1969年）、穂積重遠先生を偲ぶ会発起人『穂積重遠先生を偲んで　穂積重遠先生御逝去三十周年記念』（1982年）などに詳しい。重遠の（家族）法理論については、利谷による上記の業績の他、八木鉄男「穂積重遠の法と道徳についての見解」（八木鉄男・深田三徳編著『法をめぐる人と思想』ミネルヴァ書房、1991年所収）、和田啓作「臨時法制審議会の民法改正作業における配偶者相続制度の登場―穂積重遠の配偶者保護構想と法定均分相続制への展開」（『西南学院大学大学院法学研究論集』第16号、1998年）にも見ることが出来る。また、重遠自身によって記された回顧録もある。例えば、穂積重遠「大学生活四十年」（『法律時報』第15巻第10号、1943年）、同「民法五十年」（『法律時報』第20巻第1号、1948年）、同「法律を学んだころ」（『法律時報』第22巻第4号、1950年）などが挙げられるだろう。

41) 例えば、岡前掲「明治民法と梅謙次郎」15頁、大村前掲『民法読解総則編』386・414頁、七戸前掲「外国法学説の影響」19頁などが挙げられるだろう。

42) 尤も、最近は、両法令を引用しない条理の説明方法も出てきている。例えば笹倉秀夫は、「条理とは、実定法システムの根底に働いていると判断できる基本原理を意味する。たとえば、法律も慣習法も判例もない場合、裁判官は〈この制度が当然前提としているものがある。それを原理として使って判断すると、こうなる〉、〈法生活が規定にしている『正義公平の原則』がある。それに照らすと、こうなる〉というかたちで判断する」とする（同『法学講義』（東京大学出版会、2014年）46頁）。

43) 牧健二「明治八年民事裁判の原則」（『法学論叢』第17巻第2号、1927年）、同「明治初年に於ける民事裁判の確立」（『史林』第12巻第1号、1927年）、野田良之「明治八年太政官布告第百三号第三条の「条理」についての雑観」（『法学協会百周年記念論文集』1983年）、村上一博「明治初期の裁判基準」（『商経学雑誌』第11巻第1号、1992年）、同「明治期における「条理」裁判とフランス法の影響」（『法律論叢』第67巻第1号、1994年）、同「裁判基準としての「習慣」と民事慣例類集」（『同志社法学』第49巻第5号、1998年）、大河純夫「明治八年太政官布告第一〇三号「裁判事務心得と井上毅（一～三）」（『立命館法学』第205・206、227、234号、1989-1994年）などがある。

44) 杉山直治郎『法源と解釋』（有斐閣、1969年（第2刷））所収。

第一編　近代日本とスイスの法学交流

第一章　ルイ・アドルフ・ブリデル
(Louis Adolphe Bridel)

一　はじめに

　ルイ・アドルフ・ブリデルは、19世紀末スイスの高名な法律家の一人である。彼は、ジュネーヴ大学法科大学教授として、学説彙纂（Pandectes）、比較私法（législation civile comparée）及び民法入門（introduction au droit civil）を講じる傍ら、同大学法科大学長、ジュネーヴ州議会議員、スイス民法典第一予備草案起草委員（le premier avant-projet de code civil suisse）としても活躍した。明治33（1900）年、東京帝国大学法科大学に招聘され、13年の長きにわたって日本の法学教育に携わった。

　ブリデルに関する研究は、現在に至るまで、ほぼ皆無に等しいことは序論にて述べた通りであるが、ブリデルという人物の生きた時代や彼のなした業績等を見るならば、彼はスイスにとっても、また日本にとっても、興味深い人物ではないかと思われる。特に、本論文の主たるテーマである、近代日本の（民）法学領域におけるスイス法の影響を考える上で、ブリデルは有益な考察対象となろう。ここで注目すべきはブリデルが日本に滞在していた時期にある。以下の【年表】より、当時の日本とスイスの民法典をめぐる状況を概観すると、日本では、明治初年より進められてきた民法典の編纂作業が、明治31（1898）年に明治民法典として施行されることで、ようやくその目途がつき、ブリデルが来日した明治33年には早くも同法の改正作業が求められるようになっていた

ルイ・ブリデル写真
(『法学協会雑誌』第31巻第4号、大正2(1913)年)

ことがわかる。一方、スイスでも1892（明治25）年より開始された民法典草案の編纂作業が着々と進められ、1900年には第一草案が提出され、その後、連邦議会での審議・承認を得て、1912（明治45）年1月1日よりスイス連邦統一民法典（ZGB）として施行されている。ブリデルが日本にいたのは、両国の法学界がまさに1つの転換点にさしかかる時期であった。まさしくこういう時期であったが故に、ブリデルは日本におけるスイス法の起点となり得べき人物であったと言えよう。

また、ブリデル研究は、お雇い外国人研究においても重要な内容を包含しているという点をここで指摘しておく。明治期には、世界各国から多分野にわたって専門家――お雇い外国人――が日本に渡ってきたことは周知の事実であるが、それについての研究の大半は明治初期[1]についてのものであり、明治20年以降のお雇い外国人については「歴史的意義をほとんど失った」[2]とされ、研究の数も圧倒的に少ない[3]。しかしここで、果たして本当に明治後期に活躍したお雇い外国人は忘れ去られてしまう存在に過ぎなかったのだろうか、彼らには歴史的意義はないのだろうかといった疑問が生じてくる。それを解明するためにも、明治後期にスイスからやってきたブリデルの活躍を取り上げ検討していくことは、その時期のお雇い外国人の存在意義を確認するためにも非常に有意義であると思う。

　以上のような研究上の意義を念頭に置きつつ、本章では、ブリデルが日本で行った活動に注目しながら、彼の日本法学界における役割や貢献について考え

第一章　ルイ・アドルフ・ブリデル

【年表】

スイス	日本
1848年　スイス連邦憲法制定 1855年　チューリヒ私法法典（編纂者はJ.C.ブルンチュリ）	
	1879（明治12）年　政府はボワソナードに日本民法の草案作成依頼をする。 1880（明治13）年　6月より元老院民法編纂局にて民法の編纂が開始される。
1883年　スイス債務法施行 1884年　**オイゲン・フーバー**、スイス法律家協会よりスイス私法の比較研究を委託される。また草案準備委員に選ばれる。 1886年（～1893年）オイゲン・フーバーによって『スイス私法の体系とその歴史』が著される。	
	1888（明治21）年　旧民法第一草案 1889（明治22）年　法学士会が旧民法の施行延期を求める意見書を発表、民法典論争の開始 1890（明治23）年　大日本帝国憲法施行 民法財産編、財産取得編（1～12章）、債権担保編、証拠編が4月21日に法律28号として、人事編、財産取得編（13～15章）が10月7日に法律97号として公布
1892年　オイゲン・フーバー、ベルン大学に招聘。連邦参事会よりスイス民法典の草案起草を委託される。	1892（明治25）年「民法及商法施行延期法律案」が帝国議会で議決（5月28日貴族院可決、6月10日衆議院可決）、天皇の裁可を得て、同延期法律案は法律8号（「民法及商法施行延期法律」）として11月24日に公布された。
1893年　部分草案の起草（98年まで） 　1894年　die Wirkung der Ehe 　1895年　das Erbrecht 　1898年　das Grundfandrecht	1893（明治26）年　法典調査会設置（起草者：梅謙次郎、富井政章、穂積陳重） 1896（明治29）年　4月27日に第1編総則、第2編物権、第3編債権が法律89号として公布。12月29日、旧民法の施行を再延期する法律が制定（法律94号）
1898年　憲法改正により連邦が民法制定権を取得	1898（明治31）年　6月21日に第4編親族、第5編相続が法律9号として公布。7月16日、民法全編が施行
1900年　第一草案完成 1901年　専門委員会での審議（1903年まで）	**1900（明治33）年　ブリデル来日** 1901（明治34）年　民法改正 1902（明治35）年　民法改正
1904年　第二草案完成 1905年　連邦議会での審議（1907年まで） 1907年　12月10日民法草案が両院で承認される。 1911年　3月30日改正債務法が両院で承認される。 **1912年　1月1日民法典施行**	1913（大正2）年3月23日　ブリデル死去 1916（大正5）年　穂積重遠、欧米留学から帰国。法学者として本格的な活動を始める。 1919（大正8）年　臨時法制審議会が設置される。

ていきたい。その際に用いる史料（書簡を含む）を簡単に概観しておこう。

　日本に残る史料として、『御雇外国人教師関係書類』並びに『傭外国人教師・講師履歴書／東京大学事務局庶務部人事課〔編〕』を重視したい。これらはいずれも、東京大学総合図書館に所蔵されている。『御雇外国人教師関係書類』は、「明治初期から昭和戦前期までのお雇い外国人教師に関する東京大学の事務文書」であり、原本は東京大学事務部にある。また『傭外国人教師・講師履歴書／東京大学事務局庶務部人事課〔編〕』では、「明治2年～昭和41年までに東京大学が雇用したお雇い外国人教師の履歴書」を扱っている。これらの史料の解読を行い、ブリデルの経歴全般についての整理を試みていく。

　スイスに残る史料としては、スイス連邦公文書館 (Schweizerisches Bundesarchiv) に所蔵されている、スイス民法典起草者オイゲン・フーバー (Eugen Huber) が生前に受け取ったとされる書簡 (BAR Dfm-Erfassung/ZAP Repertorium J1. 109(-): Huber Eugen (1849-1923), 2. F Allgemeine Korrespondenz) から、差出人がブリデルとなっている書簡（以下「ブリデル・フーバー書簡」と称す）に注目したい[4]。「ブリデル・フーバー書簡」は、1893年4月より1912年4月にわたって、フランス語またはドイツ語で記されたものであり、その数は計61通に及ぶ。そのうち日本滞在期間に書かれたものは15通である。「（……）ルイ・ブリデルによる、日本からの非常に興味深い報告。彼の日本での教授活動、スイス民法典の邦訳作業における彼の活躍〔が書かれている〕」[5]と紹介されているように、これらは、ブリデルの東京帝国大学における講義内容・方針、日本におけるブリデルの交流関係、彼の日本滞在の目的等を明らかにする大変貴重な史料である。ブリデルとフーバーは、専門領域も学んだ大学も異にするが、同時期（1890年代を中心）にスイス国内の法科大学の教授であったこと、ともに「スイス法律家協会」(Schweizerischer Juristenverein) の会員であったこと、そしてフーバーが起草委員として活動していたスイス民法典の部分草案 (Teilentwurf) の1つである「婚姻の効果」(Die Wirkung der Ehe) にブリデルが関与していたことに、両者の接点がある。書簡からは、ブリデルがフーバーを「tu」「Du」といった親称ではなく、「vous」「Sie」と敬称で呼んでいる点、フーバーを「Monsieur et honoré collègue」「Herr Collega」と記している点を確認出来る。ここから、両者は接点を持っていたが、親友のような間柄ではなかったと考えられる。し

第一章　ルイ・アドルフ・ブリデル

上：オイゲンフーバー・ブリデル
　　書簡　ハガキ①
　　（所蔵：スイス連邦公文書館）

下：オイゲンフーバー・ブリデル
　　書簡　ハガキ②
　　（所蔵：スイス連邦公文書館）

かし、手紙の書き出し部分が「Cher」「Lieber」というような、親しい間柄の場合に使う呼びかけを用いている点、またブリデル一家はフーバー一家と家族ぐるみで交流をしていたこと[6]、両者が個人的に面会していること[7]、ブリデルが自分の学術やスイス民法典にかける想いを吐露している事実から、この両者は、同僚と呼び合いながらもより緊密な関係を築いていたと推察出来る。書簡からは公にされた史料では明らかにならない情報や差出人の内面性を窺い知ることが出来る。特に親しい間柄で交わされた書簡には、所謂「本音」も顔を覗かせよう。書簡に着眼する理由は、まさにこの点を活かし、滞在の動機をより多面的に把握することにある。

また、これらの史資料とあわせて、ローザンヌ新聞に1912年1月20日に掲載されたブリデルの報告記事"Le code civil suisse au Japon"[8]も参照することとする。この記事には、主に日本と中国でスイス民法典がどのような影響を及ぼし得るかについてのブリデル自身の考えが記されている。極東の地に直に立ち、当時の社会状勢や法の動きを目の当たりにしながら、ブリデルがいかなる想いを抱きつつ活動をしていたかを、この記事を通してより鮮明に窺い知ることが出来ると考える。本書ではこうしたブリデル自身が綴ったメッセージを用いて、彼が実際に記した言葉の内から、彼の滞在を動機づけた理由をより明確なものとしたい。

二　ブリデルの生涯とその業績

1　来日までの経歴

ブリデルが来日するまでの経歴について記す[9]。以下、前掲『傭外国人教師・講師履歴書』よりブリデルの経歴の原文を引用し、補足情報を加えて整理する。なお、これは上記史料内に綴られたブリデルの自筆による1900（明治33）年10月25日付の履歴書（仏文）の邦訳である[10]。

『ルイ・ブリデル』ハ一千八百五十二年七月六日巴理ニ生ル民籍ハ瑞西國人ニシ

テ父ハ巴理及『ローサンヌ』ニ於テ基督新教ノ宣教師ヲ務メテ一千八百六十六年
ニ死シ母ハ独逸國『フランクフルト』ノ人ニシテ一千八百七十八年ニ死セリ
『ブリデル』ハ初メ『ローサンヌ』ノ『ガリアール』中學ニ入リ一千八百六十七年
ヨリ一千八百六十九年マデ『ウルテンベルグ』ノ『チュビング』中學ニ轉シ後
『ローサンヌ』ノ高等学校（現今大學トナレリ）ニ入リ一千八百七十年同處ニ於テ
『バシリエー、エス、レットル』ノ學位ヲ享ケ一千八百七十九年『リサンシエー、
アン、ドロアー』ノ學位ヲ享ク（當時提出シタル論文ハ『夫ノ権利』ト題シタル
モノナリ）
一千八百七十九年結婚シ子女五人ヲ生シ『ローザン』ニ住ス
一千八百八十七年『ジェネーブ』大學法科大學教授ニ任セラレ民法総論及比較私
法ノ講座ヲ担任セリ
一千八百九十五年ヨリ一千八百九十七年マデ同法法科大學ノ學長タリ
一千八百九十五年ヨリ一千八百九十八年マデ『ジェネーブ』議會ノ代議士タリ
『ジェネーブ』ニ於ケル今日現行ノ法律ニシテ予ノ起草ニ係ルモノ左ノ如シ
　一　一千八百九十四年九月七日ノ法律（既婚婦自己ノ労力ヨリ生セシ結果ヲ自
　　　由ニ處分シ得ヘキノヲ規定セシモノ）
　一　一千八百九十七年六月五日ノ法律（公法的及私法ノ行為ニ関シ婦人ガ証人
　　　トナリ得ルヲ規定シタルモノ）
　一　一千八百九十七年七月五日ノ法律（男女ノ別ナリ人ハ皆後見人保証人及親
　　　族會議員タルヲ得ルヲ規定シタルモノ）
一千八百九十九年ニ創設セラレタル『社會的道徳雑誌』ノ主筆トナル　此雑誌ハ
『ジェネーブ』ニ於テ発刊スル男女間ノ社會的及道徳的ニ關スル問題ヲ研究スル國
際的出版物ナリ
一學會ノ会員タルノ左ノ如シ
　一　瑞西『法學協會』
　一　巴理『比較法制學協會』
　一　伯林『萬比較法律學及経済學協會』
一主ナル著書及出版物左ノ如シ
　一　婦人及法律（婦人ノ状態ニ関スル歴史的研究ニシテ一千八百八十四年巴理
　　　『ローゾーン』ノ出版ニ係ル）
　一　婦人ノ権利及婚姻（比較法制ノ批評的研究ニシテ一千八百九十三年巴理出
　　　版）

一　同上西班牙語飜譯（一千八百九十五年マドリッド出版）
　一　同上波蘭語飜譯（一千八百九十五年ワルソー出版）
　一　婦人問題ニ関スル雑著（法律及社會学問題　一千八百九十七年巴理出版）
一千九百年東京帝国大學法科大學教師トシテ招聘セラル

　ルイ・ブリデルは、1852年7月6日、父ルイ・フィリップ・バンジャマン・ブリデル（Louis-Phillippe-Benjamin Bridel 1813-1866）[11]と母ルイーズ・ケスター（Louise Köster 1814-1878）の長男として、パリに生まれる[12]。父親は、スイス・ヴヴェー（Vevey）出身[13]で、パリやローザンヌで牧師（Pasteur）としてその職に従事した。母親は、ドイツのフランクフルト・アム・マイン（Frankfurt am Main）出身である。ブリデルは初め、ローザンヌのガリアール中学（collège Galliard）に入学するが、1867年ブルテンベルグ（Wurtemberg）のチュービンゲン中学（Gymnase de Tubingue）に転ずる。その後、ローザンヌの高等学校（l'Académie de Lausanne　後のローザンヌ大学）に入学し、社会学、哲学、神学を学び[14]、1870年「バシリエー・エス・レットル」（bachelier ès lettres）を取得、その後、法律を専攻し、1879年「リサンシエー・アン・ドロア」（licencié en droit）の学位を取る。学位論文の題名は「La puissance maritale」（夫権論）である。同年7月、イダ・マイスナー（Ida Meissner）と結婚、1男4女に恵まれた[15]。1879年から1887年の間の彼の足跡に関しては不明であるが、高等中学校の教師をしていた[16]、あるいは、独仏伊の諸国に歴遊していた[17]との説がある。

　1887年より、ジュネーヴ大学法科大学教授ルイ・ジュセランドル（L. Jousserandol、学説彙纂[18]・民法総論担当）の後任として、同大学教授に就任する[19]。上掲の履歴書には、彼の担当科目は民法総論及び比較私法と書かれているが、実際には、それらに加えて学説彙纂も講じていたようである。民法総論と比較私法は1900年に来日するまで、そして学説彙纂は1890年まで担当している[20]。また1895年から97年までは、同大学法科大学学長も務めている。

　学外の活動としては、まず、スイス民法典第一予備草案起草委員（le premier avant-projet de code civil suisse）の一員として民法典の編纂に関与したことを挙げることが出来る。彼は1894年に起草された「婚姻の効果」に関する部分草案に

携わったとされている[21]。またブリデルは、代議士としての経歴も持っており、1895年から98年までジュネーヴ州議会議員として活躍し、女性の権利に関するいくつかのジュネーヴ州法の起草にも貢献している[22]。所属政党はNationalである[23]。

ブリデルが所属する学会は、「スイス法律家協会」「比較立法協会（société de législation comparée）」[24]（パリ1869年創立）「比較法学・国民経済学国際協会（Internationale Vereinigung für vergleichende Rechtswissenschaft und Volkswirtschaftslehre）」[25]（ベルリン1894年創立）である。

ブリデルの主たる著作物は、"La femme et le droit. Etude historique sur la condition des femmes"（Lausanne, Paris, 1884）, "Le droit des femmes et le mariage. Etudes critiques de législation comparée"（Paris, 1893）, "Mélanges féministes, Question de droit et de sociologie"（Paris, 1897）を挙げることが出来る[26]。

またブリデルは、女権論者としても活動を行った。『社会道徳雑誌（Revue de morale sociale）』の創刊に関わり、主筆を務めた他、「ジュネーヴ女性法的地位改革協会（L'association genevoise pour la réforme de la condition légale de la femme）」及び「万国廃娼同盟会（International Abolitionist Federation）」[27]のメンバーとして、婦人の法律上の地位の改善に尽力した。

2　ブリデル・東京帝国大学間の雇用契約をめぐる交渉

次に、前掲『御雇外国人教師関係書類』にあるブリデル関連の史料を整理し、契約内容を通してみた、ブリデルの招聘に至る経緯と日本滞在中の彼の経歴を紹介する。

ブリデルは、東京帝国大学教授富井政章の推薦[28]により、前東京帝国大学仏蘭西法教師ミシェル・ルヴォンの後任として[29]、明治33（1900）年10月より招聘される。遅くとも同年2月頃から、東京帝国大学とブリデルとの間で交渉は始まっており、富井政章がその窓口となっていた[30]。4月6日、ブリデルの招聘を決めた東京帝国大学は文部大臣に「ルヴォン代員として仏蘭西法教師ブリデルを雇入」することを申請し[31]、4月23日にそれについての文部大臣

からの許可を受けると[32]、富井、東京帝国大学総長、そしてブリデルとの間で具体的な交渉に入ることとなった[33]。その結果、翌月の3日には、東京帝国大学総長から契約締結に関する通達が墺国公使へ出され[34]、墺国公使牧野伸顕を介し、ブリデルとの間で傭入契約が結ばれた。これについては、7月10日付で牧野より東京帝国大学総長へ「書面にて契約締結」との報告[35]が、そして8月24日付で文部省より東京帝国大学総長へ同じ内容の報告[36]がなされている。こうしてブリデルは、東京帝国大学から旅費975円を受領し[37]、明治33（1900）年10月16日、パリ、マルセーユ、そしてインドを経て単身、日本へと渡ってきた[38]。

　ブリデルの来日直後の身分は、奏任高等官五等である[39]。傭入契約の期間は、明治33年10月17日より同36年10月16日までの3年である[40]。俸給は月額625円、年俸にすると7500円の高額なものであった[41]。住所については、来日直後は不明であるが、明治34年4月以降は、同じく法科大学で経済学、財政学を担当していたチャールズ・サムナー・グリフィン（C. S. Griffin）[42]と大学構内の教師館に住んでいることがわかっている[43]。この時点では、ブリデルはジュネーヴ大学にも籍を残している[44]。

　その後、明治35年、東京帝国大学はブリデルを継続して雇用するとして、明治36年10月17日より同42年10月16日まで「雇期限ヲ六ヶ年トシ三十七年度ヨリ月俸六百七十五円ニ増税スル」[45]ことを決定し、翌年の明治36年10月に総長山川健次郎とブリデルの間で雇用契約が締結される[46]。またこれを機に、同年7月、9月30日付でジュネーヴ大学を辞職し名誉教授となる[47]。

　明治40年、ブリデルは一度だけ祖国スイスへ帰国している。約半年間のスイスへの一時帰国を大学に申請し、同年6月の授業終了後から翌年1月6日まで日本を離れている[48]。その間の給料は、帰京後に不在の間の授業を補充することを条件に全額支給されることとなる[49]。また、スイスへ帰国する直前には、奏任官から勅任官へと身分が昇格している[50]。

　帰国後の明治41年には、再度、雇用契約の継続が決定し、翌年7月に総長濱尾新とブリデルの間で4年間の雇用契約が締結される[51]。また明治43年には、ブリデルは、病気のため休暇中のルードヴィヒ・レーンホルム（L. S.

Loenholm) の代講として、独逸法の講義も引き受けることになる⁵²⁾。そして第 3 回目の契約が満期になる半年前の大正 2 (1913) 年 3 月 23 日、ブリデル逝去のため、東京帝国大学とブリデルの雇用契約は終了した⁵³⁾。

3   来日の理由

さて、時間を巻き戻し、東京帝国大学がブリデルを招聘した理由、そしてブリデルが来日を決意した理由について見ていくことにしよう。

ブリデル獲得にむけて、富井が東京帝国大学の窓口となったことは既述の通りであるが、その際、富井は「あなた〔＝ブリデル〕を当大学〔＝東京帝国大学法科大学〕では非常に必要としている。」⁵⁴⁾とブリデルに述べている。またジュネーヴ大学史の記載にも、この招聘は「appel flatteur（手厚い招聘）」⁵⁵⁾とあることから、ブリデルの招聘は、東京帝国大学にとって実現が望まれる事柄であったことがわかる。富井がブリデルを知った経緯については、幾つかの仮説を立てることは出来るが、いずれも未だ実証の域には達していない⁵⁶⁾。しかし彼を招聘した理由は以下の記述から知ることが出来る⁵⁷⁾。

> 富井博士談
> （……）博士は我國などに一講師として來るべき人ではない、現に我國に聘せられる前にゼネバー大學の教頭となり比較相續法に於ては已に欧洲に於けるオーソリチーとして仰がれてあつた然るに當時我法典の第一の祖法とも云ふべき佛法學は漸次獨逸法學に押し付けられ甚だ振はなくなつたので如何にも遺憾だと云ふ議論が起り、之れを恢復させ佛法學の隆盛を計るには先以て良教師を聘するにありと云ふことで故梅博士等の熱心な盡力で博士の如き東西に名高き碩儒を我大學の講師となし得たのは實に世界に誇るべきことであると云ふて當時吾々は大に喜び又我大學も名譽としたのである。（……）

ここで富井は、東京帝国大学がブリデルに関心を示したのは彼の「比較相續法のオーソリチー」としての実績であったとしている。事実、我が国では、既にブリデルが来日する以前から、彼をスイスで有数の法学者として認識していたことは資料上明らかである。その一例として、ブリデルが来日する 5 年前の

明治 28 (1895) 年の『法学協会雑誌』には、スイス法律家大会に関する記事が掲載されており、同大会での夫婦財産制をめぐる議論が行われた際、「財産所有権者として名ある『ゲンフ』大學敎授フリデル(ママ)君の活版に付したる一小冊子」が議論の参照資料として配布されたことが報じられている[58]。また明治 26 年の明治法律学校の機関誌『明法志叢』で、木村誠次郎[59]がブリデルの論文「有夫ノ婦ノ無能力」の翻訳を発表し、冒頭に「余ノ最モ畏敬スル先進梅法學博士頃日余ニ一篇ノ論文アリ題シテ既婚婦ノ無能力 (L'incapacité de la femme mariée) ト曰フ Genève 法科大學敎授 Louis Bridel 氏ノ述ブル所盖シ有益ナル比較法律ノ批評的研究ナリ今ヤ我邦私法典ノ編纂ニ際シ深ク鑑ヲ學理ト實際トニ取ルノ秋ニ當リ豈ニ亦一閱ノ値ナシト為サンヤ譯シテ以テ同學ノ參考ニ供ス」[60]と、ブリデルが比較法学的観点から家族法を研究している学者であることを明記した。当時の日本の法学界では、特に比較法学が注目された時代であったこともあり、比較法のプロフェッショナルとして、スイスの大学で「仏蘭西民法」及び「独乙民法親族法」を担当し、我が国の民法典の編纂でも重視されていた法律——フランス法・ドイツ法・スイス法——をすべて知り尽くし、これらの法典の比較方法を心得ていた学者ともなれば、東京帝国大学が魅力を感じるのはむしろ自明のことであろう[61]。

　またここで非常に興味深いのは「仏法学の興隆」という富井の発言である。我が国では近代以降、法体制を確立するために、外国法の摂取を積極的に行ってきたが、ブリデルが来日した頃の我が国の法体制は、フランス法的なものからドイツ法的な体系へと再編成されていた。またこの時期には、当時の首相伊藤博文が「法科中心のドイツ帝国型官僚制」樹立を目指し、東京帝国大学の法科大学もドイツ法中心に発展させることを目指していた。その結果、かつて法学の中心にあった、フランス法やイギリス法が、非常に弱い立場に置かれることとなったのである。そこで、梅謙次郎を中心とする東京帝国大学の教授たちは、フランス法の研究や教育をもう一度盛り上げたいとして、そこで白羽の矢が立ったのがスイス人のブリデルであった。フランス法の教授のためにスイス人を採用したというのは違和感を覚えないわけではないが、前述の比較法学者としての彼の経歴を踏まえての招聘というならば、理解出来るのではないだろうか。

当時の日本人は共通して「新しいもの好き」であったということもブリデル選出の理由として考えられるかもしれない。つまり当時の日本法学界における「新しいもの」の1つに、最新の民法典としてヨーロッパで注目をあびることになるスイス民法典の存在が挙げられよう。来日後、ブリデルもまた、スイス民法典起草者オイゲン・フーバーに綴った手紙の中で、「この国の人は新しい物を好みます。また、西洋から生み出されたものの中から、価値のあるものを見分ける能力があると思います。」[62]や「東京〔帝国大学〕法科大学では、現在〔行われているスイス民法典の〕立法作業に強い関心が持たれております。」[63]などと述べており、日本の法学者は、ヨーロッパ最新の、そしてまた、日本民法典の編纂よりは少し遅れているものの、ほぼ同時代に行われているスイス民法の立法作業に大きな関心を抱いていたことがわかるだろう。従って、当時、関心度の高かったスイス法典に精通した学者、即ちブリデルに、日本人法学者が興味を持ったということが出来るのではないかと思われる。

　一方、ブリデルもこの招聘に対し前向きであったようである。それは、来日後の講演の場で「本國瑞西に居る時分に日本國の事情を能く傳聞して居るし、又日本人たる朋友も大分あちらに居るとき持ちて居りました」「私は本國に居る時からして、日本のことを少しは承知して居り、自ら日本の知己であると信じて居ったのである。それに瑞西に於てはジュネーヴ或はローザンヌに於て、日本のお方と我々と一つになった。其中に水野君[64]、田中君[65]、又此所にお出でになる野澤君[66]は瑞西の都のジュネーヴに居って學問せられた、さう云うお方と交際て、日本のことを聞いて、日本へ豫て来たいと思ふて居る」[67]と語る彼の言葉からも理解出来よう。また、来日以前より交流のあったこうした日本人たちによって、お雇い外国人の存在について既に知っていたという可能性は十分あり、それが彼の来日の間接的な動機となっていたとも考えられよう。

　しかし、ブリデルのこうした決断の背後には、彼自身における挫折の経験があったことも見逃してはならない。スイス法学界において重要な地位に就いたブリデルは、立法面・教育面の両面から、自分の愛すべき祖国をより良い国家にするために祖国スイスで一旗揚げることを目標に掲げ、第一線に立ってきた。事実、彼は、来日する前にはジュネーヴ市議会で幾度と法律を提案し、また、

民法典編纂の際には婚姻法第一草案審議委員として、起草者フーバーに積極的に独自の意見を主張することでフーバーの婦人に対する権利思想に大きな影響を与えるなど[68]、スイスの地にて多大な業績を挙げてきた。しかしそのような彼の活動を大きく阻む存在が現れる。同じジュネーヴ大学で民法を講じていた婚姻法学者アルフレッド・マルタン（Alfred Martin）である。これを裏付ける資料として、スイス法律家新聞（Schweizerische Juristen-Zeitung）に掲載された、「最も著名な女権拡張論者ルイ・ブリデルはジュネーヴ州婚姻法の予備草案委員会においてアルフレッド・マルタンに屈した。」との記述が挙げられるだろう[69]。マルタンといえば、スイス民法典編纂時にフーバーに助力し、婚姻法のエキスパートとしてその名を世に知らしめた人物であるが、その背景には、ジュネーヴ州議会やスイス民法典編纂委員会でのブリデルに代わる地位に就いたことにあった。これは当然、ブリデルにとっては大きな挫折であり、このような状況下であったからこそ、ブリデルは、東京帝国大学からの依頼にこたえ、来日に至ったのだと筆者自身は推測している。尤も、彼のスイス民法典の立法作業にかける想いというものは、来日した後もなかなか消えることがなかったようであり、遠い異国の地から、書簡を通して、フーバーにスイス民法典（草案）の規定内容や同民法のフランス語訳の問題点を指摘し続けていた[70]。しかし、こうした母国への未練を残しつつも、ブリデルは、日本という新天地で新たな生きがいを見出していくこととなる。

三　ブリデルの日本における活動——ブリデル・フーバー書簡からの考察

　ブリデルの日本での活動の中心は、学術研究や教育活動におかれた。彼は、活動の主たる場所を東京帝国大学に置きつつ、明治法律学校、和仏法律学校、第一高等学校にもその活動の場を広げた。
　当時の東京帝国大学では、学生は、独逸法、仏蘭西法、英法のいずれかを選択し、その科目を4年間にわたって履修することになっていたのだが[71]、ブリデルは、そのうち第1回生から第4回生の仏蘭西法の講義を担当していた[72]。また独逸法教師レーンホルムの代講として、明治43（1910）年秋以降は、

独逸法も講じた[73]。独逸法では、他の教授、助教授、講師と分担し、ブリデルは第3回生の講義を担当した[74]。

東京帝国大学にて、ブリデルの講義を受講した学生の数は、明治36年以降の法科大学卒業生一覧表[75]によると、仏蘭西法の学生が309人、独逸法の学生が525人であり、800人を超える学生を教えていたことがわかる。そしてその中には、大正、昭和期に法学界・法曹界さらには政治界を担う人物もいた。仏蘭西法専攻では、杉山直治郎（明治36年卒）、牧野英一（明治36年卒）[76]、芦田均（明治45年卒）、栗山茂（大正2年卒）、独逸法専攻では末弘厳太郎（明治45年卒）、片山哲（明治45年卒）といった名前がある。またブリデルは、勤務外でも、「殆んど毎週仏蘭西法科學生を自邸に集め茶話會を催し、談笑の間、自ら薫育の實あらしめ、兼ねて仏蘭西語学の啓發を謀り」[77]、さらに、本務外で演習事業も特別に開いていたようである[78]。

明治34（1901）年1月に講師として招聘された明治法律学校では、泰西比較法制論及び法理学を担当している[79]。そして和仏法律学校では、明治34年9月より、高等科にて比較民法を[80]、また、第一高等学校3年生の仏語科の生徒には、亡くなる直前まで法学通論をフランス語で教授している[81]。

またブリデルは、13年間にわたる滞在の間、大学雑誌への寄稿を中心とした執筆活動や講演も精力的に行った。ブリデルの日本における主な業績（著書・論文）を以下に挙げる[82]。

著　書

"Encyclopédie juridique" (Paris, Lausanne, 1907-2ᵉ éd, Tokio, 1910)

"Géographie juridique" [83] (Tokio, 1908)

"Succession légale comparée (législations, successeurs, thèses)" (Tokio, Paris, Lausanne, 1909)

"Trois études sociales et juridiques : La réforme de la condition des femmes ; droit matrimonial comparé ; l'influence du Code civil français" (Tokio, 1910)

"Droit des personnes et de famille. Code civil suisse et Code français comparés" (Paris, Tokio, Genève, 1910)

論 文
『法学協会雑誌』（東京帝国大学）
「比較婚姻法姦通論」（法学士天野弘一訳、1902 年（邦文））
「瑞西民法ノ将来（Le futur Code civil suisse）」（1907 年（仏文））
「法律ト正義（Le droit et la justice）」（1907 年（仏文））
「男子女子（Homme et femme）」（1908 年（仏文））
「瑞西民法（千九百七年十二月十日）（Le Code civil suisse du 10 décembre 1907)」
　（法科大學々生安倍四郎譯、1908 年（仏文・邦文））
「仏国民法ノ変革、親族法上ノ問題（La réformation du code civil français : Droit de famille et questions connexes）」（1909 年（仏文））
「夫婦財産制比較研究（Régimes matrimoniaux, étude critique de droit comparé）」（1911 年（仏文））

『明治法学』（明治法律学校）
「泰西比較法制論」（ブリデル講述・法学士宮本平九郎口訳、1901 年（邦文））
「比較犯姦法論」（1902 年（邦文））

その他
「最良の法定財産制（Der beste gesetzliche Güterstand）」（Archiv für Rechts- und Wirtschaftsphilosophie, VI Band, Heft 3, 1913）

　彼の業績は主として婦人の法律上の地位に関する比較研究及びスイス民法に関するものである。なお、彼は、上記の著書 "Succession légale comparée" (1909) の増補版を大正 2（1913）年夏に出版する予定であったが、校正途中で亡くなったため未公刊となっている[84]。
　またブリデルは、講演も何度か行っており、例えば、前述の明治法律学校での講演（「法律の思想」）の他、明治 34（1901）年には、東京専門学校の「科外講義」で「婦人の位地」[85]を、和仏法律学校で「婦人ノ地位ノ改良」を講演している[86]。また、明治 37 年には、東京帝国大学法科大学の法理研究会が主催した仏国民法法典百年記念祭にて、「佛國民法の欧米に及ほしたる影響」を講演した[87]。

四　スイス民法典の紹介

　前節で述べたように、ブリデルは、我が国において様々な活動を行ってきたが、その中核となったものは「スイス民法典を日本に広めること」であった。具体的な内容については、ブリデルがオイゲン・フーバーに1908（明治41）年12月25日に書いた書簡に記されている。ブリデルは同書簡で「Je viens vous raconter ce que j'ai fait ici pour faire connaître le Code civil Suisse…（スイス民法典の名を知らしめるために、私がこの地にて行ってきたことをあなたにご説明いたします。)」と述べた上で以下の内容を列挙している。

一、東京帝国大学法学協会雑誌（1908年12月）への論文投稿[88]
二、〔東京帝国大学法科大学〕第4回生「仏蘭西法」受講者への講義
三、自費によるスイス民法典の配布（約12部）
四、第4回生の生徒達へのスイス民法典フランス語公式版の販売（30部）
五、法学協会雑誌掲載及び講義のための準備としての、フランス民法、イタリア民法、ドイツ民法、スイス民法の比較研究

　ブリデルは、スイス民法典を日本で広めるにあたり、スイスに関する論文を学術誌に発表すること、スイス民法に関する講義を行うこと、そしてスイス民法典の冊子を配布することを挙げている。そしてここに見られる様々な活動は、前節で考察した彼の日本での活動内容と一致しており、彼の活動のあらゆる場面で、スイス民法を知らしめることを最大の目的としていたことがわかるだろう。そこで本節では、これらの活動のうちの「講義」「スイス民法典に関する書籍・冊子の配布」を取り上げ論じていく。なお、執筆面からの活動業績に関しては、前節にて、スイス民法関連の著論文もあわせて紹介したため、本節では取り上げないこととする。

1 講　義

　ブリデルの日本での活動を見るにあたり、彼の講義に特に着眼するのは2つの理由による。第一に、教授することが彼の日本滞在中の主たる職務であったこと、そして第二に、講義は教師自身の裁量に比較的多く委ねられていたものであると推測され、そこに彼の日本で目指すものが反映されていると考えられるからである。講義の具体的内容を知り得る史料として、ブリデルの本務校である東京帝国大学に関連するものでは、『東京大学百年史部局史一』『法學協會雜誌』に散見される諸々の記述、『國家學會雜誌』中に記載されている彼の講義の試験問題、そして彼自身が「東京の法科大学の学生のために書いた (Il [Le Livre] a été rédigé spécialement pour les étudiants de la faculté de droit de Tokyo)」[89]、"Encyclopédie juridique" という著書がある。また、明治34 (1901) 年より同36年まで教鞭を執っていた明治法律学校関連の史料として、『明治法學』に連載された「泰西比較法制論」の講義録及び校外生のために発行された『瑞西國法律博士ルイ、ブリデル君講述、同國「ジュ子ーヴ」大學法律博士野澤武之助君通譯　明治法律學校卅六年度第二學年講義録　法律原論　完　附比較法制學講義』(明治大學出版部講法會出版、明治36年) (以下『講義録』) がある[90]。こうした史資料に基づいて、以下、考察をしていく。

(一)　東京帝国大学「仏蘭西法」及び「独逸法」講義

　ブリデルの主たる担当科目である「仏蘭西法」の授業内容は、次に挙げる試験問題から推察出来る[91]。

明治38年
第4回試験
1　自筆（証書）遺言：形式上の要件、メリットとデメリット（Testament olographe : condition de forme, avantages et inconvenients）
2　信託的継伝処分の禁止（Substitution prohibée）

明治39年
第1回試験

次の3つの問いから2問選べ（Deux sujets à choisor [92] sur ces trois）
A、フランス民法の影響力（Influence du code civil français）
B、実定法と自然法（Droit positife [93] et droit naturel）
C、選定住所（Le domicile d'élection [94]）

第2回試験
次の3つの問いから2問選べ（Deux sujets à choisor [95] sur ces trois）
A、既婚女性の民事上の能力（フランス民法、ドイツ民法との比較）（Capacité civile de la femme mariée (C. C. fr et C. C. all comparé)）
B、非嫡出子の親子関係（フランス民法、ドイツ民法との比較）（Filiation des enfants naturels (C. C. fr et C. C. all comp.)）
C、能力制限について（フランス民法）（de l'Interdiction (C. C. fr)）

第3回試験
A、代理（De la représention）
B、系分相続（La fente）
C、血族関係（Le système du parentelles [96]）

第4回試験
A、遺贈と受遺者の種類（Différentes espèces de legs et the lègatoires [97]）
B、遺言執行人（Exécuteurs testamentoires [98]）

　ブリデルの研究領域は、比較親族法（Droit de famille comparé）、特に婦人の法律上の地位の比較研究を中心とするものであった[99]。講義でもその内容の中心が彼の専門である親族法であったことは、上記の試験問題からも明らかである。尤も、第1回生に対しては、法学概論の内容が講じられていると推測されるため、先に紹介した彼の著書"Encyclopédie juridique"が使われていた可能性が高い。講義はフランス語で行われていた[100]。また第4回生の学生について、明治39（1906）年秋以降、スイス民法典（草案）の概説を学んだ上で、同民法典とフランス民法典との比較研究を行っていることがブリデルの書簡から明らかになっている[101]。講義において使用されている教材は、スイス民法典

のフランス語版（Code civil suisse en français）である[102]。これはフーバーに頼んで送ってもらっていたものであり[103]、第4回生の学生たちは、最新の教材でヨーロッパ最新の民法典を学んでいたこととなる。

　また、明治43（1910）年より兼任した、第3回生の「独逸法」の内容に関する史料として、ブリデル・フーバー書簡の中から2通の書簡の一部を以下に紹介する。

　　（……）〔東京帝国〕大学にて独逸法を講じておられるレーンホルム教授が1年間ほど休暇をとることとなり、〔そのため〕法科大学の方が、私に、彼の不在の間、彼が担当している講義の1つを受け持たないかとたずねてきました。私は〔それを〕引き受けることにしましたが、〔その際、大学側に、その講義では〕スイス民法典の人事法（Personenrecht）及び家族法（Familienrecht）をドイツ民法典と比較しながら講じる〔かたちで行わせていただきたい旨を〕伝えました。というわけで、次の9月〔の新学期〕から、私はあなたの素晴らしい〔スイス民法典という〕作品を2ヵ国語で講義することとなったのです！[104]

　　あなたの素晴らしい法典と、私はともに多くの時間を過ごしております。特に今は、（レーンホルム教授が休講で、アメリカまたはヨーロッパに滞在している間）通常担当しているフランス語による講義以外にも、1週間に3コマほど、スイス"人事法・家族法"を、フランス民法典とドイツ民法典と比較させながら、〔本来の担当のクラスとは〕異なる学生たちにドイツ語で講義を行っております。[105]

　これらの書簡から、ブリデルの「独逸法」の授業では、スイス民法典（人事法、家族法）[106]をフランス民法典やドイツ民法典と比較することを主たる内容としていたこと、講義はドイツ語で行われていたこと、そして授業数は1週間に3時間であったことがわかる。

（二）　明治法律学校「泰西比較法制論」及び「法理学」講義

　明治34（1901）年1月より、講師として招聘された明治法律学校での担当は、泰西比較法制論[107]と法理学である（前節参照のこと）。前者は、明治34年1月11日より法学士宮本平九郎の通訳で毎週金曜日に行われ[108]、後者は明治34

第一章　ルイ・アドルフ・ブリデル

年9月から同36年7月まで「第二学年ノ正科タル」科目として、野澤武之助の通訳で全19回行われた。このうち、前半は法律原論[109]、後半は比較法制学が講じられている。これらの講義の中で最もブリデルの法理論上の特徴が見られる講義は比較法制学である。そこで、この講義内容を確認しておこう。

　比較法制学の講義では、婚姻法の比較研究を行う形で講義が進められている。フランス・ドイツを中心に[110]、ヨーロッパの婚姻法上の法制度を項目ごとに取り上げ、それらを比較し、最も優れているものは何かを判定していく。この講義形式について、ブリデルは、各々の「問題ニ關シテ諸國ノ法制ヲ相近ヅケマシテソウシテ其相同タキ點或ハ相似タル點トヲ示シマス其間ニ又批評ヲ試ミマシテサウシテ長所ト短所トヲ示シマスサウシテ法律ノ一般ノ原則ニ照シテドノ法制ガ一番優レテ居ルモノデアルカト云ウコトヲ見マスサウシテ法制ノ欠點ヲ補ッテ出來得ル限リ法律ノ原則ニ相近寄ラシメンコトヲ努メ」るとし[111]、彼は終始このような比較法的観点から授業を行った。取り扱う婚姻法の項目は「夫婦ノ貞操及破倫ノ行爲」「結婚セル婦人ノ民事上ノ能力」「夫婦財産制」「生存セル配偶者ノ相續權」「離婚及別居」である。このような彼の講義は、当時においてはまだ新しい学問であった比較法学、その中でも「比較法学の方法論」や「比較立法方法」[112]を学生たちにわかりやすく理解させることを目指した、非常に斬新で実証的なものであったことが推察出来る[113]。またこのような講義を行う目的として、「法律の改良を促す」ことにあるとブリデルは述べている。確かに、彼の講義は、日本における法改正を念頭に置き、その際の方向性を学生たちに示すことが目指されているように窺える。その一例を以下に引用する[114]。

　　夫權ノ結果及ビ妻ノ法律上服從ノ地位ニアル結果ノ中デ最モ注目スベキモノ、一ツハ妻ノ民法上ニ於ケル無能力デ是ハ或國ノ法制ニ於テ認メラレテ居ルソレ等ノ法制ノ中ニ佛蘭西民法、日本民法モ數ヘラレル此無能力トイフノハ即チ妻ハ一人デ普通ノ法律行爲ヲナスコトガ出來ナイ即チ契約ニ依ツテ債務者トナルコトガ出來ナイソレカラ遺産ヲ受ケタリ或ハ拒絕シタリスルコトモ出來ナイ矢張贈與及ビ遺贈ヲ受ケルコトモ拒絕スルコトモ出來ナイソレカラ商賣ヲスルコトモ出來ナイ詰マル所或例外ヲ除クノ他普通ノ法律行爲ヲ爲スニハ妻ハ夫ノ許シヲ受ケナケ

43

レバナラヌト云フ斯ウ云フ規定ニナツテ居ルノデゴザイマス（中略）

　近頃出來タ法制……婦人ノ自由ヲ尊重スル所ノ法制ハ通例配偶者アル婦人ノ能力ヲ認メテ居ル例ヘバ一千八百八十二年ノ英吉利ノ法律、一千九百年カラ施行サレタ獨逸ノ新民法、此新民法ハ妻ノ能力ヲ認メテ居ル（……）ソレカラ伊太利ノ一千八百六十五年ノ民法是ハ妻ノ能力ヲ完全ニ認メテ居ラナイ即チ妻ノ能力ハ幾分カ缺ケテ居ルカラ無能力ト云フコトハ出來ルケレドモ併ナガラ之ヲ佛蘭西ノ法律ト比ベルト大ニ無能力ノ程度ガ減ジテ居ル（……）妻ノ無能力ト云フモノハ婚姻ノ目的ヲ達スルノニ必要ナルモノトハ認メナイ是ハ全ク自由主義ニ反シタル規定デアルカラシテ英吉利ヤ亞米利加合衆國及ビ獨逸等ノ法制ニ由ツテ與ヘラレタル例ニ從ツテ段々諸外國ノ法制カラ此無能力ト云フコトハ除カレルコト、信ジラレマス（中略）

　瑞西ニ於テハ唯今ノ所ハ各州皆異ツタル法制ヲ有シテ居リマス併シ瑞西全体ニ通ズル民法草案ト云フモノハ今出來テ居リマス其草案ニ依ルト妻ノ能力ハ獨逸ノ法律ノ規定ト同ジヤウニナツテ居リマス終リニ日本ノ法制ニ付テチヨツト申シテ置キマス

　日本ノ民法第十四條以下ニ於テ規定サレテ居ル所ニ依リマスト（……）妻ハ全ク無能力デナク一部分能力ヲ有ツテ居ルデ妻ガ一人リデ爲スコトノ出來ナイト云フ行爲ト云フモノハ特ニ法律ヲ以テ定メラレテアル（……）將來ニ於テハ日本民法モ矢張此ノ獨逸民法ノ如クニ妻ノ能力ヲ認メルヤウニナルダラウト云フノ希望ヲ有ツテ居リマス

　これは「妻の民法上の能力」と題する講義の一部であるが、ブリデルは、フランス、イタリア、ドイツなどの民法典やイギリス・アメリカ法を取り上げ、妻に完全なる能力を与えているイギリス・アメリカの制度やドイツの民法が最も良いとしている。またここで、編纂段階にあるスイス民法草案についても取り上げ、これもまた、ドイツ民法の規定と同様の内容であることを指摘している。一方、妻の無能力を定めている日本の民法にも言及し、「將來ニ於テハ日本民法モ矢張此ノ獨逸民法ノ如クニ妻ノ能力ヲ認メルヤウニナルダラウト云フノ希望ヲ有ツテ居リマス」と述べ、将来行われるであろう法改正についても示唆していることがわかる。

　また、こうした講義内容から、ブリデルが、明治民法典が施行されて5年し

かまだたっていないという時期に、既に日本法を1つの独立した法典とみなし、外国法と日本法とを同一の平面において比較考究する姿勢を見せていることがわかる。そしてドイツ法一辺倒であった当時の日本法学界において、彼は無条件にドイツ法を良いと言っているわけではなく、各国の法制度を冷静に比較し、最良のものを選び取る姿勢が見られる。こうした意味において、彼の講義内容からは、それまで我が国で行われた外国法の単純な紹介の域を越えて、日本法学の学術上の熟成に努める姿勢が見られ、これはその後の日本法学の発展に大きな貢献となっていくのである。

(三) ブリデルの講義内容の変化

　以上の講義内容から、ブリデルの講義の最大の特徴は、比較法的手法を用いていることであるといえよう。とりわけ明治法律学校では、当時のヨーロッパにおいて最新の学問であった比較法制学を講じた。ブリデルによれば、比較法制学（比較法）が専門学科として確立されたのは、1869（明治2）年にフランス・パリに「比較法制学会」（比較立法協会）が出来た時のことであり[115]、同学会の綱領には「比較法制学會ハ諸國ノ法律ヲ研究シ法制ノ各部ヲ改良スル實際ノ方法ノ研究ヲ目的トス」[116]と記されているように、諸国の法制の改良を学問上の目的として掲げていることがわかる。ブリデルもまた、こうした学会の趣勢に沿って比較法講義を行っていることが、前項の考察からも明らかである。

　しかし、13年間の滞在の中で、ブリデルの講義の基調は変化していった。この変化の背景に、ブリデル自身が、滞日の動機を徐々に変化させていった事情を汲み取ることが出来る。その変化の始まりは、明治39（1906）年の秋からである。尤も、比較法的手法を用いた講義自体が変わったわけではなく、講義の中心となる法素材が、フランス・ドイツ法からスイス法へと変わったということを意味している。確かにそれ以前からスイス法も講義の中で取り扱われていたものの、来日して間もない頃のブリデルの講義では、フランス法やドイツ法がその中心に据えられていた。おそらくブリデル自身も、来日当初は日本の法学界が彼に求めていた「（日本の民法典に深く関与していた）ドイツ法やフランス法の教授」「比較法的学識の教授」を意識していたに違いない。しかし、彼は少しずつスイス民法典を教授する機会を広げていった。

この時期、スイス民法典は草案も完成し、まさにヨーロッパ最新の法典の1つとして誕生しようとしていた。全ヨーロッパが注目していたこの民法典に、日本人法律家たちもまた興味を持ち、特に東京帝国大学では、「同時期」に行われているスイス民法典の立法作業がどのように行われているかに大きな関心を抱いていたようである[117]。スイス民法典編纂において、起草者フーバーは、自国の伝統を根底に置きつつも、他国の法典、その中でも特にヨーロッパ最新の法典であるドイツ民法典や、施行されてからほぼ100年が経つにもかかわらず未だその威信を保っているフランス民法典に重点を置き、比較検討していくという作業を行った。これは奇しくも、明治民法典編纂の際に日本人立法者が旨とした精神と同じであり、従って、同時期に同じような方針で法典編纂を進めているスイスを客観視することで、日本は自己の作業を見直すことが出来たのである。まさにスイス民法典編纂作業は、日本にとっての良き手本だったのである。

　このような中、ブリデルは、まず東京帝国大学「仏蘭西法」専攻第4回生の学生にスイス民法典（草案）を教え始め、明治43（1910）年からは同大学「独逸法」第3回生の学生にも教授している（本節第1項参照のこと）。特に「独逸法」の講義においては、東京帝国大学より講義の代講を依頼された際の受諾の条件として、スイス民法典を中心とした講義にすることを挙げているほどである[118]。フーバーにも「スイス民法典とは異なるものはあまり講義したくない（Etwas anderes als das schw. Gesetzbuch würde ich nicht gerne lehren.）」[119]と記しているように、将来の日本法学界を担う若き学生たちにスイス民法典を教授していくことが、日本滞在の中盤から後半に差しかかった時期におけるブリデルの主要な関心事となっていくのであった。

2　スイス民法典に関する書籍・冊子の配布

　しかし、こうしたブリデルによる「スイス民法典の紹介」は、学生だけに向けられたものではない。日本滞在中に記されたフーバー宛の書簡を見ると、ブリデルはフーバーに、スイス民法典前草案、草案及び同民法典を主とする出版物を郵送してくれるよう、再三要求していたことがわかる[120]。それらの中に

は彼自身の研究や講義のために使用されていたものもあるが、大部分は各分野の人々に提供するためのものであった。そこで、彼がスイス民法典を寄贈した人物を確認しておこう[121]。

1　ドイツ語、フランス語、イタリア語によるスイス民法典
富井〔政章〕教授（貴族院議員）、文部大臣（牧野氏）[122]
2　3ヵ国語（ドイツ語、フランス語、イタリア語）によるフランケ版[123]
東京帝国大学図書館、京都帝国大学図書館、穂積〔重遠〕氏――彼は親族法問題に関する博士号学位審査試験の準備をしている、東京帝国大学の法学士である――、東京に来た清国の使節
3　ロッセル版の小さいもの
富井〔政章〕氏（リヨン大学法学博士）――彼は日本で最も注目を集め、最も活動的な法学者の一人である――、ファルデル（Fardel）氏――彼は東京在住者の一人である――
4　3ヵ国語のいずれか、とりわけフランス語による公式版
法科大学の何人もの教授たち、〔その中でも〕特に〔取り上げるとすれば〕韓国の民法典編纂に携わっている梅謙次郎教授
5　法科大学第4回生の生徒たちへのフランス語公式版の冊子販売（30部）
6　南京にいる孫文（Sun Yatsen）には以下の書籍を郵送した。
3ヵ国語によるスイス連邦憲法、3ヵ国語によるスイス民法典及びスイス債務法、ヴィンセント（Vincent）著 "Government in Switzerland"[124]、『瑞西民法』（邦訳）、スイスにおける講義法に関する書籍

ここで注目すべきことは以下の3点である。
　第一に、ブリデルがスイス民法典を渡した人々の中に、富井政章がいるという点である。無論、富井は東京帝国大学教授であったため、ブリデルは同僚として、彼にスイス民法典を渡したと考えることも出来るかもしれない。しかし、それ以外の理由があるからこそ、わざわざフーバーに個人名を挙げていると考えられないだろうか。事実、上記の引用箇所にも確認出来るように、ブリデルは富井を「日本で最も注目を集め、最も活動的な法学者の一人である」と評し、現在最も力のある、そして今後も日本法学界を牽引する存在として彼を評価し

ている。つまり、ブリデルは民法典編纂者の富井に、近い将来実現するであろう改正作業においてもまた中心的な役割を果たすだろうと期待していたのではないか、そしてその際にスイス民法を参照してもらいたいという目的のもと、同民法典の冊子を提供したとも考えられないだろうか。

　実際、ブリデルはまだ誕生して間もない日本の民法典に関心を持っていた[125]。しかし、彼の興味の対象は、民法典それ自体ではなく、その後に行われるであろう「改正」であった[126]。彼には、編纂された法典を改正しないことは、法の凝滞を意味し、法の進歩を妨げ、あわせて人類の発展をも妨げるという意味から、法律は一度制定されても、社会の変化に応じてその都度改正していくべきであるとの持論があった。そして、日本もまた、その必要性が迫られているとブリデルは考え、明治民法典の改正の必要性を強調している。なお、日本の民法典の改正にあたってスイス民法典が寄与し得るという彼の考えは、1908 (明治41) 年12月25日付ブリデル・フーバー書簡の「私は将来おこるであろう日本民法典の改正にあたって、スイス民法典が有効な役割を果たすことが必要とされると確信しています。」[127] といった記事からも見て取ることが出来る。

　またブリデルは、日本民法典の中でもとりわけ家族法の領域について、スイス民法典の理解が必要であることを強調している。これについては、"le code civil suisse au Japon" において具体的に記されている。関連文は以下の通りである[128]。

　　ここで次のようなことは考えられないだろうか？〔つまり〕フランス法やドイツ法は、実際のところ、日本法が形成される際の基盤にはなり得なかったのではないかということ、そして家族の構造に関して言うならば、フランス法やドイツ法が決定的な影響を与えなかったのに対して、スイス法だけは影響を与えられることが出来るということを。そして、一体その理由は何なのか。〔これについて以下に記すのが〕そのような疑問点への答えである。
　　個人ではなく、家族こそが最優先される日本にとっては、ドイツとフランスの家族法は、どちらもあまりにも「個人主義的」な精神から生まれたものである。それに対してスイス法は、これら2つの偉大な先行法とはこの点においてかなり異なっている。(……) これは我々の民法〔スイス民法典〕が、「人格」権を、フラ

ンス法、ドイツ法よりも、積極的により良く保証することが出来るということである。(……)
　これがフランス法とドイツ法が日本の家族法の徹底的な改革をもたらすだけの十分な影響力をもたず、スイス法にはそれが出来ると考える理由である。

　こうした事実より、ブリデルが富井にスイス民法典を配布したのは、日本民法典の改正作業の際に、特に家族法の領域においてスイス民法典の理念の普及を視野に入れたものであったことがわかる。
　第二に、ブリデルが穂積陳重の長男である穂積重遠にスイス民法典を提供していた点である。ブリデルはフーバーへの書簡の中で、重遠を「親族法問題に関する博士号学位審査試験の準備をしている東京帝国大学の法学士（licencié en droit de l'Université de Tokyo, qui prépare un doctorat sur quelque question du droit de famille）」と紹介している。日本の法学界の次世代を担うであろうこの人物にスイス民法典を周知させることにより、同国の法学界におけるスイス民法典の存在を高めたいという彼の理想の追求を窺い知ることが出来よう。ブリデルと重遠の接点については次章にて考察する。
　第三に、ブリデルが近隣諸国である中国や韓国でその当時行われていた法典編纂事業を意識しつつ、それに関係するような人物たちを中心にスイス民法典の冊子を配布したという点である。スイス民法典を広げるための活動を滞在目的としてきたブリデルは、日本における活動が軌道にのり、日本におけるスイス民法の地位が徐々に上がりつつあることを確信すると[129]、活動範囲を日本の近隣諸国にまで押し広げようとした[130]。まず、韓国で当時、法典編纂作業に従事していた梅謙次郎に同民法典の冊子を渡している。ここから、スイス民法典を韓国の法典編纂時の参照に供したいというブリデルの意図を窺うことが出来よう。また次に見る中国への発信も同じ意図のもとにあるといえよう。
　またブリデルは、明治41年12月以前に中国の使節（ministre de Chine）、すなわち清国の使節へ、そして大正元年頃に孫文へ、スイス民法典を配布している。彼が日本に滞在している頃の中国は、近代国家形成に向けて歩み始めており、明治初期の我が国と同様、近代的な法制度の整備という課題に直面していた[131]。この中国に対し、彼はスイス民法の立法への関与の可能性を感知し、立法の助

成という名目の下、積極的な啓蒙活動を試みたのである。まずブリデルは清国にスイス民法典を提供した。そして清国が瓦解すると、新しく建国された中華民国の臨時大統領の孫文にも同一の行動を迅速に行った。特に新中華民国の建国にあたって、ブリデルは大いなる期待を抱いた。というのも、孫文という人物は欧州の制度の導入を目指しており、民主共和制を重んじていたため、同じく民主共和制を採用するスイスはそのモデルとして最適であるとブリデルは考えたのだろう[132]。そこで孫文には、スイス民法典のみならず、法律全般にわたる書籍や資料、さらには政治、教育に関するものまで寄贈している。その際、ブリデルは自らの手紙を添えたようであり、孫文から返事も受け取ったとされている[133]。このような行動の背景にある彼の意図は、次の2つの書簡の記述から見てとれる。

　（……）我が祖国スイスのために抱いている私の野望はさらにまだ続きます。中国が〔今まさに〕経験している革新の際に、我たちの小国スイスが、〔列強国が行っているように〕何か助言出来るような立場になって欲しいと私は思っており、法改正の際に影響を及ぼすこと〔でその望みをかなえること〕が出来ると考えています。[134]

　（……）私の努力と願望は、スイス民法典を中国に伝えることであり、祖国のものをより多く伝えていくことです。[135]

こうした彼の言動の奥底には、ナショナリストとしての彼の理念があった。実際、これは次の書簡の一部からも読み取ることが出来る。

　わが国による（私が理解しているところの）植民地化を促進させるために、スイスは、中国に公使を派遣すべき〔です〕。（……）アメリカ合衆国、イギリス、フランス、ドイツ、日本、ロシア、オランダ、そしてベルギーでは行動をおこし、自分の足場を固めています。しかしスイスは全く何もしていません！[136]

つまり、法学領域における「植民地化」を、近代法典の立法作業を開始しようとしていた中国に対して行い、その先兵としてスイス民法典を使用したいと

第一章　ルイ・アドルフ・ブリデル

いう意図をここから読み取ることが出来るだろう。そしてその際、スイス民法典が他の列強国の民法典よりも優れたものであるという彼の認識が、こうした彼の活動をさらに助長させていったといえよう。それを裏付ける、ブリデルが他国の法典の問題性を指摘している記述の一部を以下に引用しておく[137]。

　　連邦共和国あるいは立憲君主制を採用している中国〔中華民国〕が、自国の法を変革するために海外へ目を向けているとするならば、黄河の向こうから名乗りでている〔国々の中でも〕決して引けを取ることのない価値を有しているスイス民法〔こそ〕が、〔彼らが〕要求している〔法改正の〕作業に貢献するのが適切であろう。(……) 輝かしい名声に包まれたフランス民法典は、今では老朽化してしまい、家族法もそれに伴い、〔単なる〕古いものの寄せ集めになってしまった。そしてその改正に向けた作業も進んでいない。ドイツ民法典は、多くの点において傑出した法典ではあるが、簡素さと明晰さに全く欠けている。——そのような事実は、良質な内容を備えるスイス民法典の出現によって、完全に明らかになった。イギリスは、法典を持っておらず、現在の〔イギリスにおける〕法的状況は、半分は法であり半分は慣習であるが、民法に関していうならば、個別的なものではない限り、〔これらの法状況が〕著しい影響を及ぼすことは不可能であると思われる。新中華民国が間違いなく最も積極的に依存している国家であるアメリカでは、民法典の編纂はイギリスよりも進んでいることはない。——民法領域において〔既に〕行われた〔立法作業〕は、一部の州にかかわることであり、合衆国それ自体にかかわるものではない。ロシアに関しては、1902年の民法典草案がいつ通過するか誰も知らない。従って、スイス民法典には、自由な余地がある。

スイスは学問の領域においては十分に実力を備えている。それを証明し、スイスを世界における一等国にすることが、ブリデルの目指していた最終目的であったのではないだろうか。また、こうした彼の一連の活動を支えたものは、「(……) ひょっとしたら、人は、私が個人的な興味から〔スイス民法典を流布させるという〕目論見を立てていると思っているかもしれません。しかしそのようなことは全くないのです。素晴らしい法のため、人類のため、そして祖国のために私は働きたいのです。」[138]という彼の使命感であった。これが彼の日本滞在を支える信念だったといっても過言ではない。

五 小 括——ブリデルの活動の限界

　本章では、ブリデルの生涯のほぼ全体にわたる経歴を再現し、また日本滞在中の彼の活動に着眼しつつ、彼の滞日目的について考察を行った。ここで最も重要なことは、彼にとっての大きな転換期は明治39（1906）年頃であったということである。母国スイスでは、同民法典草案をめぐる連邦議会での審議が1905（明治38）年に始まり、1907年12月10日に承認されるまでの大詰めを迎えており、それに従い、ブリデルの中でも、スイス民法典を認知させ、特に明治民法典の家族法領域における改正の際にスイス民法典を重要法典として参照させたいという使命感が次第に強くなり、このことが、スイス国内でも本来、重要なポストに就き得る経歴を持つブリデルに、13年もの長きにわたり日本に滞在させる動機を形成したのではないだろうか。ブリデルにとって、スイスの繁栄は彼の願望であり、彼の信じた自らの使命とは、祖国の法律であるスイス民法典を極東の地に伝播させるという、いわば宣教師のようなものであった[139]。そしてその考えは徐々に彼の中で加熱していき、ついに彼はそれを果たすことでスイスを列強国の一員として肩を並べられると考えるに至り、自らの専門分野で大きな努力をはらったのであった。

　しかし彼のそのような意図には限界があり、時代がそれを叶えることはなかった。彼は大学に雇われた外国人教師に過ぎず、明治後期という時代はもはや立法作業において外国人の手を必要としていなかった。つまり当時の日本が求めた彼の役目はあくまでも教育者であり、教育や学術の領域でいかにスイス法啓蒙活動が出来るかが彼に与えられた唯一の可能性であったである[140]。

　しかしそのような時代的な制約はありながらも、彼の日本法学界における貢献はやはり決して見逃すことの出来ないものであると考える。

　第一に、何よりも日本法学界でスイス民法典を知らしめることに、ブリデルは重要な役割を果たすことが出来た。ブリデルは、当時最新の民法典をアジアで最も早く我が国に紹介した。当時、日本では、スイス民法典が施行される1年前の明治44（1911）年に、同民法典の翻訳書が既に刊行されており、さらにはその前年、明治43年に大審院に提出された上告理由の中には、スイス民法

第一章　ルイ・アドルフ・ブリデル

第1条を準拠するようにとの記述も見られる（本書第六章第二節参照のこと）。ここにブリデルの貢献を見出すことも出来よう[141]。

さらに、ブリデルの我が国の法学界への寄与は、彼の講義を聴講した学生たちの存在という点にも見ることが出来よう。ブリデルのもとでフランス法やドイツ法を学んだ学生として、杉山直治郎、牧野英一、末弘厳太郎がいたが、彼らもまた、こうした比較法学に関心を持つことになる[142]。そして何よりも穂積重遠は、ブリデルとともに我が国の法学界にスイス民法を紹介すべく奔走した人物であり、大正・昭和戦前期の特に家族法学の領域において、スイス民法の研究を積極的に推進した人物である。重遠は、スイス民法を法実務あるいは法学研究の場面において具体的に提示していくことで、大正・昭和戦前期の法学界において、スイス民法典をドイツ民法典やフランス民法典と並ぶ第三の大陸法として主張し、その地位の確立をある程度まで実現させていくこととなる。本書のテーマである近代日本におけるスイス法の影響とは、まさにブリデルにおいて植樹され、穂積重遠によって育まれるべき一連の学問的継承関係として表象されることになる。これが次章で穂積重遠について議論する所以である。

注

1) 本書では、伊藤正己編『外国法と日本法』（岩波書店、1966年）6頁に従い、「法体制準備期」（明治元（1868）年 - 同21（1888）年）を「明治前期」と、「法体制確立期」（明治22（1889）年 - 大正2（1913）年）を「明治後期」とする時代区分を用いる。
　法学領域における明治前期お雇い外国人の中で、1970年以降に研究がなされている人物としては、ボアソナード（大久保泰甫、向井健、村上一博、野田良之、堀内節、中村哲、西堀昭、梅渓昇、田中竜麿などによる研究）、ロエスエル（堅田剛、鈴木安蔵、ヨハネス・ジーメスなどによる研究）、デュ・ブスケ（手塚豊、梅渓昇などによる研究）、ブスケ（手塚豊、向井健、堀内節、野田良之、西堀昭、福島正夫などによる研究）、アッペール（手塚豊、西堀昭、加藤隆、大淵利男などによる研究）、モッセ（石井紫郎、小笠原正などによる研究）、ルドルフ（小柳春一郎による研究）がある。その他にも、パテルノストロ（森征一、梅渓昇などによる研究）、カークード（手塚豊による研究）、グリスビー（林智良による研究）、ヒル（手塚豊、堀内節などによる研究）、ジュスラン

(池田真朗による研究)、ラパール（森征一による研究)、ド・リブロール（西堀昭による研究）が挙げられる。

2) 梅渓昇『お雇い外国人』（日本経済新聞社、1907年）211頁。関連文は以下の通り。

「『お雇い外国人時代』の盛期は（……）ほぼ明治二十年前後までである。それ以後は衰退期に入り明治三十年前後、十九世紀末において、歴史的な意義をほとんど失ったといえよう。」

3) 明治後期お雇い外国人の研究としては、ミシェル・ルヴォン（M. Revon）、ジョン・ヘンリー・ウィグモア（J. H. Wigmore）を中心に、イポリト・オーガスト・ルヴィヨ（H. A. Revilliod）、アレクサンダー・チゾン（A. Tison）、テオドール・シュテルンベルグ（T. Sternberg）を取り上げたものがあるにすぎない。

ルヴォンに関する研究論文は、序論注27）を参照のこと。

ウィグモアに関する論文としては、大日本文明協会『明治文化発祥記念誌』（1924年）、神戸寅次郎「教授としてのウィグモア博士」（『三田評論』第454号、1925年）、鈴木治郎「ウィグモア博士に関する感想」（『三田評論』第454号、1925年）、小泉信三「ウィグモア博士を迎へて」（『三田評論』第454号、1925年）、高柳賢三「ウィグモア先生について—人格と学識と事業」（『法律時報』第7巻第6号、1925年）、手塚豊「ウィグモア博士」（『慶應義塾大学新聞』第194号、1947年）、平良「ジョン・ヘンリー・ウィグモア（近代思想をめぐる人々）」（『綜合法学』第28号、1950年）、東井金平「シモンズとウィグモアの日本の土地制度および地方農村制度論」（『農業総合研究』第9巻第1号、1967年）、高柳賢三「法の知恵『東と西』—ウィグモア先生のすぐれた貢献」（『アメリカ法』第1967巻第2号、1967年）、鈴木一郎「徳川時代法制資料集（英文）をめぐって」（『国際文化』第174号、1968年）向井健「J. H. ウィグモア博士のことども」（『三田評論』第586号、1970年）、幸田成友「ジョン・ヘンリー・キグモア教授」（『幸田成友著作集六』中央公論社、1972年）、松本康正「東京専門学校で教えた一六人の外国人講師たち」（『早稲田大学史紀要』第10号、1977年）、高柳賢三「ウィグモア先生の人格と業績」（帝国大学新聞社編『文化と大学』、1935年）、向井健「ウィグモア先生を憶う」（『三色旗』第381号、1980年）、同「今日の法律家　J. H. ウィグモア」（『法学セミナー』第300-301号、1981年）、山田好司「ウィグモアと旧司法省編纂近世法制史料」（『法の支配』第56号、1983年）鈴木一郎「『徳川法制資料集』の英譯とJ. H. ウィグモア」（『UP』第175号、1988年）、山田道郎「ウィグモア証明論序説」（『法律論叢』第63巻第1号、1990年）、宮島里史「ウィグモア先生：アメリカ法学界の一碩学の歩みに見る、法律家の姿と法へのアプロウチ（ポール・キャリントン先生講演）」（『桐蔭法学』第1巻第1号、1994年）、岩谷十郎「ウィグモアの法律学校—明治中期一アメリカ人法律家の試み」（『法学研究』第69巻第1号、1996年）、同「ジョン・ヘンリー・ウィグモアの残した二つの契約書—『日本関連文書』の構造とその研究」（『近代日本研究』第13号、1997年）、同「ウィグモア宛ボアソナード書簡一四通の解題的研究—民法典論争と

二人の外国人法律家」(『法学研究』第73巻第11号、2000年)、同「ノース・ウェスタン大学大学史資料室所蔵　ジョン・ヘンリー・ウィグモア文書」(『東京大学大学史史料室ニュース』第24号、2001年)、滝沢昌彦「証書による証明と意思表示理論―ウィグモアの証拠論を契機に」(『一橋法学』第1巻第1号、2002年)、岩谷十郎「福澤諭吉とジョン・ヘンリー・ウィグモア―法律専門教育をめぐる二つのヴィジョン」(安西敏三・岩谷十郎・森征一編著『福澤諭吉の法思想　視座・実践・影響』慶應義塾大学出版会、2002年)、同「書簡に見る福澤人物誌⒀シモンズ・ウィグモア・福澤―旧時代の法制度を見る視点」(『三田評論』第1079号、2005年)、同「ジョン・ヘンリー・ウィグモアにおける日本法研究の端緒―民事慣例類集の英訳者・牛場徹郎関係資料紹介」(『近代日本研究』第24号、2007年)が挙げられる。

　ルヴィヨに関しては、西堀昭「ルヴィーヨとアリヴェ」(法政大学大学史史料委員会前掲『法律学の夜明けと法政大学』)が挙げられる。

　チゾンに関しては、上掲『明治文化発祥記念誌』や『Who was who in America ?』で紹介されている他、松本康正「東京専門学校で教えた十六人の外国人講師たち」(『早稲田大学史紀要』第10号、1977年)がある。

　シュテルンベルグに関するものは、「テオドール・シュテルンベルヒ氏 Theodor Sternberh の略伝」(『日本学士院紀要』第8巻第1号、1950年)、田中耕太郎「シュテルンベルヒ先生の思い出―二十世紀のファウスト博士」(『文藝春秋』第37巻第10号、1959年)、川島武宜『ある法学者の軌跡』(有斐閣、1978年)がある。

4)　本書において、同書簡を引用する際に明記する日付、場所、差出人等の配列については、例えば1907年12月16日付のブリデル発信の書簡は、"Lettre de L. Bridel du 16.12.1907"と表記する。なお、この書簡の解読にあたっては、ベルン大学法学部ピオ・カローニ(Pio Caroni)教授並びに同大学ザビーネ・ウルマン(Sabine Ulman)助手のサポートを受けた。この場を借りて感謝の意を表する。

5)　Leo Neuhaus, "Das Eugen Huber Archiv im Bundesarchiv in Bern", in: Schweizerische Juristen Zeitung, 15.12.1957, S. 374 ff.
　また我妻栄「スイス民法五十年」(『ジュリスト』第156巻、1958年)24頁以下にも、ノイハウスによって記された上記論文の紹介の中で、滞日中のブリデルとフーバーの間に交流があったことが記されている。

6)　"Lettre de L. Bridel du 16.12.1907" (carte postale), "Lettre de Tokyo de L. Bridel du 18.11.1910".

7)　"Lettre de Louis Bridel de Genève du 6.12.1907".

8)　Louis Bridel, "Le code civil suisse au Japon", in：Gazette de Lausanne, 20. Janvier. 1912.

9)　ブリデルの経歴を掲載している文献としては、武内博編著『来日西洋人名事典』(日外アソシエーツ、1983年)336頁、稲村徹元他編『大正過去帳』(東京美術、1973年)

13 頁、S. Kurita, "Who's who in Japan?", Who's who in Japan office, 1913, p. 13、上田正昭監修『日本人名大辞典』(講談社、2001 年) 1658 頁、「明治文化に寄興せる歐米人の略歴」(前掲『明治文化発祥記念誌』1924 年) 33 頁、「ルイ・ブリデル教師の逝去」(『法学協会雑誌』第 31 巻第 4 号、1913 年) 161 頁以下、野田良之「日仏法学交流の回顧と展望」(『日仏法学』、日仏法学会、1972 年) 31 頁などがある。

10) 「ブリデル履歴書」(『傭外国人教師・講師履歴書』東京大学総合図書館蔵)。
仏語の履歴書(オリジナル)の原文は以下の通りである。

Louis Bridel. Né à Paris, 6 juillet 1852. De nationalité suisse : Genève et Moudon (Canton de Vaud). – Son père : pasteur protestant, à Paris puis à Lausanne, † 1866. Sa mère : de Frankfurt s/m. (Allemagne), † 1878.

Premières études au "Collège Galliard" à Lausanne. Elève du gymnase de Tubingue (Wurtemberg) de 1867 à 1869. Etudiant à l'Académie (maintenant Université) de Lausanne, dont bachelier-ès-lettres en 1870, licencié-en-droit en 1879 (dissertation imprimée sur "La puissance maritale".)

Fin 1887, nommé professeur à la Faculté de droit de l'Université de Genève : "Introduction au droit civil" et "Législation civile comparée". Doyen (c.à.d. président) de la dite Faculté de 1895 à 1897.

Député au Grand Conseil (corps législatif) de Genève, de 1895 à 1898.

C'est essentiellement à son initiative que sont dues les trois lois suivantes, en vigueur dans le Canton de Genève : Loi du 7 novembre 1874, garantissant à la femme mariée la libre disposition du produit de son travail personnel ; -Loi du 5 juin 1897, d'après laquelle les femmes, aussi bien que les hommes, peuvent fonctionner comme témoins dans tous les actes publics et privés (actes de l'état civil, testaments, etc.) ; -Loi du 5 juillet 1897, en vertu de laquelle toute personne, sans distinction de sexe, peut être appelée aux fonctions de tuteur, curateur, etc., ainsi qu'à faire partie d'un conseil de famille.

Directeur de la "Revue de morale sociale", fondée en 1899, - revue internationale, paraissant à Genève, consacrée à l'étude des questions concernant les relations morales et sociales entre les sexes.

Membre de la "Société des juristes suisses", de la "Société de législation comparée" de Paris et de la "Internationale Vereinigung für vergleichende Rechtswissenschaft und Volkswirtschafts lehre" de Berlin.

Principales publications: "La femme et le droit. Etude historique sur la condition des femmes" (Lausanne, Paris, 1884) ; - "Le droit des femmes et le mariage. Etudes critiques de législation comparée" (Paris, 1893). Traduction espagnole (Madrid, 1894). Traduction polonaise (Varsovie, 1895) ; - "Mélanges féministes. Questions de droit et de sociologie" (Paris, 1897)

第一章　ルイ・アドルフ・ブリデル

　　　En 1900, appelé comme Prof. à la "Fac. de droit de l'université impériale de Tokio."
　　　　　　　　　　　　　　　　　　　　　　Louis Bridel, Tokio, 25 oct. 1900.
11)　松本は、序論にて紹介した論文「身分法学者ルイ・ブリデルのフェミニズム―『女性と権利』を中心として」の中でブリデルの父親の名前を「レオン」としているが、これは誤りである。彼の父の名が「ルイ・フィリップ・バンジャマン」であることは、"Bridel", in : Recueil de Généalogies Vaudoises, Tome Ier, Société vaudoise de Généalogie, Lausanne, 1923, p. 665 に確認することが出来る。
12)　Recueil de Généalogies Vaudoises, op.cit., p. 665.
13)　Recueil de Généalogies Vaudoises, op.cit., p. 661.
14)　松本前掲「身分法学者ルイ・ブリデルのフェミニズム―『女性と権利』を中心として」146 頁。但し、資料的根拠が記されていないため、真偽は定かではない。
15)　前掲「ルイ・ブリデル教師の逝去」163 頁。
16)　松本前掲「身分法学者ルイ・ブリデルのフェミニズム」149 頁。但し、これに関しても根拠となる文献が示されていない。
17)　前掲「ルイ・ブリデル教師の逝去」161 頁。
18)　Histoire de l'Université de Genève, L'Académie et l'université au XIXe siècle ANNEXES, Genève Georg&co.Libraires de l'université, 1934, pp. 42-43 には、19 世紀後半におけるジュネーヴ大学法科大学の講座科目と担当者名が記載されている。ブリデルの講じた「Pandectes」は「Droit Romain（ローマ法）」の講座の一科目として位置づけられている。従って、筆者はこの Pandectes を「学説彙纂」と訳出した。
19)　Histoire de l'Université de Genève, L'Académie et l'université au XIXe siècle, op.cit., p. 508.
20)　Histoire de l'Université de Genève, L'Académie et l'université au XIXe siècle, op.cit., p. 508 ; Université de Genève, Faculté de Droit de 1872 à 1896 /1896 à 1914, p. 158.
　　　また『法学協会雑誌』第 18 巻第 10 号（1900 年）897 頁に掲載されている「獨・墺・瑞各法科大學講座一覽」の「ジュ子ーヴ大学」の項目によると、ブリデルの講義内容は、民法總論、物権、債務法總則、無遺嘱相續、遺嘱相續、證據、時效（仏蘭西民法）が毎週 5 時間、比較私法――法定相續が毎週 2 時間、獨乙民法親族法――婚姻、親子、後見（仏蘭西民法及瑞西民法草案對照）が毎週 3 時間であった。しかし、ジュネーヴ大学史に掲載されている担当教科が一番信頼性が高いため、それを採用する。
21)　"La Patrie Suisse No. 510", : in "Louis Bridel Professeur du droit décédé le 23 mars 1913", in : Biographies genevoises 68, 1913"(Bibliothèque publique et universitaire, Genève)"
　　　尤も、「婚姻の効果」部分に関する条文の起草に、ブリデルがどの程度関わり合いを持っていたかは定かではない。例えば『法学協会雑誌』には、ブリデルはスイス民法第一予備草案の「審査委員」として活躍したと記述されている。また、"La Patrie Suisse

No.510"の中に収められているいくつかの記事は、「フーバーやシュライベルと共に招聘された」とされ、同史料中の別記事である"Journal de Genève 19 mars 1913"には、「1893年ブリデルはフーバー、シュライベルとともに、スイス民法の婚姻の効力部分についての審査を行った」とされている。しかしその一方で、スイス法律家協会（Schweizerischer Juristenverein, société des juristes suisses）において、ブリデルが民法第一予備草案に関する委員報告をしている形跡はなく、また委員として彼の名前が挙げられた史料は管見の限りにおいては存在しないなど、ブリデルが委員を務めたことの確証を得ることも出来ない。ただ、スイス法律家協会での夫婦財産制に関する討論で報告をしているということ（Université de Genève, Faculté de Droit de 1872 à 1896 /1896 à 1914, op.cit., p. 159）、また同民法典第一予備草案の婚姻の効果に関する部分の仏語訳をしている（Université de Genève, Faculté de Droit de 1872 à 1896 /1896 à 1914, op.cit., p. 158）ことから、彼がこれに何らかの関わりを持っていたことは否定出来ない事実であろう。

　なお、上記の史料（"Louis Bridel Professeur du droit décédé le 23 mars 1913"）は、おそらくスイスの新聞や雑誌等でブリデルの死亡の際に掲載されたいくつもの関連記事が切り取られ、それらが1つの史料としてまとめられたものである。残念なことに、各関連記事の掲載元及びページ数が全く記されていないため、以下、引用及び注として挙げるときも具体的な箇所を提示することが出来ないことを付記しておく。

22）　本節の冒頭に引用したブリデルの経歴の邦訳と、ブリデル本人の自筆による仏語の原文との間には、多少のずれがみられる。原文の該当部分を挙げ、各部分に対して筆者の訳を添えることとする。
① Loi du 7 novembre 1894, garantissant à la femme mariée la libre disposition du produit de son travail personnel（既婚女性の個人による労働の結果の自由な処分を認める1894年11月7日の法律）
② Loi du 5 juin 1877, d'après laquelle les femmes, aussi bien que les hommes, peuvent fonctionner comme témoins dans tous les actes publics et privés (actes de l'état civil, testaments, etc.)（1877年6月5日の法律　これによって、女性は男性と同様に、すべての公的・私的な証書（戸籍謄本、遺言等）において証人となることが可能である）
③ Loi du 5 juillet 1897, en vertu de laquelle toute personne, sans distinction de sexe, peut être appelée aux fonctions de tuteur［garant?］etc., ainsi qu à faire partie d'un conseil de famille.（1897年7月5日の法律　これに従って、すべての人は性の差別なしに、後見人や〔保証人？〕といった役割を果たすことが、そして家族会議の当事者になることが約束された）

23）　Mémorial des séances du Grand Conseil, Tome I, contenant les numéros 1 à 22, Genève, 1896, p. 24, "Louis Bridel Professeur du droit décédé le 23 mars 1913", op.cit.

24）　「講師履歴書」による経歴では「比較法制学協会」となっているが、これは、1869年、

「異なった国の法律の研究および立法の種々の部門の改良の実際的手段の探求」を目的として設立された「比較立法協会」のことである（五十嵐清『比較法ハンドブック』勁草書房、2010年、36頁）。「比較立法協会」については、Yoshiyuki Noda Gustave Boissonade, comparatiste ignoré, in : Problèmes contemporains de Droit Comparé, Tome II, Institut japonais de droit comparé, Université CHUO, Tokio, 1962, pp. 231-256 及び大木雅夫「サレイユとダビッド—現代比較法学の岐路」（『上智法学論集』第30巻第2・3号合併号、1987年）85-113頁を参照のこと。

ブリデルは遅くとも、1896-97年の間には同協会のメンバーになっており、1900年以降には、日本からの会員として登録している。なお、ブリデルが入会した1896年以降の日本のメンバーは、梅謙次郎、富井政章、水町袈裟六、司法省御雇外人カークード（W. Kirkwood 1896-98）、ブリデルの前任のルヴォン（1896-1900）等がいた（Liste des membres de la société des Législation comparée, in : BULETTIN de la société des Législation comparée, Paris, 1897-1901）。

25) 1902年時点でブリデルがこの学会に所属していたことは、Jahrbuch der Internationalen Vereinigung für vergleichende Rechtswissenschaft und Volkswirtschaftslehre, Berlin, 1902, S. 1370 に記されている。この年鑑によると、1902年の時点で、日本在住の会員は彼を含め21名であり、その中には、穂積陳重、春木一郎、岡松参太郎、杉山直治郎、レーンホルム等の名がある。

26) この他、ブリデルによって書かれた雑誌等の記事を以下に挙げておく（前掲"who's who in Japan?", p. 14 より抜粋）。
Les sciences socials et leur méthode ; L'enseignement supérieur à Lausanne et en Suisse (à propos du legs de Rumine) ; La condition des femmes, en droit comparé ; La question des mœurs et la réglementation ; Les deux morales (homme et femme) ; Le futur droit matrimonial suisse (1885-1896).

27) ブリデルは、性病予防法下での公娼制度の反対運動に尽力したジョセフィン・バトラー（J. Butler 1828-1906）の国際廃娼連盟支部（本部ブリュッセル。本文履歴書には「万国廃娼同盟会」となっている）で、1891年から1895年までの間、代表を務めた。バトラーについては、竹村和子監修『世界女性人名大辞典』（マクミラン版／アグロウ編纂、国書刊行会、2005年）326頁、河村貞江「バトラー、ジョセフィン」（『世界大百科事典22』平凡社、1988年）666頁、世界女性人名辞典編集委員会編『世界女性人名事典』（日外アソシエーツ、2004年）527頁を参照。ブリデルの国際廃娼連盟における活動については、前掲"Louis Bridel Professeur de droit décédé le 23 mars"に見られる該当記事を参照のこと。

28) 田中阿歌麿「ブリデル先生とモーレー先生の思出」（前掲『明治文化発祥記念誌』133頁）及び前掲「ルイ・ブリデル教師の逝去」161頁。

29) 『明治法学』第14号（1900年）72頁。

ルヴォンの満期解雇後の明治32年7月以降の仏蘭西法の担当者は、デュモラール（Henri Dumorard）である（『東京大学百年史部局史一』東京大学出版会、1986年、90頁）。この人物については、パリ大学法学部教授という経歴を持った人物であることのみがわかっている（野田前掲「日仏法学交流の回顧と展望」30頁）。大学関連の資料には、彼のその後の雇用状況については一切報告がなく、翌年の秋にブリデルが就任している。

30）　1900年5月2日付「富井政章よりブリデル宛」書簡（仏文）の冒頭に「私〔富井〕は2月11日にあなた〔ブリデル〕から手紙と3通の添付書類を受け取りました」と書かれていることから、両者間の雇用交渉は遅くともブリデル来日の約半年前にあたる明治33（1900）年2月以前から行われていたことがわかる。

31）　明治33年4月6日付「（東京帝國大學）総長より文部大臣宛」書簡。

32）　明治33年4月23日付「文部大臣伯爵樺山資紀より東京帝國大學宛」書簡。
「四月十三日付伺其學法科大學仏蘭西法律教師トシテ瑞西國ジェ子バ大學教授ルイ・ブリデルノ招傭ノ件許可ス」

33）　前掲1900年5月2日付「富井政章よりブリデル宛」書簡。

34）　明治33年5月3日付「総長菊池大麓より牧野公使宛」書簡。
　　以下に、ブリデルと東京帝国大学の間で交わされた契約書の原案と思われる文書（「東京大学傭外国人教師関係書類・講師履歴書」所収）の全文を掲載する。この文書では、契約者の氏名・国籍等の箇所が空白になっている。このことは、当該文書が東京帝国大学における外国人教師雇用契約の際に使用されていた契約書の雛型であったことを示している。以下の引用では、原史料上の空欄部分はそのままとし、それぞれを〔A〕～〔C〕で示した。ブリデルの場合、〔A〕は「牧野」、〔B〕は「瑞西」、そして〔C〕は当事者の「ブリデル」の名前が記載されたと推測される。なお、下記に見られる傍線部分は雛形自体に付記されたものである。

　　　條約
日本特命全権公使〔A〕君ノ代表セル日本帝國政府第一方ニ在リ〔B〕國人〔C〕君第二方ニ在リテ締結セル條約左ノ如シ
第一條
一　前文〔C〕君ヲ三ヶ年間法科大學仏蘭西法ノ教師ニ任ス而シテ其期限ハ同氏ノ東京到著ヲ東京帝國大學總長ニ報告シタル翌日ヨリ起算ス
第二條
一　前文〔C〕君ハ日本来航ノトキ来航旅費トシテ金九百七拾五円ヲ受取ルヘシ
第三條
一　前文〔C〕君ハ月俸ハ全六百貳拾五円ト定メ毎月末ニ於テ相渡スヘシ但一ヶ月未満ナルトキハ日割ヲ以テ給料相渡スヘシ

第一章　ルイ・アドルフ・ブリデル

第四條
一　前文〔C〕君ヘ在職中家具ナキ家屋一宇ヲ無賃ニテ貸附スヘシ或ハ東京帝國大學ノ都合ニ依リ家屋ヲ貸附セス宿料トシテ一ヶ月全四拾円ヲ渡スコトアルヘシ尤一ヶ月未満ナルトキハ日割ヲ以テ宿料相渡スヘシ但家屋ヲ貸附スルトキハ東京帝國大學ニ於テ相當ノ修理ヲ加フヘシト雖モ前文〔C〕君ノ請求ニ依リ家屋ノ模樣替或ハ建増ヲ為サ、ルヘシ

第五條
一　授業ノ時間及其順序ヲ定ムルノ權ハ東京帝國大學總長ニ在ルヘシ尤授業時間ハ決シテ一日四時間ヲ超ユヘカラス且日曜日ニ於テハ全ク之ヲ廢ス

第六條
一　前文〔C〕君ハ教導上尋常ノ事項ハ都テ法科大學長ノ指示ヲ受クベシ

第七條
一　前文〔C〕君自己ノ學科ニ就テ意見ヲ述ヘント欲スルコトアルトキハ遠慮ナク之ヲ東京帝國大學總長ニ申出ルヲ得ヘシト雖モ其決定ノ權ハ常ニ同總長ニ存ス

第八條
一　前文〔C〕君若シ東京帝國大學ノ諸規則ニ戻ルコトアルトキハ此條約ヲ廢スヘシ

第九條
一　前文〔C〕君若シ疾病其他自己ノ力ノ及ハサル事件ニ由リ業ヲ廢スルコト引續キ四十日ヲ過クルノ後ハ其廢業ノ間ハ給料ヲ半減スヘシ而シテ其廢業ノ時ヨリ三ヶ月ヲ経ルモ猶ホ其職ヲ奉スルコト能ハサルトキハ此條約ヲ廢スヘシ

第十條
一　前文〔C〕君自己ノ都合ニヨリ條約期限前ニ解約セント欲スルコトアルトキハ少ナクモ八ヶ月前ニ其旨ヲ東京帝國大學總長ニ申出サルヘカラス然ルトキハ同總長ハ直ニ之ヲ承諾スヘシ

第十一條
一　東京帝國大學ノ都合ニ依リ此條約期限前ニ前文〔C〕君ノ職ヲ罷メント欲スルコトアルトキハ残期ノ給料ノ二分ノ一ヲ給スレハ乃チ其職ヲ罷ムルコトヲ得ヘシ

第十二條
一　前文〔C〕君満期ニテ其雇ヲ繼カレサルトキ及此條約中第九條第十一條ノ旨趣ニ因リ其職ヲ罷ムルトキハ帰國旅費トシテ金九百七拾五円ヲ受取ルヘシ其他ノ條款ノ旨趣ニ因リ其職ヲ罷ムルトキハ右旅費ヲ受取ルノ權ヲ有セス

右契約ノ證トシテ此條約書二通ヲ作リ雙方一通ヲ所持スヘキ事

35)　明治33年7月10日付「特命全權公使牧野伸顕より東京帝国大学総長菊池大麓宛」書簡。

36)　明治33年8月24日付「文部省総務局人事課長樺山資紀より東京帝國大學総長菊池大麓宛」書簡。「貴學法科大學仏蘭西法律教師招傭ノ儀ニ関シ裏ニ外務大臣照會相或候處

今般在墺國牧野公使ニ於テ瑞西國『ジェ子バ』大學教授ルイ・ブリデルト傭入契約書取換シ済ノ趣ヲ以テ別紙契約書壹通同大臣ヨリ回送候ニ付及郵送候条御査取有之度候也」。

37) 明治33年5月3日付「東京帝國大學総長菊池大麓より牧野公使宛」書簡。「本学法科大學ニ於テ仏蘭西法教師ヲ一名入用ニヨリ瑞西國ジェ子バ大學教授、ブリデルヲ招傭為サルコト存（……）就テハ条約締結ノ上ハ逆ゐ換シ以テ来航旅費金九百七拾五円ヲ里昂横濱正金銀行支店ニ於テ支払（……）」。

また、牧野公使より契約締結の通告が届き次第、東京帝国大学は旅費を為替にし、リヨンへ送付するとブリデルに伝達していたこともわかっている（1900年5月2日付「東京帝國大學総長よりブリデル宛書簡」）。

38) 明治33年10月16日付「総長より宛先不明」書簡。「乾第五三九号　法科大學仏蘭西法教師　瑞西國人　ルイ・ブリデル　右ハ本月十六日ニ帰京（……）」。

39) 明治33年11月2日付「文部省総務局人事課長松野茂助より東京帝國大學総理学博士菊池大麓宛」書簡。「東京帝國大學法科大學教師　ルイ・ブリデル（改行）右ハ自今高等官五等次上ノ奏任ニ準ジ身分取扱ノ義協定相或候條此殿及通謀候也」。

40) 明治33年12月1日調「文部省総務局人事課　傭外国人表」。
「本籍國名：瑞西　勲等及氏名：ルイ・ブリデル待遇：奏任位学稱號：Licencié en droit (Lausanne) Professeur à l'université de Genève 憺任學科：仏蘭西法月給：六百二十五圓歸國旅費：九百七十五圓傭期：明治三十三年十月十七日ヨリ仝三十六年十月十六日マデ」。

41) 月俸に関しては、前掲「傭外国人表」を参照。年俸に関しては、前掲『東京大学百年史部局史一』98頁を参照。当時の国会議員年俸800円、東京府知事年俸4000円、東京帝国大学総長年俸4000円と比較してみても、かなりの高額だったことがわかるだろう。

42) 米国人。前ハーバード大学助手。明治32年9月に東京帝国大学法科大学教師に着任し、明治37年箱根にて死去する。

43) 明治34年4月25日付「東京帝國大學法科大學より東京帝国大学宛」書簡。「本學外國教師チャールズ・サムナー・グリフィン、本日十九日大學構内十一番館居住ルイ・ブリデル方へ同居致候ニ付此段及上申候也」。

なお、ルードヴィッヒ・リース（L. Riess 明治20年から明治35年まで在職していた東京帝国大学文科大学史学教師）の娘、加藤政子の回顧録（金井圓・吉見周子編著『我が父はお雇い外国人』合同出版、1978年）によると、ブリデルの住んでいた教師館11番館は、本郷3丁目寄りの（大学）門の外にあることがわかる。

また、ブリデル・フーバー書簡より、ブリデルは、明治41年5月15日の時点では、まだこの教師館に住んでいたことが明らかになっている。しかし2ヵ月後の8月6日の書簡には、新しい住所として「小石川區高田老松町五十九番地」が伝えられていることから、この間に新居に引越したと考えられる。ちなみにこの明治41年8月6日の書簡によれば、今までスイスに残してきた家族のうち、娘の一人が日本で暮らし始め、夫人

もじきに来ることになっていた(明治 43 年 7 月までには日本に来ている)。つまり、スイスにいた家族とともに住むために、住居を移転したことをここから知ることが出来る。なお、ブリデルの新居の土地の所有者は、リヒャルト・ハイゼ(R. Heise)であることがわかっている(地図資料編纂会『地籍台帳・地籍地図〔東京〕第 3 巻』1989 年、132 頁)。ハイゼは、ドイツ出身のお雇い外国人で、明治 35(1902)年東京高等商業学校獨逸語教師に聘せられ、学習院や慶應義塾でもドイツ語を講じていた。両者間の関係については不明である。

44) Université de Genève, Faculté de Droit de 1872 à 1896 /1896 à 1914, op.cit., p. 149.
45) 明治 36 年 4 月 23 日付「総長より文部大臣」宛書簡。
46) 総長山川健次郎とブリデルとの間に交わされた契約書の案文は以下の通りである。
　「東京帝國大學総長理學博士山川健次郎君ト瑞西國人ルイ・ブリデル君トノ間ニ締結スル條約左ノ如シ前文ブリデル君ヲ雇満期ノ後更ニ現行條約即チ千九百年七月二日付條約ト　同一ノ條件ヲ以テ明治三十六年十月十七日(千九百三年十月十七日)ヨリ明治四十二年十月十六日(千九百九年十月十六日)迄六ヶ年間月俸金六百七拾五円ヲ以テ法科大學仏蘭西法律教師トシテ其雇ヲ継クヘキ事
　明治三十六年十月　日(千九百三年十月　日)
　　　　　　　東京ニ於テ　　東京帝國大學総長理學博士　山川健次郎
　　　　　　　　　　　　　　　　　　　　　　　　　　　瑞西國人　　」
　上記の契約書(條約書)は、明治 36 年 10 月 7 日付「総長より文部大臣宛」書簡に「別紙」という形で添付されていたものであるが、筆者が入手した史料には、契約日及びブリデルのサインの箇所が空白になっている。つまり、これは直接取り交わされた契約書ではなく、その控えだった可能性が高い。
47) Université de Genève, Faculté de Droit de 1872 à 1896 /1896 à 1914, op.cit., p. 149.
　また、ブリデルのジュネーヴ大学辞職の件に関しては、東京帝国大学法科大学学長穂積陳重が総長山川健次郎に明治 36 年 9 月 10 日付「東京帝國大學法科大學長法學博士穂積陳重より東京帝國大學総長理學博士山川健次郎宛」書簡にて、「本學傭教師ルイ・ブリデル儀今般瑞西國ジュ子ーヴ大學教授ノ職ヲ免セラレ更ニ同大學名譽教授ノ称号ヲ授典セラレタル(……)」と報告していることからもわかる。
　その後、大正 2 年、ブリデルが亡くなる 5 日前に、スイス・ジュネーヴ大学では偶然にも、ブリデルに名譽法學博士(Doctor en droit honoris causa)の称号を附与することが全員一致でもって決定されていた。その書状は、ブリデルの死後、彼の亡き邸宅に届いたそうである(『法学協会雑誌』第 31 巻第 5 号、1913 年、177 頁)。
48) 1907 年 5 月 9 日付「ブリデルより東京帝国大学総長濱尾新宛」書簡(仏文)。
　この書簡の中で、ブリデルは、一時帰国の理由として「7 年もの間会っていない私の家族をおとずれたい」と記している。また、彼の一時帰国に関しては、1907 年 5 月 9 日付「東京帝国大学総長濱尾新よりブリデル宛」書簡(英文)、明治 40 年 5 月 10 日付

「総長より文部大臣宛」書簡、明治40年5月21日付「文部大臣牧野伸顕より東京帝国大學総長宛」書簡、日付不明「法科大学教師ルイ・ブリデルより総長濱尾新宛」書簡（仏文）、明治40年7月21日付「総長より文部大臣宛」書簡、明治41年1月16日付「総長より文部大臣宛」書簡にも記載がある。

ここで筆者は、帰国の理由は家族に会うという以外にもあったと推測している。というのも、1907（明治40）年という年は、スイス民法にとっては最も重要な年であり、12月10日に議会で全員一致の採択を受け、同民法が制定されることになっていた。つまり、ブリデルは、スイス民法制定の瞬間をこの目で見届けたいという思いで、この時期の帰国を選んだとは考えられないだろうか。

49) 関連書簡として、1907年5月9日付「東京帝国大學総長濱尾新よりブリデル宛」書簡（英文）、前掲明治40年5月10日付「総長より文部大臣宛」書簡、前掲明治40年5月21日付「文部大臣牧野伸顕より東京帝国大學総長宛」書簡が挙げられる。

50) 明治40年6月17日付「総長より文部大臣宛」書簡、明治40年6月29日付「文部省官房秘書課長赤園應一郎より東京帝国大学総長濱尾新宛」書簡、明治40年6月29日「総長より宛先不明」書簡を参照のこと。

51) 総長浜尾新とブリデルの間に交わされた契約書の案文は次の通りである。

「東京帝國大學総長男爵濱尾新君ト瑞西國人ルイ・ブリデル君トノ間ニ於テ締結スル條約左ノ如シ前文ブリデル君ヲ雇満期ノ後更ニ現行條約即チ千九百年七月二日附條約及明治四十一年三月三十一日附條約ト同一ノ條件ヲ以テ明治四十二年十月十七日（千九百九年十月十七日）ヨリ明治四十六年十月十六日（千九百十三年十月十六日）迄四年間月俸金六百七拾五円ヲ以テ法科大學仏蘭西法律教師トシテ其雇ヲ継クヘキ事
　　明治四十二年七月　　日（千九百九年七月　　日）

　　　　　　　　東京ニ於テ　　　　東京帝國大學総長男爵　濱尾新
　　　　　　　　　　　　　　　　　瑞西國人　　　　　　　　　　　」

この契約については、明治42年7月15日付「総長より文部大臣宛」書簡にて、「法科大學教師　ルイ・ブリデル（改行）右ハ本年十月十六日雇満期ノ為更ニ別紙條訳書拙ニ依リ本年十月十七日ヨリ向四ヶ年間雇継（……）」と報告がなされた後、同省から許可を受け、正式に成立した。関係文書として、明治42年8月2日付「文部大臣小笠原善太郎より東京帝國大學総長」書簡「本年七月十七日付乾第四一〇号伺法科大學教師ルイ・ブリデル傭継ノ件許可ス」を挙げておく。

52) 前掲『東京大学百年史部局史一』134頁及び "Lettre de Tokyo de L. Bridel du 4. juillet 1910", "Lettre de Tokyo de L. Bridel du 18.11.1910".

これらの書簡によると、レーンホルムが病気になり、一時休暇が必要となったため、その間、彼の代講をブリデルが行った。明治43年の秋の新学期から担当することとなった。またブリデルの代講に関しては、「東京帝國大學総長新よりブリデル宛」書簡（英文）にも記されている。この書簡の発信日は不明であるが、これに対するブリデル

の返事が 1911（明治 44）年 3 月 30 日に書かれていることから、この日付よりも少し前に投函されたと思われる。書簡には、ブリデルの独逸法講義への給与手当について記されている。以下、書簡の一部の引用及び邦訳を掲載する。

 Prof. L. Bridel

Dear Sir, I highly appreciate your extra lectures on the German Law for the present academic year, and herewith have the pleasure to send you a sum of one thousand yen as consideration for the work. Hoping that you will kindly accept my offer. I remain, Dear Sir, yours sincere faithfully.

President

 （邦訳）ブリデル教師　今年度においてあなたが教授してくださったドイツ法の特別講義を私は高く評価しております。（そこで）この仕事に対し喜びを表すとともに、報酬として壱千円をあなたに贈りたいと存じます。喜んで頂ければ幸いです。

敬具　総長

53）"Lettre de Tokyo de L. Bridel du 4. juillet 1910"、「ブリデル氏逝去『穂積博士談』」（『讀売新聞』大正二年三月廿四日付（月曜日）第一萬二千百九十一號）、前掲「ブリデル教師の逝去」163 頁によると、ブリデルはさらにもう一度契約を更新し、3〜4 年教鞭を執った後、スイスに帰国しようと考えていた。しかし、大正 2（1913）年 3 月 23 日、ブリデルは帰らぬ人となる。ブリデルの死去については、日本では『読売新聞』第 12191 号（大正 2 年 3 月 24 日付）に、スイスでは "Le professeur Louis Bridel", in : Gazette de Lausannne, in : "Louis Bridel Professeur de droit décédé le 23 mars", op.cit. にそれぞれ関連記事を見ることが出来る。まず、ローザンヌ新聞（Gazette de Lausanne）の関連記事の一部を以下に訳出し、ブリデルの最期を紹介する。

 「先週の半ば頃、ブリデル氏は、軽い体調不良をわずらい、大学を欠席していた。しかし土曜日には再び健康を取り戻し、通常通り講義も再開した。日曜日の朝 10 時頃、彼は短めの散歩に出かけた。家路に着いた時、彼は自邸の戸口の呼び鈴を鳴らし、家の使用人が戸口を開けようとした時に、意識を失い倒れた。そして 2-3 分後に、彼は息をひきとった。心臓麻痺が原因であった。」

これに対し、『読売新聞』では、この日のブリデルの行動は、上記の記事内容とは一部異なる記述がなされている。ここでは、「東京帝國大學法科大學講師瑞西人ルイ、ブリデル氏は昨日の日曜を幸ひ、午前九時半頃小石川區高田老松町五九の自邸を出て、牛込區拂方町の法學博士穂積陳重氏邸を訪ひしも、折柄博士不在なりしかば其儘車にて引返せしに、途中にて俄に氣分悪くなりしため車を下り、徒歩にて歸路に就き、小石川區音羽二丁目の急坂を上り、恰も坂上なる自邸に辿り着くや否や最早苦痛に堪へ切れざりしと見えて、突然玄關に卒倒し心臓麻痺の爲同十一時遂に逝去せり」とし、その後の穂積陳重談でも「日本學生を寄宿させたいが誰か適當なものは有るまいかとの事で今朝私の宅に態々來られたので有つたが折惡しく不在して居たので面會が出來ず博士は明朝を

期して歸られたさうだが、實に殘念な事をした」とあり、当日彼は散歩ではなく、穂積陳重の自宅を伺っていたとなっている。

また、田中前掲「ブリデル先生とモーレー先生の思出」133頁によると、ブリデルの死亡原因は脳溢血であり、上記の引用文にある「心臓麻痺」ではない。実際ブリデルが倒れた時、彼は、友人の石黒忠篤（後の農政官僚。明治41年東京帝国大学法科大学（独法）卒。妻は穂積陳重の娘。重遠とは親戚関係であった）と自宅に駆けつけていることから、実際にその場に居合わせた彼の発言の方がより信頼性が高いと考えてよいのではないだろうか。

葬儀は、25日午後2時より麹町区のドイツ教会にて行われた。葬儀には、東京帝国大学総長やスイス公使をはじめ、同僚の教授たち、お雇い外国人の同僚たち、彼の教え子たち、友人等、大勢の人々が参列し、故人の死を悲しんだ。参列者の数は会場の中に収容しきれないほど大きなものであった（"Le professeur Louis Bridel", op.cit.）。遺体は日暮里にて茶毘に付され、遺骨は、夫人と2人の娘とともに、故郷スイスへと帰っていった。彼の遺骨はジュネーヴの墓に埋葬された（田中前掲「ブリデル先生とモーレー先生の思出」133頁）。

54) 1900年5月2日「富井政章よりブリデル宛」書簡。この書簡の原文には「Nous désirons ardemment vous posséder au milieu de nous」という文で記されている。

55) Histoire de l'université de Genève l'Académie et l'université au IIVe siècle, op.cit., p. 534.

56) ブリデル招聘の経緯については、①ブリデルと個人的に交流のあった富井政章による依頼（松本暉雄による説）、②「仏蘭西法」前任者ルヴォンによる口添え、③Société de législations comparées（比較立法協会）の会員である帝大関係者からの依頼、④ロガンによる口添え等が考えられる。しかしこれらの仮説にはそれぞれ問題があることもまた否めない。①については、ブリデルと富井が個人的な接点を持っていたという事実関係が明らかになっておらず、松本教授もこの説を証明出来る史料を提示していない。また②で挙げたルヴォンは、来日前にジュネーヴ大学にて民法を講じていたということもあり（本書序論第二節参照）、ブリデルと面識があったと十分に考えられるが、果たして、ジュネーヴ大学において両者が同時期に教鞭を執っていたのか、そして当時のお雇い外国人が後任者を推薦することなど出来たのかという点に疑問が残る。また、富井、梅、ブリデルが比較立法協会に所属していたことから、③で提起したように、ここに富井または梅とブリデルが接点を持った可能性があったとも考えられる。しかしこのような事実を記録している史料は見つかっていない。ただ、同協会の他のメンバーの仲介により接触が図られた可能性はあるかもしれない。例えば④のごとく、本書・序論で取り上げたエルネスト・ロガンを挙げることが出来ないだろうか。ブリデルとロガンには面識があった。ほぼ同時期に同じ大学で同じ専門領域を選択しており、またブリデルが死去した際には、ロガンが彼に追悼文を書いている。彼が梅ら日本人法学者とブリデルの間に

立ち、何らかの働きかけをしたという可能性もわずかながらあり得るのではないだろうか。しかしこれを実証する史料もない。

57) 「ブリデル博士の逝去」（『法律新聞』第 851 號、1913 年 3 月 30 日）。
58) 『法学協会雑誌』第 13 巻第 1 号（1895 年）81 頁。
　　ここでいう「スイス法律家大会」とは、本章注 21) の夫婦財産制に関する討論会と同一であろうか。
59) ルイ・ブリデール述木村誠次郎訳「有夫ノ婦ノ無能力」（『明法志叢』第 22・23・24 號、1893・1894 年）。
　　木村誠次郎については、現在のところ、茨城県出身の平民で、明治 34 年に高等文官試験に合格、同 36 年日本大学卒業、大蔵省税関、函館税務署に勤め、明治 43 年に退官したということ（秦郁彦『日本官僚制総合事典』東京大学出版会、2001 年、182 頁）、そしてそれ以降は、数度にわたり『法律新聞』や『満州日日新聞』にて執筆をしていたということしかわかっていない。しかし彼は、この翻訳の他にも、明治 33 年に「瑞西将来ノ民法ニ於ケル婦人ノ地位ヲ論ス」（『法学志林』第 8 号、1900 年）を発表するなど、我が国にブリデルやスイス法を紹介した点において注目すべき人物であることは間違いないだろう。
60) ルイ・ブリデール前掲「有夫ノ婦ノ無能力」36 頁。
61) また当初、日本人の間では、スイスに対して、様々な法律が学べるというイメージがあったように窺える。例えば、民法典起草者梅謙次郎が、弟子である鵜沢総明に「スイスに留学したらばよかろう。スイスなら、独・英・仏三国の学問に親しむ機会があると思うから」と述べたことからもわかるだろう（平野義太郎・鵜沢聰明・布施辰治・中村哲・磯野誠一「（座談会）明治中期における人権擁護と在野法曹」（『法学志林』第 49 巻第 1 號、1951 年、106 頁））。
62) Lettre de Tokyo de L. Bridel du 25.12.1908.
63) Lettre de Tokyo de L. Bridel du 12.8.1904.
64) 手塚晃・国立教育会館編『幕末明治海外渡航者総覧』（柏書房、1992 年）365 頁の中には、水野の姓を持つ人物が 6 名挙がっている。そのなかで、ブリデルと接触があったと考えられる者として、京屋時計店の子息であり、1885 年より 10 年間、スイス（ロックル）及びフランス（リヨン）に留学した水野太一、1897 年から 1 年間内務省より「内務行政に関する事項取調」を目的にヨーロッパに派遣されている水野錬太郎を挙げることが出来る。しかし後者は、派遣先がスイスであるかどうかはわからない。また、留学期間も 1 年のみという点からしてもブリデルと接点を持っていた可能性は低い。従って、職は違っても、ここでブリデルが紹介している水野君は前者の水野太一であるとは考えられないだろうか。水野太一に関しては、平野光雄『明治・東京時計塔記』（明啓社、1968 年、259 頁）及び小島健司『明治の時計』（校倉書房、1988 年、229 頁）に詳しい。但し、上記『幕末明治海外渡航者総覧』に挙げられている人物以外と接触したという可

能性も十分にあり、これはあくまで1つの可能性として提起したに過ぎない。

65) 明治—昭和時代初期の湖沼学者、田中阿歌麿(1869-1944)のことである。東京都出身。阿歌麿の父、田中不二麿は、明治政府にて司法大臣・文部大臣を務めたこともある官僚で、文部大臣に就任する以前に岩倉使節団の一員として欧州に視察に渡った経歴を持つ人物である。父親がイタリアに赴任中の明治17年9月、阿歌麿はスイスに留学する。その際に、ルイ・ブリデル家に滞在した（田中前掲「ブリデル先生とモーレー先生の思出」132頁）。その後、阿歌麿は、ベルギー・ブリュッセル市立大で地理学を学び、日本に帰国した後は、日本陸水学会を設立し、日本湖沼学の樹立に尽力した。中央大学教授。著作に『諏訪湖の研究』『野尻湖の研究』がある。ブリデルが東京に来てからも個人的に交流があったようである。彼の経歴については、上田前掲『日本人名大辞典』（講談社、2001年）1172頁及び前掲『幕末明治海外渡航者総覧』47頁を参照のこと。

66) 野澤武之助(1866-1941)のことである。栃木県出身。明治19年、品川弥太郎ドイツ公使の随行員の一人としてドイツに渡り、明治21年、同国ミュルハイム市立工業学校を卒業。その後、スイス・ジュネーヴ大学法科大学に進み、同28年、ドクトル・アン・ドロアの学位を受ける。彼の学位論文のタイトルは、『大日本帝国憲法論』(La Constitution du Japon-dissertation présentée à Faculté de droit pour le doctorat, Genève, 1895)である (Histoire de l'Université de Genève, L'Académie et l'université au XIXe siècle ANNEXES, op.cit., p. 67)。野澤とブリデルの接点もまた、ジュネーヴ大学にあることが明らかになっている（前掲『明治法学』第14號、73頁）。これについては、大川四郎「明治期一日本人留学生の大日本帝国憲法論—野澤武之助（一八六六—一九四一）がジュネーヴ州立大学法学部に提出した博士号請求論文について」（『愛知大学法学部法経論集』第172号、2006年、1頁以下）に詳しい。大川論文によると、野澤は、ジュネーヴ大学法学部に在籍していた際、ブリデル担当の「比較民法」を履修し、記述式と口述式の試験を受けており、野澤とブリデルとの面識はこの時からあったという（10頁以下）。また、野澤の学位論文提出時にも、ブリデルは審査員として関わり、さらには当時、法学部長であったブリデルの名で同論文は公刊許可も受けていた（12頁）。

野澤は帰国後、明治法律学校、東京専門学校で講師として国際私法を担当する。著書に『国際私法講義』『セニョボー氏文明史』がある。後述するように、明治法律学校では、ブリデルの講義の通訳も務めている。そして明治31年には、第5回総選挙で栃木県第1区より当選、衆議院議員となるが（所属会派は山下倶楽部）、1期のみの在職であった。その後は、韓国統監府や外務省に高等官として勤務した。

野澤の経歴については、前掲の大川論文のほか、前掲『幕末明治海外渡航者総覧』189頁、富田仁編『海を越えた日本人名事典』（日外アソシエーツ、2005年、536頁）、日本図書センター『明治人名事典Ⅱ下巻』（1993年（第3版）、10頁）、栃木県歴史人物事典編纂委員会『栃木県歴史人物事典』（1995年、477頁）、『議会制度百年史衆議院議員名鑑』（大蔵省印刷局、1990年、489頁）も参照のこと。また、彼の教歴等について

第一章　ルイ・アドルフ・ブリデル

は、明治大学広報課歴史編纂資料室編『復刻成立期明治大学関係者略傳』(歴史編纂資料室報告第6集、1974年)、明治大学広報課歴史編纂資料室編『復刻明治大学創立関係史料集』(歴史編纂資料室報告第7集、1975年)、「明治三十五年十二月改正　明治法律學校校友會員名簿　附校友會規則」(明治大学歴史編纂資料事務室『校友名簿　自明治三十五年至明治三十七年』出版年不明)、明治學會『明治法學臨時増刊第六五號　明治大學校友會員名簿』(1904年)、『明治法學』第14～73號(1900-1904年)、明治大学歴史資料事務室編『明治大学学則一覧』(1903年)、『明治大学百年史第一巻資料編Ⅰ』(1986年)、『早稲田學報』第6～82號(1897-1903年)を参照。

なお、大川氏には、野澤とブリデルの関係に関するその他の多くの情報の提供をいただいた。ここに謝辞を表する。

67)　ルイ・ブリデル述「法學の理想」(『明治法学』第15號、1900年) 21頁以下。
68)　Neuhaus, a.a.O., S. 371.
69)　Neuhaus, a.a.O., S. 370.
70)　例えば、ブリデルが1907年5月6日に記した書簡によると、「"公式翻訳"に関して、私は満足をすることが出来ませんでした。そのようなものを、私は自分の学生たちに提供することが出来ません。」として、スイス民法草案のフランス語訳に対する不満を述べた上で、「私は、出来る限りより正確に〔その翻訳を〕訂正することに取り掛かりました。」として、ブリデル自ら、フランス語訳の訂正作業を行っている旨を報告している。また、同書簡ではスイス民法草案についても訂正の必要があることをフーバーに指摘しており、住所に関する「第26条第3項」や相続権に関する「第469条と第470条」について言及しているのが窺える。またフランス語訳を担当したロッセル(Virgile Rossel)に対する批判は、"Lettre de Tokyo de L. Bridel du 4. juillet 1910", "Lettre de Tokyo de L. Bridel du 4.4.1912"にも見ることが出来る。
71)　前掲『東京大学百年史部局史一』46頁、『東京大学百年史資料二』(東京大学出版会、1985年) 394頁、『東京大学百年史資料三』(東京大学出版会、1986年) 844頁。
72)　前掲『東京大学百年史部局史一』91-144頁及び『国家学会雑誌』第19巻第8號(1905年)、同第25巻第8號(1911年)の「法科大學試験問題」及び「法科大學新學年の講義」欄を参照。ブリデルが第1回生から第4回生までの仏蘭西法を担任しているが、年度によっては日本人教師が彼の共同担当者となっていることがある。例えば、明治34年から明治36年までは松岡義正が共同担当となっている。担当学年は不明である。また、明治36年と明治42年に牧野英一が、第1回生と第2回生をブリデルと2人で担当している(牧野に関しては、明治36年度と明治42年度に関しての担当記録は存在しているが、その間の継続を証明する史料がないため定かではない)。そしてその後の明治43～44年は、寺尾亨が、同じく第1回生と第2回生をブリデルとともに担当している。明治45年(大正元年)の2学期以降は渡辺信が担当している。担当学年は不明である。

なお、東京帝国大学では、学年を表す言葉として「回」という言葉を使用している。

従って、1回（生）、2回（生）というのは、1学年、2学年ということである。これについては『東京大学百年史通史一』（東京大学出版会、1984年）の925頁以下を参照のこと。

73) 本章注52）参照。
74) 『国家国会雑誌』第24巻第10号（1910年）146頁以下に、「法科大學新學年の講義」と題して、9月より開始する法科大学新学年の授業科目並びにその担当教師の名が掲載されている。それによると、第1回試験科目は仁井田益太郎（教授）、鳩山秀夫（助教授）、穂積重遠（助教授）が、第2回試験科目は仁井田益太郎（教授）、鳩山秀夫（助教授）、乾政彦（講師）が、第3回試験科目はブリデル（教師）が、第4回試験科目は乾政彦（講師）が担当している。
75) 『法學學會雜誌』には、年に1回、「雑録」の箇所に卒業生一覧が掲載されている。また『東京帝国大学一覧』にも掲載されている。これらの資料から、ブリデルの講義を受講し得た学生の人数を算出した。その際、仏蘭西法専攻の学生の人数は明治34年から大正5年までのものとし（ブリデルが亡くなった大正2年3月に第1回生だった学生は、大正5年に卒業したため、そこまでの学生をブリデルが教えた学生として数えた）、独逸法専攻の学生は大正元年から大正3年までとした（ブリデルが亡くなったとき第3回生だった学生は大正3年に卒業したため、そこまでの学生をブリデルが教えた学生として数えた）。
76) 牧野とブリデルの関係については、ブリデルが死去した際の『法律新聞』掲載の「ブリデル博士の逝去」の中で、土方寧が「〔ブリデル〕博士が我佛法科に教鞭を執られてから牧野學士渡邊學士佐分利外交官等の名高き諸士は全く博士の訓陶の下に立身されたのである」と証言している（『法律新聞』第851号、大正2年3月30日、17頁）。なお、ここでいう「渡邊氏」とは、ブリデルと一緒に「仏蘭西法」を担当していた渡辺信（明治41年卒）、「佐分利氏」とは大正・昭和初期に活躍した外交官・佐分利貞男（明治38年卒）のことである。また牧野に関しては、渡辺と同様に、ブリデルの「仏蘭西法」を共同担当していたことは前注72）の通りである。
77) 前掲「ルイ・ブリデル教師の逝去」161頁。
78) 明治36年3月25日付「差出人受取人共に不明」書簡。
79) 前掲『成立期明治大学関係者略傳』10頁及び前掲『明治大学学則一覧』9頁。
80) 『法學志林』第22号（1901年）138頁。
　和仏法律学校とブリデルに関するその他の記事は『法學志林』第20号（1901年）84頁、同第21号（1901年）1頁以下及び138頁にある。
81) ブリデルの追悼式において、第一高等学校現役生・(3年生総代野呂省一郎)が「恩師ブリデル」に宛てて弔辞を述べていることから、亡くなる直前まで第一高等学校で講義をしていたと推測出来よう。
82) なお、ブリデル前掲「有夫ノ婦ノ無能力」（木村誠次郎訳）は、来日以前に書かれた

ものであるため、この著作物の一覧にはあえて入れない。
83) ブリデルの地理への関心は本格的なものであった。この著書は「地理学上頗る有益なる著書」として評価され「東京地学協会は之が為に君〔＝ブリデル〕を其會員に推挙した」（前掲「ブリデル教師の逝去」162 頁）。また彼は、ジュネーヴの地理学会に所属していた（"Lettre de L. Bridel du 6.12.1907"）。
84) 前掲「ブリデル教師の逝去」163 頁。
85) 『早稲田學報』第 54 號（1901 年）1 頁以下。関連記事は以下の通り。
「専門学校に於ては左の講師を聘し去る五月十八日午後一時より講師野澤武之助氏の通譯にて科外講義を開き大隈伯、富井博士、成瀬女子大学校長等も聴講せられたり 婦人の位地　東京帝国大学雇教師瑞西ゼ子ーヴ大学教授　ルーイ・ブリデル」（同前書 197 頁）
86) 『法學志林』第 21 號（1901 年）には、講演内容が邦文及び仏文で掲載されている。また、彼の講演については次のような告知があったことも確認出来る。
「本日七日午後一時より大講演會を開けり當日の講演者は左の如し（……）婦人の地位の改良　瑞西ジュ子ーヴ大学教授ルイ・ブリデル講演　瑞西法学博士野澤武之助口譯（改行）「ブリデル」氏は野澤氏の通譯に依りて婦人の地位の改良すへき理由を熱心に演述して非常の喝采を博したり（……）当日は富井、梅両博士、信岡、佐々木両弁護士、志田学士の出校せらるるあり（……）」（前掲『法學志林』第 21 號 138 頁（「記事」））
87) 法学博士梅謙次郎先生述　法學博士富井政章先生述　大学教師ルイ、ブリデル先生述　法學博士井上正一先生述　法學博士穂積陳重先生述『仏蘭西民法百年記念論集』（法理研究會出版、1905 年）37 頁以下に、「仏蘭西民法ノ欧米ニ及ホシタル影響　法科大學教師ルイ、ブリデル　法學士牧野英一譯述」としてその内容が記載されている。この講演でブリデルは、フランス民法を「比類なき大感化力」を持っている法典と賞賛するも、その老朽化のために修正を必要とし、その修正は法制の比較研究によってなされるべきだと説いた。
この記念祭には「佛國公使、司法大臣、司法次官、檢事總長、各私立大學長、佛國新聞集檢従軍記者、大審院、控訴院及ヒ地方裁判所判檢事、辨護士、法科大學教授其他知名ノ法學者及ヒ學生等」500 名近くの人が参列し、大規模に行われた。
88) これは、法科大學教師ルイ、ブリデル、法科大學々生安部四郎譯「瑞西民法（千九百七年十二月十日）」『法学協会雑誌』第 26 巻第 12 号、1908 年（明治 41 年））のことであろう。またこれ以外にも、ブリデルは同雑誌に、スイス民法関連の論文として「瑞西民法ノ将来（Le futur code civil suisse）」を執筆している。
89) Louis Bridel, "Encyclopédie juridique" (Paris, Lausanne, 1907, 2e éd, Tokio, 1910), Préface.
本文の通り、本書は「東京帝国大学の学生のために書いた」ものであり、著書の内容

を見ても、東京帝国大学第1回生の授業内容と一致していることから、これが東京帝国大学の学生のための教材という点に間違いはない。しかし、前掲『法学協会雑誌』第31巻第4号161頁以下には、この著書は「第一高等学校の講義のために」書かれたものだと記されており、上記の事実に鑑みれば、法学協会雑誌の記述は誤りだということになる。ただ、これが第一高等学校の法学通論の授業でも使われていた可能性はあるかもしれない。

90) ブリデルの講義録について、本書では国立国会図書館所蔵のマイクロフィルム版を使用した。なお、この講義録の原本は、明治大学図書館に所蔵されている。縦21.4 cm、横14.4 cmからなる書物で、表紙には『瑞西國法律博士ルイ、ブリデル君講述　同國「ジュ子ーヴ」大學法律博士野澤武之助君通譯法律原論　完　附比較法制學講義』と記されている。縁には緑の布が貼られ、手書き、墨書きで「法律原論　法学博士野澤武之助」と記されている。また、開いて2枚目の真ん中には、「安澤文庫」という朱印が押されており、右下には「昭和六拾弐年弐月拾七日　安澤喜一郎殿　寄贈」と記されている。全346頁から構成されている。内容は、国会図書館所蔵のマイクロフィルムと完全に一致している。この講義録の所持者であった安澤喜一郎（1898-1981）は、大正・昭和期の憲法学者の一人であり、明治大学法学部で教鞭を執っていた。彼はまた、同大学の卒業生でもあり、大正7年より12年まで在籍している（「安澤喜一郎教授略歴および著作目録」『和光経済』第15巻第2号、1982年）191頁以下）。しかし、時期的にみて、ブリデルの講義を受けていないことは明らかである。

また、ここでいう「講義録」とは、明治20年10月、明治法律学校にて、「地方有志ノ士ヲシテ講法ノ便ヲ欠カシムル」ために「講法ノ道ヲシテ益々広カラシメ将来大二裨補スル所アラントス」として「講法会」を設立したとき（明治大学法学部八十五年史編纂委員会編『明治法律学校における法学と法学教育』1966年、24頁）に、「登校シテ親シク講義ヲ聽ク能ハサル者ノ為メニ発行シテ頒布」したものである（前掲『明治大学学則一覧』5-6頁）。設立当時には、ボアソナード、岸本辰雄をはじめ、多くの科目担当者による講義録が発刊されている。ブリデルの講義録もこの一環であろう。校外生規則によると（前掲『明治大学学則一覧』26頁以下）、この講義録は「校外生ハ講義録ニ就キ本校ノ全学科ヲ修ムルモノトス　校外生ハ三學年ニ分チ各学年毎ニ毎年十月ヨリ毎年三回發行一年ニテ完結ス故ニ三學年ヲ兼修セハ一年ニテ全學科ヲ修了スルコトヲ得但修了者ニハ請求ニ依リ修業証書ヲ授與ス　講義録ハ校内學生ニ對スル講義ヲ筆記シ更ニ講師ノ訂正ヲ加ヘラレタルモノ及ヒ講師自ラ執筆セラレタル講義ヲ編輯シタルモノナル故ニ之ヲ讀メハ登校シテ親シク講義ヲ聽クト異ナルコトナシ」ものである。

91)　『国家学会雑誌』第19巻第8号（1905年）154頁、同第20巻第10号（1906年）104、106、109、110頁参照。

92)　sic, choisor → choisir

93)　sic, positife → positif

94) 仏語辞典には「Le domicile d'élection」という言葉は見当たらないが、「domicile élue」(選定住所)という言葉は現存する。従って、本書では後者を採用することにする。
95) sic, choisor → choisir
96) sic, Le système du parentelles → Le système des parents
97) sic, the lègatoires → légataire
98) sic, testamentoires → testamentaires
99) 前掲「ルイ・ブリデル教師の逝去」161頁。
100) "Lettre de Tokyo de L. Bridel du 4. juillet 1910".
また、1900年5月2日付「富井政章よりブリデル宛」書簡(「東京大学傭外国人関係書類・講師履歴書」東京大学総合図書館所蔵(稿本))の中に「学生のフランス語の語学力は非常に低いので、殆どの学生はあなたの講義の真価がわからないでしょう。」と記されていることから、当時の仏蘭西法の授業がフランス語で行われていたことがわかる。
101) "Lettre de L. Bridel du 17.4.1906", "du 19.11.1906", "du 6.5.1907", "du 25.12.1908".
102) "Lettre de L. Bridel du 6.8.1908", "Lettre de Tokyo de L. Bridel du 25.12.1908".
しかし1912年4月4日のブリデル・フーバー書簡によると、ブリデルは「私のフランス語による講義でも、出来るだけ多く、この〔ドイツ語の〕原本を使って」いると記している。その理由としては、フランス語公式訳は、「多くの"勘違い"と"中身のない"翻訳がなされた失敗作である」ためとしている。いつからこのドイツ語による原本を使用したのか、また、特に「仏蘭西法」を専攻していた学生にドイツ語による書物をどのように理解させたのかなど不明な点は数多く残る。
103) "Lettre de L. Bridel du 6.8.1908".
104) "Lettre de Tokyo de L. Bridel du 4. juillet 1910".
また松倉耕作「スイス民法典の統一とその特色」(『名城法学』第23巻第2号、1974年)142頁に従い、本書でもPersonenrechtを「人事法」と訳した。
105) "Lettre de Tokyo de L. Bridel du 18.11.1910".
106) 本来ブリデルは、家族法の他、物権法、相続法、債務法もスイスのものを教えることを望んでいたが、この書簡を書いている時点の段階では勉強不足のために講義するまでに至らないことをフーバーに伝えている("Lettre de Tokyo de L. Bridel du 18.11.1910")。
107) 『明治法學』第16號(1901年)83頁。
108) 前掲『明治法學』第16號、83頁。
なお、「泰西比較法制論」講義の速記録は、その一部が『明治法學』に掲載されている(ブリデル講述、法学士宮本平九郎訳「泰西比較法制論」(『明治法學』第18号、43頁以下、第20号13頁以下、第21号13頁以下、第24号29頁以下、第27号24頁以下、1901年))。この講義の内容を知り得る史料はこれ以外には見当たらない。
速記録によると、ブリデルはこの講義で「第1 西洋ニ於ケル法律ノ普通ノ淵源」「第

2 西洋ニ於ケル各国ノ状態」を説くとしている。「第1」部分は、普通法（ius commune）の形成の歴史に関しての講義であり、ブリデルは、普通法をローマ法とゲルマン法と宗教法の混和したものとして、この3つの「原素」についての形成史を述べるとしている。『明治法學』に掲載されているのは、この中のローマ法のみであり、その他の講義の内容は不明である。この講義は約半年間行われた。

109） 法律原論では、法律学の入門なるものを教えることを目的としており、その内容も第1章「権利及法律の観念」（権利と法、"ドロア" と道徳の区別、実際法と理論法（実定法と自然法））、第2章「実際法の淵源」（制定法、慣習法、法典編纂について）、第3章「法律の分類」（公法、民法、国際法）、第4章「法律学及其研究方法」（社会の法則、法律の適用及び解釈、法律の歴史、比較法制学、法律哲学）である。

110） フランス法、ドイツ法を講義の中心に置くことの理由として、「此ノ二ツノ法制ハ歐羅巴ニ於ケル否寧ロ世界ニ於ケル最モ重要ナル法典デアル且日本ノ民法ハ獨逸ノト佛蘭西ノ民法ヲ参考トシテ居ルソレ故ニ此ニツニ重キヲ置テ居ル（……）」（ブリデル前掲『明治法律学校卅六年度第2學年講義録　法律原論　完　附比較法制學講義』165頁）としている。

111） ブリデル前掲『明治法律学校卅六年度第2學年講義録　法律原論　完　附比較法制學講義』168頁。

112） 当時の比較法学の分類は、杉山直治郎「比較法學ノ觀念ニ就テ」（同『法源と解釋』（有斐閣、1969年（1957年初版））382頁（註6）を参照した。

113） 斬新な授業形式をとったその他の例として、ブリデルは、「此定義ヲ下スニ當リ決シテ是レダケガ最モ完全ナルモノデ他ノ定義ハ誤ツテ居ルト云フヤウナ斷言ハ致シマセヌ是ハ唯自分デ研究シタ結果デ最モ正シイト信ジタダケノモノヲ申スノデ之ニ付テハ諸君ハ自ラ熟考シテ見タ上デ最モ適當ト信ズル所ヲ搜スト云フ必要ガアリマス或ハ諸君ノ研究ノ結果トシテ是レヨリモ適當ナル定義ヲ見出サル、カモ知レナイ何レニシテモ最モ大切ナノハ自ラ熟考シテ自ラ研究スル……此問題ヲ研究スルト云フコトデゴザイマス」（ブリデル前掲『明治法律学校卅六年度第2學年講義録　法律原論　完　附比較法制學講義』28-29頁）として、自分自身の考えを述べはするものの、それは絶対的なものではなく、どのように考えていくかは学生個人の自由であるということを講義の中でしばしば述べているところから、彼の講義は、定義を植えつけていくという形態を採らず、生徒自身で考えていく力を育成させることを目的としたものであったと考えられる。

114） ブリデル前掲『明治法律学校卅六年度第2學年講義録　法律原論　完　附比較法制學講義』203頁以下。

115） ブリデル前掲『明治法律学校卅六年度第2學年講義録　法律原論　完　附比較法制學講義』148頁。

116） ブリデル前掲『明治法律学校卅六年度第2學年講義録　法律原論　完　附比較法制學講義』169頁。なお、この綱領の現代語訳は、「異なった国の法律の研究、および立法の

種々の部門の改良の実質的手段の探究」(定款3条) である (五十嵐前掲『比較法ハンドブック』36頁)。

117) "Lettre de Tokyo de L. Bridel du 12.08.1904".
118) "Lettre de Tokyo de L. Bridel du 4. juillet 1910".
119) "Lettre de Tokyo de L. Bridel du 4. juillet 1910".
120) 関連書簡として、"Lettre de Tokyo de L. Bridel du 11.mars.1901"、"du 25.juin.1901"、"du 12.08.1904"、"du 17.04.1906"、"du 19.11.1906"、"du 16.12.1907"、"du 15.mars.1908"、"du 6.08.1908" が挙げられる。
121) 1は"Lettre du 16.12.1907 de L. Bridel" (carte postale)、2〜5までは "Lettre de Tokyo de L. Bridel du 25.12.1908"、6は "Lettre de Tokyo de L. Bridel du 4.4.1912" からそれぞれ引用している。
122) 明治39年3月より明治41年7月まで、第1次西園寺内閣で文部大臣を務めた牧野伸顕のことである。彼はオーストリア公使を務めたこともあり、明治33年、ブリデルの東京帝国大学法科大学の招聘にあたり、雇用に関する交渉・契約を担当したことから、ブリデルとも接点があった (本章第二節第2項参照)。
123) フランケ社から出版されたスイス民法典をはじめ、当時、販売されていた公式版やコメンタールについては、ブリデルが前掲 "Le code civil suisse au Japon" のなかで、詳細な情報を提示している。以下に、その該当部分を訳出する。

「スイス民法典の様々な版は、書店にも並んでおり、多くの学生の手に渡っている。大学図書館については話すまでもない。大学図書館は、非常に設備が整っており、約50万冊の著作物——そのうち半分は中国または日本に関する書籍であり、残り半分がヨーロッパ系の書物を占める——を所蔵している。1907年の公式版——ドイツ語版ないしフランス語版——は、現在のところ最も普及している。興味深いことに、ベルンのフランケ出版社から刊行された3つの公用語で書かれた公式版は、高額を支払うことに支障のない人々の間では、特別な信用を得ている。使い勝手の良いサイズのミニ版のものは、最近、ライプツィッヒのレクラム社にて出版された。これもまた流布するだろう。ロッセル氏そしてメンタ氏の手引書、エッガー氏、エッシャー氏、オゼール氏、ライヒェル氏、ヴィーラント氏の素晴らしいコンメンタール、そしてクルリ氏によるものも同様に、〔日本の〕図書館に〔すでに〕所蔵されているか、あるいは近日中に到着予定である。」

こうした記述からは、当時の東京帝国大学図書館の蔵書状況や日本の書店でスイス民法典が販売されていたことをあわせて確認することが出来る。

124) 安部磯雄は、『地上之理想国瑞西』の執筆の際、"Government in Switzerland" を参考図書として使用している。当時、ヴィンセントによるこの書籍が日本にどのくらい普及していたかは明らかではないが、ブリデルから入手した可能性もある。というのも、ブリデルは東京専門学校 (現・早稲田大学) で講演したことがあり、明治32年より大正

15年まで同学校で教職を執っていた安部とは接点があった可能性が高いからである。また、安部は彼自身の活動の一環として、公娼制度の廃止や産児制限など、初期の女性解放運動にも積極的に関与しており、スイスでフェミニストとして公娼制度の廃止に関心を持っていたブリデルとも共通点を多く有している。両者の関係については今後の課題としたい。

125) ブリデルは、明治民法について、「〔日本〕家族法に関する現在の法律や慣習は、古くからの制度から相当影響を受けている。つまりそれは、個人の権利への無理解、婦人の従属、長男の優勢等である。」などと、同民法典の問題点に関心があったようである（Louis Bridel, "Le code civil suisse au Japon", op.cit.）。

126) 実際に "Le code civil suisse au Japon" では、「1898年の法典編纂以来、〔法律や慣習が〕もはや昔のようではなくなってきていることは確かである。法が部分的に改正され、現在根付いている慣習もまた変化しつつある。」と、改正を示唆する発言が見られる。

127) "Lettre de Tokyo de Bridel du 25.12.1908".

128) Louis Bridel, "Le code civil suisse au Japon", op.cit.

129) こうした彼の手ごたえは、「日本において、スイス民法典は〔自らの〕地位を獲得しました。そしてスイス民法典の影響は、だんだんと感知されていくと私は考えております。いずれにせよ、学生たちはあなたの作品に大きな興味を示しております。」という彼の発言から理解出来る（"Lettre de Tokyo de L. Bridel du 4.4.1912"）。

130) "Lettre de Tokyo de L. Bridel du 25.12.1908".

131) 当時の法学領域における日中間の関係をブリデルは "Le code civil suisse au Japon" で次のように紹介している。

「近年、日本は中国における知的発展に重大な影響力を持っている。すでに、日本国自体はヨーロッパ諸国から有益なる文明をほぼ全て受け取った。そしてその後、彼らは、今度はその得たものの一部を中国に与えようとした。このような背景のもと、数年前に東京帝国大学の3人の教授が、清国の司法省の管轄にある、北京の法律学校に招聘され、〔そこで〕教育のかたわら、民法典、刑法典、商法典の草案を作成する任務も引き受けた。また多くの中国人〔留学生〕が東京の学校に教育を受けに来たという事実にも言及しなければならない。彼らの中には、国家からの助成金をもらっている人もいれば、そうでない人もいた。このような動きはおよそ10年前から始まり、その人数が約12000人に達した時期もあった。」

ブリデルの言うように、実際、日本には多くの中国人が留学に来ていた。そのため、例えば、梅謙次郎が初代総長を務めた法政大学では、こうした留学生のために、短期間にかつ母国語で日本法の講義を受けることが出来るよう、明治37年に「速成科」を設置している。その他にも、中国官民の日本視察が行われたり、中国に日本人教師や顧問が招聘されたり、日本の出版物が中国語訳されるなど、日本は中国の近代化に様々な貢献をした。日本人の法律顧問の招聘については、東京帝国大学教授岡田朝太郎が明治39

年に清国欽命修訂法律館調査員兼法律学堂教員として同国政府の招聘に応じて出発し、その後続けて計3名の教授陣が任地へ向かっている。ブリデルが述べた「3人の教授」とはまさにこの3者を指している。こうしたブリデルの証言を裏付ける文献として、熊達雲『近代中国官民の日本視察』(成文堂、1998年) と島田正郎『清末における近代的法典の編纂』(創文社、1980年) を挙げておく。

132) Martin Krieger, Geschichte Asiens, Band 1, Böhlau, 2003, S. 210ff.
ブリデルの中華民国に対する期待として、「第一に、我々の法典［スイス民法典］は、中国の法改正に無関係にはいられないということ、そしておそらく第二には、日本に及ぼされたスイス民法典の影響以上のものが中国に及ぼされることさえ予想される」と述べ、その理由を「中国を活気づけていると思われる民主主義、共和主義」がそれを可能にするからとしている (Louis Bridel, "Le code civil suisse au Japon", op.cit.)。

133) "Lettre de Tokyo de L. Bridel du 4.4.1912".
134) "Lettre de Tokyo de L. Bridel du 25.12.1908".
135) "Lettre de Tokyo de L. Bridel du 4.4.1912".
136) "Lettre de Tokyo de L. Bridel du 4.4.1912".
137) Louis Bridel, "Le code civil suisse au Japon", op.cit.
138) "Lettre de Tokyo de L. Bridel du 4.4.1912".
139) 大久保泰甫は、自著である『ボアソナアド』(岩波書店、1977年) の中で、明治政府法律顧問ボアソナードは理想主義的愛国者であり、「立法と教育とを通じ、極東の地にフランス的文化と思想をもたらすこと、そしてこれによって日本を─さらには極東の全体を─文明の進歩に浴させる」(39頁) という抱負を持して来日したと指摘し、また「わが国にヨオロッパ近代法を伝えようとするかれの熱意は、宗教的な『宣教師的情熱』(田中耕太郎博士) にたとえられるほどである。」(4頁) と述べている。ブリデルに関しても同様のことが言えよう。
140) "Lettre de Tokyo de L. Bridel du 4.4.1912" の書簡の中で、ブリデルは、日本におけるスイス民法典の紹介は成功し、〔法領域における〕地位を獲得したと記しているが、その記述の根拠を見ることが出来ない。
141) また当時は、様々な学術誌に、スイス民法典に関する記事が多く見られるようになる。我が国において最初にスイス民法 (ZGB) の優秀性を伝えた論文は、木村前掲「瑞西将来ノ民法ニ於ケル婦人ノ地位ヲ論ス」である。また、管見の限りではあるが、この時期におけるスイス民法に関する研究は、『法学協会雑誌』に特に多く見ることが出来る。例えば、山内四郎「瑞西民法草案の相續法に就て」(第21巻第4号、1903年)、Louis Bridel「Le Futur Code Civil Suisse」(第25巻第5号、1907年)、同「Le Code Civil Suisse (de 10 décembre 1907)」(第26巻第12号、1908年)、穂積重遠前掲「瑞西ノ新民法」(第26巻第10号、1908年) などが挙げられる。その他にも、同雑誌の「雑報」欄に、スイス民法をはじめ、刑法や国際私法、さらにはスイス国内の制度面に関する記

事の掲載が多く見られる。このような『法学協会雑誌』に見られる研究業績の背景には、やはりブリデルの功績が大きい。ブリデルは、スイスより、同民法典前草案、同民法典草案、同民法をはじめ、フランス民法・ドイツ民法に関する書籍及び資料などを積極的に取り寄せていることは本文にて確認したところだが、おそらくこれらは、授業や自身の論文の他に、学術誌への情報提供のために用いられたと推測することが出来る。

142) ブリデルの比較法学の継承という観点からは、特に日本比較法学の発展に多大な貢献をした杉山直治郎に注目したい。杉山は、サレイユやジェニー、ランベールといったフランスの法学者からの影響を受けているように示唆されるが、実際には、彼が専門的に法律学を学び始めた時に比較法学を教授したのはブリデルである。東京帝国大学の「仏蘭西法」で行われたブリデルの講義の具体的な内容については明らかにされてはいないが、比較法学的手法を用いた講義形式であったことは、彼の試験問題などを見る限り、想像するに難くない。また、明治法律学校での「比較法制学」講義に見られる、現行法制の改良を目的とした比較立法学が、東京帝国大学でも講じられていた可能性は高い。また、ブリデルの用いる比較法の研究手法は、20世紀初頭から、杉山の傾倒するサレイユやランベールを中心として、法の一般原則の探求や自国法の改善のために各国の現行法制を比較研究した「比較立法学派」と類似する点が多い。つまり、杉山のサレイユ、ランベールへの学問的関心の背景には、学生の時分に受けたブリデルの講義があったと考えることは出来ないだろうか。

　また、サレイユに深い関心を寄せていた牧野に関しても杉山と同様のことが言えるかもしれない。とりわけ牧野においては、ブリデルの講義や講演の通訳もしていたことから、ブリデルの学問に長きにわたって接してきたと考えられよう。しかしこれは推測の域を越えるものではなく、具体的な実証は今後の課題としたい。

第二章　穂積重遠

一　はじめに

穂積重遠が記した１通の書簡の紹介から始めよう[1]。

Bern, 3. August 1914
Hochgeehrter Herr Professor !
Herzlichsten Dank für Ihre freundliche Aufnahme und liebenswürdige Gabe. Meine schweizerische Reise in der schweren Zeit ist doch dadurch sehr lohnend geworden, dass ich Sie treffen konnte.
　Ihr ergebenst dankbarer

Shigeto Hozumi

（邦訳）
ベルン　1914年8月3日
謹啓　フーバー教授殿
あなたの歓待と好意あふれる贈り物に心から感謝しております。
困難な時期の中での私のスイス旅行は、あなたにお会い出来たことによって、非常に価値あるものとなりました。

謹白
穂積重遠

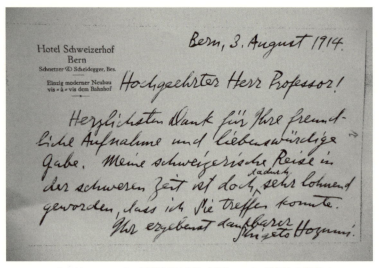

オイゲン・フーバー宛穂積重遠書簡（所蔵：スイス連邦公文書館）

　この書簡は、穂積重遠が大正3（1914）年8月3日、スイス民法典起草者オイゲン・フーバーを訪問した直後に綴った礼状である。明治43（1910）年10月から留学のためヨーロッパにいた重遠は、この当時パリに滞在していた。重遠はかねてよりスイスを訪れたいと思っており、ついにこの念願を果たすべく、「大計画」と称したスイス訪問を同年8月1日より決行することとなった。後に、重遠が「独仏国境で開戦にぶつかり」「大失敗に終わった」としつつも、スイス旅行の目的の1つであったフーバーとの再会を果たせたことは満足だったと振り返っているように[2]、この旅行は、彼にとってフーバーとの交流を深める絶好の機会であったことがわかる。

　スイスに到着した重遠は、8月3日にベルンのフーバーを訪ねている。その時の様子を、彼が留学時に「妻あての『家族通信』」として書いた手紙をまとめた『欧米留学日記』[3]や『法律時報』に連載された自身の随筆をまとめた『（続）有閑法学』から見てみると、訪問時、フーバーは「何だって又此様な大騒動の最中やつて来るのだ」と驚きながらも重遠の訪問を歓迎し、「懇切に色々物語られた」そうである[4]。しかししばらくして、フーバーが「大将軍の

選挙」5) に行くことになったため、重遠は一旦ホテルに引き揚げた。後刻フーバーが、「わざわざ僕〔重遠〕のために署名した新民法理由書を携へてホテルに来」たものの、重遠は外出していたために会うことが出来ず、「こちらから今一度返禮に行ったら先生が不在（……）つい其儘になってしまった」のだった6)。重遠による冒頭の書簡は、このような経緯のもとで記されたのであった。なお、フーバーから贈呈されたのは「新民法理由書（Erläuterungen zum Vorentwurf des Eidgenössischen Justiz- und Polizeidepartements, Bern, 1914)」であり、これは現在も首都大学東京図書館にある「穂積文庫」に所蔵されている7)。

このエピソードからも理解出来るように、穂積重遠はスイスと深いかかわりを持つ法学者でもある。東京帝国大学在学時に、スイス人法学教師ルイ・ブリデルと出会ったことがきっかけでスイスの新民法典に触れ、その充実した内容に大いに興味を抱くこととなる。そして彼は、ブリデルと共に日本法学界にスイス民法を紹介すべく奔走し、ブリデルの死後も、家族法研究や臨時法制審議会における民法改正作業の中でスイス法の重要性を主張していくことになる。そこで、こうした重遠の活動に注目し、ブリデルによって広められたスイス民法典が、重遠によってどのようにその価値が見出され、我が国の法学に展開されたのかについて考察していきたい。

本章ではまず、第二節「穂積重遠の生涯と学風の点描」で、彼の経歴と学風の特徴について見ていく。尤も、その全容を明らかにすることを目的とせず、あくまで彼におけるスイス法の影響を考えていく前提として必要だと判断されるもののみを断片的に捉えるに過ぎない。明治民法典起草者の一人である穂積陳重の長男として生まれた重遠が、父と同じ道を歩むことを決断した経緯、そして学問としては未開拓分野であった家族法を彼自身の生涯の研究領域として選択した理由について考える。また、彼の学風の特徴である「社会学的研究」や「判例研究」、彼のあらゆる活動の基底となっている「明治民法典と大正・昭和戦前期の社会状況の乖離の克服にむけた活動」について、先行研究や重遠自身の著書を整理した上で分析する。第三節「穂積重遠とスイス」では、両者の繋がりを確認出来る、①スイス人法学者たちとの交流、②法学研究や立法事業の中へのスイス民法典の導入という面から、具体的に彼がスイス民法のどの

ような点に関心を持ったのかについて考察していくこととする。①では、重遠と交流のあったスイス人法学者としてブリデルとフーバーを取り上げ、ブリデルについては、両者の接点、学術上の交流・影響について明らかにしていく。フーバーについて多くを語ることは難しいが、重遠－フーバー間で交わされた書簡（スイス連邦公文書館蔵）を通して、両国の法学交流を深めるために行った重遠の活動に注目する。②では、家族法に関する規定やスイス民法第1条・第2条の趣旨を、自己の学説や立法作業の中にいかに取り入れ展開させたかについて考察する。

二　穂積重遠の生涯と学風の点描

1　略　歴

穂積重遠は、明治民法典の起草者の一人である穂積陳重と、明治を代表する実業家渋沢栄一の長女・歌子の長男として、明治16（1883）年4月11日、旧東京市深川区福往町に誕生する（家系については以下の〔図1〕参照）。高等師範学校（現・筑波大学）の附属小学校を経て、明治34年に第一高等学校（第一部独法科）に入学、同37年に卒業した。また同年、東京帝国大学法科大学法律学科に入学、同41年に卒業と同時に、同大学法科大学講師に就任する[8]。当時の彼の担当科目は、民法親族編・相続編であり、富井政章が受け持っていた経済科の講義の補講であった[9]。また同年10月には、陸軍軍人児玉源太郎の次女・仲子と結婚した。

明治43（1910）年には、東京帝国大学法科大学助教授に就任し、その直後、文部省より「民法及法理學研究ノ爲滿三箇年間、獨國、佛國及英國へ留學」を命ぜられ、同年10月から大正5（1916）年まで、ドイツ・フランス・イギリス・アメリカに留学し、ボン大学、ベルリン大学、ロンドン大学、ハーヴァード大学の聴講生となる[10]。帰国後は、東京帝国大学法科大学教授に就任し、3度にわたって学部長を務めている。大学での担当科目は法理学及び民法であった[11]。また、『民法総論』（1921年）、『離婚制度の研究』（1924年）、『民法読本』

【図1】 穂積重遠の親戚関係

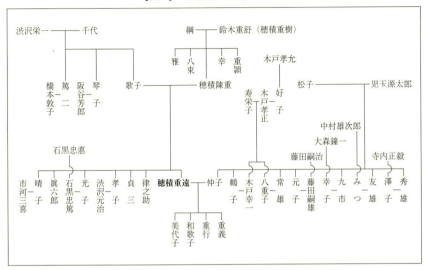

〔注〕
・本図は穂積重遠の親族関係の概要を示すものでありその全てを網羅するものではない。
・本図の作成にあたっては、小林道彦『児玉源太郎』(ミネルヴァ書房、2012年) および公益財団法人渋沢栄一記念財団渋沢資料館『法学者・穂積陳重と妻・歌子の物語』(2011年) を参考にした。

(1927年)、『親族法』(1933年)、『私たちの民法』(1948年)、『私たちの親族法・相続法』(1950年) をはじめ、主として家族法の分野で数多くの著書・論文を執筆した[12]。

　このように重遠の活動の中心は、東京帝国大学での講義、そして家族法研究にあったわけだが、彼はそれ以外にも、多方面にわたり、実に様々な活動を行っている。臨時法制審議会の幹事・委員[13]並びに満州国司法部審核として、日本の民法改正や満州の法典編纂事業に携わった。また、帝国学士院委員[14]、貴族院議員[15]をはじめ、学術研究会議副会長、国語審議会副会長、宗教制度調査委員会委員、教育審議会委員、著作権審査会委員、内閣調査局専門委員、司法制度調査委員会委員、中央社会事業委員会委員、家事審判制度調査委員会委員など、内閣管轄の審議会・委員会のメンバーに歴任する他、社会事業調査委員 (内務省社会局) として、昭和8 (1933) 年の「児童虐待防止法」の制定や児

童虐待法該当児童の施設「子供の家」開設など[16]、社会事業にも積極的に携わり、その一連の活動として、社会教育協会[17]の設立や東京帝国大学セツルメントでの活動にも尽力した。また、明治大学専門部女子部や東京家庭学園(現在の白梅学園)の創設にも携わるなど、女子教育にも力をそそいでいる。昭和 18 年に東京帝国大学を定年により退官した後も、東宮太夫兼東宮侍従長[18]、最高裁判所判事を務めた。最高裁判事については、短期間での就任ではあったが、「尊属傷害致死被告事件」最高裁判決における「尊属傷害致死に関する刑法第 205 条第 2 項の規定は憲法第 14 条に違反しない」という反対意見を表明したことは非常に有名である (本書補論第二節第 2 項(一)参照)。そして最高裁判所判事の在任中である昭和 26 年 7 月 29 日、東京大学医学部付属病院にて 68 年の生涯を閉じた[19]。

2 法律を学ぶまでの経緯、家族法を専門領域として選択した理由

重遠が過ごした幼少期から少年時代にかけての日本は、明治 27 (1894) 年に日清戦争、明治 37 年には日露戦争といった、2 つの大きな戦争を経験し、社会的構造の転換が大きく求められた時代であった。法学界においてもまた、明治 20 年代から 30 年代にかけて、各法典が編纂、施行され、大きな転換期を迎えることとなる。重遠が 6 歳の時 (明治 22 年)、大日本帝国憲法が発布された。また同年には、法学士会が旧民法の施行延期を求める意見書を発表し、民法典論争が開始される。その後、重遠が 9 歳の時 (明治 25 年) には、「民法及商法施行延期法律案」が帝国議会で議決され、翌 26 年に法典調査会が設置される。その際、梅謙次郎、富井政章とともに、重遠の父・穂積陳重もまた、起草に携わることとなる。重遠が 13 歳の時の明治 29 年 4 月 27 日に、第 1 編総則、第 2 編物権、第 3 編債権が法律第 89 号として公布され、同 12 月 29 日には、旧民法の施行を再延期する法律が制定された (法律第 94 号)。そして、重遠 15 歳の明治 31 年 6 月 21 日に、第 4 編親族と第 5 編相続が法律第 9 号として公布され、同年 7 月 16 日に民法全編が施行されるに至った。このような時代背景や法学者の父と叔父を持つという家庭環境の中[20]、法典編纂を身近に接しつつ育ってきた重遠が法学を志したことはごく自然のことであった。彼自身の回顧

によると、第一高等学校3年時に履修した「法学通論」の授業で「ガーライスのレヒツエンチクロペディー[21]」を読んだことがきっかけとなり、本格的に法律を学ぶことを決意した。

　明治37 (1904) 年、重遠は東京帝国大学法科大学に入学する。当時の法科大学では「英法科」「仏法科」「独法科」のいずれかを選択する必要があり、重遠はドイツ法を選択した[22]。これについて重遠は、「すでに1898年の民法施行以来、ドイツ法全盛の時代が始まって」おり、重遠もまた「私がなぜドイツ法に入ったかははっきり思い出さないが、やはり法律やるならドイツ法をやらなくちゃならんということを誰かに聞かされてだったと思う」と述べている[23]。

　東京帝国大学で重遠が聴講した講義及び担当者は、管見の限りであるが、憲法（穂積八束）、行政法（筧克彦）、刑法（岡田朝太郎）、刑事訴訟法（中川孝太郎）、民法[24]・英法[25]（土方寧）、親族法・相続法（奥田義人・随意講義）、商法（岡野敬次郎）、ローマ法（戸水寛人）、ドイツ法（レーンホルム）であった[26]。とりわけ奥田義人の「随意講義」から受けた影響は非常に大きく、これをきっかけに重遠の学問の将来の方向性が定まり、親族法・相続法を専門的に研究することになった。家族法を選択したことについて重遠は、「僕は専攻科目として未開拓の沃土を擇びたいと考へた。そこが即ち親族法相續法である。（……）民法第四編第五編即ち親族法相續法が當時は、ヤット鍬がはいつたばかりで、まだ十分には開拓されて居なかつた。そこで僕は此部分に著眼した」と述べている[27]。また重遠は、その中でも離婚法を研究主題にした。その理由として、離婚法は「1、間口が廣過ぎないで奥行の深いもの。2、法律問題にして道徳・宗教・社會・文藝に互るもの。3、現在の問題にして過去に遡り將來に跨るもの。即ち沿革研究の興味あり又立法論の出來るもの。4、我國の問題にして同時に諸外国の問題であり、即ち比較研究の種になるもの」であるからだとしている[28]。こうした経緯をへて、重遠は家族法学者として歩み始めることとなる。

3　留学期に確立した学風――「社会学的研究」と「判例研究」

　留学当時の重遠の行動については、前掲『欧米留学日記』に詳しい。令息重行氏によると、「この留学において『明治法学』の成果、直接には父の足跡を

継承しながらも、新しい意識のもとに自分の道を求め、昭和前期にかけて自分の足跡を残した」[29]と総括されているように、重遠は留学の経験を通して学風をある程度確立させ、その経験が彼のその後の研究や活動に大きく影響を及ぼしたことがわかる。ここではこれらの中のいくつかについて言及しておこう。

特に注目すべき点は、彼の研究手法の大きな特徴である「社会学的研究」の確立であろう。帰国後まもなく公刊した『法理学』の中で、重遠は、従来より行われていた「法律の註釈的研究」について、否定はしないもののそれだけでは不十分と評し、これに加えて「社会学的・沿革的・比較的研究」を行っていかねばならないことを強調している[30]。また、同時期の別の著書では、「社會學的研究トハ法律ガ社會的規範ノ一タル方面ニ著眼シ、或法律ノ規定ト社會ノ事情社會ノ利益トノ間ノ關係ヲ攻究シ、法律ノ規定ト社會ノ正当ナル希望要求トノ間ノ調和ヲ圖リ、社會ノ善良ナル趨勢ヲ誘導シ、不善有害ナル風習ヲ撲滅スルノ目的ヲ以テ解釋論立法論ヲナスヲ云ウ (sociological method, Rechtssoziologie)」[31]と述べている。このような観点から、解釈論、立法論を展開させる彼の法学研究は、当時において非常に斬新なものであったと言えよう。我妻栄によれば、こうした手法に基づく学問は当時の言葉で「法律社会学」と言い、「今日の用語でいえば社会学的法律学、あるいは『法律学のなかに、社会学的な方法を導入するやり方』」[32]と言う。こうした研究方法こそ、重遠がドイツに滞在した際、「ラートブルフやステルンベルヒ等当時の若手学者と話しているうちに、『レヒツゾチオロギー』とか『ゾチオローギッシュユリスプルデンツ』という言葉にぶつかり、これあるかなと感銘」[33]し、またその後、イギリスで、事実の中から理論を構築していく方法論とめぐり合うなど、留学で得た成果によって確立されたものだと思われる。

そしてこうした社会学的研究を行うにあたり、その対象として重遠が選んだのが、同じくイギリス留学で体験した「社会事業」「社会教育」「婦人問題」であった。これらはいずれも社会の根底にある問題であり、こうした問題を法的側面からどのように取り組むべきかを追求していくことで、社会学的研究が目指す「法律と社会の調和」の実現に繋がるというわけである。「法律と社会の調和」をめぐっては、帰国後も重遠にとって大きな課題となり、多方面からの模索がなされることとなる。これについては次節にて詳論してゆくが、重行氏

によると、こうした発想こそがイギリス留学で得た「収穫」であるという。彼による以下の発言を引用しておこう[34]。

　ここにうかがわれるのは、〔イギリス留学をへて〕彼の法律観において「社会的機能としての法」の観点が急速に優位を占め始めていることである。(……)〔帰国した後に〕彼が追求し始める課題は、留学前とは大きく異なるものとなった。その目標は「法を社会に役立てるためには」という単純にして複雑な問題にしぼられ、特に社会的法的「弱者」としての「女性」「児童」、そして「下層社会をふくめての法的知識にとぼしい人々」のため、という「実践」に結びついていく。「大正大震災」を契機として十数年にわたる「セツルメント」活動はその最も端的な現れであり、そこにおける「法律相談」を手がかりとするもろもろの「啓蒙的」著作、進んでは「調停制度」「家庭裁判所」「内縁問題」「児童虐待防止法」「少年法」「少年裁判所」その他に関する開拓者的とさえいいうる努力は生前において多くの実を結び、戦後の最晩年にはこれに根ざしこれを目指す新しい体制の中で、短期間ながら最高裁事としての仕事をすることさえできた。そしてこの姿勢は死の直前における「尊属殺問題」に連なるのである。

　また、彼が生涯にわたり主張することになる「判例研究」の必要性や、「裁判所を単なる『法則適用の機関』であるとはせず、具体的に発生した紛争＝法律問題の解決機関である」とする彼の「裁判観」[35]もまた、イギリスで幾度も裁判の傍聴へ足を運ぶことによって得た「収穫」であり、その後の彼の法学の核心となる。なお、こうした彼の「判例」への関心は、その後、末弘厳太郎とともに「民事判例研究会」を創設し、我が国における判例研究の貢献へと繋がっていく。尤も、我が国における判例批評は、明治35（1902）年頃から梅謙次郎が行って以来、様々な法学者たちによって行われている。しかしその当時は、「その遣り方も事實の研究に注意を怠り只表面に表はれた形式法理の批評にのみ拘泥したので其批評は多く當ら」なかった。それに対し、民事判例研究会が『法学協会雑誌』に発表した判例批評は、「從來の判例批評の方法に一歩を進めた物であ」り[36]、「日本の法律学の歴史に新しい時代を画する重要なできごと」[37]となる。同研究会によって行われた判例研究は、末弘によれば「研究の目的は具體的法律を知らむとするにある」とし、「第一には判決中極めて不完

全な事實の記載中から成るべく詳細に事實關係を拾ひ集めることを力める。而して第二には裁判所が此事實に對して如何なる裁判を與へたかを簡短に摘記する。さうして最後に評釋を附ける。評釋を加へる主旨は從來諸學者に依つて試みられた判例批評とは全く異なつたものである。主として其判決と從來の判例との連絡を尋ねて當該の問題に關する具體的法律の變遷及び其内容が漸次に充實して來る樣子を説明するに在る。」[38] ことをその内容とする。このような判例研究の手法は、重遠自身の家族法研究にもみられ[39]、彼の法理論を支えていくこととなる。なお、重遠が民事判例研究会で行った判例研究一覧は本書の巻末資料に載せている。

4　「法律」と「社会」とを歩み寄らせるための活動

　以上に挙げた「法律の社会学的研究」及び「判例研究」は、重遠の生涯を通した学風の大きな特徴となっていくのだが、こうした手法を彼が重視する理由として、彼のあらゆる活動の基底となっている、法と社会との乖離を認めない姿勢がその前提にある。当時の日本社会が日露戦争や第一次世界大戦といった戦争を契機に大きく状況を変化させている一方[40]、明治31（1898）年に制定された明治民法はこうした社会の変化に対応しておらず、「社会」と「法律」との間に「ずれ」の状態が生じるようになった[41]。重遠は、両者の乖離を強く批判し、こうした事態を解消させるべく、あらゆる場面において両者の「歩み寄り」を提言することとなる。「法律」と「社会」の乖離の克服を主張する重遠の姿勢は、磯田進による「法律学あるいは法律書と一般民衆との距離が日本ほど開いている場所は、おそらく外国にはないのではないかと思うのですが、そのことは日本の法律学の一つの遅れだと思うんです。そこで穂積先生はその遅れを取り戻そうとされた。そういう意味で穂積先生のそのラインの努力を私たちは高く評価しなければならない」[42] との発言や、我妻栄による「法律と社会生活の実際とを結びつけていこう、法律の解釈においても、立法においても、更には法の適用においても、社会の実際と法律とを結びつけようとする努力、この努力のすべてを包摂するものが法律学であるとするのが、穂積先生の法理学の立場だといってよい」[43] との発言にも見られる。

尤も、こうした法律と社会との結びつきを主張する見解は、何も彼独自のものではない。所謂、大正「市民法学」を代表する牧野英一や末弘厳太郎といった法学者たちもまた、「概念法学的法律実証主義」を克服するために、同様の姿勢を見せている。しかし重遠は、これを「家族法」という領域において徹底的に「歩み寄り」を図ろうとした点、「法律と社会」、即ち「法律家と一般民衆」との間に中立的な存在として立ち、あくまでも「善良なる貴族」としての立場から「モデレートな君主制をよき古き形で維持していこう」と努めた[44]点において、例えば「民法」や「労働法」の領域において「市民的」な態度をとり「純粋な意味でのデモクラート」を貫いた末弘[45]とは性質を異とし、重遠の独自性をそこに見出すことが出来るだろう。

我妻栄によれば、当時、法律と社会の歩み寄りが最も求められた法領域が家族法であった。というのも、「家族法の分野では、社会の実際と法律の規定との間には大きな隔たりがある。しかもこれを埋めるために、法律の規定を論理的に分析して、これに適合する社会現象だけを法律の認めるものとし、適合しないものは法の保護を受けないという態度をとったのでは、隔たりはますます大きくなりこそすれ、少しも小さくならない。隔たりを生ずる理由を探求し、これを埋めるために、単に法律を改めるだけでなく、おそらく特殊の施設や制度を考案しなければならない」のであり、そこに財産法の研究とは全く違った方法が要請されたのである[46]。そしてこれをいちはやく実践したのが穂積重遠であった。

重遠もまた、上記の我妻の発言と同様の見解を示しており、以下の彼の発言は、法律と社会の不一致への彼の批判を窺い知ることが出来る一例である[47]。なお、ここでは「社会」ではなく「事実」という用語が用いられているが、この文脈では、これは「社会」と読み替えることが出来ると思われる。

　法律では斯うなつて居るが事實は斯うだ、事實はさうだが法律では斯うだと云ふやうな、法律と事實の食ひ違ひが屢々起る。それは一方に於ては法律の決め方が悪い。法律家が自分達の机の上で決めて社會の實情に合せることを考へなかつたと云ふ法律の方の缺點が確にある。と同時に一方に又、一般の人が法律に甚だ無關心で、法律のことを一向知らない、また知らうとしない。其爲に其人々の行

ふ事が法律とは丸で違つたことになつてしまふ。だから一般の人々の方にも責はある。そこで、法律の方もモット考へなければいかんし、一般の人もモット法律のことに注意して、法律と事實と食ひ違はんやうにしなければならない。

　重遠は、法律が社会の実情を汲みとることなく専門家の間で作られたものであること、一般国民も法律に関心がないことを指摘し、こうした現状が「法律」と「社会」の間に距離を作った要因であると批判した上で、両者が共に歩み寄ることで、社会の意識と法律の内容に食い違いがないようにしなければならないと述べている。そして彼は、そのための「解決策」を提唱していくこととなる。但し、「事実を動かすことはできぬから法律の規定を事実に合わせるのが良い」とし、「事実（社会）」から「法律」への歩み寄りよりも、「法律」から「事実（社会）」への歩み寄りを一層強調する傾向にあったようである。

　まず「法律」から「社会」への歩み寄りとして挙げることが出来るのは、条理に基づく裁判、民法改正、調停制度の導入、そして判例研究であろう。重遠は、「法律」から「社会」への「終局の解決」を「民法改正」に求めているが[48]、それが実現するまでの応急的な対応策として「条理裁判」を挙げている。裁判官が裁判をする際の規準として法律・慣習（習慣）が挙げられるが、「法律が現在及び將來のあらゆる生活需要を網羅することは到底不能であつて、即ち法律には缺陷がない譯には往かず、而して裁判官は規定無きの故を以て裁判を拒むことは出來ないのであるから、裁判官が條理を以て法律を補充する」[49]べきであるとして、両者が存在しない場合は、条理に基づいて裁判すべきであるとし、条理裁判の必要性を主張していく。尤も、彼自身は、条理を法源とは認めてはおらず、条理裁判から生じた判例法を法源として認めていこうという姿勢をとっている。また重遠は、条理裁判によって生じてきた諸々の判例の分析・研究を通して、成文法・慣習法と並ぶ第三の法源である判例法を見出さねばならないとして、判例研究をあわせて推奨していく。
　しかし、あくまでも重遠にとっての最終的な「法律」から「社会」への歩み寄りは、「民法改正」をすることにある。そしてその際には、ただ法律を改正させるのではなく、「実質」を重視する方向で修正していく必要があるとした。

このように重遠は、裁判官による法創造を承認しつつも、最終的には立法改革を含めての制定法を適用すべきだとする立場にあったと言えよう。そして彼にとってのこうした自身の理念を実現する場が臨時法制審議会であった。重遠は、同審議会の幹事として民法改正作業の開始当初から中心的な役割を果たしており、調査をはじめ、「諮問第一号に関する調査要目私案（穂積私案）」[50]や「調査要目」の作成、審議、決議に関与し、また、昭和2（1927）年末に「民法親族編中改正ノ要綱」34項目及び「民法相續編中改正ノ要綱」17項目（これらは「民法改正要綱」と総称されている）が発表された翌年の昭和3年からは、司法省内の民法改正調査委員会の委員として起草作業に携わっている。特に彼は、現実の家族関係の変化や徐々に高まりつつある女性、とりわけ妻の劣位に対する批判に対応し得る改革を遂行するかたちで民法改正作業を進めようと尽力した。具体的には、分家を容易にしてその促進を図ることで「家」と実質的な家族共同生活とを結びつけ、また「妻の能力の拡張」「夫婦財産制における別産制」「遺産相続人の中の配偶者の順位の上昇」など、妻の地位を高める規定を積極的に提案していった。また単独相続としての家督相続を緩和し、親族会の制度を整備することで、その濫用を防止した。

　また臨時法制審議会では、家事審判所を設置させ、家をめぐる複雑な問題に関しては適宜柔軟に判断することとした[51]。「裁判官が法服を脱いで、当事者と同じ地位に立って、ひざをつきあわせて話し合う。そして人情と理屈とをかみあわせた解決をして、当事者を納得させる」[52]ことを目的とする家事審判所は、重遠が年来主張してきたものであり、戦後の家庭裁判所の「調停」に結びついていく。その意味において、これもまた「法律」から「社会」への歩み寄りの一形態として捉えることが出来るだろう。

　重遠の考える「条理」及び「判例法」の関係については第八章第二節第3項（二）で、調停については補論第二節第2項（三）で改めて論じていきたい。

　一方、「社会」から「法律」への歩み寄りについてであるが、これについて重遠は、一般の人々に知識を身につけさせるための「法育」が必要であると説く。なお、ここでいう「法育」とは、今日言われている「法教育」に相当するものであり、「狭義の『法教育』と『法学教育』を包摂する広い意味での『法

教育』」を指している[53]。重遠によれば、法律というものが国民に知れわたることなく法律家の占有物ともなることが危惧されるこの時代において、法律が本当に国民に守られるようになるためには、法律に対する国民の理解が必要であり、国民をして法律を理解させる手段は即ち「教育」であるとして、教育の現場では、教えていくべき社会のあらゆる常識の中に法律についての常識も加えるべきだとした。なぜなら、「国民」を作るためには、人間形成に必要な「徳育」「知育」「体育」に加え「法育」もまた必要であり[54]、また「法律は命ずるから行われるのではなく、守るから行われるのでなければ意味がない、そして守るためにはまず知らなければならない、そして守らせるにはまず知らせなくてはならない」[55]からである。こうした国民における法育の必要性については「通俗的法律教育は我國に於て最も必要にして最も不完全なる所である。(……)『法育』なくんば國民を造ることは出來ぬ。國民の事實生活と法律生活とを一致せしむることは出來ぬ。」[56]という彼の言葉に集約されていることが窺えよう。また重遠は、学校教育は勿論のこと、しかしながらそれだけでは教育の目的が十分に達しないとして、学校を卒業した人や何らかの事情で十分に学校に行かれない人のためには「社会教育（学校以外の場で行われる教育）」も必要になってくることを唱えた。こうした彼の捉える「社会教育」は「社会事業」の一環として理解してよいだろう。

　まず、学校教育での「法育」についてであるが、重遠は教育機関——とりわけ中等教育や女子教育——における法学教育の推進にむけて尽力した。明治大学専門部女子部の創設や公民教科書の編纂等をその一例として挙げることが出来るだろう。

　明治大学専門部女子部[57]は、女子に法律・経済の高等教育を授ける教育機関として、昭和4（1929）年に創設された。当時、女子の高等教育機関としては、津田英学塾や日本女子大学校が既に創設されていたが、いずれも文部省の定める大学令による大学として認められていなかった。従って、女子が高等教育を受けるには、既存の男子の大学に入るしか選択肢はなく、大正2（1913）年に東北帝国大学理科大学に3名の女子が入学を認められて以来、徐々に女子の正式の入学や聴講生としての入学が認められるようになってきた。そのような中、明治大学は、他の大学に先駆けて、女子が法律・経済の高等教育を受け

ることの出来る教育機関として「女子部」を創設した。その際、先導的な役割を果たしたのが、重遠と弁護士の松本重敏であり[58]、特に重遠は、司法省との交渉から教員の人材集めまで、そして女子部開校後には教員として民法と法理学を担当する[59]など、女子部における法学教育に貢献した[60]。

　また、公民科教育行政への関与について、重遠は、大正11（1922）年より公民教育調査委員、昭和5（1930）年より中等学校公民科教授要目編纂委員を歴任している[61]。彼によれば、「一般の者も法治國の國民として法律を知ることを努めなければならんし、また國民教育に當る人は法律を知らせることに努めなければいけない（……）法律生活に必要な程度の法律を知らせると云ふことは（……）普通教育或は公民教育の目的として大事なこと」[62]であり、とりわけ中等教育における公民科教授の重要性を説いている[63]。重遠は主に教科書の編纂に尽力し、中等諸学校用の教科書や女子用公民科教科書を執筆している[64]。また、公民教育関係の講演会でも講師を務め、生徒を指導する立場にある教師たちに法学教育の重要性を訴えるとともに、具体的に法学や民法の指導を施すなどの活動も行った[65]。

　社会事業（社会教育）については、東京帝国大学セツルメント及び中央法律相談所において国民に法律の知識を提供してきた重遠の活動を一例に挙げておこう。

　重遠を語る場合、東京帝国大学セツルメントへの献身に言及せずにすませることは出来ないといわれるように[66]、彼はセツルメントと深い関わりを持っていた。有志団体が都市貧困地域に定住しながら福祉事業や社会教育事業を行うセツルメント運動は大正期の1つの大きな特徴であり、その代表的なものの1つに東京帝国大学セツルメントがある。一部の知識人に独占されている「知識」を多数の「無産者」に「分与」していくこと、そして実証的な調査研究を進め、空理空論ではない真に我が国の学問を活かす道を探りだすことをその任務とするこの団体[67]は、大正13（1924）年に本所区柳島に設立された後、昭和13（1938）年に「文部・内務当局の弾圧により閉鎖」されるまで様々な事業を行っていく。重遠は末弘厳太郎とともに主要メンバーとして活動するのだが[68]、とりわけ「法律相談部」[69]の活動には力を入れたようである。彼にとってこの法律相談部とは、「社会」と「法律」の双方による歩み寄りを実現出

来る1つのモデルであり、この実現に大きな理想を描いていた[70]。彼によれば、法律相談部には次の2つの機能を持つことが期待されていた。第一に、同相談部は、学生達が一般市民に「法」の知識を提供しながら、同時に、こうした法律相談を通して、民法や刑法といった法律が実際の社会ではどのように作用しているかを学ばせることを目的としており、これについて彼は、「法律臨床講義」としてすこぶる有意義であると述べている。つまり、法学を専攻している学生達が大学の授業で法律を学ぶ他に、現実の社会に身を置きつつ実際に法律を扱ってみることで、いかに両者間に「ずれ」が生じているかを確認することが出来、社会に適合する法、即ち「生ける法」を学ぶことが出来る、そしてこうした活動が、法学研究や法学教育の発展に繋がり、さらにはあらゆる法的問題への妥当な解決策を可能にすると考えられた。また第二に、同相談部が国民法律生活の「ヘルス・センター」という機能も有することで、国民の抱える法にまつわる問題の未然防止をすることが出来る、あるいは仮に問題が既に生じた際にも、自分に有利になるような解決方法や裁判以外での解決方法、さらには少額で時間を要しない解決方法などを見出すことが出来ると指摘している。

　また、重遠の関与したその他の社会事業として、中央法律相談所での活動を挙げることが出来る。同相談所は、大正9（1920）年に片山哲[71]と星島二郎[72]によって設立された法律相談所であり、大正13年に閉鎖されるまでの約4年間、非常に短い期間ではあったが、法律界に与えた影響力は決して小さくはなかった。この当時は、法曹界・法学界の一部の人たちの間で「法律の社会化・民衆化」を目指す運動が積極的になされていた時期でもあり、中央法律相談所は、まさにこうした運動に賛同した者たちによって運営されることとなる[73]。なお、ここでいう「法律の社会化・民衆化」の標語が持つ意味合いと重遠の言う「社会」から「法律」への歩み寄りの内容とは、多くの共通点を有しており、従って彼もまた、「法律の社会化・民衆化」の実現に多かれ少なかれ関与していると思われる[74]。中央法律相談所の事業について、重遠は「大いなる敬意を払っている」[75]と評価し、刑法学者の牧野英一とともに同相談所の顧問を務め、片山等が受けた法律相談の中で解決が困難な場合に電話応対を行ったり、同相談所の機関紙『中央法律新報』の執筆や講演会にも協力したりしてい

る[76]。

　重遠はまた、「社会」から「法律」への歩み寄りの一環として、大衆向けの本の執筆や、雑誌・新聞・ラジオなどの当時の情報ツールを最大限に利用した法律の啓蒙活動を行っている。例えば、『百万人の法律学』『私たちの憲法』『私たちの民法』『家庭の法律百科』などの著書は、一般大衆に向けて書かれたものだと思われる。いずれも口語調で平易に書かれ、法律がわからない人にも十分に理解が出来る内容となっている。また、『婦人新報』[77]や『婦人公論』[78]『婦人問題』[79]『女性同盟』[80]『婦選』[81]『婦人週報』[82]『婦人改造』[83]『婦人世界』[84]などの婦人向けの一般雑誌や、東京朝日新聞などの一般大衆向けの新聞[85]に、婦人と法律の問題についての記事を掲載したり、大日本連合女子青年団の機関紙である『処女の友』で行われた「身の上相談」の解答を行ったり[86]、日本放送協会のラジオ放送番組「NHK教養大学」で法学を講じたりと[87]、国民の法知識を高めるための様々な活動を行った。

　以上、重遠は、一般民衆の規範意識と制定法の中立的な立場として、相互間の歩み寄りを主張し、実現していった。次節以降は、いよいよ本章の主たる関心である重遠とスイス法とのかかわりについて見ていくことにしよう。

三　穂積重遠とスイス

1　穂積重遠とスイス人法学者との出会い

(一)　穂積重遠とブリデル

　前述のように重遠はスイスに大きな関心を有した法学者である。その端緒が何であるかを考えるにあたり、まずは彼とブリデルとの出会いから見ていくことにする。

　重遠が東京帝国大学に在学中、ブリデルは同大学で教鞭を執っていたが、重遠がブリデルの講義を聴講していた事実は確認出来ない。しかし、両者は少なくとも、重遠が第3回生であった明治41（1908）年には面識があった。現在、首都大学東京「穂積文庫」に所蔵されている書籍の中に"Schweizerisches

Zivilgesetzbuch/Code civil suisse/Codice civile svizzero, Bern, 1908" と題する
ものがある。これは明治41年に重遠がブリデルから贈呈されたものであり、
その表紙には「A Monsieur Shigeto Hozumi, licencié en droit, Tokio, octobre
1908, de ton dévoué Louis Bridel, prof.」と記されている。ここに両者の接点
を確認することが出来るだろう。この事実を裏づける、穂積重行氏の次のよう
な証言もある[88]。重行氏によると、ブリデルは重遠の父である穂積陳重に会
いに度々彼の自邸を訪れていたこともあり、重遠とブリデルは、重遠が東京帝
国大学の学生の時分より面識があったとのことである。ブリデルが大正2
(1913) 年に急死する直前に訪れた最後の場所が穂積陳重邸であった[89]ことか
らも、ブリデルは度々陳重を訪問したことが窺えよう。また、明治43（1910）
年に助教授に就任した重遠は、同法科大学の「獨逸法」を担当し、ブリデルと
ともに担当学年を分担し、講義を受け持っている[90]。ここにも両者の接点を
見て取れる。

　それでは、重遠がスイス法に関心を持ったきっかけがブリデルであったとい
うことは出来るのだろうか。ブリデルが滞日していた頃の重遠の研究業績を見
てみると、「瑞西ノ新民法」「最新ノ親族法（スイス親族法に関する研究—著者注）」
「仏国に於ける離婚制度の歴史」「露国の親族法及び相続法」「希臘の家制」な
どの著書・論文を発表しており、ブリデルの専門とするスイス法[91]や欧米の
家族法への比較法的関心が非常に高かったことがわかる。また、明治44
(1911) 年に出版された新スイス民法典の邦訳書である『瑞西民法』は、重遠と
ブリデルの共同作業による作品といってよい。尤も、同書は重遠と宮内省ドイ
ツ語翻訳官の辰巳重範によって刊行されている。しかし、序の中で「瑞西新民
法ハ、一九〇七年十二月十日ノ制定ニ係リ、一九一二年一月一日ヨリ施行セサ
ルヘキ最新ノ民法典ナリ。而シテ余ハ、恩師ブリデル先生ノ好意ニ依リテ、比
較的早ク此新法典ノ完全ナル正本ヲ手ニスルヲ得。〔句読点・筆者〕」[92]と記され
ているように、ブリデルがこの著書に関係していたことが理解出来よう。この
ように、研究者として歩み出した頃の重遠が、専門を同じくするブリデルとの
かかわりの中で、スイス民法、さらには家族法学への関心を深めるようになっ
た可能性は十分にあると言えよう。

　それでは実際に、重遠がブリデルから学術上の影響を直接受けたということ

はあったのだろうか。これについては、現段階では推測の域に過ぎないが、いくつかの点について指摘しておく。

例えば、重遠は「民法改正におけるスイス民法の参照の必要性」という考えをブリデルから引き継ぎ、後にそれを、自ら幹事をつとめた臨時法制審議会の民法改正作業において実現している。そしてこうしたスイス民法を参照する理由についても、ブリデル・重遠の両者ともに見解が一致していることを史料上確認出来る。まずは臨時法制審議会で実際に述べた重遠の発言を引用しよう[93]。

　　穂積幹事　只今ノ僕婢等ニ付キ瑞西民法ノ規定ヲ引用シアルヲ以テ此コトニ付御参考ニ申述フヘシ幹事カ瑞西民法ヲ参考トシテ此調査要目中ニ折々之ヲ引用シタリ其レハ御承知ノ如ク瑞西民法ハ我民法ヨリ後ニ出來タルモノニシテ我民法制定當時ハ之ヲ参考トセラレ居ラサルヲ以テ今度ハ特ニ之ノ参考ニセント思ヒタルコトカ一點ニシテ一ハ日本民法ハ家族主義ヲ採リ西洋ノ民法ハ個人主義ナルカ瑞西民法ハ或意味ニ於テハ我國ノ民法ヨリモ一層實質的ニ家族主義ニナリ居ルト思ハルル點モアリ其レ故瑞西民法ヲ参考スルヲ最モ可ナリト考ヘタルナリ

一方、ブリデルの見解は以下の通りである。なお、以下に引用する箇所の一部は、前章において既に訳載している。しかし上記の重遠の見解と比較する上では必要な記述であるため、ここでは包括的に引用することとする[94]。

　　日本、そして極東において、スイス民法典が導入されることで起こり得る影響とは、一体どのようなものだろうか。（中略）
　　まず第一に、日本では〔民法典が制定されて〕しばらくたつと、家族法の領域で大改正が行なわれることになるだろう。家族法に関する現在の法律や慣習は、古くからの制度から相当影響を受けている。つまりそれは、個人の権利への無理解、婦人の従属、長男の優勢等である。
　　1898年の法典編纂以来、〔法律や慣習が〕もはや昔のようではなくなってきていることは確かである。法律は部分的に改正され、現在根付いている慣習もまた変化しつつある。なぜなら、法律が改正されたため、また一方では法律の影響によって、他方では外国一般、とりわけアメリカ合衆国との交流の頻度が増してきた

ためである。しかし、この領域においては、〔日本が〕文明国の標準に立つためには、依然としてまだたくさんやらなければならないことがある。

　ここで次のようなことは考えられないだろうか？〔つまり〕フランス法やドイツ法は、実際のところ、日本法が形成される際の基盤にはなり得なかったのではないかということ、そして家族の構造に関して言うならば、フランス法やドイツ法が決定的な影響を与えなかったのに対して、スイス法だけは影響を与えられることが出来るということを。そして、一体その理由は何なのか。〔これについて以下に記すのが〕そのような疑問点への答えである。

　個人ではなく、家族こそが最優先される日本にとっては、ドイツとフランスの家族法は、どちらもあまりにも「個人主義的」な精神から生まれたものである。それに対してスイス法は、これら2つの偉大な先行法とはこの点においてかなり異なっている。それを理解するためには、家族共同体（第328～359条）の章を読むだけで十分にわかる。婚姻関係とその保護についての規定（第159～177条）についてはいうまでもない。これは我々の民法〔スイス民法典〕が、「人格」権を、フランス法、ドイツ法よりも、積極的により良く保証することが出来るということである。（第11～38条）。

　これがフランス法とドイツ法が日本の家族法の徹底的な改革をもたらすだけの十分な影響力をもたず、スイス法にはそれが出来ると考える理由である。

　ここでまず、ブリデルは、日本で家族法の改正が行われることを示唆している。実際、ブリデルの予想通り、この記事が書かれた5年後の大正6（1917）年に、重遠らによって、親族編・相続編の改正作業が行われることとなる。またブリデルは、この改正の際に「フランス法やドイツ法ではなく、スイス法だけが影響を与えることが出来る」とし、その理由として「ドイツとフランスの家族法は、個人ではなく、家族こそが最優先される日本にとっては、どちらもあまりにも『個人主義的』な精神から生まれたものである。それに対してスイス法は、これら2つの偉大な先行法とはこの点においてかなり異なっている。」と述べ、家族主義を採用する日本の民法にとっては、個人主義を採るフランスやドイツの民法よりも「實質的ニ家族主義」であるスイス法を参照すべきであるとする点において、重遠の見解と一致している。さらにブリデルは、上記の引用文において、スイス民法の「家族共同体」「婚姻」規定を紹介し、

とりわけこうした部分においてスイス民法が日本民法（改正）に影響を与える余地は十分にあると指摘しているが、重遠もまた同様の見解を持ち、臨時法制審議会でそれを実現させようとしている。このように重遠を介して、日本における立法作業や学説にスイス民法の存在を示すことが可能となったことは、まさしくブリデルの企図の実現ということも出来るのではないだろうか。

またスイス民法以外でも、例えば「婦人の権利」をめぐる問題について、両者は共通の認識を持っていた。婦人問題の意義について、重遠は「婦人問題は単に婦人だけの問題ではない。婦人の地位を上進させることによって、国家乃至人類を完全なものにしようという問題であって、これは決して婦人のみの問題ではなく、人類の問題である。」[95]「婦人の地位を高めることは婦人だけの利益ではなく、男子の利益である。したがって婦人の地位の上進は婦人のみが希望すべき問題ではなく、男子といわず婦人といわず、人類の向上発達を希望する者の共に熱望すべき重要事なのだ。」[96]と述べている。それに対し、ブリデルもまた「婦人ノ権利ヲ保護シ其利益ヲ保護スルト云フ目的ヲ以テ婦人ノ為メニスルノミナラズ、尚ホ正理及ビ人類全體ノ最モ大ナル幸福ノ為メニスルノデアリマス」「〔フェミニズムは〕一方ニ於テハ正義及ビ自由ノ事業デゴザイマシテ他ノ一方ニ於テハ社會一般ノ秩序及ビ社會改良ノ事業デゴザイマス」と述べている[97]。こうした両者の見解は、婦人問題とは「人類の問題」であり、婦人問題の解決は国家（社会）の発展に繋がるという点において一致している。このように、両者の考えの類似性は様々な場面で確認することが出来よう。

（二）　穂積重遠とオイゲン・フーバー、そして日本人法学者との交流

また、スイス民法典起草者オイゲン・フーバーとの交流も、重遠がスイス法へ関心を持つ大きな契機となったのではないかと思われる。本節ではこの点について言及しておこう。

重遠が大正元（1912）年より同5年まで、ドイツ、フランス、イギリス、アメリカへ留学をしていることは既に述べた通りであるが、この際、「老大家というべき碩学からすぐ次の時代を代表すべき人々」と積極的に交際し、「ドイツではギールケ・コーラー・リスト・チーテルマン・コザック・クローメ・キップ・ランヅベルヒ・ラートブルフ、スイスではフーバー、イギリスではダイ

セー・ポロック・ウエスターマルク・ヴィノグラドフ・ゲルダート、アメリカではパウンドなどといふ諸大家の、少くとも顔ををがみ聲を聽いた」[98]そうである。これらの法学者のうち、「比較法学の大家」[99]として著名なヨゼフ・コーラー（Josef Kohler）とは、大正2年4月から翌年5月まで在住していたベルリンの地で親交を深め、ベルリン大学では彼の「親族法」「法理学・比較法学」を聴講していた[100]。そしてこのコーラーを介して、重遠はフーバーと出会うこととなる。初対面の様子を重遠は次のように記している[101]。

十月十三日（月）晴
　コーラー教授の面会日ゆえ夕方訪問する。（……）「今夜は当地に来遊中のベルン大学教授オイゲン・フーベル氏と令嬢とを晩餐に招いているから」とおもわぬ招待にあずかる。（……）このフーベル博士は僕が先年翻訳したスイス新民法の起草者で同国第一の法学の大家だ。是非会いたいと思っていた人だから喜んで承諾し、一旦宿に帰って出直す。（……）
　フーベル博士は髪も髭も雪のように白い上品な老人（……）だ。「君があの『スイス民法』（日本語でいった）の翻訳者だったのか」と博士も大いに喜ばれて「もう明後日は帰国するゆえユックリ話す暇がなくて残念だが、是非スイスに来てくれ」としきりにいわれる。こちらはもとより望むところ、来年の夏には必ずと約束して十一時頃まで愉快に話しておいとましたが、実にこの上ない拾い物をしたと床にはいってからも何ともいえぬよい気持ちであった。

この引用箇所で注目すべきところは、フーバーの「君があの『スイス民法』の翻訳者だったのか」という発言である。ここでいう『スイス民法』とは、「僕が先年翻訳した」と重遠自身も述べている『瑞西民法』のことであり、同書と重遠については、ブリデルによって、1912年1月にスイス・ローザンヌ新聞に投稿された「Le code civil suisse au Japon」で「スイス民法典の翻訳が東京で最近刊行された。〔その翻訳本のタイトルは〕『瑞西民法』（SUISU MINPO）である。この翻訳本の著者は、辰巳氏──大日本帝国宮内省のドイツ語翻訳官──と穂積（重遠）氏──〔東京帝国大学〕法科大学助教授──である。」と紹介がなされている[102]。この新聞記事については、ブリデルがフーバーにこれを紹介していたこともあり[103]、フーバーは『瑞西民法』を以前より知っていたのか

第二章　穂積重遠

もしれない。また、かつてブリデルは、フーバーへの手紙のなかで重遠のことを話題にしたこともあった[104]。

　これを機に両者の交流が始まる。その一環として、本章冒頭にて紹介した「大旅行」があったわけである。しかし、その後彼らが実際に直接顔を合わせることはなく、彼らの交流は手紙の交換という形でのみ行われた。スイス公文書館に保存されているフーバー・重遠間の書簡は３通と少ないため、両者間の交流の全貌を明らかにすることは出来ないが、このわずかな情報から想起される両者の繋がりとは、日本・スイス間の法学者の交流の輪を広げることに重きをおくものであったと思われる。そこで書簡の内容の一部を以下に紹介する。

〔書簡Ⅰ〕[105]

London, 16 September 14.

Sehr geehrter Herr Professor！
Der Ueberbringer dieses Briefes, Dr. Hideo Hatoyama, a. o. Professor an der Universität Tokyo, ist einer meiner besten Freunde. Ich glaube Ihnen von ihm gesprochen zu haben, dass er sich wegen der Krankheit seiner Frau in der Schweiz aufenthält. Ihm habe ich von Ihnen gesprochen und sagte, dass er nicht fehlen sollte, meinen guten Herrn Professor kennenzulernen, wenn er sich nach Berne begeben würde. Daher erlaube ich mir jetzt, auf seinem dringenden Wunsch, ihn Ihnen aufs Angelegentlichste zu empfehlen.（…）Ich bin jetzt hier in London, indem ich mit grossem Bedauern Paris verlassen musste. Ich warte hier die Wiederherstellung des Friedens und die nochmalige Gelegenheit, die schöne Schweiz und meinen lieben Herrn Professor wieder besuchen zu können.

Mit herzlichsten Gruss
Ihr dankbarst ergebener,
Shigeto Hozumi
7 Glenmore Road London N.W.

(邦訳)

ロンドン　1914年9月16日

拝啓　教授殿！

　この手紙の持参者である、東京〔帝国〕大学助教授鳩山秀夫博士は、私の親友の一人です。〔ここで〕あなたに彼についてお話しさせて頂きたいと思います。――彼は、奥方の病気〔療養〕のためにスイスに滞在しております。私は彼にあなたのことを話し、もしベルンに行くことがあったら、〔フーバー〕教授に必ずお会いになるべきだと申し上げました。従って〔こうして彼があなたのところにこの手紙を持参して伺ったということは、彼があなたに会いたいということですので〕彼の〔こうした〕切なる願いをくんで、今、私があなたに彼を熱心に勧めることをどうかお許し下さい。(……) 私は、非常に名残り惜しい気持ちでパリを去らなくてはならない状況になり、現在はこちらロンドンにおります。こちらで私は、平和の回復と美しきスイスそして〔フーバー〕教授をまたお尋ね出来る機会を心待ちにしております。

敬具

穂積重遠

グレンモアロード 7〔番地〕ロンドン・ノースウェールズ

〔書簡 II〕[106]

London, June 26 th, 1915

Dear Professor Eugen Huber,

Would you kindly excuse me for having neglected long since to write to you and be good enough as to allow me to introduce to you Mr. Y. Yusa, my friend ?

Mr. Yusa, who will be Professor of commercial law in the Waseda University of Tokio when he goes home, wishes to stay in your country for some time in order to complete his study, and I adviced him that he should not miss the honour of seeing the author of the great New Civil Code. I should be very much obliged to you if you would kindly accept him and tell him what he wishes to know about the law of your country. (...) Mr. Yusa speaks both English and German.

With best wishes, I remain

Sincerely yours

Shigeto Hozumi

Assistant Professor of Law in the Imperial University of Tokio.

（邦訳）

ロンドン　1915年6月26日
オイゲン・フーバー教授殿

　長い間、ご無沙汰してしまい、申し訳ありません。そしてどうか、私の友人である遊佐〔慶夫〕氏をあなたに紹介させて下さい。帰京した際には、東京・早稲田大学の商法の教授となる予定である遊佐氏は、自身の研究を完成させるために、しばらくの間、貴国に滞在することを希望しており、私は彼に、〔その際には〕偉大な新民法典の起草者への表敬を逃すべきではないとアドバイスしました。もしあなたが彼を快く受け入れて下さり、また貴国の法律について彼が知りたがっていることをお話しして下さると、大変有難いのですが。（……）遊佐氏は英語もドイツ語も話します。

敬具
穂積重遠
東京帝国大学法科大学助教授

　書簡内容からも理解出来るように、これらはいずれも、重遠が法学者である友人たちにフーバーを訪問する際に持参させた紹介状である。重遠は、スイスに立ち寄る予定のある日本人留学生に対し、フーバーと面会することを勧めており、例えば鳩山秀夫や遊佐慶夫は、彼の紹介によってフーバーとの面会を果たしている。上記の2通の書簡のうち、1つ目の書簡（以下、書簡Ⅰと称する）は鳩山秀夫が、2つ目の書簡（以下、書簡Ⅱと称する）は遊佐慶夫が訪問者となっている。まず書簡Ⅰについて、鳩山は当時、重遠よりも一足先にドイツに留学していたが、ともに渡欧していた妻千代子が病に倒れ、その治療のために大正3（1914）年1月よりスイス・ローザンヌに転住していた[107]。同年夏に、前述「大旅行」にてベルンのフーバー訪問を遂げた重遠は、その直後、鳩山とも再会を果たしている[108]。スイス公文書館に現存する史料の中に鳩山の名刺も残されているが、おそらく重遠より紹介状をもらった彼がフーバーを訪ねた際にあわせて渡したものであろう。次に書簡Ⅱを見てもらいたい。ここに記されている「遊佐氏」とは、後の早稲田大学教授であり、また「早稲田大学法科の三元老」の一人として「早稲田大学法科の基礎を築くに最も貢献の大きかった」遊佐慶夫のことである[109]。遊佐は大正3年より「法律学研究の為、母校〔早

稲田〕留学生として独・仏・瑞の諸国に派遣され、ベルリン大学・ロンドン大学・ベルン大学に学」んだ[110]。彼と重遠は、同時期にイギリスに滞在し、交流があった[111]。遊佐はこの書簡を大正4 (1915) 年の暮れにベルンからフーバーへ送付しており、翌年、大正5年の1月初旬には、フーバーを訪問している[112]。彼は留学当時、信託法を研究しており、大正5年には「瑞西ベルンニ於テ日本法ノ一端ヲ紹介スルノ微意ヲ以テ」[113]、Bern の Stämpfli 社より "Das Moderne Recht der Japanischen Treuhänderschaft" を、そして帰朝後、大正8年には有斐閣より『信託法提要』を出版している。なお、『信託法提要』の冒頭には、「謹みて此書を 瑞西ベルン大學敎授オイゲン・フーベル氏に捧ぐ」という、興味深い一文がある。ここから、書簡Ⅱに見られる「〔スイスで〕彼が知りたがっていること」とは、スイスの信託法に関することであったのではないかと推測出来る。遊佐とフーバーが面会を果たした時に、上記 "Das Moderne Recht der Japanischen Treuhänderschaft" の執筆中であったかは定かではないが、少なくとも、訪問の際、フーバーから提供された情報は、『信託法提要』に十分反映されていると考えられる。日本で出版されたこの著書は、フーバーにも寄贈されており、両者の関係が遊佐の帰国後も継続していたと思料される[114]。

重遠がフーバーから一体何を教授され、具体的にどのような影響を受けたかについては、書簡からは明らかに出来ない。しかし、スイス民法典起草者と日本人法学者との接点を作り、交流を実現させたこともまた、重遠による「スイス民法の関心」の1つの表れであり、また我が国におけるスイス法研究の発展に大いに寄与したものと評価出来るのではないだろうか。

2 穂積重遠のスイス民法への関心

重遠のスイス民法への関心は家族法領域にあるといってよい。特にそれは「婚姻の解消（離婚）」「親権」「家族制度」の分野において顕著である[115]。
それでは、以下、具体的に検討することとしよう。

(一)「婚姻の解消」規定におけるスイス民法の参照

　婚姻の解消については、重遠自身の専門領域が「離婚」[116]であることから、『離婚制度の研究』[117]や『親族法』を中心に詳細な研究がみられる。その際、スイス民法は、フランス民法、ドイツ民法と並ぶ比較研究の法素材として多く参照されている。特に、「裁判上の離婚」の事項でスイス民法への言及がみられる。但し、その殆どは条文が引用されるにとどまっている。

　明治民法では、第813条に裁判離婚の原因を列挙し、夫婦の一方はその原因の1つが存する場合に限って離婚の訴えを提起しうるものとした。離婚原因としては次のようなものが挙げられている。

　第八百十三條　夫婦ノ一方ハ左ノ場合ニ限リ離婚ノ訴ヲ提起スルコトヲ得
　一　配偶者カ重婚ヲ爲シタルトキ
　二　妻カ姦通ヲ爲シタルトキ
　三　夫カ姦淫罪ニ因リテ刑ニ處セラレタルトキ
　四　配偶者カ偽造、賄賂、猥褻、竊盗、強盗、詐欺取財、受寄財物費消、臟物ニ關スル罪若クハ刑法第百七十五條第二百六十條ニ掲ケタル罪ニ因リテ輕罪以上ノ刑ニ處セラレ又ハ其他ノ罪ニ因リテ重禁錮三年以上ノ刑ニ處セラレタルトキ
　五　配偶者ヨリ同居ニ堪ヘサル虐待又ハ重大ナル侮辱ヲ受ケタルトキ
　六　配偶者ヨリ悪意ヲ以テ遺棄セラレタルトキ
　七　配偶者ノ直系尊屬ヨリ虐待又ハ重大ナル侮辱ヲ受ケタルトキ
　八　配偶者カ自己ノ直系尊屬ニ對シテ虐待ヲ爲シ又ハ之ニ重大ナル侮辱ヲ加ヘタルトキ
　九　配偶者ノ生死カ三年以上分明ナラサルトキ
　十　壻養子縁組ノ場合ニ於テ離縁アリタルトキ又ハ養子カ家女ト婚姻ヲ爲シタル場合ニ於テ離縁若クハ縁組ノ取消アリタルトキ

　このような民法典の規定に対し、重遠はスイス民法を根拠に次のように持論を展開している。

　彼は、民法には離婚原因として挙げられていない不治の精神病を、我が国でも離婚原因として認めるべきだとする考えを持っており、精神病離婚を定めて

いるスイス法に注目している。夫婦の一方による精神病が原因で、婚姻関係の継続が困難になるという問題は今始まったわけではなく、従来、その多くは協議離婚という方法で解決されている。しかしながら、こうした解決方法には危険も伴うと重遠は言う[118]。つまり、届書の形式が完備していれば、離婚は一応成立したことになるが、後に当事者の一方が精神病だったということがわかれば、その離婚は無効となる。さらに精神病でない方の配偶者は、「公務員ニ對シ虚偽ノ届出ヲ爲シ権利義務ニ關スル公正証書ノ原本ニ不實ノ記載ヲ爲サメタル者」ということになり、刑法第158条の罪に当たり得る。仮にその後再婚すれば、同第184条の重婚罪にもなり得る。確かに「〔夫婦の一方による精神病を理由とする〕離婚は道義に反しはしまいか」という論もあり、「此離婚原因を認むべきか否かは、法律道徳の関係上興味ある研究課題である」[119]としつつも、彼はこれは「已むを得ない」としている。そして「精神病の夫を生涯看護する妻は貞女の鑑であり、氣の狂つた妻を終身見捨てない夫は義人に相違ない。併し斯う云ふ犠牲的善行は宗教道徳乃至愛情の問題で、法律の強制すべき所ではない。當人がどうしても耐えられぬと考へ、それが凡人として無理のない所ならば、離婚を許すより外ないのではあるまいか。法律が離婚制度を認めるのは、解くのでなくて繋がぬのである。法律の鎖で永久に精神病者と結び附けて置くことは、無益であり、有害であり、而して惨酷である。」[120]とし、その上で、「配偶者の一方の不治の精神病を、勿論充分な條件を附け且精神病者の將來の生活療養をも顧慮しつつ、離婚原因中に加へる方がよくはないかと思ふ」[121]とした。そして不治の精神病を認めた例として、スイス民法第141条（配偶者ノ一方ガ精神病ニ罹リテ相手方ニ婚姻共同生活ノ継続ヲ強ヒ難キ状態ニ在リ、而シテ其疾病ガ三箇年継続セル後不治ト鑑定セラレル場合ニハ、相手方ハ何時ニテモ離婚ノ訴ヲ起スコトヲ得）及び同第152条（無責ノ配偶者ガ離婚ニヨリテ大ナル窮乏ニ陥リタル場合ニハ、相手方ハ、自己ガ離婚ニツキ無責ナル場合ニモ、亦扶養料トシテ其資力相應ノ出資ノ義務ヲ負ハシメラルルコトヲ得）を挙げている。しかし重遠は、相手方が精神病のために離婚してもよいということを法文に明記することは「如何にも婚姻關係のデリカシーを害しはしまいか、我々の道徳的感情を傷つけはしまいか。而して民法第八一三條に更に第十一號を加へただけで果して同條が完備するだらうか。第十二號第十三號第十四號と際限なき追加が問題になりはすまいか」[122]

として否定的な見解を示し[123]、種々の離婚原因を「婚姻関係ヲ継続シ難キ重大ナル事情存スルトキ」とひとくくりにする、いわゆる「相対的離婚原因」を我が民法でも認め、その中で精神病による離婚原因について配慮すべきだとした。結局のところ、精神病離婚に関するスイス民法の規定を尊重しつつも、条文そのものの採用までは否定的であったことがわかる。

しかし、上記の「相対的離婚原因」を支持する姿勢もまた、それを採用するスイス法からの影響である。尤も、重遠が述べるところによれば、そもそも、我が国でも相対的離婚原因が尊重されている。例えば、民法が施行される以前より相対的離婚原因制度が採用され、明治民法においても、上記第813条において離婚原因を10個に限定しつつも、同条5号は「實際上相對的離婚原因たる作用」[124] をしており、さらには「民法は所謂絶對的離婚原因の主義を採ると云ひながら、第八一四條乃至第八一八條に離婚訴訟不受理原因なるものを列擧して居る（……）其意味に於て我民法の離婚原因も既に相對的である」[125] ことが認められる。ただ、「此〔第八一三條〕第五號だけでは千差萬別なるべき各場合の事情に應ずることは到底出来」ないし、「第八一三條の列擧が既に露骨と煩瑣とに過ぎるのだから、それを出來るだけ減らして末號に相對的離婚原因を附加するのが、最も賢明な遣り方」である[126]。そして、「何より大切なのは箇々の場合の具體的適當であつて、これが相對的離婚原因制度の眼ひ所である」として、次のような民法改正案を提案している[127]。

第八一三條　夫婦ノ一方ハ左ノ場合ニ離婚ノ訴ヲ提起スルコトヲ得
　一　配偶者ガ重婚ヲ爲シタルトキ
　二　配偶者ガ姦通ヲ爲シタルトキ
　三　配偶者ヨリ悪意ヲ以ツテ遺棄セラレタルトキ
　四　配偶者ノ生死ガ三年以上分明ナラザルトキ
　五　其他婚姻ヲ繼續シ難キ重大ナル事情アルトキ
前項第一號乃至第四號ノ事由アル場合ト雖モ、離婚セシムルコトガ却ツテ甚シク不當ナル場合ニハ、裁判所ハ離婚ノ判決ヲ爲サザルコトヲ得

この改正案にみられる「第五号」こそ、彼のいう相対的離婚原因を表したも

のであろう。そしてこのような相対的離婚原因の必要性を彼自身が認識するようになった背景には、これに関連して行われた、スイス民法とドイツ民法の研究があった。とりわけ重遠は、スイス民法の離婚制度がドイツ民法に比べて「更に一層相對的」[128] な点に注目している。相対的離婚原因を採用しているスイス民法の条文は第142条にあり、「配偶者ニ婚姻生活ノ繼續ガ強イラレ難キ程度ニ婚姻關係ガ甚シク破壊セラレタル場合ニハ各配偶者ハ離婚ヲ請求スルコトヲ得。婚姻關係ノ破壊ガ主トシテ配偶者ノ責ニ帰スベキ場合ニハ、配偶者ノ他方ノミ離婚ノ訴ヲ起スコトヲ得」という内容である[129]。また、第142条の相対的離婚原因の他に、スイス民法では「姦通（第138条）」「犯罪又は不行跡（第139条）」「悪意の遺棄（第140条）」「不治の精神病（第141条）」を離婚原因と認めているのだが、そのうちの第139条が「内容上頗る相対的」であると重遠は言う[130]。なお、この条文の規定内容は「配偶者ノ一方ガ破廉恥罪ヲ犯シ、又ハ配偶者ノ他方ニ婚姻關係ノ繼續ガ強ヒラレ難キ程度ノ不名譽ナル行状ヲ爲ストキハ、配偶者ノ他方ハ何時ニテモ離婚ヲ請求スルコトヲ得」である。重遠は、このような海外の関連法令に鑑みれば、千差万別の事情を伴う婚姻生活の性質上、限定的列挙は却って不適当であると考え[131]、「離婚原因は結局相對的ならざるを得ない」[132] という結論に達したと言えよう。

（二）「親権」規定におけるスイス民法の参照

次に親権についてであるが、ここで注目すべきは、父母共同親権である。明治民法では第877条で「子ハ其家ニ在ル父ノ親権ニ服ス（……）父カ知レサルトキ、死亡シタルトキ、家ヲ去リタルトキ又ハ親権ヲ行フコト能ハサルトキハ家ニ在ル母之ヲ行フ」と規定している。つまり「父が先以て単独に親権者たるべきものとし、『父カ知レザルトキ、死亡シタルトキ、家ヲ去リタルトキ又ハ親権ヲ行フコト能ハザルトキ』に母が初めて親権者となる」とした[133]。フランス民法もドイツ民法にも同様の規定がある。しかしこうした内容を持つ法律に対し、重遠は、「父母とその子との関係から見て甚だ不自然な話で、殊に最も親権者の世話を要する幼児に取っては母子関係こそ大切だと僕は兼々論じている」[134] と否定的な見解を示し、「未成年者の子に父母がある場合には、父のみが親権者で、母は親権者でない。私はそれを不當として父母共同親権を主張

する」¹³⁵⁾とし、父母共同親権を規定したスイス民法第274条第1項(「父母ハ婚姻中共同ニ親權ヲ行フ」)を「我意を得たり」として高く評価している¹³⁶⁾。彼は、母と子の繋がりを配慮して母にも親権を与えた点で同条を評価する一方、男女同権という観点からも次のように述べている¹³⁷⁾。

　　婚姻法進化史ノ中樞ハ妻ノ地位ノ上進ニアリ、瑞民法ハ此點ニ關シ夫婦關係ニ關スル規定ニ於テ獨民法ヨリモ更ニ一歩進メタルヲ見ルノミナラズ、子ニ對スル親權ハ父母共同シテ之ヲ行フノ規定ノ如キ（二七四條）。男女同權ナル點ヨリ見テ、我民法八七七條獨民法一六八四條ト著シキ對照ヲナスモノト云フヘシ

　彼の発言にもみられる通り、スイス民法は、制定当初より、女性の権利の向上を実現させたという意味において、「獨民法ヨリモ更ニ一歩進メタ」法典としても注目されており、「〔スイス民法は〕女子の能力の伸長所謂 Emancipation（解放）においてはすこぶる利益ある規定を設けた」といった評価もみられる¹³⁸⁾。そしてその一例として挙げられるのがこの「父母共同親権」であり、重遠は、このような条文を有するスイス民法を支持し、我が国でも母の親権を拡張させるべく尽力していった。しかし、現実に立ちはだかる家族制度を目の前にして、この実現は非常に困難であり、スイス民法はあくまで理想にとどまる結果となった。臨時法制審議会でも親権に関する審議がなされたが、「改正要綱はそこ〔父母の共同親権〕までに至らなかった」のである。結局、「民法では母が親権者である場合に其の財産上の権能を著しく制限して、諸種の事項につき一々親族会の同意を得べきものとなつて居るのを、改正要綱は其事項を『整理減縮』すべきものとし」、これだけでも「些少ながら婦人の地位の上進である」と述べており¹³⁹⁾、彼の時代の限界を物語っていると言えよう。

(三)　「家族制度」規定におけるスイス民法の参照

　家族制度については、「瑞西新民法中最モ注目スヘキ規定ハ家及ヒ家産ニ関スルモノ之ナリ（三三一條-三五九條）」¹⁴⁰⁾と述べている通り、重遠がスイス民法と我が国の法制を考える際に最も関心を示していた領域である。こうした関心の高さを表すかのごとく、スイスの家産制度に関する彼の論文は、「家制論

(『法学協会雑誌』第27巻第1-2号、1909年)「家産法原理」(『法学志林』第12巻第7号、1910年)「『スイス』民法の家制」(『日本社会学院年報』第6年第1・2・3合冊、1918年)「家族制度の発達と個人主義」(『朝鮮及満州』第265号、1929年)「家族制度と家産制度」(『社会政策時報』第5巻第6号、1930年)「家産制度特にホームステッドについて」(『家族制度全集（史論編5 相続）河出書房、1938年)と非常に多い[141]。また、臨時法制審議会の民法改正作業でも、家産制度の見直しが必要であるとして、スイスの家産制度[142]を参考例に挙げ、私案（「穂積私案」）を提出している。

そこで、重遠がスイス民法と家族制度をどのように関連づけ、スイス民法のどのような点に注目していったかについて、彼の著書や論文にみられる記述を整理しておく。

重遠は、家族制度を考えるにあたり、明治民法が最も参照したフランス民法やドイツ民法とスイス民法の相違点について注目している。彼によれば、フランス民法とは「十八世紀の末から十九世紀の始めの個人主義思想に立脚して出来たもの」であり、「個人の集つて成立して居る一家の問題といふものは取扱つて居ない」。また、ドイツ民法も「一家といふものを取扱つて居ない」。ところが、「二十世紀になつてから出来た民法の中で一番模範的と云はれる瑞西民法、これは家族的共同生活といふ一章を設けて、一家に関する事を定めて」おり、「これは大いに注目すべきことだ」と述べる[143]。なお、こうした彼の考え、つまり個人主義のフランス民法やドイツ民法よりも実質的な家族主義を採用するスイス民法を重視するといった考えについては、前節のブリデルとの関連の中で述べた通りである。1912年施行のスイス民法典には、第2章（親子）の第9節「家族的共同生活」(Die Familiengemeinschaft) として、第328条から第330条まで「扶養義務」(Die Unterstützungspflicht)、第331条から第334条まで「家長権」(Die Hausgewalt)、そして第335条から第359条まで「家産」(Das Familienvermögen) の規定がそれぞれ設けられている[144]。家制度とは、日本固有の制度であると捉えられがちであるが、これらの規定により、日本独自のものではないことがわかる。そこで重遠は、スイス民法典は我が国における家族制度を改正する場合に参照すべき最善の法典であると注目する。そして、「瑞西民法の規定と、日本民法の家族制度の規定を比べると、種々な面白い相違」

があり、スイス民法の家族制度は、「古制の旧慣の継続余波のみではなくして、第二十世紀の新需要に應うる新法制」145)であり、我が国においても参照とすべき点が多く包含されていると指摘する。

　それでは、両国の家族制度の相違とは何か。重遠はまず、日本の家族制度について、「成程我民法は、戸主の下に統括せらるゝ家を以て親族制度の基礎とし、長男子相續を原則とする家督相續制度を以て相續の中心たらしむる點に於て、正に家族主義の民法である」ものの、「我民法は他方財産關係に於ては著しく個人主義である」とし146)、「家族制度的な家督相續と個人制度的な遺産相續とを併用するのを特色」147)とすると述べた。また彼は、日本の家族制度を「甚しく形式的である」148)「いはば『紙の家』であつて家族生活の實質と一致しない」149)とし、「日本では形だけが殘つて、實際が崩れて行く。これでは本當に將來、日本が善くなつて行く見込みがない。日本が本當に將來善くなつて行くには、一家と云ふものが善くなつて行かなければならぬ。(……) これからの時勢に適しない點があるとすれば、これは改めて行かなければならぬ。」150)とし、それゆえにスイス法を参照すべきであるという。

　明治民法が戸主を設けているのと同様、スイス民法においても「家長(Familienhaupt)」なるものを認めているが、スイスと日本の家族制度は「第一に『スイス』民法の家長は實際上の家族的共同生活の主宰者でなくてはならぬが、我民法の戸主は必しも然るを要しない。(……) 第二に我民法の戸主は未成年者であつても又は心神喪失者であつても宜い (……) 然るに『スイス』民法の家長は成年の意思能力者 (即ち未成年者、禁治産者、精神耗弱者又は精神病者でない者) でなくてはならぬ (……) 第三に (……) 我國では國民はすべて (……) 必ず或家に屬して其戸主又は家族でなくてはならない。然るに『スイス』では全國民が必しもそれぞれの家を組織して居る譯ではない。(……) 要するに『スイス』に於ては家長制度は一般的必然的でないのである。(……) 第四に、『スイス』の家長權は我民法の戸主權の如く相續に因つて親から子へと傳はるものではなくして、各場合に應じて新たに發生するものである」151)という点、そして「瑞西人皆一家に屬して居るものとは見ないけれども、實際家族的共同生活をして居るものは一家とする。即ち一家とは共同の家族生活をして居る數人の團体を指すので、その中の一番中心となるべき人物を家長とする (家長と直譯す

べき名前を使つて居る）さうして一家の人々といふのは、妻子兄弟は固より入るが、その家の使用人も入る」[152]という点において、その性質は大きく異なっている。そして重遠は、上記の特徴を有するスイス民法の家族制度こそ「實質的ニ家族主義」であるとし、形式的な家族制度を採用している日本が今後課題とすべき模範として高く評価した。特に、「財産上に於ては個人主義なる我民法と異なつて、『スイス』民法は財産上に於て或程度の家族主義を採つて居る」点が大きな特徴であり、日本民法の持つ「個人主義と家族主義の併用」といった矛盾を大いに解消することが出来ると考え、「財産上における家族主義」を有するスイス民法典の規定のうち、「家宅（Familienheimstätte）」について注目していく。スイス民法には「家産」（Das Familienvermögen）と題する規定が設けられていることは既述の通りであるが、同法はさらにこの「家産」の制度として「家財団（Familienstiftung）」「家産共有（Familiengemeinderschaft）」「家宅」の３つを挙げている[153]。そして、「家財団」「家産共有」はスイス固有の制度として維持されているものに対し、「家宅」はアメリカの「ホームステッド（homestead）」を採用しており[154]、「一定の不動産を一定の『ファミリー』に附屬せしめ、其所有者が自ら之を處分することを制限し又他から差押へることを禁止する」[155]、即ち「一定限の住宅耕地等を家産として登記すれば、それは他に譲渡し得ず、又其家の者が如何に負債があつても差押えられぬ」ものであるとした[156]。そのように捉えると、ここでいう「家宅」とは、共同生活をしている者たち全員で家産を保持することを目指した「本当の実際生活に目を向けた」制度であり[157]、また同時に、「個人主義的風潮ニ對スル反動現象トシテ注目ニ値シ、我國ノ將來ニ取ッテモ少ナクトモ研究ヲ要スル社會政策問題」を包含する制度であることがわかる[158]。

ここで重要なのは、重遠が、上記の規定にも見られるような「共同生活本位の家族制度」を採用しているという点にスイス民法の価値を見出しているということである[159]。彼は「人ノ人タル所以ハ人ト人トノ結合ニ在リ」とする共同生活観念──人類は各個人が自己の人格を尊重すると同時に他人の人格をも尊重し、こうした人格の相互的尊重のもとに緊密な共同生活を営むべきだとする考え──を自らの法理論の根本思想と位置づけており、家族制度をめぐる問題に対してもこうした考えを反映させている（重遠の「共同生活観念」については

本書補論第一節を参照)。そもそも重遠は、家制度自体を否定してはいない。彼の言うところによれば、人間という生き物は孤立し得ないものであり、団体生活から人間を切り離すことは出来ない。そして共同生活をすることはいわば当然のことであり、血縁の者が一緒になって生活することは自然なことである。しかし、「強いて昔流の大家族制度を維持することは、不可能でもあり不必要でもある。要するに、大小如何に拘らず實際の親族的共同生活に著眼して、それを保全することに努むべき」[160]であるとし、「形式的な家族制度」ではなく「実質的な家族制度」を重んじることで、法規定もそれに沿うべきであると考える。そして、「一家の人々が互に自分の人格を十分に認め、同時にまた、一家に属する他の人々の人格を十分に認め」た上で生活を営むことで「始めて本當の家族生活が出来る」とした[161]。

またこれと関連して、スイス民法で定められている家族制度の我が国における重要性は、重遠の説く法律進化論からも論ずることが出来る（重遠の「法律進化論」については本書補論を参照）。重遠は、様々な法律や法制度について進化論的な視点から考察する傾向があり、民法の変遷について、19世紀の民法は「個人完成の法律」であるとしつつ、「個人主義なるものは人類の到達すべき最終の目的地ではないのであつて、人類進歩のはしご段に外ならぬ」とした。そしてこれを昇りつめたところが「社会的協同」であり、それは「一人々々完成した個人の本當に人間らしい集團生活」を意味すると論じている。従って、「第二十世紀の民法は社会生活成就の法律でなくてはならない」のであり、スイス民法はそれを実現した法典であると重遠は評した。その意味において、家族制度もまた、こうした進化とともに変容すべきであり、スイス民法が第331乃至334条をもって共同生活（社会）本位の家族制度を認めたことは、法律進化の終局を意味しているため、我が国の親族制度においても、スイス民法が採用した家族制度を「将来の帰着点」[162]としていくべきだと提示したのである。

彼のこうしたスイス民法の家族制度に関する規定への関心は、臨時法制審議会の民法改正作業の中にも表れている。前述の通り、重遠は「穂積私案」の中で家族制度についての言及を行っている。そこで、同私案上に見られるスイス民法典を参照して作成された案を以下に挙げておく[163]。なお、引用中の下線は筆者によるものである。

大正八年九月一七日　諮問第一號ニ關スル調査要目私案　幹事　穗積重遠
（略）
第五　家ノ意義及ヒ範圍（民法第七三二條）
（一）　民法及ビ戸籍法ニ所謂家ハ、時ニ形式ニ止マリテ事實ト一致セザルコトアリ。事實上ノ家族的共同生活ヲ以テ家ト爲スベキニ非ザルカ。（スイス民法第三三一條第一項參照）
（二）　我民法ハ家族ヲ戸主ノ親族及ビ其配偶者ニ限ル。スイス民法第三三一條第二項ノ如ク、僕婢徒弟使用人等ヲ之ニ加フル可否如何
第六　戸主權ノ擴張（以下略）
第七　戸主義務ノ擴張
（一）　扶養義務（民法第七四七條第九五五條）擴張ノ可否
（二）　家族ノ財産ヲ保全スル義務ヲ認ムベキニハ非ザルカ（スイス民法第三三二條第三項參照）
（三）　家族中ニ責任無能力者ヲ保護監督スル義務ヲ認メ、且其者ガ他人ニ加ヘタル損害ニ付キ責任ヲ負ハシムベキニハ非ザルカ。（スイス民法第三三三條參照）
第八　廢戸主ノ制度ヲ認ムルノ可否（以下略）
第九　家産制度ヲ設クル可否[164]
（一）　民法第三四條ヲ修正シテ家財團ヲ設立シ得シムベキニハ非ザルカ（スイス民法第三三五條參照）
（二）　同一ノ家ニ属スル數人ガ財産ヲ共有スル場合ニハ、民法ノ持分的共有ノ原則ニ依ラズシテ、全部的共有ノ原則ニ依ルベキニハ非ザルカ（スイス民法第三三六條乃至第三四八條、第六五二條）
（三）　「スイス」民法第三四九條乃至第三五九條、佛國一九〇九年「非差押家産法」及ビ米國諸州ノ「ホームステッド」法ノ如キ家産制度ヲ設クルコトガ、民法ノ個人主義的財産制度ノ缺點ヲ救ヒテ家族制度ヲ維持スル良法ニ非ザルカ

　以上の考察より、重遠の家族法研究におけるスイス民法への関心の高さを確認することが出来た。重遠はまず、彼自身の家族法研究の中でスイス民法を考察対象とし、そこで構築された自らの法理論を立法作業において展開させていくことで、日本法学界にスイス民法を根づかせようとした。特に臨時法制審議会における民法改正作業では、「日本民法ハ家族主義ヲ採リ西洋ノ民法ハ個人

主義ナルカ瑞西民法ハ或意味ニ於テハ我國ノ民法ヨリモ一層實質的ニ家族主義ニナリ居ルト思ハルル點モアリ其レ故瑞西民法ヲ參考スルヲ最モ可ナリト考ヘタルナリ」として、スイス法の「實質的ニ家族主義」な側面に注目した。つまり、終局の解決法でもある民法改正に求めた重遠の理想とは、スイスの実質的側面にあったことを物語っているといえよう。

(四) 家族法以外にみられるスイス民法への関心

　重遠はまた、家族法以外にも、例えばスイス民法第 1 条（法の適用（Anwendung des Rechts））や同民法第 2 条（第 1 項信義誠実の原則（Treu und Glauben）、第 2 項権利濫用禁止の原則（Rechtsmissbrauch））に関心を寄せている。とりわけ同民法第 1 条の規定を、民事裁判の規準としての「条理」を研究する際に、明治 8 (1875) 年太政官第 103 号布告裁判事務心得第 3 条とともにその関連規定として参照した点で興味深い。これについては本書第二編にて詳述していく。また、信義誠実の原則及び権利濫用禁止の原則は、「法律の道徳化」（本書補論第二節第 2 項（二）参照）を唱える重遠にとって、その実現に必要不可欠なファクターであり、未だ規定のない我が国においても、当然にあって然るべきものであることを実証するために、関連条文を有するドイツ民法やスイス民法を積極的に用いて主張していった。これに関する重遠の記述を一部引用する。まず信義誠実の原則については次の通りである[165]。

　　ドイツ民法・スイス民法にはそれぞれ、「債務者は取引慣習上信義誠實の要求するように履行をする義務がある。」〔ドイツ民法第 242 条〕「各人はその權利の行使および義務の履行において信義誠實に從つて行動することを要する。」〔スイス民法第 2 条 1 項〕と明言したが、わが民法には規定がなくとも、法律が社會生活規範である本質上そうなくてはならぬことなのであつた。

また権利濫用禁止の原則についても次のような記述が見られる。[166]

　　權利は個人的制度ではなく社會的制度であるからその權利の社會的存在理由を超過してかえつて社會生活を害するような權利の行使を許すべきでない、という

考え方である。ドイツ民法は「権利の行使は、他人に損害を加えるのみの目的を有するときはこれを許さない。」と規定して、権利濫用禁止の一端を開いたが、主観的標準を用いかつ「のみの」と限定したところが甚だ物足りなかつた。ところがその後のスイス民法は、「権利の明白な濫用は法律の保護を受けない。」と客観的包括的に規定した。わが民法にははじめこの規定がなかつたが、権利の性質上當然の事だから、同様に解すべきであり、規定がないからかえつてドイツ民法のように狭く考えるに及ばず、スイス民法流に廣く解釋することができたのである。
（カギカッコは筆者による）

特に「権利濫用禁止の原則」においては、ドイツよりも広い解釈を行っているスイス民法第2条第2項は「非常な進歩である」[167]とし、日本でもまた、こうした問題に対しては、スイス民法のごとく解釈していくべきであるとしており、スイス民法に対する評価の高さを窺い知ることが出来る。

また「法律文の平易化」という観点からも、スイス民法は重遠にとって参照すべき法典であった。重遠は「法律家を非法律家に、非法律家を法律家に」を理念に掲げ、一般国民にも法を知らしめるべく、平仮名・口語体で法律書を書くことを心がけてきた法学者の一人である[168]。そしてこうした態度は、スイス民法あるいはオイゲン・フーバーとの類似性を指摘することが出来る。スイス民法は「民衆を名宛人とする法典」として20世紀初頭のヨーロッパで注目されたと言われているように、法の名宛人を一般大衆とし、国民全員が理解出来る法典であることが目指されている。とりわけ「言語の明確さ、力強さ、単純さにおいて（……）民衆的なものである」[169]「スイス民法典の民衆的性格は、まず、その使用する言語にあらわれている。フーバーは、洗練された尖鋭なドイツ民法典の法律用語を無視し、できるだけ単純で明確で飾りのない表現に努力した」[170]と言われているように、言葉の民衆化という点に配慮がなされている。これらは、「法文の明確性」「テクストの簡潔性」「構成の明確性」「法技術的表現を最小限度におさえ日常用語を使用する」「3公用語（ドイツ語・フランス語・イタリア語）によるテクストの制定」といった形で、民法典の中で展開されている。

そもそも、重遠の「法律文の口語化」への関心の直接的なきっかけとなった

のは、父陳重であった。陳重は、『法律進化論』の中で、社会の進歩につれて法令の文章用語は難解より平易に赴き、民衆の法令に対する知識は文化とともに進歩するのが世界の傾向であることを指摘している[171]。なお、民衆政体を採用するスイスの法（体制）は、彼の法律進化論において、「立法進化」の最終到達点として重要な位置を占めていることもここに付記しておく。以上の点から考えると、重遠は父のこうした進化論的な考えを継承しつつ、スイス民法を「法文の民衆化を実現した法典」として「法律進化の最終到達点」と考えていた可能性があるとはいえないだろうか。そして、こうした重遠の「法律文の平易化」という側面からのスイス法への関心は、我妻が彼について「スイス民法典の簡潔に気のきいた表現（……）は、先生の人柄を想わせるものがある」[172]と感じさせるほどに、強いものであったといえよう。

四　小　括──戦後民法改正へのまなざし

　本章では、穂積重遠の経歴、学風の特徴、そしてスイス法への関心を取り上げた。重遠のイギリス法への関心については、一般的にしばしば挙げられるところである。なるほど、社会的機能として法を捉える研究手法、そして、社会事業・社会教育・婦人問題への関心や判例研究への取り組みは、確かにイギリス法学から多くの影響を受けているといえよう。しかし、本章の考察を通して、彼のスイス民法への関心の高さ、とりわけ日本民法学の転換期において、スイス民法典を重要法令と位置づけた上で、同法の研究の必要性を彼自身が強く感じていたことが明らかになった[173]。また、そうした重遠の方法的意識は、彼自身の家族法研究のみならず、臨時法制審議会や満州国民法典（第八章第二節第3項(五)参照）の編纂作業といった立法作業においても、一貫して見られるところであった。

　前述の通り、重遠が、「個人主義ではなく『實質的ニ家族主義』を採用した法典」「民衆を名宛人とする法典」としてのスイス民法に着眼したことは注目に値する。彼は同法典を「社会自覚時代──個人的自覚と社会的自覚を併せ持つ時代」にある20世紀日本に適合すべき「共同生活（社会）本位」の法律とし

て認識し、我が国が模範とすべき法典として位置づけていく。また彼は、大正期に非常に問題視された「法律と社会の乖離」を是正する一助としてスイス民法を活用していく。そのなかでも特に、「婚姻の解消」「親権」「家族制度」等の家族法に関するスイス民法上の規定をはじめ、「法の適用」に関する同民法第1条や「信義則」「権利濫用の禁止」を定める同第2条を中心的に参照しつつ、自らの学説を形成し、それを戦前の民法改正作業にも反映させようとした。その実現は果たせなかったものの、昭和22 (1947) 年に改正された民法（以下、「昭和22年改正民法」）では、結果として、こうした彼の学説の多くが法規範として実現するに至る。尤も、重遠は、昭和22年時の改正作業に直接携わってはいないが、起草委員の一人の中川善之助が、「〔昭和二十二年の改正法律は〕前の改正要綱に織り込まれた穂積先生の主張が多分に取り入れられているのである。少し大きくいえば新法の中軸をなしたともいってよいのである。だから、新法が進歩的だと賞められるなら、その進歩的なものは臨時法制審議會の民法改正要綱中に含まれた進歩的因子に由来するものであり、その改正要綱中の進歩的因子は主として穂積先生の民法學に由来するものといつてよいと思う」[174] と述べていることからすると、重遠の学説は、「昭和22年改正民法」に対して、大きな影響を及ぼしたといっても過言ではないだろう。そこで最後に、同改正民法の中に定着した重遠の学説の一部を以下に素描しておくことにしよう。

　第一に、彼が支持してきた婚姻法の「精神病離婚」や親族法の「父母共同親権」については、「昭和22年改正民法」によって、第770条第1項第4号（法定離婚原因としての精神病）と第818条（父母の共同親権）にそれぞれ条文化された。

　第二に、重遠が、スイス民法第2条や大審院による判例を論拠としつつ提唱した「信義誠実の原則」や「権利濫用禁止の原則」も、民法第1条第2項（権利ノ行使及ヒ義務ノ履行ハ信義ニ従ヒ誠実ニ之ヲ為スコトヲ要ス）及び第3項（権利ノ濫用ハ之ヲ許サス）に条文化され、確固たる地位を得ることとなった。

　このように上記の2点については、重遠の学説が立法的営為に多大な影響を与えた事実を確認することが出来る。一方、家族制度に関する規定については、家制度の全面的廃止に伴い、「新民法は『家』に関する六十ヶ條を削除した」[175] ため、戦前の我が国において、個人主義を採る財産法と家族主義を採

る身分法を調整すべく重遠が注目してきたスイスの家産制への参照の必要性はもはやなくなった。しかし、こうした家制度の廃止という「立法」の中に、重遠の影響を見ることも可能ではないだろうか。重遠は、「昭和22年改正民法」の中に「直系血族及び同居の親族は互に扶け合わなければならない」といった一条が設けられたことに関して、「『家』の廃止は決して家族的共同生活の破壊ではなく、親同世代の相互扶助は、単に道徳問題だけでなく、法律上の義務であることを明らかにしている」と述べている[176]。この視点から、「昭和22年改正民法」を捉えていくならば、彼が戦前より理想としていた、「一家の人々が互に自分の人格を十分に認め、同時にまた、一家に属する他の人々の人格を十分に認めた上で営む」という意味の「実質的な家族制度」を重んじる態度——そしてそれはスイス民法の精神に由来する——が、ここに具現化していると見ることも可能ではないだろうか。

　以上、重遠が「昭和22年改正民法」に与えた影響について検討してみた。尤も、こうした立法はあくまでも、重遠という、当時の法学界の重鎮の一人の見解の具現化であって、スイス民法の日本への影響とまで言えるかについては、なお慎重な判断が必要であることは言うまでもない。

注

1) "Korrespondenz an E.Huber von Shigeto Hozumi"(Bern, 3. August, 1914) (BAR Dfm-Erfassung/ZAP Repertorium J1.109(-): Huber Eugen (1849-1923), Archivnr. 437, Hozumi S, Bd. 149, in: Schweizerisches Bundesarchiv, Bern).
2) 穂積重遠『欧米留学日記』(岩波書店、1997年) 97頁。
3) 穂積前掲『欧米留学日記』ii頁(「まえがき」)。
　これについては、「穂積三先生を語る(2)」の穂積重行氏(穂積重遠の長男)の「〔留学の〕間、親戚も多いものですから、一々手紙を出すのもめんどうくさい。それで母あてに日記を送る、これを適当に披露しろというわけで、日記を克明につけましてね(……)」との発言に裏付けられる(穂積仲子・穂積重行・中川善之助「穂積三先生を語る(2)」(『書斎の窓』第64号、1959年) 6頁)。
4) 穂積重遠『続有閑法学』(日本評論社、1940年) 12頁。

5) 穂積前掲『続有閑法学』12頁。
6) 穂積重遠『有閑法学』(日本評論社、1934年) 15頁。
7) 同書の表紙には、フーバーによる「Herrn Prof. S. Hozumi, hochachtungsvollst vom Verfasser」のサインが入っており、同氏より贈呈されていることがわかる。なお、この書籍は、(スイス連邦) 司法・警察省の指示を受け、フーバーが1901年から1902年にかけて著したものである。ここには第一次草案の基本的な考え方、目的等が記されており、今なお高い評価を受けている (Berner Kommentar zum Schweizerischen Zivilrecht, Einleitungsband, herausgegeben von A. Meier-Hayoz, Bern, 1966, S. 33. 松倉耕作「スイス民法典の統一とその特色」(『名城法学』第23巻2号、1974年) 129頁)。
8) 「最初一年は講義をしない講師だつたが、明治四十二年九月から四十三年七月にかけての學年で初めて講義の手傳をさせられ」(穂積重遠「大学生活四十年」(『法律時報』第15巻第10号、1943年) 21頁) ている。
9) 利谷信義「日本における家族法学の生誕―家族法学の父・穂積重遠」(同『家族と国家―家族を動かす法・政策・思想』筑摩書房、1987年) 166頁。
10) 大正元年10月17日より翌2年4月1日までドイツ・ボンに滞在。その後、ベルリンに渡り、大正3年5月31日まで滞在する。同年6月1日からは、フランス・パリに移ったものの、第一次世界大戦の勃発により、大使館より国外へと移動するよう指示されたため、同年8月16日までの短期間での滞在であった。しかし、その後のイギリス滞在は、大正3年8月17日から大正4年11月2日までと彼の留学生活の中で最も長期にわたるものであった。また帰国の際に立ち寄ったアメリカでは、祖父・渋沢栄一の実業渡米団の一行の通訳を行うことを理由に、留学を延期させ (穂積仲子・穂積重行・中川善之助前掲「穂積三先生を語る」6頁)、大正5年2月22日に帰京するまで滞在した。
11) 法理学講義は「やればやる程むつかしくなって、到底人に教える自信が附かぬ故、やがて御免蒙り、民法専門になつた」(穂積前掲「大学生活四十年」26頁) とし、大正7年度を最後に担当していない (利谷前掲「日本における家族法学の生誕」176頁)。彼の民法講義の内容に関しては、重遠の最初の学生でもある中川善之助の「穂積法学に寄せる」(末川博・中川善之助・舟橋諄二・我妻栄編『穂積先生追悼記念集 家族法の諸問題』(有斐閣、1952年) 所収) や穂積前掲「大学生活四十年」を参照のこと。
なお、これらの講義案として書かれたのが『法理学大綱』『親族法大意』『相続法大意』である。特に『法理学大綱』(岩波書店、1927年) は、「欧米の新しい法学の動向の影響の下に、彼の法に対する基本的な考え方を固めたものという点では重要な意義を有する」との評価もある大著である (利谷前掲「日本における家族法学の生誕」177頁)。
12) それ以外の著書 (前掲注11) を除く) として、『戦争ト契約』(1916年)、『判例百話』(1932年)、『有閑法学』(1934年)、『法学通論』(1941年)、『百万人の法律学』(1950年) などを挙げておく。さらに重遠は法学以外でも名著を多く残しており、例えば、『独英観劇日記』(1942年)、『新訳論語』(1947年)、『新訳孟子』(1948年)、『歌舞伎思

出話』(1948年) がある。
13) 重遠は、臨時法制審議会で任された仕事内容について、次のように説明している。
「大正八年以来臨時法制審議會の幹事とし又委員として『民法改正要綱』の立案に参與し、昭和になつてからは其要綱の具體化なる親族法相續法の正文起草に關係しているのが、主たる仕事だ。勿論一人の下働きに過ぎぬが、自身の専門からも又現行民法が亡父の息のかかつたものであるといふ個人的關與からも、無意義な暇つぶしではなかつたと思つて居る」(穂積前掲「大学生活四十年」27 頁)。
また同審議会では、陪審法の採用、信託法の制定、刑法の改正、行政裁判所制度の改正など、実に多くの仕事が行われているが、重遠はそのなかの民法改正作業と家事審判法案の起草に大きく関与している。
14) 帝国学士院委員には、昭和12年7月に就任している(「穂積先生の文献目録」(末川前掲『家族法の諸問題』所収) 12 頁)。
15) 昭和19年7月から同20年8月まで、男爵議員として在任した(『議会制度百年史貴族院・参議院議員名鑑』大蔵省印刷局、1990年、83頁)。なお、20年8月より東宮大夫兼東宮侍従長に親任されており、これを理由に議員の職を辞したと考えられよう。
16) 児童虐待防止法によって引き取られた子供等を世話するようになった経緯について、重遠は次のように述べている。
「大正年間に山室軍平、原胤昭の兩長老が畏きあたりの有難き御思召に恐懼感激して兒童虐待防止事業に乗り出した。ところが乗り出して見ると忽ち壁に馬を乗りかけてしまつた。何分にも虐待するのが親であり、雇主であるので、ウッカリ口出し手出しをすると、眞額から法律的逆捻ぢを食はされて、空しく引き下らがざる(ママ)を得ない。そこで僕は社會事業には法律の裏打ちがなくてはならぬといふことを痛感して、兼て別懇であつた原胤昭翁と語り合つたことである。ところが其内に機漸く熟して今の厚生省の前身たる内務省社會局に社會事業調査委員會が設けられ、僕も末弘君と共に委員に列し、そこで段々と各種社會事業立法の要綱が立案されたが、其結果制定實施されたのが昭和八年の兒童虐待防止法である。而して右の委員會に於て僕が折りに觸れて今度は、社會立法は社會事業に裏打ちされねばならぬ、といふことを切論したのが言質を與へて、被虐待兒童虐待養護施設たる『子供の家』の責任を執らねばならぬことになつたのである。」(穂積前掲「大学生活四十年」28 頁)。
なお、上記引用文にある「原胤昭」とは、明治・大正・昭和の社会事業家であり、我が国における監獄改良・出獄人保護事業 (現在の更生保護事業) の先駆者として知られている (片岡優子「原胤昭の生涯とその事業—中央慈善協会における活動を中心として」『関西学院大学社会学部紀要』第103巻、2007年) 85頁)。重遠と原とは「父陳重が〔原と〕別懇だつたので、自然少年時代からの知り合であつた」ようである (穂積重遠「エンゼルの原さん」『厚生問題』第26巻第5号、社会事業研究所、1942年) 55頁)。

17) 大正14年11月に文部大臣から財団法人設立を許可され発足した社会教育の振興普及を目的とした機関である。雑誌『国民』『社会教育新報』『婦人講座』の発刊や青年学校教科書の発行などを行う他、昭和17年3月には東京府知事の認可を得て「東京家庭学園」が創設される。なお同協会は、平成23年に内閣府より公益認定を受け、現在も様々な事業を展開している。重遠は、設立時より同協会に携わり、初代理事長に就任している。また東京家庭学園創設時の初代学園長として、教養主義理念に基づくリベラルな教育を施し、一講師として修身・公民の講義も担当した（荻原七重「樋口愛子先生―文化の薫り高い愛情あふれる教育者」（『地域と教育』第16号、2008年）48頁参照）。さらに、当協会の建物が戦火で焼失し、戦後において財政難となった際にも金銭や物資の援助を行うなど、関わりは深い（小松隆二「穂積重遠―初代学園長・日本法社会学の先駆者」（『地域と教育』第3号、2001年）41頁参照）。

18) 昭和20年8月10日に東宮職が設置された際に東宮大夫に就任した。内大臣の木戸幸一とは妻同士が姉妹であり親戚関係にあったこと、また、政治的な活動を戦時中に行っていなかった点も考慮されての人選と思われる。1949年まで在職し、後任に小泉信三が就いた。

19) 重遠の臨終については、息子の穂積重行氏による貴重な報告が、同「臨終の前夜」（『国民』第602号（穂積会長追悼号）、1951年）18-19頁に見ることが出来る。

20) その一例として次のような重遠の回顧録が残っている。
　「（……）〔明治〕二十六年三月法典調査会が設けられて、穂積陳重・富井政章・梅謙次郎の三博士が民法草案の起草委員を命ぜられた。その穂積陳重が私の父なのだ。そしてこの三起草委員は同年五月ころから小半年小田原の滄浪閣（伊藤博文伯別荘）にたてこもり、民法起草に専念没頭したのだが、當時十歳の小學生だつた私は、夏休みに小田原へ遊びに行つたことがあつて、（……）その時民法草案が書かれていたのだということは、もちろん意識しなかつたが、その後も家庭で折にふれては『民法』という言葉を耳にし『民法』という文字を目にした次第、大げさに申せば民法の中で育つたようなものだ。」（穂積重遠「民法五十年」（『法律時報』第20巻第1号、1948年）3頁）。

21) 穂積重遠「法律を学んだころ」（『法律時報』第22巻第4号、1950年）72頁。これは、Kahl von Gareis, Encyclopädie und Methodologie der Rechtswissenschaft, Giessen, 1887 のことだろうか。

22) 日本評論社編集局編『日本の法学』（日本評論社、1950年）42頁。
　重遠と同期で学んだ学生数は、英法33名、仏法34名、独法139名であり、当時のドイツ法人気が窺えよう（穂積前掲「大学生活四十年」19頁）。同級生には幼稚園の頃からの幼馴染である鳩山秀夫が同じく独法科にいた。両者は「鳩山穂積」または「穂積鳩山」などといわれ、その秀才ぶりは当時のみならず、大正年代になっても、大学の内外を問わず有名であった（中川善之助「身分法学の父、穂積重遠先生」（『書斎の窓』第9

号、1954年）3頁）。また同じく独法科には石黒忠篤（後の農林大臣）がおり、後に重遠の妹・光子が同氏に嫁ぎ、親戚の間柄にもなっている。

23) また、父・陳重が『独逸民法論序』（1899年）において、「子法を解釈するにあたって母法を知る必要があるのは当然だが、『概括主義』をとった日本民法においてはその必要はますます大きいとして、ドイツ民法研究の必要性を強調していた」ことも、重遠にドイツ法を選択させる大きなきっかけになったという利谷信義の指摘は大変興味深い（利谷前掲「日本における家族法学の生誕」164頁）。

24) 「当時民法は三年間の持上り講義であり、重遠は土方寧に習っている。その講義は、法文解釈と旧民法および独仏民法との念入りな比較で、三年かかって総則・物権総論・債権総論・契約総論がやっと終り、担保物権と契約各論はそっくり残った。」（利谷前掲「日本における家族法学の生誕」164頁）。土方の民法講義については、穂積前掲「大学生活四十年」10-11頁も参照のこと。

25) 英法講義に関しては、独法科の履修科目ではなかったため、個人的に聴講に行ったようである。のちに彼自身、「僕の其の後の学風（も大袈裟だが）に相当の影響を与えたのであつて、後に判例法に興味をもつに至った出発点はそこまで遡る」（穂積前掲「大学生活四十年」20頁）と述べており、英法に関心を持つに至る原点がここにあったことがわかる。

26) 穂積前掲「大学生活四十年」20頁。
27) 穂積前掲「大学生活四十年」21頁。
28) 穂積前掲「大学生活四十年」22頁。
29) 穂積前掲『欧米留学日記』iv頁（「まえがき」）。
30) 「社會法學者ハ從來ノ法律學其モノ、内容ヲ抽象分析スル所謂法律學的方法（méthode juridique）ノミヲ以テ自ラ足レリトスルヲ批難ス。然レドモ自身モ亦動モスレバ其所謂社會學的方法（méthode sociologique）ノミヲ以テ自ラ足レリトナス弊ニ陥ル。（……）即チ法規トシテノ法律ヲ對象トスル從來ノ法律學的方法ト、社會現象トシテノ法律ヲ對象トスル斬新ノ社會學的方法トヲ併セテ、初メテ法律學ヲ完成スベク、其ノイヅレカーノミヲ以テ足レリトスル説ハ狹隘ナリト謂フベシ」（穂積前掲『法理学大綱』94-95頁）。
31) 穂積重遠『親族法大意』（岩波書店、1917年）1-2頁。
32) 我妻栄「穂積重遠先生の人と学問」（『法学セミナー』第157号、1969年）130頁。
33) 日本評論社編集局前掲『日本の法学』43頁。
34) 穂積前掲『欧米留学日記』305-306頁。
35) 山主政幸「穂積重遠」（『法学セミナー』第52号、1960年）55頁。
36) 高柳賢三「概念法学の没落と新法学の基調」（『中央公論』第410号、1922年）92頁。
　　重遠もまた、「判例が果して事件を適切に解決して居るかを觀察し、個々任意の判決ではなく全判例につき繼續的に、それまでの法學界に於ては餘り用ひられなかつた共同研究を行ひ、それによつて判例法の生成發展を顯現し推進」（穂積前掲「大学生活四十

年」23 頁）したとして、「民事判例研究会」を評価している。
37) 川島武宜『科学としての法律学』（弘文堂新社、1967 年（新装版第 3 刷））139 頁。
38) 民事判例研究会『判例民法（大正十年度）』（有斐閣、1929 年（1923 年初版））序・7 頁。
39) 重遠は、「親族法相續法の研究に附帶して僕の興味をそゝつたのは判例法である。『法律は成文法と慣習法』と敎はつたものだが、英國に於てのみならず我國にも判例法が現存し又必要であることを、僕は例へば離婚原因たるべき『虐待侮辱』法廷推定家督相續人廢除の『正當ノ事由』等について確認した。而して（……）所謂婚姻豫約有效判決を機縁として僕の法律に對する考へ方が、正しかつたか間違つて居たかは知らぬが、一定の方向を取つたのであつて、その一つのあらはれが判例法に對する興味である。（……）」（穂積前掲「大学生活四十年」22-23 頁）として、イギリスで学んだ判例法研究を日本でも（特に家族法領域で）適用してみたいと考えていた。なお、婚姻予約有効判決については本書第八章にて詳述する。
40) 当時の社会状況とそれに対する法関係の変化については、福島正夫による発言を以下に引用しておく（平野義太郎・福島正夫・川島武宜・石田雄・野村平爾「第一次世界大戦後における日本社会の変化と法の展開」（座談会）（鵜飼信成・福島正夫・川島武宜・辻清明編『講座日本近代発展史 3』勁草書房、1984 年（第 3 刷）、46-47 頁）。

「第一次世界戦争は、明治以後の日本の政治、法律、経済、社会、思想の一般について、非常に大きな変化、発展を与えたものであります。（……）大戦が大正三年七月に勃発し、日本はその間に漁夫の利を占めて経済は著しい発展を遂げ、産業構造も、今までの軽工業から重化学工業、電気産業というふうに近代化する。これに伴って人口の都市集中が急速に生じ労働者群も一挙に膨大化し、かつ組織化されてくる。したがって、人民大衆の動きが、組織化された労働者および農民の運動として出てくる。そして都市小市民も生活権の擁護を訴え、下から圧力を加えるというわけです。そうするとこれに対して国家権力としては、対抗の措置を構じなければならない。階級闘争の激化の情勢に対応して、一方に資本家や地主の立場を守るように大衆の民主的運動をおさえつけ、他方に人民の不満をなだめる手を打とうとする社会政策を考える。刑法警察法規が運用され、いわゆる社会法が形成発展する。これは、他方には、市民間の関係が複雑になり、いままでの法の上で予想しなかった種々の事態があらわれて、そこから生ずる権利義務関係の調整の上に、立法上裁判上の問題を生ずることになるわけです。（……）」

41) 当時、法と現実の乖離については、「家」制度との関連から論じられることが多かったようである。これについて、桑山敬己は次のように指摘している（桑山敬己「大正の家族と文化ナショナリズム」（季武嘉也『大正社会と改造の潮流』吉川弘文館、2004 年、228-229 頁））。

「明治末期から昭和初期にかけて、日本の家族の変化を論じた識者は、『家』制度を擁護するにせよ批判するにせよ、民法と現実の間にはかなりの差があるという点で、

ほぼ意見の一致を見ていた。たとえば、批判派の中心人物であった河田嗣郎（大阪商科大学＜現在の大阪市立大学＞初代学長）は、自らの立場を総括した『家族制度と婦人問題』（一九二四）の中で、『家長制瓦解の原因』として次の４つをあげている。（一）祖先崇拝の衰退による『家』観念の衰亡。（二）資本主義の発展による『一家的自給経済組織』の瓦解。（三）家長権に対する国家権力の制限。河田は、近世以降に国家が掌握した公権力（司法権や教育権など）は、それ以前に家長が持っていた権力を制限したと考えた。（四）個人主義の浸透と民主主義の伝播。同様に、家族社会学者の戸田貞三は、『家長的家族』崩壊の原因として、都市化による家族全員の離脱、親子の分離、家業の衰退、家産観念の喪失、の四つを掲げた。擁護派の見解（……）〔も〕河田や戸田が掲げた家族変化の要因については、彼らも認めるところであった。〔したがって〕いずれの立場も、明治民法に規定された『家』制度と、二〇世紀初頭の日本における家族の現実には、かなりの差があることを認めていた。しかし、法を実践に近づけて改正するか、それとも実践を法に近づける政治画策を行うかという選択に関して、両者は対立したのである。」

42) 磯田進・平野義太郎・戒能通孝・仁井田陞・川島武宜・福島正夫「穂積法学・末弘法学の分析と批判（座談会）」（『法社会学』第２号、有斐閣、1952年）61頁。
43) 我妻前掲「穂積先生の人と学問」130頁。
44) 磯田他前掲「穂積法学・末弘法学の分析と批判」54・55頁。
　これは戒能通孝の発言によるものであるが、本文で記したように穂積法学を特徴づけた理由について、戒能氏は次のように説明している。

　「昭和四年の話です。親族法の講義が最高潮に達した時分で、先生らしい特色が溢れていたのではないかと思います。日本の親族法は、当時は御存じの通りに、家族制度の絶対化、戸主権の尊重、その前における家族の犠牲を暗に内在させていたものですが、先生の親族法はそれを離れようとしていました。戸主は認める、家族制度は認める、それにもかかわらず戸主・家族制度などができるだけ家族に対して重苦しく押しかかつて行かないようにして行くという努力を、解釈の中で示しておいでになつたのではないかという感じがするのです。先生は家族制度をこわそうとしておられたのではなくして、家族制度の中のよさを発展させることによつて、何かの意味で活かして行こうという態度をとつていらっしゃつたのではないかと思つているわけです。婚姻について当事者の同意を非常に強調される、これは当事者の同意を絶対化しておられるというより、むしろ家族制度がそういうものでなければならない、君主は君臨するが統治しないという態度を家族制度の中でも活かそうとしていらっしゃつたのではないかと思われるのです。それが穂積法学の持つている特色ではないかと思います。」（55頁）

45) 磯田他前掲「穂積法学・末弘法学の分析と批判」55頁。
46) 我妻前掲「穂積重遠先生の人と学問」131頁。

47) 穂積重遠「法律生活」(文部省実業学務局編『公民教育講演集第三輯』文部省構内実業補習教育研究会、1930 年) 7 頁。
48) 穂積重遠『民法読本』(日本評論社、1927 年) 37-38 頁。
　　ちなみにここでは、「法律婚主義を採用する明治民法第 775 条を改正することが内縁問題の『終局の解決』」となっており、内縁問題上の最終的な解決として民法改正をするべきだとされているが、こうした考えは、内縁問題に限らず家族法のあらゆる問題に対しても当てはまる考えであることは、彼の著書の全体的な分析を通して理解することが出来るだろう。
49) 穂積重遠『民法総論上巻』(有斐閣、1921 年) 43 頁。
50) 調査要目の作成にあたり、幹事から提出された意見書として挙げられるのが、穂積重遠幹事作成の「諮問第一號ニ關スル調査要目私案」である。この私案には、前書きの他に、親族編相続編の改正意見が 21 の大項目に分けて挙げられている。そして小項目も含めて 11 ヵ所の穂積幹事の意見からは、彼が諸外国の立法例や「奥田博士民法改正意見」を参照していることが明らかになっている。その内容については、「大正八年九月一七日　諮問第一號ニ關スル調査要目私案」(堀内節『続家事裁判制度の研究』(中央大学出版部、1976 年) 所収) 361 頁以下を参照のこと。
51) 牧英正・藤原明久編『日本法制史』(青林書院、2005 年) 404-405 頁。
52) 我妻前掲「穂積重遠先生の人と学問」135 頁。
53) 大村敦志「社会教育としての法―法教育の先駆者としての穂積重遠(1)」(穂積重遠『われらの法―第 1 集法学』信山社、2011 年) 817 頁。
54) 穂積重遠『法律入門』(宝文館、1952 年) (穂積前掲『われらの法―第 1 集法学』所収) 85 頁。
55) 穂積前掲『法律入門』85 頁。
56) 穂積重遠「法律婚と事實婚」(『親族法大意』(初版付録、1917 年)) 185-186 頁。
57) その後の明治大学短期大学。2006 年に閉校。明治大学専門部女子部については、明治大学短期大学史編集委員会編『明治大学専門部女子部・短期大学と女子高等教育』(ドメス出版、2007 年) に詳しい。
58) 両者はともに公民教育委員会で調査委員を務めており、当時、女子の法律教育の必要性が議論されていた。重遠は、本務校の東京帝国大学の他に明治大学でも講座を担当しており、また松本の出身大学が明治大学であったことから、同大学に女子法科専門部を創設してはどうかという話が進んだ。昭和 3 年に、明治大学側に専門部創設を提案し、当時の学長であった横田秀雄に伝えたところ、賛同を得て実現したといわれている。なお、この横田秀雄という人物は、かつて大審院長を務め、「虎ノ門事件」「タヌキ・ムジナ事件」「一厘事件」の他、女性にのみ課せられていた「貞操義務」が夫にも存することを肯定した大正 15 年の大審院刑事部判決、所謂「男子貞操義務判決」などの名判決で知られている。女性の社会的な地位の向上に対して理解があった人物が学長であった

ということも功を奏し、専門部女子部の創設は現実のものとなったといえるだろう。横田に関する文献として、村上一博「横田秀雄」(明治大学史資料センター編『明治大学小史(人物編)』学文社、2011年)、同『日本近代法学の揺籃と明治法律学校』(日本経済評論社、2007年)、穂積重遠「横田秀雄博士の三判例」(明治大学創立六十周年記念論文集出版部編『創立六十周年記念論文集』明治大学、1940年所収)を挙げておく。

59) 明治大学短期大学史編集委員会前掲『明治大学専門部女子部・短期大学と女子高等教育』563-564頁。

60) 重遠は、国民のなかでも特に婦人においては、法律の知識が教授される機会が殆どないという理由から、より徹底した法教育の必要性を主張していく。このような重遠の見解については別稿で詳論したい。

61) 関純恵「穂積重遠の公民教育論」(『奈良女子大学文学部教育文化情報学講座年報』第3号、1999年)207頁。

62) 穂積前掲「法律生活」6-7頁。

63) 関純恵もまた、「穂積は、具体的で多様な個々の人間の営む『事実』を重視しており、そうした実際の生活の『事実』と法律との間の懸隔を問題化し、それらを結びつけていく必要性が、女子を含む公民教育論の重要なモチベーションの一つであったといえる。」と、同様の見解を有している(関前掲「穂積重遠の公民教育論」216頁)。また関は、当時の公民科の特徴および重遠の公民教育論の特徴を「(……)第一次世界大戦を通じて顕在化した社会問題解決のために、当時の政党内閣が打ち出した一つの路線は『協調主義』であり、これは労資の『対等』な『協調』を謳うことによって、階級対立を『国家社会』という理念に包摂することを目的とするイデオロギーであったという。この『協調主義』や、その政策的具体化としての『調停』制度が、実業補修学校公民科の根本精神であったと位置づけられている。『資本家の謙抑自省』と『労務者の権利の向上、福利の増進』による労資の『協調』を可能とみる点において、『協調主義』と重遠の『共同生活』重視とは同質の性格をもっているように見える。しかし、重遠の公民教育論は、階級闘争の体制内化のためのイデオロギーに加担したというよりは、社会の自然な状態、実際生活としての『共同生活』を重視し、個人の利益と『社会一般の利益』の調整を『共同生活』という考え方によって模索する説明を行っていたと考えることができる。」(関・同前書、209頁)と分析している。こうした重遠の教育論の特徴は、彼の法理論にも共通する点が多いといえよう。

64) 例えば、穂積重遠・四宮茂共著『新撰公民教科書』(上・下巻)(三省堂、1932年)や穂積重遠・四宮茂共著『新撰女子公民教科書』(上・下巻)(中等学校教科書株式会社、1937年)などがある。また、教員への指導書も執筆しており、穂積重遠編『青年学校教科書指導書(普通学科、本科男子五年制用)』(社会教育協会、1941年)などを挙げることが出来よう。

65) 穂積前掲「法律生活」、同「私法に関する事項」(文部省実業学務局編『公民教育講演

集第一輯』文部省校内実業補習教育研究会、1924 年)、同「私法生活」(文部省普通学務局・実業学務局編『最新公民科資料精説』帝国公民教育会、1931 年) は、文部省主催の公民教育講習会ならびに夏季講習会の講演内容を編集したものである。

66) 利谷前掲「日本における家族法学の生誕」197 頁。

67) 末弘厳太郎「東京帝国大学セツルメントの設立に就いて(東京帝国大学セツルメント設立趣意書(大正一三年))」(福島・川島前掲『穂積・末弘両先生とセツルメント』109-110 頁)。

68) 東京帝国大学セツルメントについては、福島正夫・石井哲一・清水誠編『回想の東京帝大セツルメント』(日本評論社、1984 年)、福島正夫・川島武宜編『穂積・末弘両先生とセツルメント』(東京大学セツルメント法律相談部、1963 年) に詳しい。

69) 法律相談部では、法律相談が毎週火・木曜日の午後に行われ、また火曜の夜には重遠による「日常必要な法律の話」と題する講座が開講されていた。ちなみに法律相談では、借地借家問題、雇傭問題、金銭貸借問題、男女問題が相談数の多い案件であり、そのうちの男女問題については、婚姻に関するもの、離婚に関するもの、婚姻予約不履行に関するものを主に扱ったようである。またその他にも、度々講演会や講習会などが開かれ、社会問題や法律問題について一般市民に講じる機会も多く持っていた。さらに昭和 9 年には、優秀な学生を十数名セツルメントに迎え、江東地区を中心とした婚姻関係の調査も行っている。

70) またこのような活動を通して、重遠たち法律相談部は、国民の実際の生活は彼らが認識している進歩的な法律制度とは全く縁遠いものだということを認識し、特に経済的実力の対抗しえない当事者間の抗争は、法律そのままの適用では事態を収拾することなど到底出来ずかえって悪化させてしまうことから、調停のような法律を超えた解決が必要になるという結論に達している。重遠は、従来より一貫して調停の重要性について主張しており、こうしたセツルメントでの活動を通して、自らの考えの正当性を再確認した。また彼は、大正 11 年に借地借家調停法が制定されて以来、調停委員として尽力しており、特に関東大震災のときには多くの案件をこなしている。

71) 片山哲(明治 20 年 7 月 28 日 – 昭和 53 年 5 月 30 日)は、和歌山県出身の弁護士・政治家である。東京帝国大学卒業。大正 2 年より弁護士を開業。大正 15 年には社会民衆党書記長となり、昭和 5 年衆議院議員に当選する。昭和 20 年には社民党結成に尽力し、同 21 年から 25 年まで同党委員長を務める。昭和 22 年、第 46 代内閣総理大臣に就任する。主な著作として『回顧と展望』(1967 年) がある(新潮社辞典編集部『新潮日本人名辞典』新潮社、1991 年、467 頁参照)。

72) 星島二郎(明治 20 年 11 月 6 日 – 昭和 55 年 1 月 3 日)は、岡山県出身の弁護士・政治家である。東京帝国大学卒業。弁護士を経て、大正 9 年に立憲国民党から衆議院議員となる。昭和 16 年に鳩山一郎と同交会を、そして戦後には日本自由党を結成。昭和 21 年には第 1 次吉田内閣の第 28 代商工大臣に就任、同 26 年にはサンフランシスコ講和会

議全権委員となる。同29年には日本民主党結成に参加した。その後、同33年には、第47代衆議院議長に就任する（新潮社辞典編集部前掲『新潮日本人名辞典』1553頁参照）。

73）　中央法律相談所では、民事・刑事・行政・特許その他一般法律事項を扱う「相談部」、家庭問題の相談を扱う「家庭相談部」、刑事事件の委任・刑事弁護の嘱託を受ける「訴訟代理部」、そして「上告部」の4つの部門に分かれ、業務が行われていた。相談所の大きな特徴は、相談料や手数料を低額にし、事務を簡易でわかりやすいものにする点にあった。これは全て「法律の民衆化」の考えに基づいたものだと思われる。こうした相談所の理念について、片山は、「我々の目的のひとつである法律制度即ち法制の改良を高唱するために、我々在野法曹の一員として、出来る範囲において法制改良の実行家としてこれに着手」したと後に回顧している。また法律相談の内容は家庭争議、借家借地問題、失業問題が挙げられ、その中でも特に一番多かったのが家庭争議であり、慰謝料なしで追い出される妻、家風に合わないという理由で離婚される婦人、三行半で叩き出されるという女などの相談が数多く持ち込まれた（片山哲『回顧と展望』福村出版、1967年、67頁）。

74）　「大正『市民法学』は、それ以前の『概念法学的法律実証主義』の克服の動きとして出現したと理解されている。概念法学を帝座から引きずりおろしつつあるのは、『法律の社会化であり、民衆化』である『自由法学乃至社会法学』の新機運である。この新機運の代表者としてそろってあげたのは牧野英一、穂積重遠、末弘厳太郎の3人であった。」（伊藤孝夫『大正デモクラシー期の法と社会』京都大学学術出版会、2000年、12頁）。

　　尤も、この「法律の社会化・民衆化」というスローガンの意味は非常に多義的なものである。中央法律相談所は、「対官僚主義」「法律事務の簡易化」「相談料・弁護士費用等の低廉化」「法文の簡易化、平仮名の採用、口語体による統一」をその具体的内容としていたように思われるが、田中耕太郎によれば、「社会学的方法及び社会法学と混同せられてゐるのは、我が国に於て大正七八年（ママ）以来一時流行した『法の社会化』と云ふ語である。此の意義たるや一体如何なる内容を有するや甚だ明かでない。或は弱者保護の精神に基く立法の要求、或は或る法律制度例へば所有権の内容を社会全体の福祉に適合するが如く構成すること、或は概念法学に囚はれたる杓子定規の判決の匡正の為めの自由なる判例研究、訴訟手続の簡易化、各種の調停制度の精神、甚だしきに至つては或は法典の条文を又は法律の教科書を民衆に理解し易きやうに（例えば平仮名交りの口語体にして、内容も通俗的に）表現することを意味するものとする。第一の意味ならば上述の社会科学と同様であり、第二及び第三の意味ならば是れ法の目的論的概念構成に属するものであり単に概念法学に対する啓蒙的意味を有するに過ぎず、其の他のものは全くの通俗的用語であり学問的なものではない」（田中耕太郎「法律学とは何ぞや」同『法律哲学論集一』岩波書店、1942年、309-311頁）と、曖昧なものとして捉えられている。これに対して、重遠は、上記の田中が「法の社会化」の定義として挙げるものを

全て尊重し、あらゆる政策に展開させていったといえよう。

75) 穂積重遠「法律の畫解」(『中央法律新報』第1年第1號、中央法律相談所、1921年) 6頁。また、その理由について、重遠は次のように述べている。

「我國の法律は今日既に充分『ナショナライズ』(自國化) された。我國の法律家の今後の仕事は、一方では法律を『インターナショナライズ』(國際化) し他方では法律を『ポピュライズ』(通俗化) することでなくてはならぬ。私は中央法律相談所の事業に大なる敬意を拂つて居るのであつて (……) 法律相談所の一價値は、法律の『ポピュラリゼーション』即ち『法律の畫解』の効力があることである。(……) 法律相談所の第一段の任務は事件を訴訟をせずに解決することでなければならぬ。それには法律の眞精神法規の立法理由を充分に且つ通俗的に依頼者に説明して、成程と自己の理否を會得させねばならぬ。これが私の所謂『法律の畫解』である。(……)」

76) 同相談所のメンバーの一部は後に社会運動の潮流に合流する。こうした事実から推察出来るように、中央法律相談所並びに中央法律新報は、どちらかというと「反国家」的な要素がやや強いように感じられる。従って、保守的な国家と進歩的な国民との間に中立的な立場を置く重遠は、この運動とは一定の距離をとっていたのではないかと筆者自身は考えている。

77) 穂積重遠「法律上より見たる禁酒」(第305号、1923年)、同「法制講話 (私法の部) (一)〜(六)」(第307・308・309・310・312号、1923年、313号、1924年)、同「法律制度上の婦人の不利益」(第315号、1924年)、同「男子貞操義務判決の真意義」(第354号、1927年)。

78) 穂積重遠「私生子の法律問題」(第7巻第7号、1922年)、同「夫の貞操」(25年第10月号、1940年)。

79) 穂積重遠「民法上より見たる家族制度」(第3巻第2号、1919年)。

80) 穂積重遠「比較婚姻法論」(第1・2・3号、1920年、5・6・7・8号、1921年)。

81) 穂積重遠「婦選講座 婦人に関する民法改正案」(第5巻第2号・3号、1931年)。

82) 穂積重遠「議会に上らんとする少年裁判制」(第2巻第51号、1916年)、同「婦人に不利益な結婚届の遅延」(第5巻第20号、1919年)。

83) 穂積重遠「法律劇「離婚法案」」(第1巻第1号、1922年)、同「普通選挙と婦人参政権」(第2巻第1号、1923年)。

84) 穂積重遠「養子縁組より生ずる難問題」(第14巻第1号、1919年)、同「結婚に関する法律の知識」(第22巻第1号、1927年)。

85) 東京朝日新聞では、例えば1934年1月3-7日の5日間にわたって、重遠による「法曹雑話／婚姻の名実」の連載があり、また1939年4月15日の朝刊には「結婚した日に必ず入籍穂積博士の仲人苦労話」という記事が見られる。

86) 『処女の友』は、重遠が関与している社会教育協会が、昭和2-16年の間、発行に携わっている雑誌である (それ以前 (大正7年－昭和2年) は処女会中央部が発行先となっ

ていた)。「身の上相談」の一部は、穂積重遠述『婦人講座第百篇記念號家庭と法律の實際』(社会教育協会、1938年) にまとめられている。また同雑誌には、「身の上相談」以外にも「事実婚と形式婚」(第4巻第9号、1921年)、「嫂さんの離婚問題」(第10巻第7号、1927年)、「病床にある父の負債」(第10巻第10号、1927年) 等、重遠によって執筆された記事が数多く掲載されている。

87) その内容は、穂積前掲『法律入門』に見ることが出来る。
88) 筆者は一度、穂積重行氏と電話でお話をする機会をいただき、その際、同氏より、本論文に記した情報を頂戴した。穂積氏のご好意に対し、ここで謝辞を表する。
89) 『読売新聞』(1913年3月24日、第12191号)。
　同新聞で穂積陳重は、ブリデルの最期の日について、「日本學生を寄宿させたいが誰か適當なものは有るまいかとの事で今朝私の宅に態々來られたので有つたが折悪しく不在して居たので面會が出來ず博士は明朝を期して歸られたさうだが、實に残念な事をした」と述べている。
90) 『法学協会雑誌』(第28巻第10号、1910年) 1888頁。
91) 重遠によって執筆されたスイス民法を主題とする論文は、ブリデルが死去した後も、「スイス民法の家制」(『日本社会学院年報』第6巻第1・2・3号合冊)、「トルコ民法典」(『法学協会雑誌』第44巻第11号、第45巻第7-9号、1927年) と継続的に発表されている (本書・序章注34) 参照)。
92) 辰巳重範訳・穂積重遠閲『瑞西民法』(法学新報社、1911年) 序。
93) 「臨時法制審議會諮問第一號主査委員会日誌 (第二回)」(堀内前掲『続家事裁判制度の研究』) 384-385頁より抜粋。
94) Louis Bridel, "Le code civil suisse au Japon", in : Gazette de Lausanne, 20. Janvier. 1912.
95) 穂積前掲『婦人問題講話』2-3頁。
96) 穂積前掲『婦人問題講話』60頁。
97) ルイ・ブリデル「婦人ノ地位ノ改良」(『法学志林』第21号、1901年) 2頁参照。
98) 穂積前掲「大学生活四十年」24頁。
99) 穂積前掲『欧米留学日記』49頁。
100) 穂積前掲『欧米留学日記』46・63頁参照。
101) 穂積前掲『欧米留学日記』60頁。
102) さらに同記事には、「〔穂積重遠氏と〕同じ姓〔を持つ〕2人の大家がおられるが、彼らは長年、〔東京帝国〕大学において教育にたずさわっている。〔この2人の大家のうちの1人は〕彼のお父様であり、法哲学〔を専門としており、もう1人は〕彼の叔父にあたる方であり、憲法〔を専門としている〕。——様々な肩書こそあるが、50名の教授が、この法科大学にはおり、この穂積兄弟 (陳重、八束) は、富井氏 (日本民法典の主要編纂者) と共に、最も確固たる名声を得ている。」として、父・陳重や叔父・八束、そし

て富井政章についても紹介されている。

103) "Lettre de Tokyo de L. Bridel du 4.4.1912"（この書簡の書誌情報については本書第一章第一節を参照のこと）の中で、ブリデルはフーバーに「1912年1月20日の『ローザンヌ新聞』に、日本と中国におけるスイス民法典〔の地位〕についての記事を書きました。あなたはそれをお読みになりましたか？」とたずねている。

104) "Lettre de Tokyo de L. Bridel du 25.12.1908".

105) "Korrespondenz an E. Huber von Shigeto Hozumi" (London, 16. September 1914).

106) "Korrespondenz an E. Huber von Shigeto Hozumi" (London, 26. June 1915).

107) 穂積前掲『欧米留学日記』70-71頁参照。

重遠によれば、大正2年6月15日、父陳重が重病との電報を受け、翌16日夜より同年10月7日まで急遽帰国しているのだが、その間ベルリンでは、鳩山夫人・千代子が発病し、長期療養の必要を迫られるほどの状態に陥っていたようである（『欧米留学日記』59頁）。その後、鳩山夫婦は大正3年1月17日にローザンヌへと移住したとされている。

108) 穂積前掲『欧米留学日記』97-101頁参照。

109) 早稲田大学大学史編纂所『早稲田大学百年史第2巻』（早稲田大学出版部、1981年）701頁。

110) 早稲田大学大学史編纂所前掲『早稲田大学百年史第2巻』708頁。

111) 例えば、大正4年5月7日、5月9日の重遠の日記には、遊佐と共にイギリス国内を小旅行したことが記されている（穂積前掲『欧米留学日記』243・247・250頁参照）。

112) 以下に、フーバーを訪問する際に遊佐が送ったとされる書簡を訳し、紹介しておく。ここから、遊佐のスイス滞在期間及びフーバーの訪問日を推定することが可能であろう。("Korrespondenz an E. Huber von Yoshio Yusa" (BAR Dfm-Erfassung/ ZAP Repertorium J1.109(-): Huber Eugen(1849-1923), Archivnr.451, Yusa Y, Bd 163, in: Schweizerisches Bundesarchiv, Bern))

〔遊佐よりフーバー宛書簡1〕

ベルン、1915年12月30日

謹啓　教授殿

　穂積博士から頂いた紹介状を、この手紙に同封して、貴殿に送付させて頂きます。私は先日よりベルンに滞在し、スイス民法学と商法学の研究をしております。近々、貴殿の訪問をさせて頂きたく、貴殿からその許可を頂きましたら、非常に有難く思います。〔良きご返答を〕期待しつつ

謹白

遊佐　慶夫

レングガッサーシュトラーセ29 II

〔遊佐よりフーバー宛書簡2〕

ベルン、1916年1月5日

拝啓　教授殿！

　〔このたびは〕ご招待頂き、感謝しております。土曜日の午前中に訪問させて頂くことをお約束させて下さい。その時まで。

敬具

遊佐　慶夫

〔遊佐宛フーバー書簡3〕

ジュネーヴ、1916年3月1日

拝啓　教授殿！

　突然、日本へ帰国しなければならなくなったため、これをもって貴殿に別れのご挨拶とさせて頂きたいと思います。あなたの貴重な日本訪問を期待しつつ。

敬具

遊佐　慶夫

113)　遊佐慶夫『信託法提要』（有斐閣、1919年）序・3頁。
114)　『信託法提要』は現在もスイス・ベルン大学内にある Eugen Huber Bibliothek に所蔵されている。なお、同図書館にはこの他にも、水口吉蔵著訳『瑞西債務法』（清水書店、1914年）、井上歌郎・中村宗雄『ヒューマン・インターコース講義』（早稲田図書出版協会、1917年）、日本辯護士協会『日本辯護士協會録事』第251号（1920年）といった邦語文献が所蔵されている。
115)　なお、夫婦財産制や養子に関しても、スイス民法を参照しながら論じている箇所が見られるが、いくつかの著書の中で限定的に言及されているにすぎない。本節では、重遠の研究全般におけるスイス民法への関心について理解していきたいと考えているため、これらについては触れない。
116)　穂積前掲「大学生活四十年」21頁。
117)　同書で所収されている「民法施行前の離婚原因」「判例に現はれた離婚原因」「夫の姦通」「精神病離婚」「相対的離婚原因」は、『法学協会雑誌』第39巻第12号（1921年）、第40巻第3号、同巻第7号（1922年）、第41巻第6号、同巻第8号（1923年）にも掲載されている。
118)　穂積重遠『離婚制度の研究』（改造社、1924年）862頁。
119)　穂積重遠『親族法大意』87頁。
120)　穂積前掲『離婚制度の研究』863頁。
121)　穂積重遠『親族法』（岩波書店、1939年（第6刷））403頁。
122)　穂積前掲『離婚制度の研究』868頁。
123)　臨時法制審議会主査委員会で提出された「穂積私案」の中でも、「第十三離婚（五）

配偶者ノ一方ノ重大ナル精神病ヲ以テ離婚原因トナスノ可否如何 ＊書入瑞一四一」と
して、精神病を原因とする離婚についての可否をうかがう項目がたてられている。特に
「書入瑞一四一」として、民法改正作業時にも、スイス民法第 141 条が何らかの形で参
照されていたことは注目に値するだろう。

124) 穂積前掲『離婚制度の研究』890 頁。
125) 穂積前掲『離婚制度の研究』892 頁。
126) 穂積前掲『離婚制度の研究』891 頁。
127) 穂積前掲『離婚制度の研究』896-897 頁。
   本文中に引用した「改正案」というのは、明治民法第 813 条に対して出された臨時法
制審議会の「改正要綱」に対して、「更なる改正」として重遠が提示した案である。改
正要綱の内容について、穂積前掲『親族法』409-410 頁より引用する。
   「親族法改正要綱第十六　離婚ノ原因（及ビ子ノ監護）
   一　離婚原因ハ大體ニ於テ左ノ如ク定ムルコト。
   （一）　妻ニ不貞ノ行為アリタルトキ。
   （二）　夫ガ著シク不行跡ナルトキ。
   （三）　配偶者ヨリ甚シク不當ノ待遇ヲ受ケタルトキ。
   （四）　配偶者ガ自己ノ直系尊屬ニ對シテ甚シク不當ノ待遇ヲ為シ、又ハ配偶者ノ直
      系尊屬ニ對シテ甚シク不當ノ待遇ヲ受ケタルトキ。
   （五）　配偶者ノ生死ガ三年以上分明ナラザルトキ。
   （六）　其他婚姻關係ヲ繼續シ難キ重大ナル事情存スルトキ。
   二　前項第一號乃至第五號ノ場合ト雖モ、總テノ關係ヲ綜合シテ婚姻關係ノ繼續ヲ
      相當ト認ムルトキハ、離婚ヲ爲サシメザルコトヲ得ルモノトスルコト。」

128) 穂積前掲『離婚制度の研究』890 頁。
129) スイス民法第 142 条は「有責主義を棄てて夫婦の一方の責に帰し得ぬ事情によつても
離婚を許す」といった趣旨を有しており、これこそが同条の長所であり、特に注目すべ
き点であると重遠は評価した（穂積前掲『離婚制度の研究』837 頁）。事実、破綻主義
（重遠はこれを「目的主義」と言っている）に立脚した離婚原因を最初に法定したのは
スイス民法典である（鍛冶良堅「破綻主義離婚のあり方」『法律論叢』第 68 巻第 3・4・
5 合併号、1996 年）221 頁）。このように離婚法が破綻主義（目的主義）に傾いてきたこ
とは「十九世紀の法律の一原則たる『自己責任の原則』が緩和されて来た一徴候」（穂
積前掲『離婚制度の研究』867 頁）であり、このことは彼によるならば、法の「個人本
位」から「社会本位」への進化ということになるのではないだろうか（本書補論第一節
参照）。また重遠は「目的主義の下に何が離婚原因に採用されるかは、其時代時代の婚
姻に關する目的觀念による。（……）婚姻に於て精神的共同生活を重しとする現代が、
夫婦間の精神的交通を回復の望みなく不能ならしめる其一方の精神病を離婚原因とせば
ならぬことは、これ亦當然」（穂積前掲『離婚制度の研究』867-868 頁）であるとし、精

神病が離婚原因となることの正当性を唱えている。
130) 穂積前掲『離婚制度の研究』889 頁。
131) 穂積前掲『親族法』407 頁。
132) 穂積前掲『離婚制度の研究』890 頁。
133) 穂積前掲『有閑法学』24 頁。
134) 穂積前掲『有閑法学』24 頁。
135) 穂積重遠「民法改正要綱に於ける婦人の地位」(新生協会編『新社会の基調』日本評論社、1928 年(再版))、303 頁。
136) 穂積前掲『有閑法学』24 頁。
　なお、第 274 条第 1 項規定については、京都帝大教授の岡村司による「父母共同シテ親権ヲ行フト規定セルハ實ニ立法上ノ革命ト稱スルモ誇言ニ非サルナリ」との評価もみられる(岡村前掲「瑞西民法ニ於ケル妻ノ地位」71 頁)。
　尤も、同第 274 条第 2 項では、「父母ノ意見ガ相違スルトキハ父ノ意思ニ從フ。」となっており、同条は結局のところ「腰折れ法文」だと重遠は評価している。
137) 穂積前掲「最新ノ親族法」(『法学志林』第 11 巻第 3 号、1909 年) 21 頁。
138) 「瑞西民法草案における妻の地位」(『法学協会雑誌』第 20 巻第 2 号、1902 年) 209 頁(雑録・執筆者不明)。
　実際、戦前期において、スイス民法は「女性の権利を大きく認めた」法典として世界各国で注目された。その一例として挙げられるのが、この父母共同親権であるが、その他にも特に、妻と子の自由が相対的に確保されたという点や、相続権に関して妻の地位がドイツ法より高められている点である(黒木三郎監修『世界の家族法』敬文堂、1991 年、81 頁)。また同民法典は、「離婚」の原因として「夫の姦通」を挙げた点についても注目されており、岡村司による「離婚ニ關シテハ瑞西民法ハ協議上ノ離婚ヲ認メス唯裁判上ノ離婚ノミヲ認ム而シテ裁判上ノ離婚ノ原因ハ夫婦ノ間絶對ニ平等ニシテ些ノ差等ナシ殊ニ姦通ヲ理由トシテ離婚ヲ請求スルコトヲ得ハ夫婦同一ニシテ(……)是レ女権主義ノ勝利ノ結果ナラン我カ民法ノ規定ト相距ルコト遠キ甚タシ」(岡村前掲「瑞西民法ニ於ケル妻ノ地位」70 頁)という記述からもスイス民法の評価の高さが窺えよう。
139) 穂積前掲「民法改正要綱に於ける婦人の地位」303 頁。
140) 穂積前掲「最新ノ親族法」22 頁。
141) また穂積前掲「私法生活」15 頁以下にも、スイスの家長制や今後の日本の家族制度の課題について記されている。ちなみにこの論文は、「公民教育の振興特に本年〔昭和六年〕四月各中等学校に特設したる公民科の教授資料に供せんが為、本年八月本省主催にて(……)公民教育講習会を開き、各講師の講演した」ものであり、重遠が、教育分野においてもスイスの法制度を紹介し、推奨する場面があったことが確認出来る。
142) 家産制度とは、家をある種の財団として捉え、個人ではなく家に財産を帰属させる制度であり、スイスの家族制度の中核をなすものである。

143) 穂積重遠「家族制度の発達と個人主義」(『朝鮮及満州』265 号、1929 年) 19 頁。
144) H. Oser, Schweizerisches Zivilgesetzbuch vom 10. Dezember 1907, Zürich, 1927, S. 102-112. なお、第 349 条から第 359 条までの条文は、1998 年 6 月 26 日に廃止 (Aufhebung) された (Schweizerisches Zivilgesetzbuch, herausgegeben von der Bundeskanzlei, 2000, S. 91)。
145) 穂積重遠「『スイス』民法の家制」(『日本社会学院年報』第 6 年第 1・2・3 号合冊、1918 年) 2 頁。
146) 穂積前掲「『スイス』民法の家制」1 頁。
147) 穂積前掲『親族法大意』28 頁。
148) 穂積前掲『親族法大意』28 頁。
149) 穂積前掲「法律の上に道徳がある」12 頁。
150) 穂積前掲「家族制度の発達と個人主義」21 頁。
151) 穂積前掲「『スイス』民法の家制」4-6 頁。
152) 穂積前掲「家族制度の発達と個人主義」20 頁。
153) スイスの家産制度の仕組みについては、穂積重遠「家制論」(『法学協会雑誌』第 27 巻第 1・2 号、1909 年) に詳しい。
154) 穂積重遠「家制論」(『法学協会雑誌』第 27 巻第 1 号、1909 年) 255 頁。
155) 穂積前掲「『スイス』民法の家制」18 頁。
156) 穂積前掲『民法読本』82 頁。
157) 穂積前掲「家族制度の発達と個人主義」20 頁。
158) 穂積重遠「家産法原理」(『法学志林』第 12 巻第 7 号、1910 年) 30 頁。
尤も、この見解は牧野英一によるものである。同「家産ノ制度ニ付テ」(『法学志林』第 12 巻第 1 号、1910 年) を参照のこと。
159) 穂積前掲『親族法』77 頁以降参照。
なお、同書で重遠は、我が国の長子相続制度を緩和させるという点においても、スイス民法に価値を見出すことが出来ると述べている (78 頁以降参照)。重遠はかねてより、戸主権相続に伴う財産の一人相続、つまり長子相続を批判しており、これをなくすためにも、「共同生活本位の家族制度を認めた」スイス民法を参照することが必要だとした。つまり、明治民法が採用している「おれが相続した以上おれの財産だ、起こそうとねかそうとおれの勝手だ、おれ一代に消費してしまつても誰が何と云うか、と云う様な個人主義的私有財産観念」は棄て、「父祖から受けて家族一同のため近親のため又子孫のために自分が管理する家産なのだ」という「家産精神」を持つべきだとした (穂積前掲『民法読本』82・83 頁)。また、臨時法制審議会における民法改正作業の過程においてもこうした考えを主張している。民法改正作業において展開される彼の相続論に関しては、和田啓作「臨時法制審議会の民法改正作業における配偶者相続制度の登場—穂積重遠の配偶者保護構想と法定均分相続制への展開」(『西南学院大学大学院法学研究論集』第 16

号、1998 年）に詳しい。
160) 穂積前掲『民法読本』79 頁。
161) 穂積前掲「家族生活の発達と個人主義」22 頁。
162) 穂積前掲『親族法大意』28 頁。
163) 前掲「大正八年九月一七日　諮問第一號ニ關スル調査要目私案」（堀内前掲『続家事審判制度の研究』）361 頁以下より抜粋。
164) ここにみられる私案の内容は、臨時法制審議会における議論の中でも、重遠自身の発言から見て取ることが出来る。関連箇所を以下に引用する（前掲「臨時法制審議會諮問第一號主査委員会日誌（第二回）」386-387 頁）。

「第三　家族ノ共同生活ノ安全和平ヲ図ル為家産制度ヲ定ムルノ要ナキヤ
穂積幹事　我民法ニ於ケル財産制度ハ家産制度ニ反シ全然個人財産制度ニナリ居レリ民法ニ家産ト云フ文字ハ使用シアルモ實質ニ於テハ家産ナルモノナシ財産ハ戸主其人ノ財産ナルカ又ハ家族各個人ノ財産ナリ所謂家産モ戸主其人ノ財産カ大部分ナルカ為メ戸主カ一代ニテ其財産ハ消費スルコトモ其人ノ自由ニシテ之ヲ妨グルコト能ハス又戸主ノ負債ノ為メニ其財産ハ差押ヘラレ妻子ハ路頭ニ迷フコトトナリテモ之ヲ救済スルノ途ナシ是レ個人財産制度ノ欠点ナリ（……）一千九百七年ノ瑞西民法ニ家産制度ノ規定アリ又一千九百九年佛國ニ於テ制定セラレタル法律之ハ不可差押家産設定法ト翻訳シアリ其様ナモノヲ御参考ニ供シアリ是等ハ亜米利加ノ『ホームステッド』ノ制度ニ基クモノト承知シ居レリ（……）今回ノ諮問案ニ於テハ兎ニ角研究スヘキ問題ナリ」

この発言から理解出来ることは、重遠は家産制度を、戸主を失った場合の残された妻や子の救済策として利点があると認識していたことである。所謂、弱者として認識されていた妻や子どもの保護の必要性を唱えていた彼ならではの視点であろう。
165) 穂積前掲『百万人の法律学』228 頁。
166) 穂積前掲『百万人の法律学』225-226 頁。
167) 穂積前掲「法律と道徳の関係」13 頁。
168) これについては、彼自身の「今一つ僕が力を入れた事は、法律文の平易化である。（……）はじめて口語體の著書を出したのは、大正十年の『民法總論』である。尤もそれが口語體法律書の嚆矢だといふ譯ではないので、民法の方ではそれより少し前に出た早稲田の故中村萬吉教授の民法論が元祖だと思ふ。（……）其本の序文に穂積君が勧めたから試みに口語體で書いて見たと、中村君が書いて居たと記憶するのであつて、ともかくも我々が先駆者だつたと言つてよからう。」（穂積前掲「大学生活四十年」27 頁）。「法律語は専門語ではいけない、民衆に分らなくてはいけない。法律語を通俗語にすることが是が今日の急務である。此點に於て明治の初めの法律は非常に民衆的であつた。（……）それが何時の間にか専門法律語になつてしまつた。（……）私の理想は法文を口語体にすることである。」（穂積前掲「明治の法律と法律学」128・130 頁）といった発言

137

からも明らかであろう。

169) 石田穣「スイス民法一条の法源イデオロギー」(同『民法学の基礎』有斐閣、1976年所収) 82頁。
170) 石田前掲「スイス民法一条の法源イデオロギー」82頁。
171) 「法文の民衆化に就て」(『法律新聞』第2555号、1926年6月18日) 3頁。
172) 我妻栄「スイス民法五十年」(『ジュリスト』第156号、1958年) 25頁。
173) 穂積重行氏によると、重遠の学者人生の中で、初期の段階においては、スイス民法典、とりわけその体系に興味が持たれていたが、その後、イギリスの判例に基づいた法制度に関心が移ったそうである。しかし重遠の研究内容を見る限り、彼のスイス民法への関心は、晩年においても変わらず高かったように思う。特に民法改正時の参照法令として高く評価していたように窺える。
174) 中川前掲「身分法学の父、穂積重遠先生」5頁。
175) 穂積前掲「新民法と社会事業」8頁。
176) 穂積前掲「新民法と社会事業」8頁。

# 第二編　蘇る太政官布告

明治 8 年太政官第 103 号布告裁判事務心得第 3 条と
スイス民法典第 1 条第 2 項

第三章　日本の条理論とスイス民法

　現代の法学において、裁判の基準、即ち法源としての条理は重要なトピックの1つであり、これを語る際には、その根拠規定として、明治8年太政官第103号布告裁判事務心得第3条がスイス民法第1条第2項とあわせて引き合いに出されるのが通例となっている。本来ならば、両法令の背後には、一方は近代化の幕が開けたばかりの日本、他方は20世紀初頭のスイスという、社会、文化そして法環境における種々の大きな差異があるにもかかわらず、今日の日本法学において、両者は歴史・文化的径庭の差なく取り上げられている。実際、両法令の類似性については、大正・昭和期全般、そして現在に至るまで、多くの論者によって指摘されている。例えば穂積陳重、富井政章を始め、杉山直治郎、牧健二、穂積重遠、我妻栄、野田良之といった、比較法学、法史学、民法学の各分野を代表する法学者をすぐさま挙げることが出来る。穂積重遠は、著書『民法總論』の中で「明治八年太政官布告第一〇三號裁判事務心得第三條は『民事ノ裁判ニ成文ナキモノハ習慣ニ依リ習慣ナキモノハ條理ヲ推考シテ裁判スベシ』と規定している。(……) スイス民法第一條の規定も結局同趣旨」であると指摘している[1]が、このような議論は、杉山・穂積重遠を初期の論客として、彼等の後継者の世代に至るまで繰り広げられている。

一　現代の条理理解

　それでは、現在、法学書では、条理についてどのような記述がなされているのだろうか。その一例として、以下に、伊藤正己・加藤一郎編『現代法学入門』及び団藤重光『法学の基礎』を挙げてみたい[2]。

団藤重光『法学の基礎』(2007 年)
　民事裁判では、法の欠如があっても当事者に対して裁判の拒否（フランス民法 4 条）をすることはできず（憲法 32 条参照）、また、当然に原告を敗訴にすることももちろん法の趣旨ではない。スイス民法 1 条 2 項は、かようなばあいについて、「裁判官がみずから立法者であったならば定めたであろうような法則にしたがって」裁判をするべきものと規定している。わが国の裁判事務心得の規定も、結局は、同趣旨と解される。それは、単に当の具体的事案の妥当ない解決をはかるというだけではなく、法秩序全体の趣旨から――ことに関係法規との調和を考慮して――法の穴を埋める操作であり、ここでは、つまりは、形式的法源と哲学的法源とは一致することになるといってよいであろう。他面からいえば、法の穴を埋める操作は、結局、法全体――ことに当の問題に関連する諸法規――の解釈の問題で、その解釈にあたって法の最高原理が援用されるのだといってもよい。

伊藤正己・加藤一郎編『現代法学入門』(2008 年)
（……）民事裁判では原告と被告のどちらを勝たせるかをきめなければならず、適用すべき法がないからといって裁判を拒むことはできない。（……）このように適用すべき法がない場合に、裁判のよるべき基準とされるのが条理である。条理の語は明治 8（1875）年太政官布告第 103 号裁判事務心得 3 条の「民事ノ裁判ニ成文ノ法律ナキモノハ習慣ニ依リ習慣ナキモノハ条理ヲ推考シテ裁判スベシ」という規定に由来する。条理の内容は、事物自然の道理（Natur der Sache）であり、スイス民法 1 条の「この法律に規定がないときは、自己が立法者ならば法規として定めるであろうと考えるところに従って裁判すべきである」という規定は、裁判が最後によるべき条理の内容を示したものと考えられている。

　いずれの説明にあっても、民事裁判にあって、法律・慣習ともに欠如する場

合には、裁判事務心得第3条に基づき「条理」による裁判が行われるという。そしてこの「条理」とは、「事物自然の道理」、「法の最高原理」と説明された上で、こうした処理はスイス民法第1条第2項の定めるところと同様であるとされている[3]。

「条理」についてはこの他にも、さまざまな説明・定義を概説書の中に見出すことができる。例えば、「実定法システムの根底に働いていると判断できる基本原理」[4]、「実定法体系の基礎となっている基本的な価値体系」[5]、「理性によるものごとの筋道」[6]、「裁判官が裁判に際して拠るべき基準の源泉」[7]、「一般社会人が通常認むべきものとされる客観的な原理ないし法則」[8]、「ものごとのすじみち、ものごとの道理」[9]などが挙げられる。また、「条理」という用語は、時に、日本人の法意識や常識、あるいは道徳的な規範のことを指すものとしても用いられる[10]。さらに条理は、民事調停法第1条[11]の中でも用いられており、その意味は「単に裁判官の主観の中にだけ存在するものではなくて、客観的に、ある範囲で人々の思想の中に存在しているものであり、経験的に探求しうるもの」[12]と説明されている。このように「条理」は今日において多義的であるといえよう。

それでは、こうした条理理解は近代日本においてどのようにして成立したのであろうか。特に、裁判事務心得第3条とスイス民法典第1条を引き合わせながら論じるという説明方法は、どのような経緯で確立したのだろうか。また、裁判事務心得第3条とスイス民法第1条は、多くの論者が述べるように「同趣旨」の規定と性格づけることが可能なのだろうか。そこに我が国の法学上におけるスイス法の影響の実際を見ていくことが本編の目的である。

二 「忘却」「再自覚」を辿った太政官布告とスイス民法

裁判事務心得については、次章以降、詳論していくが、本編の基本視角を示す上で、若干の説明を行う必要があるだろう。同心得ではその第3条において「民事ノ裁判ニ成文ノ法律ナキモノハ習慣ニ依リ習慣ナキモノハ条理ヲ推考シテ裁判スヘシ」として、民事の裁判にあたり、裁判官は「成文ノ法律」がある

ときはこれによるべきこと、それがなければ「習慣」により、それすら見出されないときは「条理ヲ推考」せよと命じている。これについては、本書の序論で述べたように、この裁判事務心得第3条についての詳細な先行研究として、杉山直治郎のものを参照すべきであろう。杉山によれば、同条の変遷には、「忘却」と「再自覚」の過程があるという。彼はこの点について次のように表現している。

「成文法萬能に一變せる思潮よりすれば、本布告第百三號第三條の如き條理裁判は全然その根據も必要もない譯である。即ち當時は從來本布告の條理裁判に依る法律生活の不統一、不確實、不安全の状態を打切り得る域に達せることを慶賀したものである。此様にして本布告の存在は爾來殆んど全く忘却されて了つた感がある。」[13]

「條理裁判は一時全く其必要を忘れられ、此くて布告第百三號全體の存在が閑却される傾向を示した。此事は本布告が何時しか現行法令集覧其他にすら掲載を見ることなきに至つたことが其消息を語る。産業革命以後は條理裁判は其必要を生じ、ヂェニーの自由探求學説や瑞西民法第一條等の外來の影響と相俟つて實質上は學説並に判例に依て漸次施用さるるに至つた。」[14]

「(……)自由法學説の進展に伴ひ法典編纂以後一旦忘れ去られた感ある所の布告百三號が茲に再び我法學界少くとも自由法學者の自覺に上り來る(……)」[15]

ここで杉山は、制定時には重要な意味をなしたこの布告は、明治民法典が制定され、法典の無欠缺性を前提とするドイツ民法学の影響が増大する中で、一度はもはや過去のものとして忘却の中に置かれたとする。しかし、大正・昭和期において、「ヂェニーの自由探求學説や瑞西民法第一條」という新たな西欧の法素材との比較から、再び研究者の注目するところとなり、当時の学説的思潮を背景にした新たなる解釈の下に、その存在が再認識されるに至ったことを明言した。こうした杉山の見方によれば、スイス民法第1条は「再自覚」された後に形成された裁判事務心得第3条の解釈論の中で取り上げられることとなる。仮に再自覚という形で裁判事務心得第3条の読み替えが行われたのであれ

ば、そこにスイス民法第1条の影響を語ることが可能となるだろう。そこでスイス民法第1条とはどのような条文なのか、以下にその全文を掲げ確認しておこう。

序章 (Einleitungstitel)、人事法、家族法、相続法、物権法から成り立つ同法典の、序章の冒頭に置かれる第1条は次のように規定されている[16]。

（ドイツ語）
A. Anwendung des Rechts
1　Das Gesetz findet auf alle Rechtsfragen Anwendung, für die es nach Wortlaut oder Auslegung eine Bestimmung enthält.
2　Kann dem Gesetz keine Vorschrift entnommen werden, so soll das Gericht[17] nach Gewohnheitsrecht und, wo auch ein solches fehlt, nach der Regel entscheiden, die es als Gesetzgeber aufstellen würde.
3　Es folgt dabei bewährter Lehre und Überlieferung.

（フランス語）
A. Application de la loi
1　La loi régit toutes les matières auxquelles se rapportent la lettre ou l'esprit de l'une de ses dispositions.
2　A défaut d'une disposition légale applicable, le juge prononce selon le droit coutumier et, à défaut d'une coutume, selon les règles qu'il établirait s'il avait à faire acte de législateur.
3　Il s'inspire des solutions consacrées par la doctrine et la jurisprudence.

（イタリア語）
A. Applicazione del diritto
1　La legge si applica a tutte le questioni giuridiche alle quali può riferirsi la lettera od il senso di una sua disposizione.
2　Nei casi non previsti dalla legge il giudice decide secondo la consuetudine e, in difetto di questa, secondo la regola che egli adotterebbe come legislatore.
3　Egli si attiene alla dottrina ed alla giurisprudenza più autorevoli.

（ロマンシュ語）

Art. 1

A. Applicaziun dal dretg

1　La lescha vegn applitgada per tut las dumondas giuridicas, a las qualas il text u l'interpretaziun d'ina da sias disposiziuns po sa referir.

2　Sche la lescha na cuntegna betg ina disposiziun legala, duai il derschader1 decider tenor il dretg da disa e-nua che er in tal manca-tenor la regla ch'el fixass sco legislatur.

3　El suonda en quest connex la scienza giuridica e la giurisprudenza approvada.

（日本語訳）

A. 法適用

第1条

（第1項）この法律は、その文言上及び解釈上適用されるべき規定がこの法律に含まれるあらゆる法律問題に適用される。

（第2項）この法律に規定を見出すことが出来ない場合には、裁判所は、慣習法により、それもない場合には、自己が立法者ならば法規として定めるであろうと考えるところに従って判断をしなければならない。

（第3項）その際、確定した学説や判例に従わねばならない。

　周知の通り、スイスにはドイツ語・フランス語・イタリア語・ロマンシュ語の4つの公用語が存在しており、民法典もこの4つの言語で表現されている。そのすべてが正文である。

　第1条は、その第1項において、法の適用にあたってこの法典の適用が直接的にまたは解釈により可能である場合には、それによるべきことが示される。即ち、法律の文言より適用されるべきことが明らかな場合、またその解釈により適用が可能である場合には、法律によらなければならないとされる。これがない場合については、第2項に従い、裁判所は慣習法を適用しなければならない。それも存しない場合には、裁判所（1998年の改正前の文字であれば裁判官）は、「自らが立法者であれば採用するであろう規範」により判断を下すべきとされる。但し、ここで第1項及び第2項において与えられた裁判所の権限行使にあ

たっては、ドイツ語による第3項の[18]「bewährter Lehre, doctrine, dottrina, scienza giuridica」、そして「Überlieferung, jurisprudence, giurisprudenza più autorevoli, giurisprudenza approvada」に従うように要求されている。前者は「コメンタール、体系的概説書、個別論文、大学での法律講義における法律についての学術的説明」であるとされ、近年では外国法や比較法の知見も重要性を増している[19]。また後者は、特に「司法機関や行政機関における法適用」の中に形成されてきた規範であるとされた上で、しかし同時に一般的な法史やカントン法の中で形成されてきた諸規範もここに含まれると説明されている[20]。

　以上の概観からも見て取ることが出来るように、両法令を「同趣旨」とする説明にはやや無理があるように窺える。というのも、スイス民法第1条は、法律も慣習もない場合に、何等かの形で客観的に存在する規範（自然法や社会規範、道徳など）の適用を命じるものではない。それは、裁判所（改正前のドイツ語条文の文言であれば裁判官）に対し、いわばその都度の法創造を命じたものである。現代の日本における条理をどのように解するかにもよろうが、条理を裁判に際し、個別の事案ごとに発見（創造）される規範であると解さない限り、スイス民法第1条と現在の日本の条理論とを同趣旨とみることは困難である。

　スイス法と制定時の裁判事務心得もまた、その趣旨において同じとは到底いえない[21]。何よりもまず、両者の置かれている環境が著しく異なる。裁判事務心得が制定された当初は、民法典は、未だ断片的な草案の段階にとどまっていた[22]。これに対し、スイス民法第1条は、何よりも法典の存在を前提とするものである。また、この差異を仮に留保するとしても、スイス民法第1条は、裁判官の法創造を認めるとはいえ、そこでは判例や学説に従うことを要求し、実務上及び学問上発展している法学的諸見解との整合を要求している。また裁判官には、その場限りでの規範創出が求められるのではなく、既存の法体系と接合しつつ、今後もまた通用し得る規範を創出することが求められる。これに対し、裁判事務心得では、既存の法判断、法認識との連関も、将来的な効力も考慮のうちに収めることが要請されてはいない（同第4条）[23]。

　さらに裁判事務心得に限ってみても、制定時に遡って復元し得る裁判事務心

得の歴史的実際と、現在の条理理解における同心得の理解を到底同一のものとすることも出来ない。杉山のいう「忘却」そして「再自覚」という捉え方がそれ自体成り立つかについては以下で検証するが、たとえそれが成り立つとしても、「忘却」され「再自覚」された同心得が、歴史的対象として常に同一であったと断ずることには大いに躊躇を覚える。しかし、それにもかかわらず何故この両者を「同趣旨」とする説明が大正期以降繰り返されてきたのだろうか。

三　第二編の課題と方法

そこで、本書第二編では、裁判事務心得第3条を、まずは立法過程、次にその後の解釈の変遷過程から考察し、同心得の辿った道筋を概略的に把握していく。また、制定された同心得が、その当初の立法的使命を終え、やがて忘却されるに至る経緯と、大正期以降、再認識・再自覚されるに至る経緯とを、それぞれ「裁判事務心得第3条の忘却」「裁判事務心得第3条の再自覚」として論じる。そこでは、制定時の布告の趣旨と、再自覚された布告の趣旨とを考察する。そして、特に再自覚された後の裁判事務心得に重点を置き、その当時活躍していた法学者たち——穂積重遠を中心に——による「条理」をめぐる言説の法思想史的・法史学的考察を行う。以上の作業を通して、この法令への当時の所論が、その成立の経緯や制定時における立法者の意図という文脈から離れて、いかに自由に、換言すれば、いかに非歴史的に同条を解釈の対象としていたのかに注意を向けることにしたい。本編のタイトルの「太政官布告の蘇り」とは、大正期に特徴的な法思潮を包括的に把握する趣旨から付されたものである。

これまで「裁判事務心得の成立史」に関する先行研究は数多く著されている。だが本編では、現代の日本法学における裁判事務心得第3条への——とりわけスイス民法第1条第2項との関連における——「言及」の仕方そのものがいつ成立したのかという問題を考察の起点と定め、裁判事務心得第3条の「再自覚」の経緯を独立した——即ち同条の成立そのものとは切り離された——研究対象として繙くことも、確立・再編期にあった近代日本法（学）の特徴的側面

を描き出す極めて有効な方法であると考えている。何よりも、本書の主題をなすスイス法の日本への影響を論じる上で、両国間の特徴的な「類似」法令の比較史を考察する意義は大きい。以下、詳論していこう。

注

1) 穂積重遠『改訂民法總論』（有斐閣、1933年（1930年初版））47頁。
2) 伊藤正己・加藤一郎編『現代法学入門』（有斐閣、2008年（第4版））64・65頁。団藤重光『法学の基礎』（有斐閣、2007年（第2版））169頁。
3) 現代の法学書の中で、裁判事務心得第3条とスイス民法第1条を「同趣旨」のものと明言するものとしては、本書で挙げたものの他、川島武宜『民法総則』（有斐閣、1965年）25頁、松坂佐一『民法提要総則』（有斐閣、1982年（第3版・増訂））23頁などを挙げることが出来る。
4) 笹倉秀夫『法学講義』（東京大学出版会、2014年）46頁。
5) 川島前掲『民法総則』25頁。
6) 松坂前掲『民法提要』23頁。
7) 四宮和夫『民法総則』（弘文堂、1996年（第4版補正版））8頁。
8) 舟橋諄一『民法総則』（弘文堂、1964年）19頁。
9) 末川博『法学入門』（有斐閣、2001年（第5版補訂版））70頁。
10) 水野紀子「比較法的にみた現在の日本民法―家族法」（広中俊雄・星野英一編『民法典の百年Ⅰ』（有斐閣、1998年）651頁以下で、中川善之助の民法理論を「法規に基づいた解釈より条理による解釈を優先することを正当化する理論であ」り、「中川家族法学が通説たりえてきたのは、それが母法の近代民法とはほど遠いものであっても、日本人の法意識や常識にかなったものであったからであろう」としていることから、水野の考える条理とは、日本人の法意識や常識、あるいは道徳的な規範を意味するものであると解した。
11) 民事調停法（昭和26年6月9日法律第222号）第1条には「この法律は、民事に関する紛争につき、当事者の互譲により、条理にかない実情に即した解決を図ることを目的とする。」と定められている。
12) 三上威彦「調停手続による紛争解決の法令準拠性について―民事調停を中心にして」（『慶應法学』第19号、2011年）249頁。
13) 杉山直治郎「明治八年布告第百三號裁判事務心得と私法法源」（同『法源と解釋』（有

斐閣、1969 年（1957 年初版））34 頁。
14) 杉山前掲「明治八年布告第百三號裁判事務心得と私法法源」88 頁。
15) 杉山前掲「明治八年布告第百三號裁判事務心得と私法法源」36 頁。
16) スイス民法第 1 条についての包括的な研究としては、石田穣「スイス民法 1 条の法源イデオロギー」（同『民法学の基礎』有斐閣、1976 年所収）、大川四郎「スイス民法典第一条第二項の学説史的起源」（森田安一編『スイスの歴史と文化』刀水書房、1999 年）がある。本書もこれに負うところが大きい。
17) ドイツ語の条文については 1998 年に Gericht と改正される以前は、Richter（裁判官）となっていた。
18) Peter Tuor/Bernhard Schnyder/Jörg Schmid/Alexandra Rumo-Jungo, Das Schweizerische Zivilgesetzbuch, 13. Aufl., 2009, S. 48.
19) Peter Tuor, a.a.O., S. 48.
20) Peter Tuor, a.a.O., S. 48.
21) この問題については、石田前掲「スイス民法 1 条の法源イデオロギー」193 頁以下でも否定的な結論が下されている。
22) 向井健「民法典の編纂」（福島正夫『日本近代法体制の形成（下巻）』日本評論社、1982 年）313-396 頁。
23) 裁判事務心得第 4 条では「裁判官ノ裁判シタル言渡ヲ以テ將來ニ例行スル一般ノ定規トスルコトヲ得ス」として、裁判官が条理を推考して行った判断が、その後、先例たる価値を持つものではないことが明言されている。

第四章　制定時の太政官布告

一　明治8年太政官第103号布告裁判事務心得第3条

　裁判事務心得は、全5ヵ条からなる法令であり、全正文を引用すると以下の通りである[1]。

第一〇三號
今般裁判事務心得左ノ通相定候條此旨相布告候事
明治八年六月八日　太政大臣三條實美
第一條
各裁判所ハ民事刑事共法律ニ從ヒ遲滯ナク裁判スヘシ疑難アルヲ以テ裁判ヲ中止シテ上等ナル裁判所ヲ伺出ルコトヲ得ス但シ刑事死罪懲役ハ此例ニアラス
第二條
凡ソ裁判ニ服セサル旨申立ル者アル時ハ其裁判所ニテ辨解ヲ為スヘカラス定規ニ依リ期限内ニ控訴若クハ上告スヘキコトヲ言渡スヘシ
第三條
民事ノ裁判ニ成文ノ法律ナキモノハ習慣ニ依リ習慣ナキモノハ條理ヲ推考シテ裁判スヘシ
第四條
裁判官ノ裁判シタル言渡ヲ以テ將來ニ例行スル一般ノ定規トスルコトヲ得ス
第五條

頒布セル布告布達ヲ除クノ外諸官省隨時事ニ就テノ指令ハ將來裁判所ノ準據スヘキ一般ノ定規トスルコトヲ得ス

　明治8 (1875) 年4月の大審院の設置を受け、大審院諸裁判所職制章程（明治8年太政官第91号布告）、控訴上告手続（明治8年太政官第93号布告）が定められると、同年6月8日、太政官第103号布告として、上記の裁判事務心得が発布された。この3つの法令の制定は、我が国における司法制度の体系化に向けての第一歩であると理解されている。その中でも裁判事務心得では、裁判官は裁判に不服のある者に対して、原裁判所で弁明せず控訴または上告をすることが出来るよう言い渡すべきものとし（第2条）[2]、また、裁判拒否の禁止を定める第1条の規定に伴い、第3条をもって、民事裁判においては成文法・慣習がない場合は「條理ヲ推考」して裁判を行うべきことが定められ、裁判の言渡しをもって将来の例となるべき一般の定規とすることは出来ないこと（第4条）、布告、布達以外の諸官省の指令は裁判所の依拠すべき一般の定規とすることを得ないこと（第5条）等の規定により、裁判規範の範囲が明確化された[3]。

　その中でも、本書で特に注目したいのは、同心得第3条である。同条は、当時の私法は未だ「舊封建時代の不文法状態」にあり[4]、裁判官が判決を下す際に依拠すべき実定的規範がなかったことを背景に制定された。「この規定が存在しなかったならば、民事訴訟における裁判は実質上不可能だったのではないだろうか」[5]と評されるほど、当時、非常に重要な役割を果たしていたことが想起される。実際、穂積陳重は当時のことを「我邦維新以來の政治上、社會上の革新は、實に世界各國の歴史上稀に見る所の劇變であつて（……）此新舊過渡の急需に應ずるが爲めに、明治五六年以來頻りに各種の新法律を制定し、當時は『法令雨下』の評あるに至つたが、此立法部の活動も、到底新事態の劇變を豫見して、悉く之に應ずることが出來なかつたから、勢ひ此の如き廣汎なる規定を設けて遺漏の途を塞いだのである。」[6]と述懐しており、杉山直治郎もまた、「裁判國難に處して之を切り抜くる爲には、先づ第一には成文法、第二には習慣にして維新の新法律主義に適合するものある限り、之を以て司法の基礎とし、此の二法源に依據するを得ざる自餘の最大多數の裁判事案に對しては條理裁判なる最後の切札を出す外には血路の開き様がなかつた」とし、「本法

殊に第三條は明治維新當時の社會事情の自然にして必然なる産物に外ならない」[7]と述べている。しかし同時に、陳重が、「近世立法の傑作とも稱すべきものにして（……）世界の稱讚を博したる『スウィス』民法第一條に先鞭を著けたもの」[8]と評しているように、法典も未だ存在していなかった當時の日本において、既にこのような立法價値のある原則が制定されたと解釋する視點は非常に興味深いものがあろう。

二　裁判事務心得の制定過程

裁判事務心得の具體的な立案過程について、公文錄内の記錄によれば[9]、明治8（1875）年5月28日、司法卿大木喬任より太政官三条實美宛に以下の稟請書が提出されたことに始まった[10]。

　　裁判事務心得方御達之儀ニ付伺
　　今般大審院上等裁判所被差置候ニ付テハ更ニ別紙之通一般御達相成可樣致度則草案相添此段御伺候也
　　明治八年五月二十八日　司法卿　大木喬任
　　三條太政大臣殿
　　（司法省十三行罫紙一枚）

この稟請書は、翌日29日に、太政官正院の外史から内史の政体取調掛[11]へと移され、受理されると、政体取調掛と内史本課によって、草案（司法省案）の審査が開始され、その修正作業が行われた。そして、審議終了後の6月2日に、内史本課長より大臣・参議に決裁申請が提出された。この内容は以下の通りである[12]。

　　八年六月二日
　　大臣　　　　　　　　　本課長　印
　　参議　　　　　　　　　政体取調掛　印

今般司法省ヨリ裁判事務心得別紙之通伺出候処不都合ノ廉有之候ニ付別紙之通御改正之上御達ニ相成度此段奉伺候也
（太政官十三行罫紙一枚）

　この申請を受けた大臣・参議は、審議の上、修正を行い、また同7日には、太政大臣三条実美による決裁が行われた。そして翌8日、太政官より裁判事務心得が第103号布告として確定されたことが司法省に指令されると、「太政官第103号布告」として発布された。なお、上記の2つの史料に添えられている「別紙」内の草案内容については、本章第四節の〔表1〕に採録しているので、そちらを参照していただきたい。

三　裁判事務心得の由来について

　裁判事務心得第3条の由来については、「固有法説」と「西欧法承継説」とがある。前者は「古來一貫した我國固有の法則」[13] を同心得の起源とする説であり、後者はヨーロッパ的な自然法思想が同心得の立法に影響を及ぼしたとする説である。以下に、この問題に取り組んだ法学者たちの各見解を示す。
　戦前期においては、固有法説が主流であったようで、例えば穂積陳重や牧健二はこの説を支持している。
　まず、穂積陳重は「不應爲律」にこの根拠を見出している。中国律におけるこの原則は、我が国の「大寶律」「養老律」「寛保元年の律令要略」「寛政元年の松平越中守裁判心得書」等を経て、明治3（1870）年制定の「新律綱領」にも明規されている[14]。陳重は、新律綱領雑犯律不応爲条は「凡律令ニ正条ナシト雖モ情理ニ於テ爲スヲ得応カラサルノ事ヲ爲ス者ハ、笞三十、理重キ者ハ杖七十」とするものだが、「此條は唐律以來の支那律及我中古律と其規定の内容を同うする者ではあるが、單に不應爲と云はずして、不應爲の標準を示し、『情理ニ於テ』の文字を加へたるは、顯著なる修正であつて（……）明治八年の布告の地を爲したものと云ふことが出來る」と指摘し、同心得を「條理が基本法であつて、一の補充的法源なることを公認した法律」と評した[15]。

また牧健二は、明治 5 (1872) 年「芸娼妓解放令」を例に挙げ、法は、理・道理としての条理によって定められるべきとの観念が、明治初期に既に自覚されている旨を指摘した。そして「明治維新の際に當つて法を立て裁判を行ふに就ては、殊に深く理に適つたやうに之を行」い、「性法の観念は當時既に知られて居たのであるが、當時の立法者並に裁判官が言ふ所の條理を以て、性法なりとは言い難く寧ろ我國古來の理又は道理の観念に淵源したものであると思ふ」、従って「明治八年の立法當時に於ては條理には自然法思想の存在を認むることが出來ない」と断言した[16]。

これらの説に対して、杉山直治郎は「第三條に付ては主として我國古來の法源並に司法に關する傳統に立脚」[17]したとして、固有法説を支持するも、これは「泰西法承繼の痕迹は勿論、その影響を蒙つた證拠を発見し得ない」ための消極的結論であり、「ボアソナード先生の性法説の影響の可能性も絶対に否定し得ないが、肯定するに足る積極的論證も舉らない」と、西欧法承継説の可能性も示唆した[18]。

その 50 年後、杉山が残した「ボアソナードの影響を肯定させる積極的論証」たる課題は、野田良之によって再検討に付された。そして、この研究によって、固有法説から西欧法承継説へと同心得をめぐる理解への基調が変化する。同氏は、昭和 48 (1973) 年に法政大学で発見された"Premier cahier pour les questions"――当時の司法省の法問題への質問に対するボアソナードの解答が集録されたもの――の解答「5」(明治 8 年 6 月 2 日解答) をもとに裁判事務心得第 3 条の由来の再検討を行った。質問と解答の内容は以下の通り[19]。

　　質問――成文法が存しない場合、慣習に衡平法以上の権威を認めなければならないか。裁判官において、慣習が衡平法に反するものと認めるときは、裁判官は慣習に従うべきか、それとも衡平法に従うべきか。
　　　　　　　　　　　　　＊
　　一　日本においては、あたらしい法典が作成されるまでのあいだ、民事および商事の裁判の運用についての若干の一般的な規定を発布することが、きわめて賢明であり、かつきわめて有益である。(以下略)
　　二　もしも、ある事がらについて、あるいはある事がらの細部の点について、

はっきりした慣習が存在していないことが確実になったならば、衡平法、自然法が適用されるべきであるということは疑いをいれない。(以下略)
　三　(……) わたくし〔ボアソナード〕は、原則として、衡平法が悪しき慣習に優位すべきであると承認する。(以下略)

野田はこの「一」の解答に注目し、「これは『裁判事務心得』の制定を勧告しているもので、『明治八年太政官布告第百三号』(ママ)は全体としては刑事をも含めて確定されているが、とにかくこの『心得』の制定がボアソナアドの勧告と指導とによるものであることは疑問の余地がないように思われる。」[20]とし、同心得はボアソナードの影響下で制定されたと断定した。

一方、こうした野田の考証に対しては、間接的にではあるが、大久保泰甫、堀内節によってさらに異なる見解が示された。まず大久保は、上記の解答に見られる「衡平法が悪しき慣習に優位すべき」という、ボアソナードの発言に対し、次のような見解を示した[21]。

　実際の太政官布告の方は、この点については、単に「習慣ナキモノハ条理ヲ推考シテ」と規定した。そこで〔明治八年〕一〇月三日滋賀県で一つの事件が生じ、条理(自然法)に反する習慣でも使用しなければならないかという伺いが出されたが、司法省の指令は「習慣ナキ者ハ条理ヲ推考スル事ニテ、条理ヲ以テ習慣ヲ破ル可キ規則ハ無之事」と回答し、条理に反する習慣をも用いるべきことを命じて、ボワソナアドとは反対の立場を表明したのであった。

大久保は、裁判事務心得第3条の制定にボアソナードの解答は反映されなかったことを実例をもって示したように思われる。但し、ここの「条理(自然法)」という理解の前提は明らかにされていないように思われる。

また堀内節は、昭和59(1984)年発表の論稿「布告・達の謬った番號標記について」で、第103号布告の発議から公布までの経緯を公文録より抜粋し、検討している。公文録の内容については、既に引用したものがあるため(本章第二節)、そちらを参照していただきたい。同史料より、明治8年5月28日の時点で、既に司法省より「裁判事務心得方御達之儀ニ付伺今般大審院上等裁判所

被差置候ニ付テハ更ニ別紙之通一般御達相成可様致度則草案相添此段御伺候也」との稟請書が提出され、同年6月2日には、司法省案を審査した内史本課の責任者が大臣参議に「今般司法省ヨリ裁判事務心得別紙之通伺出候処不都合ノ廉有之候ニ付別紙之通御改正之上御達ニ相成度此段奉伺候也」との決裁申請を行っていることが確認出来る。こうした事実を鑑みれば、仮に6月2日にボアソナードが司法省に解答を提出したとしても、司法省から提出された草案は、その時点では、既に司法省の手から離れ、さらには内史本課長より大臣・参議へと渡る段階にあり、彼の意見が同心得の立法に影響を及ぼしたとは考えにくい。

近年では、裁判事務心得第3条の制定当時、政体取調掛であった井上毅の旧蔵文書「梧陰文庫」に、前述の解答「5」に見られる司法省に対するボアソナードの解答の訳が保管されていることを根拠に、同解答がその制定に関係したとする、大河純夫による学説も発表されている[22]。しかし、ボアソナードの解答日（6月2日）と政体取調掛が司法省案を審査した日程（5月29日に受付してから6月2日に決裁申請を大臣参議に提出するまでの間）から、この説もまた支持し難い。

このように先行研究を踏まえると裁判事務心得第3条の由来については未だ不明点が多い。従って現段階では、杉山にならって、「證跡の發見されざる限り一應は泰西流の自然法の觀念ではなかつたと推定して置くのが穩當」[23]と断定的な結論を下すことは差し控えざるを得ないのではないかと考える。しかし今後、新たな可能性を見出すことは不可能ではないと筆者自身は期待している。その期待の裏づけとして、参議大久保利通によって綴られた『大久保利通日記』に、明治8年6月の布告制定時に、ボアソナード、司法省、参議の3者が接点を持っていたことを確認出来る興味深い記述が見られるため、ここに紹介しておきたい[24]。

（明治8年6月）
六月八日　今朝西郷子入來九時參看十一字參朝二字退出ボアソナード入來名村鶴田同行

裁判事務心得が「太政官第103号布告」として確定され、太政官より司法省

に指令が出た当日に、ボアソナードが司法省関係者の名村泰蔵並びに鶴田皓を伴って、参議である大久保利通を訪問している。これは何を目的とした訪問だったのだろうか。裁判事務心得の発案者でもある司法省が、6月2日にボアソナードより解答「5」を受けたことに対し、最終決断を下す大臣・参議側のメンバーの一人でもある大久保が、彼らから当該法令の趣旨を再確認する等の理由をもって呼び出したと考えることは出来ないだろうか。仮に、大久保とボアソナード・司法省の間で、裁判事務心得が公布される直前に、同心得に関する話し合いの場を設けた事実があったとするならば、ボアソナードが裁判事務心得の制定に関与した可能性が高まるだろう。但し、太政官の決済日が6月7日であることから、決裁後もなお、司法省などに諸々の確認をとることが果たして可能なのか、太政官布告の指令を太政大臣の三条実美ではなく参議の大久保が行うことが出来るのか、いかなる経緯で井上毅が解答「5」の訳を手元に持つに至ったのかなど、不明な点が残り、こうした点を今後解明していくことが必要であろう。

四　制定時の裁判事務心得にみられる「条理」の位置づけ

　裁判事務心得はその制定時において、その第3条の条文に掲げられている「条理」の、広範囲にわたる適用を見込んでいたと考えられている。裁判事務心得の成立前後における民事訴訟の第一審新受件数[25]を見てみると、明治6年には4万7850件あったものが、翌7年になると、その約3倍の14万993件に、8年になると7年度の2倍以上の32万3588件に上る。9年度は27万1397件とやや減じるものの、依然として高い数値である。勧解件数はここには含まれていないのでこれも含めると、明治初期において多数の訴訟がなされていたことがわかる[26]。このような数多くの、さらには、明治という時代の大きな変化に伴い、問題視されるに至った新たな形態の案件を迅速に裁くためには、条理による裁判が極めて効率的であり、実際の裁判でも、判決における条理の援用は圧倒的多数を占めていたとされている。その結果、当時の判決文中には「条理」という語がしばしば見られるようになる[27]。また、同心得第1

条では、特に民事裁判において裁判を拒否することが禁じられている。従って、成文法や「慣習」のいずれも存在しない場合、条理で解決せざるを得なくなる。当時の法状況を鑑みるならば、こうした条理の必要性の高さは容易に理解することが出来よう。

しかし、太政官や司法省の当面の目標は、条理裁判の充実ではなく、むしろ制定法の整備や慣習の適用のあり方を確立させることであった。

まず、明治8年の立法過程における条文の変遷にそれを確認することが出来る。次に掲げる〔表1〕は、第103号布告裁判事務心得の発議から公布までの経緯に沿って、公文録より同心得の内容を抜粋したものである[28]。制定過程における条理の位置づけを考えるにあたっては、特に内史の政体取調掛及び大臣・参議によって加えられた訂正箇所から考察することが出来る。これによると、政体取調掛による修正は全条文に施され、大臣・参議側からの修正も同心得の第3条、第4条、第5条に及んでいるが、第3条への修正は、政体取調掛、大臣・参議の双方とも、単に「審判」そして「慣習」なる語句の変更に過ぎず、一見、抽象的で捉えどころのない観念と思われる「条理」に関する部分については、制定過程においては、全く議論の対象となっていないことがわかる。つまり、ここの「条理」なる表現は、少なくとも当時の立法者の間では、格別に異論を唱えられるほどの特殊な意味合いが付与されていたものではなく、一般的な理解の下に受け取られていたこと、そして、むしろ「慣習」や成文法の扱い方に、より一層の慎重な配慮がめぐらされていたことが推測出来よう。

また、「条理」と「慣習」の扱い方については、制定直後に出された伺や指令あるいは達などからも見て取ることが出来る。

村上一博によれば[29]、明治8年6月8日に裁判事務心得が布告されると、各裁判所より同第3条の「慣習」の意味についての伺が出され、司法省はそれに対して明確な解釈を示す必要に迫られることとなった。まず、同年6月15日の大坂・長崎・福島の上等裁判所からの伺に対し、司法省は同心得第3条の「慣習」を「其地方庁及ビ裁判所ニ於テ施行シ来ル処ノ慣習ト可心得事」と指令している[30]。そして同年11月30日、滋賀県からの伺（同月7日）の第3条

【表1】 公文録からみる、第一〇三号布告裁判事務心得の発議から公布までの経過

司法省案（明治八年五月二八日）	政体取調掛による修正（明治八年六月二日）	大臣参議による修正（明治八年六月七日）	太政官第一〇三号布告（明治八年六月八日）
御達案 今般大審院及上等裁判所被置候ニ付テハ裁判事務心得方別紙之通相定候条此旨相達候事 明治八年五月　日　太政大臣三條實美 第一條　大審院及上等裁判所ヲ置カレタル事ニ付テハ各縣裁判所ヒ縣廳ニ於テハ事件民事共ハ裁判所ナキ縣廳ニ於テハ事件民事共従ヒ遅滞ナク裁判ヲ中止シテ其裁判所ヨリ上等ナル裁判所ニ何出シテ可ヲ得 第二條　一原告人又ハ被告人三於テ民事裁判ニ付不服ノ廉ヲ申立ルトキハ其裁判所ニテ辨解ヲ為ス可カラス不服ナラハ三箇月ノ期限内ニ上等裁判所ニ控訴ヲ申渡ス可シ 第三條　一民事ノ審判ニ成文ノ法律ナキモノハ習慣ニ因リ習慣法ナキ者ハ條理ヲ推考シテ裁判ス可シ 第四條　一民事刑事ト看做スコトヲ得ス 第五條　一民事刑事共布告達後ノ裁判シタル事ヲ以テ一般ノ法律ト看做スコトヲ得ス 一民事刑事共布告達ヲ除クノ外諸官省ヨリノ指令ハ一般ノ法律ト看做スコトヲ得ス	御達案 今般裁判事務心得別紙之通相定候條此旨相達候事 明治八年五月　日　太政大臣三條實美 第一條　各裁判所ハ民事刑事共法律ニ従ヒ遅滞ナク裁判ヲ可シ雖疑難アリトモ裁判ヲ中止シテ上等ナル裁判所ヲ何出ルコトヲ得ス但シ刑事死罪懲役ハ此ノ例ニアラス 第二條　一凡ソ裁判ニ服セサル旨申立ル者アルトキハ其裁判所ニテ辨解ヲ為ス可カラス定規ニ依リ期限内ニ控訴若クハ上告ス可キコトヲ言ヒ渡ス可シ 第三條　一民事ノ裁判ニ成文ノ法律ナキモノハ習慣ニ因リ 習慣法 ナキ者ハ條理ヲ推考シテ裁判ス可シ 第四條　一裁判官ノ裁判ニ就テ判スルノ 判文ヲ以テ将来ニ例行ス ルノ一般ノ定規トスルコトヲ得ス 第五條　一領セル布告達ヲ除クノ外諸官省随時事ニ就テノ指令ハ將来裁判所ノ準據スヘキ一般ノ定規トスルコトヲ得ス	御布告案 今般裁判事務心得別紙之通相定候條此旨相布告候事 明治八年五月　日　太政大臣三條實美 第一條　各裁判所ハ民事刑事共法律ニ従ヒ遅滞ナク裁判ヲ可ス雖疑難アルヲ以テ裁判ヲ中止シテ上等ナル裁判所ヲ何出ルコトヲ得ス但シ刑事死罪懲役ハ此ノ例ニアラス 第二條　一凡ソ裁判ニ服セサル旨申立ル者アルトキハ其裁判所ニテ辨解ヲ為スヘカラス定規ニ依リ期限内ニ控訴若クハ上告ス可キコトヲ言ヒ渡ス可シ 第三條　一民事ノ裁判ニ成文ノ法律ナキモノハ習慣ニ因リ習慣法ニナキ者ハ條理ヲ推考シテ裁判スヘシ 第四條　一裁判官ノ裁判シタル言渡ヲ以テ将来ニ例行スルノ一般ノ定規トスルコトヲ得ス 第五條　一領セル布告達ヲ除クノ外諸官省随時事ニ就テノ指令ハ將来裁判所ノ準據スヘキ一般ノ定規トスルコトヲ得ス	第一〇三號 今般裁判事務心得左ノ通相定候條此旨相布告候事 第一條　各裁判所ハ民事刑事共法律ニ従ヒ遅滞ナク裁判ヲ可ス雖疑難アルヲ以テ裁判ヲ中止シテ上等ナル裁判所ヲ何出ルコトヲ得ス但シ刑事死罪懲役ハ此ノ例ニアラス 第二條　一凡ソ裁判ニ服セサル旨申立ル者アルトキハ其裁判所ニテ辨解ヲ為スヘカラス定規ニ依リ期限内ニ控訴若クハ上告スヘキコトヲ言渡スヘシ 第三條　一民事ノ裁判ニ成文ノ法律ナキモノハ習慣ニ依リ習慣ナキモノハ條理ヲ推考シテ裁判スヘシ 第四條　一裁判官ノ裁判シタル言渡ヲ以テ将来ニ例行スルノ一般ノ定規トスルコトヲ得ス 第五條　一頒セル布告達ヲ除クノ外諸官省隨時事ニ就テノ指令ハ將来裁判所ノ準據スヘキ一般ノ定規トスルコトヲ得ス

（司法省による稟請→政体取調掛による修正）▭▭▭：削除　▭▭▭：追加
（政体取調掛決裁申請→大臣参議による修正）▭▭▭：削除　～～～：追加
（大臣参議決裁→公布）▭▭▭：修正

「本年太政官第百三号公布裁判心得第三条ニ、成文ノ法律ナキモノハ習慣ニ依リ云々ト有之。右ハ成文律ナキ時ハ、政府ト人民トノ間ニ行ハル、習慣ニ依リ、右ノ習慣無之トキハ人民相互間ニ行ハル、習慣ニ依リ、両ツナカラ無之トキハ条理ヲ推考シテ裁判スルコト心得可然哉。但本条両箇ノ習慣相触抵(ママ)スルトキハ、政府ト人民トノ間ニ行ハル、習慣ニ依リ可然哉。」に対しても、司法省は「習慣トハ、民間ニ於テ習慣俗ヲ為シタル習俗ニハ無之事」として、「習慣」を政府と人民の間に行われるもの、あるいは地方庁や裁判所で施行されたものであるとの見解を示している。また司法省は、同伺第4条の「裁判官ニ於テ条理ヲ推考シ、習慣ヲ不条理ト認ムルコトアルトキハ、前条両箇ノ習慣ト雖モ、何レモ時アリテ之ヲ用ヒス、条理ト認ムル所ヲ以テ裁判ニ及ヒ可然哉。又ハ不条理ト認ムルト雖モ、習慣ノ存スル上ハ之ヲ用ヒサルヲ得サル儀ニ候哉」と、習慣と条理の効力関係を問われたことに対して、「習慣ナキ者ハ条理ヲ推考スル事ニテ、条理ヲ以テ習慣ヲ破ル可キ規則ハ無之事」との指令を出している。

　ところが明治12（1879）年になると「習慣」の解釈に変化が生じる。これについては、昭和2（1927）年に牧健二による論稿「明治八年民事裁判の原則」の中で言及されており[31]、村上もまた同様にこの点を指摘している。明治11（1878）年12月25日、静岡裁判所より「明治八年第百三号布告第三項中旧慣ト称スルモノハ、官庁ノ慣例ヲ指示セラレタル謂ナル旨、曽テ本省日誌中該伺面ニ対シタル御指令モ有之タル哉ニ相覚ヘ候得共、其義ハ姑ク閣キ、右ハ矢張民間ノ習慣ニシテ、相互黙許ノ事件即契約ニ均キモノヲ指称セラレタル義ト相心得可然哉。」との伺が出され、司法省はまず「伺ノ趣、習慣トハ民間ノ習慣ニシテ、即チ民法上従来人民ノ慣行認許セシモノト心得ヘシ。」と指令した上、同12年1月15日、これを「司法省丁第一号達」として、大審院及び諸裁判所に宛てて達した。しかし同省は、翌2月25日に「司法省丁第九号達」をもって、上記の指令を「伺ノ趣、習慣トハ民法上人民ノ慣行認許スル者、及ヒ従来官民ノ間ニ慣行スル例ニシテ条理ニ背戻セサル者ヲ謂フ義ト心得ヘシ。」と改めることで、「条理ニ背戻セサル」という条件のもとで「習慣」として民間の習慣を認めるに至った[32]。

　以上、村上の考察に沿って「習慣」に関連する伺、指令及び達を挙げてみたが、その中には「条理」に言及される箇所がしばしば見つけられた。そしてそ

の限りにおいて、当時の司法省の用いる条理は、それ自体には具体的な内容を持ち合わせるものとしての定義を与えられておらず、単に法適用の上で「習慣」を定義づける際に用いられる、いわば消極的な役割を担わされていたに過ぎなかったと考えられよう。

　また、裁判事務心得制定直後の「条理」のあり方については、裁判上の適用方法からの考察も必要であろう。当時の裁判所は実際に同心得に基づく条理裁判を行っていた。しかしながら、「判決文中に『条理』という語はしばしば見られるとはいえ、その具体的内容や判断根拠が明示されている例は稀れ」[33]であった。村上一博そして深谷格によるこれまでの条理裁判に関する先駆的な事例研究[34]から、総じて裁判にて依拠される条理とは外国法を意味していたことが明らかにされている。また、この時期に大審院検事を務めた瀧川長教は「その頃の裁判は太政官布告、新律綱領、改定律例に準り、その以外には慣習に據り、慣習のないものは條理に從ふという譯で判決をやり通した（……）追々フランス法が入って來ましたから、その方を學んで、民事にしろ刑事にしろフランス法典というものが裁判の根據となつて來た。」[35]と昭和16（1941）年の時点で、明治15（1882）年頃の裁判を回顧している。この発言に見られるように、当時の裁判ではフランス民法が参照され、何よりも箕作麟祥訳『仏蘭西法律書』が条理の具体的表現として大きな役割を果たしたといわれている。これについては、司法省法学校正則科第一期生井上正一が「箕作先生ノ譯セラレタル（……）佛國民法ノ翻譯書ハ、當時實ニ司法官ノ金科玉條トシタルモノデアル。條理ノ寳典トシタルモノデアツタ（……）」[36]と述べていることから推察することが出来る。また、最近の研究で新たに発見された明治初年の条理裁判の判決文からは、「此義仏國民法（……）ニ定メタル」「性法講義中」「条理ヲ推考シテ」という文言が見られ[37]、『仏蘭西法律書』や『性法講義』が事実上、条理の具体的内容の重要部分を構成していたことが明らかになった[38]。さらに「成文法ナキトキハ外国ノ法理ヲ参照シ其条理ト認ムルモノニ依リ判決ス」と公言する判決もあった[39]。

　明治13（1880）年にボアソナードによる旧民法典の編纂が開始されると、その草案が事実上、条理の具体的内容の重要部分を構成することとなる。これに

ついては、杉山直治郎が次のように述べている[40]。

　明治十三年より新民法公布に至るまで約廿年の間は、民事事件の解決に方つて、我裁判官は、從來適用せる佛國民法の代りに、ボアソナード法典を適用したことである。一體、單なる草案であつても、それが一度發表される以上は、必ず或程度の公的權威を有するものである。殊にボアソナード法典に至つては、明治廿三年の勅令を以て公布されたものである。加之、當時非常な働きをした所の「裁判官の權限に關する我明治八年布告第百三號第三條」は成文法竝に慣習が不備である場合には、裁判官は條理に依て裁判すべき旨を明定して居る。所が當時の裁判官も法學者も、恰もボアソナード草案こそは「書れた條理」なりと信奉して居つた。從つて當時の法曹は此草案の一部分宛の發表を待ち焦れて、競つて法文同様に之を研究し、之を適用したのである。かような實情の下にボアソナード草案は、決して單なる草案ではなかつた、現實に適用された眞の法源であつたのである。當時國家試験の主要科目はボアソナード法典であつたのもこの爲である。

　なお、ボアソナードによって編纂された旧民法典は、民法典論争・施行延期という中で立法的権威は失われたものの、実務上では、依然として重要な位置づけにあり、「条理」の名のもとで、民事事件の解決に大きく貢献した[41]。
　このように条理は、実際の裁判過程において、主に海外の法典の翻訳書を参照するための引照標準として用いられたわけだが、それらは結果的には、規範の内容が成文で明示されている根拠性への希求、即ち成文法主義への道程を示すものと考えられよう。

　以上の考察より、裁判事務心得の制定当初における「条理」とは、国家法規範がないという意味の法の不整備・不存在とも呼ぶべき当時の状況に対する裁判官の対処方法として理解されてきたことがわかる。そしてまた、条理の位置づけや適用のあり方からも、法律未整備の時代から法典化時代へと歩みだす、明治初期の時代状況を窺うことが出来るのである。

注

1) 公文録明治8年6月司法省伺「裁判事務心得方御達ノ儀伺」（公01627100（マイクロフィルム）、国立公文書館）。
2) 牧英正・藤原明久編『日本法制史』（青林書院、2005年）319頁。
3) 染野義信『近代的転換における裁判制度』（勁草書房、1988年）98頁。
4) 杉山直治郎「明治八年布告第百三號裁判事務心得と私法法源」（同『法源と解釋』（有斐閣、1969年（1957年初版））17・18頁。
5) 染野前掲『近代的転換における裁判制度』208頁。
6) 穂積陳重『法律進化論第一冊原形論』（岩波書店、1924年）229頁。
　　また陳重は、明治37（1904）年9月、アメリカのセント・ルイスで報告した際、明治8年制定時の裁判事務心得第3条について、「〔明治当初の我が国において〕未だ不完備であった実体法規は、国家の急速な発達に追いつかず、環境の変化に必要な条件を満たさなかった。〔そこで登場したのが〕明治8年太政官第103号布告裁判事務心得第3条である。（……）これはまた、外国法の進入に扉を開き、日本法史の新たな幕開けを特徴づけた」と評している。（Nobushige Hozumi, Lectures on the New Japanese Civil Code as Material for the Study of Comparative Jurisprudence（丸善株式会社、1912年）38頁）。
7) 杉山前掲「明治八年布告第百三號裁判事務心得と私法法源」18頁。
8) 穂積前掲『法律進化論』228-229頁。
9) 堀内節「布告・達の謬った番號標記について」（『法学新報』第91巻第5・6・7号、1984年）44頁以下参照。
10) 前掲「裁判事務心得方御達ノ儀伺」。
11) 当時の政体取調掛には、大久保利通、木戸孝允、板垣退助、伊藤博文の4参議の他、尾崎三良や井上毅といった六等出仕がいた。政体取調掛の仕事内容については、尾崎三良『尾崎三良自叙略伝』（中央公論社、1976年）189-191頁に詳しい。
12) 前掲「裁判事務心得方御達ノ儀伺」。
13) 杉山前掲「明治八年布告第百三號裁判事務心得と私法法源」12頁。
14) 杉山前掲「明治八年布告第百三號裁判事務心得と私法法源」13頁。
15) 穂積前掲『法律進化論』228頁。但し、「情理」と「条理」では意味合いが若干異なる。以下に、滋賀秀三『清代中国の法と裁判』（創文社、2009年）から関連箇所を引用する。
　　「国法が成文に基づく実定的な判断基準であるに対して、情理は成文、先例、慣習などのいずれにも実証の基礎をおかない、およそ実定性をもたない——その意味で自然的な——判断基準である。われわれの制度にあてはめて言えばさしずめ条理に当る。現にかの梁啓超は、『条理とは日本法律上の術語である。裁判官は法文がないときには条理を推して裁判する。我が国のいわゆる準情酌理のようなものである。（……）』

と注釈して、日本語の条理を中国人になじみの深い準情酌理の語をもって説明している。しかし条理と情理の間には微妙な違いがあるように思われる。明治八年太政官布告第一〇三号裁判事務心得第三条に『民事ノ裁判ニ成文ナキモノハ習慣ニ依リ、習慣ナキモノハ条理ヲ推考シテ裁判スベシ』と言う。この条理をめぐる近年の民法学者の論議の詳細を知らないけれども、少なくとも筆者が民法を聴講した頃には、有名なスイス民法第一条に規定するように、『自己が立法者であるとすれば法規として定立するであろうところ』に従って裁判することが、『条理ヲ推考シテ裁判』することに外ならないとされていた。つまり条理も情理も実定性なき判断基準という点においては同じであるけれども、前者はやはりそれなりにルールを志向する思考構造をもつ。これに対して情理には、公序良俗的要素は少し問題が違うので暫く別とすれば、そのようなルール志向性は微弱であり、逆に目前の各当事者それぞれがおかれている具体的情況のすみずみまでへの心配りという側面が濃厚に現れる。（……）情理は常に裁判官の心を動かしている。その意味では判語集はすべてこれ情理の書であると言ってよい。国家の法律は情理の大海の処々に浮ぶ氷山にたとえられるかも知れない。これに対してわれわれにおいては、張り詰めた氷に穴があいているとき、条理によって仮りに氷を張ってそれを埋めようとする。これが最も基本的な違いである。」（282-285頁）。

16) 牧健二「明治八年民事裁判の原則」（『法学論叢』第17巻第2号、1927年）184頁。
17) 杉山前掲「明治八年布告第百三號裁判事務心得と私法法源」17頁。

杉山は、裁判事務心得第3条に関して、当時の法典（和蘭、英吉利、仏蘭西、墺太利）の関連条文と比較した上で、「何れとも趣を異」としており（同前書11頁）、また「『裁判事務心得』なる本法の表題の如きも他に類例がない」（同前書11頁）ことを根拠に、我が国古来の法源や司法に関する伝統に基づいたものであると認識している。しかしその一方、「本法は其の一少部分に付ては多少佛法の影響を受けた所はあらう」と述べ、そのなかの裁判事務心得第4条については「佛民法第五條と同趣旨であって多少表言形式を異とするに過ぎない」として、フランス民法の影響を示唆している。また同心得第1条に関しても「佛民法第四條に依り而かも其範圍、程度、表言形式に於て其上に出でて居るものと感得される」と評価している（同前書8-9頁）。しかし、ここで考えなければならないのは、裁判事務心得は全5条をもってひとつの法令を形成させており、当然に各条文は相互に関連づけられながら成り立っているということである。そうなると、果たして立法者は、各条文ごとに「我が国の固有法」「西洋法」などと、全く異なる系統の法令を、一貫性をもたせることなく、参照していくものなのだろうか。

また、仮に、裁判事務心得が、大審院諸裁判所職制章程、控訴上告手続とともに、大審院の創設をはじめとする司法制度改革の一環で制定された法令であるとするならば、司法制度改革の背景や裁判事務心得以外の法令の由来も含め、包括的に捉えていく必要があるのではないかと思う。例えば、「大審院はフランスの破毀院（Cour de cassation）をモデルとして創設されたが、この破毀院は、紛争事件について最終的な判断をするも

のではなく、裁判所の終審裁判の不法なものを破毀して、法の統一を図ることを目的としていた。ところが、日本の大審院は、このフランスの破毀院をモデルにしつつも、紛争事件についての第三審裁判所として位置づけられている。これは、明治初年に来日し、日本の司法制度の創設に大きな影響をあたえたボアソナードやブスケが、自国の破毀院のあり方について批判的な考え方をもっていたことによ」り（但しこの推測は薫山巖によるもの）（林屋前掲『明治期民事裁判の近代化』191頁）、「ブスケやボアソナードが自国における経験を基礎にして日本の法制度設計に有益な助言をしたことと、日本としても、当時欧米諸国の近代的な訴訟法を調査していたので、それらの知識をもとにして制度の選択のための独自の判断をしたのであろうことが推察される」（林屋前掲『明治期民事裁判の近代化』111頁）。このように、我が国の大審院は、フランスの法制度を模範としつつ、ボアソナードやブスケの主張も多分に反映されていることが示唆される。そこで、大審院の創設との関連性の中で裁判事務心得を捉えるならば、同心得がボアソナードの影響を受けていたことも十分にあり得るのかもしれない。

18) 杉山前掲「明治八年布告第百三號裁判事務心得と私法法源」25頁。但し、「ボアソナードの性法＝自然法は、いわゆる自然法の思想ではなくフランス民法の実定法的諸原則をその内容とするものである。」（野田良之・奥田昌己・伊藤正己・田中英夫「日本における外国法の摂取」（伊藤正己編『外国法と日本法』岩波書店、1969年（第3版））203頁）。

 また杉山は、裁判事務心得第3条の「『條理』なる詞の意味」を明らかにすることも、同条の由来をめぐる議論の解決への糸口となるだろうと述べている。というのも、今日まで、法制史家の間でも定説がなく、「此詞が自然法の意味なりしか又は法に非らざる條理の意味なりしかは淵源の認め方に依て異」なるからだと彼は指摘する（杉山前掲「明治八年布告第百三號裁判事務心得と私法法源」25頁）。なお、このような視点からの検証は、野田良之によってもなされているところである。詳細については、野田良之「明治八年太政官布告第百三号第三条の『条理』についての雑観」（『法学協会百周年記念論文集』、1983年）を参照のこと。

19) 『ボアソナード答問録』（法政大学出版局、1978年）22頁以下抜粋。
20) 野田前掲「明治八年太政官布告第百三号第三条の『条理』についての雑観」250頁。
21) 大久保泰甫『ボワソナアド』（岩波書店、1977年）71頁。
 なお、引用文中の「滋賀県で起こった事件」は、本章第四節にて取り上げる「滋賀県からの伺（明治8年11月7日）」を指している。
22) 大河純夫「明治八年太政官布告第一〇三号『裁判事務心得』と井上毅（一）」（『立命館法学』第205号、1989年）。
 また、ボアソナードの「性法講義」に着目する説もある。例えば石田穣は「ボアソナードは（……）性法講義によって明治八年太政官布告第一〇三号三条の条理の内容に影響を与えると共に、同布告の発布後は、意識的に条理の内容にフランス民法の実定法

的諸原則を盛りこみ判例による条理の適用を介してフランス民法を我国に導入しようとした」(石田譲「スイス民法一条の法源イデオロギー」(同『民法学の基礎』(有斐閣、1976年)所収) 186-187頁) としている。「布告の発布後」における性法講義の条理への影響は、当時の判例にも見られる(本章第四節参照)が、裁判事務心得が制定される際の性法講義からの影響については、現段階においては推測の域を超えず、さらなる実証が必要になるだろう。

23) 杉山前掲「明治八年布告第百三號裁判事務心得と私法法源」25頁。
24) 大久保利通『大久保利通日記(第2巻)』(北泉社、1997年) 406頁。
25) 林屋礼二「明治初年の民事訴訟新受件数の考察」(林屋礼二・石井紫郎・青山善充編『明治前期の法と裁判』信山社、2003年、106-107頁)。「【2-4-1-1】地方裁判所第一審の新受・旧受件数の推移(明治二三年まで)」(林屋礼二・菅原郁夫・林真貴子編著『統計から見た明治期の民事裁判』信山社、2005年、87頁参照)。
26) 林屋前掲「明治初年の民事訴訟新受件数の考察」94頁、勝田有恒「紛争処理法制継受の一断面」(比較法制研究所『ユリスプルデンティア国際比較法制研究Ⅰ』ミネルヴァ書房、1990年) 7頁。
27) 村上一博「明治期における『条理』裁判とフランス法の影響」(『法律論叢』第67巻第1号、1994年) 325頁。
28) 本表は、大河前掲「明治八年太政官布告第一〇三号『裁判事務心得』の成立と井上毅(一)」514頁の「明治八年太政官布告第一〇三号の司法省案とその修正」から多くの示唆を受けたことをここに付記する。
29) 村上一博「裁判基準としての『習慣』と民事慣例類集」(『同志社法学』第49巻第5号、1998年) 291頁以下。また本文で用いた伺及び指令は同論文より引用し、句読点及び漢字の変換は村上に従う。
30) 村上前掲「裁判基準としての『習慣』と民事慣例類集」291頁。石井良助編『明治文化史2 法制編』(洋々社、1954年) 38頁。
31) 牧前掲「明治八年民事裁判の原則」351頁。
32) こうした解釈の変化の背景には、ボアソナードの自然法思想があったことは否めないであろう。つまり、明治12 (1879) 年以降の「条理」の観念には、性法(自然法)の影響があったといってよいかと思う。なお、解答「5」に見られる司法省に対するボアソナードの解答と明治12年の指令の内容が近似していることもあり、このような点を考慮しつつ、前節の「裁判事務心得の由来」を捉え直してみると、法政大学で発見されたボアソナードの解答は、野田の言うような立法過程時にではなく、むしろ発布後の裁判事務心得第3条との繋がりの中で意義を持ちえたと考えることも出来るのではないかと思われる。
33) 村上前掲「明治期における『条理』裁判とフランス法の影響」325頁。
34) 村上前掲「明治期における『条理』裁判とフランス法の影響」、深谷格「明治前期の

広島裁判所における条理裁判とフランス民法」(『西南学院大学法學論集』第 37 巻第 1 号、2004 年)同「明治前期の熊本裁判所における条理裁判とフランス民法」(『西南学院大学法學論集』第 38 巻第 3・4 合併号、2006 年)を挙げておく。

35) 日本法理研究会『明治初期の裁判を語る』(1942 年) 6 頁。
36) 井上正一「仏国民法ノ我国ニ及ホシタル影響」(法理研究会編『仏蘭西民法百年紀年論集』有斐閣、1905 年) 65-66 頁。
37) 深谷前掲「広島裁判所明治 11 年判決」及び「熊本裁判所明治 12 年 9 月 29 日判決」の判決原文より抜粋。
38) 但し、「明治初期の地方の裁判官が、ヨオロッパ的な法学教育を受けていなかったことは明らかであり、箕作訳のフランス法律書によってフランス語をどこまで理解していたかははなはだ疑問」であり、従って、「条理とは、すなわちフランス法であった」という図式を過大評価することは危険」とする大久保泰甫の見解も無視することは出来ない。(大久保前掲『ボワソナアド』72-73 頁)。

またフランス法以外の「外国の法理」に基づいて判決を下した条理裁判の例もある。例えば明治 20 年 10 月 19 日の横浜始審裁判所判決のように「『(……)成文法ナキトキハ外国ノ法理ヲ参照シ其条理ト認ムルモノニ依リ判決ス』と述べ、イギリス法の名誉毀損 (defamation) の一般的要件を文書誹毀 (libel) にあてはめ、これを『条理』として適用した」(村上前掲「明治期における「条理」裁判とフランス法の影響」325 頁)とするイギリス法を適用した例や、テヒョーによる民事訴訟法の草案を「条理」に当てはめ適用した裁判例もある(「山形始審裁判所米沢支庁請訓(明治二十二年一月二十九日第二十五號請訓敬慎願書受理不受理ノ件)」(東京大学法学部法制史資料室蔵・箕作文書)。なお、この文書は 2010 年 2 月 27 日法制史学会東京部会第 232 回例会の辻村亮彦報告(「『敬慎願』とは何か?」)の中で紹介された文書であることを付記しておく。また同文書は扱われていないものの、辻村報告は、同「『敬慎届』とは何か―明治前期における裁判制度継受の一断面」(『法制史研究』第 60 号、2011 年)に見ることが出来る。

39) 横浜始審裁判所明治 20 年第 155 号(福島正夫『日本資本主義の発達と私法』(東京大学出版会、1988 年) 42 頁、注 (11))。
40) 杉山直治郎「洋才和魂の法学者ボワソナード盡瘁半生の生涯」(『帝国大学新聞』第 649 号、1936 年)。
41) これについては本書第六章注 1) を参照のこと。

第五章　裁判事務心得第3条の消滅？

一　法令集にみる裁判事務心得の効力の可否

　裁判事務心得第3条は、制定後、法令としてどのような運命を辿ったのであろうか。法令としての同心得を前提にして考えるとすれば、その法令としての効力がいつまで存続したのか、あるいは今日なお効力を有しているのかという関心が生じてくる。次の〔表1〕は、明治期以降刊行された代表的な法令集が、裁判事務心得の効力をどのように理解していたのかを一覧にまとめたものである。

　まず裁判事務心得は、明治12 (1879) 年の『現行民法成文律類纂』に見られるように、制定後に公刊された法令集においては、効力ある法令として扱われている（尤も、同第1条に関しては、明治13年7月17日に公布された治罪法（太政官第37号布告）の創定により「改正」となっている）。しかし、『現行日本法例類編第二巻』が同22年6月に同心得を「現行」の法規として示した直後、『法令全書』の編者[1]は、同23年12月31日調「法令改廃表」のなかで、裁判事務心得は「二十三年法律第六号第二十九号ニ依リ消滅」したとの理解を示している[2]。ここにいう「二十三年法律第六号」とは裁判所構成法（明治23年2月10日公布、同年11月1日施行）であり、「二十三年法律第二十九号」とは民事訴訟法（明治23年4月21日公布、同24年1月1日施行）である。また、ここでいう「消滅」とは、「新令舊令相抵觸スルモノ」[3]を意味するが、さらには「既存法令の効力

【表1】 法令集にみる裁判事務心得の効力への理解

発刊年	法令集の名称	裁判事務心得の効力
明治12年	『現行民事成文律類纂』	○
明治23年	『現行日本法例類編第二巻』	○
明治23年	明治一七年『法令全書』「明治二十三年一二月三一日調「法令改廃表」」	「消滅」「二十三年法律第六號第二十九號ニ依リ消滅」
明治27年	『現行類纂明治法典』	×
明治27年	『明治廿七年三月編輯法規提要』	×
明治34年	『司法例規』	×
明治36年	『現行類聚法規大全』	×
明治40年	『現行法令輯覽』	×
大正14年	『参考條文挿入　加除自在現行法規全書』	×
昭和10年	『現代法令全集』	×
昭和12年		○
昭和16年	『帝國法規』	×
昭和24年	『現行日本法規』	○ 但、第三・四・五条を現行法規として扱う。
昭和25年	『現行法規総覧』	○ 但、第三条のみ
昭和26年	『現行法令索引』	×
昭和32年	『日本法令索引』	×
昭和35年～平成14年		○
平成15年～平成24年現在		「消滅」 改正　明治13年7月17日 　　　治罪法創定（輪郭附） 消滅　明治23年2月10日 　　　法律第6号　裁判所構成法 消滅　明治23年4月21日 　　　法律第29号　民事訴訟法
昭和43年	『旧法令集』	「現在施行停止中の法律及び形式上廃止されてはいないが実質的に失効と解される法令」
昭和51年	『主要旧法令』	○ 但、「第三条から第五条までの規定は、現に効力を有するものと解される。」

の全部又はその一部が新法令と矛盾抵触するものの、それが改正か廃止かの立法担当者の意図を法令文上判然と確認し得ないときに、既存法令の効力は、事実上失われたと解釈するもの」[4)]との見解もある。裁判事務心得の「消滅」という『法令全書』の判断については、平成元年の時点においては、広中俊雄によって「裁判所構成法並びに民事訴訟法といった両法律には、同布告を消滅させる趣旨の規定がない」[5)]との指摘がなされているが、同時代の内閣官報局による消滅という理解を無視することは出来ない。

その後の法令集[6)]等には、もはや裁判事務心得の名前を見出すことは出来ない。しかしその一方で、「裁判事務心得はもはや有効ではない」と明示する史料にも出会うことは出来ない。

昭和期になると、各種法令集上の裁判事務心得の効力をめぐる理解はいよいよ錯綜を呈することとなる。例えば、末弘厳太郎が編纂した『現代法令全集』では、昭和10(1935)年の編纂当初は、裁判事務心得を「有効」としなかったものの、その「追録」では同心得を裁判編における現行法令と位置づけている。昭和24年に発行された『現行日本法規』は、同心得第3条から第5条までを「現行法規」として扱っているが、翌25年の「現行法規総覧」には第3条のみを「現行」の法令とし、一貫性を欠く記述となっている。また、昭和51年の法務省大臣官房司法法制局編『主要旧法令』では、「第3条から第5条までの規定は、現に効力を有するものと解される。」との理解が示されている。さらに、国立国会図書館『日本法令索引』の中では、時代によって様々な見解が分かれている。つまり、昭和32年以前には、有効法令の中に裁判事務心得の規定はないものの、昭和35年で裁判事務心得が有効な法令であることを認めてからは、同書では一貫して同心得は有効だとみなされてきている。しかし現在、データベースで見られる『日本法令索引〔明治前期編〕』によれば、「明治二三年の裁判所構成法(法律第六号)及び民事訴訟法(法律第二九条)により『消滅』」と解されているのである。また、昭和43年に我妻栄が編者となり刊行された『旧法令集』でも、裁判事務心得は「現在施行停止中の法律及び形式上廃止されてはいないが実質的に失効と解される法令」として扱われている。

このように、裁判事務心得第3条の効力に関しては、未だ共通了解が形成されるに至っていない。しかし本書では、再言を厭わず述べれば、裁判事務心得

が、内閣官報局において明治18年に刊行が開始された『法令全書』の編者において「消滅」とみなされた事実をやはり重要視すべきだと考えている。現時点において、それへの反証となる有力な史料が見出せないが故のことであるが、それを確固たる論拠のもとで実証するためには、『法令全書』編者が「消滅」と認定した同時代的評価の実質的な根拠を当時の立法状況に関わる史料の中に探求する必要があるだろう。

二　裁判事務心得の「消滅」の意義

本節では、裁判事務心得の「立法変遷」[7]を明らかにすることで、法制度的側面からの裁判事務心得第3条の効力について検討する。杉山もまた、論稿「明治八年布告第百三號裁判事務心得と私法法源」の中で、同心得の立法変遷の跡付けを試みているのだが、ここで彼は、裁判事務心得の関連法令として、明治13年旧刑法、同23年大日本帝国憲法、裁判所構成法、民事訴訟法、同31年民法、民法施行法、法例、同32年商法を挙げ、同心得第3条の効力の是非を検討している。本節では、そのなかの大日本帝国憲法、裁判所構成法、民事訴訟法、法例（但し、明治31年法律第10号とあわせて、明治23年法律第97号も考察対象とする）の他、旧民法（証拠編）も取り上げ考察する。

1　大日本帝国憲法

明治23（1890）年11月29日に施行された大日本帝国憲法と裁判事務心得との関係について考察するにあたり、その対象となるのは同憲法第76条第1項である。同条文は「法律規則命令又ハ何等ノ名称ヲ用ヒタルニ拘ラズ此ノ憲法ニ矛盾セザル現行ノ法令ハ総テ遵由ノ効力ヲ有ス」と定めている。この「現行ノ法令」とは、法律規則命令の他、「太政官期、すなわち公文式以前の法令を含む」ものと解されている[8]。

ここで、公文式以前の法令について、若干の言及をしておく必要があるだろう。太政官期の法令である布告・布達・達とは、「太政官制の下に編成された

中央権力機構＝行政権力一元的な組織によって制定・発令され、その実質的内容からの分類によっても、法律・命令（法規命令、行政命令）の各区分に一対一で照合されるものではなく、それぞれに重畳して位置づけられるもの」であり[9]、従って、「布告」という名の法令であっても、「公文式」によって明示された「法律」に相当するものもあり、また「命令」に相当するものもあったといわれている[10]。

　それでは裁判事務心得は「法律」に相当するのか、それとも「命令」に相当するのであろうか。これを考える手がかりとなるのが以下の2点である。第一に同心得の制定過程である。ここで、本書第四章「制定時の太政官布告」に掲げた〔表1〕を再度取り上げたい。同心得の制定にあたっては、明治8（1875）年5月28日に、司法卿大木喬任より太政大臣三条実美へ稟請書が提出されたことは前述した通りである。その後、政体取調掛による修正、大臣・参議による修正を経て、同年6月8日「太政官第一〇三号布告」として公布された。その際、司法省案としてだされた時点では、裁判事務心得は「達」とされていた。しかし、政体取調掛の判断により「御達案」たる語句が削除され、「御布告案」と修正され、大臣・参議間では異論なく「布告」としてそのまま採用されるに至った。第二に、太政官布告は従来、国民にその公布を知らしめる必要性があるため、一般民衆向けの新聞に掲載される場合が多く、当時発刊されていた新聞のひとつである『読売新聞』には「刊行法令」という欄を設けていた。ここに、先に挙げた、大審院諸裁判所職制章程や控訴上告手続などは掲載されているのに対し、裁判事務心得は掲載されていない。これは同心得が「全国一般へ相達スヘキモノ」ではなく「各庁限り可相心得モノ」としての法令として認識されていた可能性を示すといえよう。こうした事実から、裁判事務心得は、当時の制定法体系の中において上位に位置づけられる法規（即ち公文式及び大日本帝国憲法下でいう「法律」）ではなく、その下位にあるもの（即ち「命令」）であった可能性がある。さらにそのなかでも公文式以降の「国家法規範種別」に掲げる「法規命令」あるいは「閣令」[11]に相当していたとみるのが妥当であるように思われる[12]。

　なお、第76条第1項のいう「現行ノ法令」について、「大日本帝国憲法が念頭においていた『法令』とは、1887年から刊行を始めた慶応3（1867）年以降

の維新政府の法令を集めた『法令全書』をおおむね指し、それらが効力ある『法令』という趣旨で立法したと思われる」とする解釈もみられることを付記しておく[13]。裁判事務心得は明治23（1890）年12月31日に至り初めて「消滅」とされており、この解釈によるならば、大日本帝国憲法の公布・施行時には「現行」の法令であったということになろう。

　以上より、裁判事務心得は「命令」に相当するものであり、大日本帝国憲法第76条第1項のいう「現行ノ法令」に該当すると見ることが出来る。また、裁判事務心得と矛盾する規定を憲法上に指摘することは出来ないことから、同憲法を直接の「消滅要因」として、裁判事務心得の効力を否定することまでは困難であり、ここでは『法令全書』の編者が裁判事務心得の消滅理由として挙げている裁判所構成法並びに民事訴訟法から検討していかねばなるまい。

2　裁判所構成法（明治23年法律第6号）

　明治23（1890）年2月、法律第6号として公布され、同年11月1日より施行された裁判所構成法は、大日本帝国憲法下の司法裁判所の構成を定めた法律である。同憲法第57条第2項には「裁判所ノ構成ハ法律ヲ以テ之ヲ定ム」とある。つまり同条は、「裁判所ノ組織ハ法律ヲ以テ定メ勅令閣令等ヲ以テ定ムルトコロニ非スト云フニ在リ而シテ其所謂ル法律トハ何ソヤ曰ク本年二月八日ヲ以テ公布セラレタル裁判所構成法即チ是レナリ」[14]として、我が国の裁判組織に関しては、裁判所構成法をもって定めるとしている。同法の原案起草は、オットー・ルドルフ（Otto Rudolf）に委嘱され、ロェスラー、モッセ、ボアソナード、カークウッドらの協力を得て作業が進められた。そして「大審院諸裁判所職制章程」「治罪法」「裁判所官制」などによって整備された現存の裁判制度を維持しつつ、1887年ドイツ裁判所構成法を範として策定された[15]。

　既述の通り、『法令全書』によれば、裁判事務心得の消滅要因は、裁判所構成法及び民事訴訟法にあると認識されている。だが、裁判所構成法に関しては、同法の編纂作業過程において、裁判事務心得とりわけ同第3条を議論対象に据えた痕跡が見られず、同条の消滅を裏付ける立法過程上の実証的根拠を挙示することが出来ない[16]。唯一、起草者ルドルフが「抑々日本国ニ将ニ発達セン

トスル裁判官ハ非情ノ困難ニ遭遇シ今ヤ大ニ其力ヲ尽サヽルヘカラス是レ他ナシ裁判所ノ確定セル憲法モナク実地上単ニ親族法及相続法ニ基セル慣習法并ニ各自孤立ノ新法令ニ依ルノミニシテ確乎タル基本アラサレハナリ又仏蘭西法律学者ハ仏法ニ従ヒ、米国ニ学ヒタル裁判官ハ米律ニ従テ判決ヲ下スナラン(……)」[17]と述べ、「仏法」や「米法」が条理の具体的指針となっているという、当時の日本の司法の現状を問題視していることを確認出来るに過ぎない。

　尤も、裁判所構成法には、各裁判所の「権限竝ニ其ノ裁判権ヲ行フノ範囲及方法ニシテ此ノ法律ニ定メサルモノハ訴訟法又ハ特別法ノ定ムル所ニ依ル」[18]として裁判所機構に関する条文のみの整備に専心し、裁判の手続については自らの内に規定を置かずに訴訟法領域の法令——主に民事訴訟法を指す[19]——に委ねる制度構想があった[20]。また、裁判事務心得の立法変遷から考えてみても、刑事に関する条項が刑事法の整備に伴ってその実効性を失ってきている[21]ことに鑑みるならば、同心得における民事手続に関わる部分についてはその効力を議論する余地を残しているといえよう。

3　民事訴訟法（明治23年法律第29号）

　民事訴訟法の制定過程を振り返るにあたり、本書ではドイツ人法律顧問テヒョー（Hermann Techow）が同草案の起草を着手することとなった明治17（1884）年をその起点とする。

　同17年3月、司法省は太政官に「訴訟規則ヲ制定セラレンコト」を上申し、民事訴訟法の編纂作業を開始した。そして翌月の4月、テヒョーが当時の宮内卿であった伊藤博文より起案中の民事訴訟法案について意見を求められたことがきっかけで、同法の起草に携わることとなる。彼は、同草案を翌18年2月には完成させ、修正を加え、同年7月に修正案を司法卿山田顕義宛に提出した。これが「テヒヤウ氏訴訟規則修正原案」と称されるものである[22]。そしてこれと同時期に司法省では「民事訴訟手続」の制定作業を行っていたのだが、裁判事務心得第3条の効力を考える上で、この「民事訴訟手続」の内容が重要な意味を持っている。

　当初、「各裁判所で行われていた実務を集録し、これを整理して統一手続を

作り出す」[23)]ことが目標として掲げられており、明治17年7月、司法省は、南部甕男民事局長をはじめとする「訴訟規則取調委員」を任命し、大審院を除く、各治安裁判所、始審裁判所、控訴裁判所宛に、民事訴訟法制定の材料を収集するために「現行民事手続ノ儀ニ付至急取調ノ筋有之候条、別紙書式ニ照準シテ其手続詳細ニ掲載シ、本月〔八月〕廿日迄ニ各地差立当省ニ差出候様可致、此旨相達候事」との達を送付した[24)]。そして、南部を責任者とした5人の控訴裁判所長、5人の始審裁判所長による委員たちによって、裁判所から収集した回答の中から「粋ヲ抜テ民事訴訟手続ナルモノ」を選出し、「成文法と慣習法とを基にして、四百九十五条に編纂したもの」[25)]が「民事訴訟手続」となった。具体的には、太政官布告や司法省布達をはじめ、内訓、指令、慣例等を中心に構成されており、その中に、裁判事務心得第3条の条文が、同第232条として「第二百三十二條　凡裁判ハ成文ノ法律ニ據リ其法律ナキモノハ習慣ニ依リ習慣ナキモノハ條理ヲ推考シテ之ヲ爲スヘキモノトス（明治八年第百三號布告）」と定められたのである[26)]。また第233条では同心得第4条が、第234条では同心得第5条がそのまま採用されている。さらに、同第364条を見ると、「判決ニ付キ衆議ヲ取ルニハ主任判事判決主旨書ニ左ノ條件ヲ極メテ簡短ニ記シ願書課全員判事ノ回覧ニ付ス（右同第八條）　一　原裁判官カ判定シタル事實ノ要點　二　法律（習慣條理ヲ包含ス）及ヒ定規　三　大審院ニ於テ判決シタル舊例」[27)]として、習慣と条理を「法律」の語の中に含ませる規定もある。以上の諸事実は、当時の裁判所において裁判事務心得（第3・4・5条）が裁判上の重要法令として扱われていたことを示している。そして「法律」という表現の下に慣習や条理が包括され、「定規」に対置されていたという事実は、慣習や条理を、民事判決を導く具体的規準として、訴訟規則取調委員が認識していたことを表している。なお、この「民事訴訟手続」は、テヒョーにも提供され、「テヒヤウ氏訴訟規則修正原案」の起案の材料となったといわれているが、ここには、明治18年3月6日の司法省達まで含まれていることから、脱稿は早くともその後であると推定される[28)]。従って、彼の手に渡ったのは、おそらく最初の草案起草を終わらせ、その後に行った修正作業の時であろう。

こうして、明治18（1885）年7月にテヒョーによって提出された「テヒヤウ

氏訴訟規則修正原案」であるが、その後、これに対する日本人委員たちによる審議が、同8月より開始され、同年10月10日まで連日続けられた[29]。この成果として、彼らは「委員修正民事訴訟規則」を発表し、テヒョーの意見を容れながら再修正を施し、同19年6月、「テヒョー草案」として司法大臣山田顕義に提出した。しかしその直後、我が国では条約改正に向けた本格的な法典編纂が開始されたことで、民事訴訟法もまた、民法や商法等との矛盾を避けることが求められた。その結果、テヒョーによる草案は留保され、同23年4月21日法律29号として公布されるまで、さらなる年月を要することとなった。

ここで再び裁判事務心得について考える。「民事訴訟手続」作成時に示された、同法令を未だ現行法令とする認識は、その後のテヒョー草案の起草段階においてはいかなる評価の下にあったと考えるべきか。これについては、同草案を検討する限りにおいて裁判事務心得第3条に該当する条文はなく[30]、そして明治23（1890）年に公布された民事訴訟法にも存しない。このような事実から、テヒョーはもとより、当時の民事訴訟法調査委員の認識の下においても、次第に同心得の効力に対する現行法としての評価を消極的にしていったと想定出来よう。

また裁判事務心得第3条に関する効力の是非について、上告に関する条文からもひとつの推測を見出すことが出来るかもしれない。これに関連する民事訴訟法の条文は「第四三四条　上告ハ法律ニ違背シタル裁判ナルコトヲ理由トスルトキニ限リ之ヲ為スコトヲ得」及び「第四三五条　法則ヲ適用セス又ハ不當ニ適用シタルトキハ法律ニ違背シタルモノトス」である。このうち第435条に見られる「法則」について、制定直後に出版された同法の解説書は、「法則トハ如何ナル範囲迄包含スル文字ナルヤ」と問題提起をした上で次のように述べている[31]。

法則ナル文字中ニハ獨リ斯ル成文アル規則法律ノミニ限ラスシテ第二百十九條地方習慣法商習慣又ハ規約ノ如キモ皆此法則ナル文字中ニ入ラサルハナシ（……）獨逸ノ法律ニ於テハ斯ル場合ニ「レヒトフォルム」ナル文字ヲ用ヒ或學者ハ啻ニ成文アル法律規則及ヒ規約ノミナラス條理ヲモ包含スヘキコトヲ説明スレトモ我國立法者ハ條理ヲ以テ法則ナル文字中ニ加フルノ精神ニ非ス何トナレハ控訴院ニ於

テ條理ト認メサルカ如キコトアルハ往々免レサル所ナレハナリ

ここからも理解出来るように、当時の立法者は「法則」に「成文アル規則法律」及び「習慣」を包含するものの、「条理」をもそこに含ませることには否定的であった。なお、この第435条にみられる「法則」たる語は、起草当初から存したものではなく、その途中で書き換えられており、起草当初は「法律」という文言になっている。書き換えられた時期は明治21（1888）年と推定されるが[32]、ここでは、明治17年の「民事訴訟手続」が第364条における「法律」を「習慣條理ヲ包含ス」るものと理解したのに対し、施行された民事訴訟法では同第435条より、その対象を所謂"法律"のみに限定し[33]、慣習法に関しては「法則」の1つとしてその効力を認め、法源としての条理についてはもはや考慮の内には収めなかったという経緯を確認しておきたい。当時の立法担当者における条理認識の変化をここに窺うことが出来よう。

4　旧民法証拠編第9条

明治13（1880）年以来、ボアソナードを中心に民法編纂作業が開始され、ボアソナードはそのうち、民法草案財産編、財産取得編（第一部）、債権担保編、証拠編の起草を任された。その後、ボアソナードが起草したこれらの草案は、日本人委員によって邦訳・整理され、司法省の法律取調委員会、元老院、枢密院等の議を経て、明治23年4月10日に公布された[34]。こうして出来上がったいわゆる旧民法は、主にフランス法を参照したものであるが、フランス民法典のように証拠法を債務法の規定中に置くのではなく、証拠に関する一般規則として独立した編（証拠編）を設けて規定したところに特色があるとされており、後の民法典論争でも、大きな批判の的となっていく[35]。このうちの第9条には、「事実ニ争ナク法律ノ点ノミニ争ノ存スルトキハ判事ハ当事者又ハ其代人ノ陳述ヲ聴キ法律ノ規定ヲ其精神ト明文トニ依リテ解釈シ且条理ト公道トノ普通原則ニ依リテ之ヲ補完シ自己ノ心証ヲ取ル（Si le litige porte seulement sur un point de droit, au sujet de faits non contestés, le juge, après avoir entendu les parties ou leurs conseils, tire sa conviction des dispositions de la loi interprétée dans son esprit autant que dans ses termes et suppléée par les principes généraux de l'équité et de la raison.)」[36] という内容の条文が定められている[37]。これは「條理」解釈の思想的背景を裏付けるものであると考えられるため、以下、考察を行っていきたい。

「民法理由書」[38]によると、本条は訴訟の事実には争いがなく、法律の適用にのみ争いが生じた場合、「裁判所ハ自ラ確認スル所ニ從ヒ法律ノ適用ヲ決スルコト」を定めた規定である。そしてその際には「夫シ法律ニ明文之レ有ラサルカ又ハ明文アルモ不完全ナル所アランカ判事ハ一般ノ原則ト公義ト正理トヲ以テ法律ノ不備ヲ補ヒ争論ヲ判決スヘシ」「斯ノ如ク法律ノ明文ナラサル所ニ於テモ尚ホ條理ニ基テ裁判ヲ為サシムル」として、適用すべき法律が存在しない場合には、「一般ノ原則、公義、正理」つまり「條理」に基づいて判決を出すことが求められた。

それでは、ここでいう「條理」とは何か。旧民法の編纂にも携わった磯部四郎は[39]これを「交際ノ關係ヲ離レタル純理」[40]であると定義づけている。即ち、普遍的・絶対的な「理」を意味しているといえよう。これに対し、条理と並列されて「普通原則」と見做されている「公道」については、条理とともに「無形ノ正理的ヲ表示スル語意」[41]であるが、「交際ノ關係ニ於テ許ス實理」[42]である。つまり、実際の生活をする上で生じる理であり、時代や場所で異なってくるものであるといえよう。未だに民法や商法の施行がなされていない我が国の現在においては、法律の不備によって生じる困難は当然にして生じてくる問題であり、また仮に法律があったとしても、これは立法官の創造物に過ぎないため、あらゆる現象を予期することが出来ない。そのため、法律を直接に事実に適用出来ないことが時として出てきてしまうことはやむを得ない。しかしながら、裁判官は、ある事実に適用すべき法律がないからといって裁判を拒否することは出来ない。従って、その場合において、裁判官は、常に「條理ト公道トノ普通原則ニ依リテ之ヲ完補」[43]しなければならないのであった。但し、(旧)民法編纂者は、この法典つまり旧民法が施行されることで、事態はそれ以前とは異なっていくであろうと示唆している。確かに法律といえども完全なものではなく、あらゆる場面に対応することは不可能であるが、法典が施行された後、そこに欠缺があった場合には、判事は公義や正理に従って判断する以前に、まず成文法の一般原則に依拠することが求められることとなるとし

た[44]）。

　そしてこの証拠編第9条は、フランス民法第4条（「法律ノ不備、法律ノ不委、法律の所缺ヲ以テ口實トシ裁判ヲ爲スヲ肯セサル裁判役ハ漫ニ裁判ヲセサルノ罪アリトシテ訴訟ヲ受ク可シ」[45]）にならって制定されたことが明らかになっている。これについては、ボアソナード自身が起稿した旧民法草案の注釈書の中で、この条文は「佛國民法ノ成規ヲ移スモノナリ佛國民法ノ成規ニ『法律ノ欠缺、不明若クハ不備ヲ口實トシテ裁判スルコトヲ否拒スル』ヲ裁判官ニ禁セリ（第四條）」[46]と明言されているし、また梅謙次郎も、明治23年以降に和仏法律学校で行った旧民法証拠編の講義の中で、第9条の説明をする際、「佛國民法第4條ヲ参照セヨ」[47]と述べている。その一方で、民法理由書をはじめとするあらゆる関連資料において、裁判事務心得に関する記述は一切見ることが出来ない。

　ここで「旧民法証拠編講義」の中で語られた、梅による証拠編第9条の評価について一言しておこう。この講義では、「〔梅による〕旧民法への熱き批判とともに、近い将来の民法改正をにらんだ立法意見が数多く提示されており、民法改正にあたってはそれらの意見が反映された箇所が少なくない」[48]。そこで第9条に関して、梅は「余ハ其蛇足ニシテ且ツ之ヲ證據編中ニ掲クルハ其處ヲ得スト信スルナリ（……）證書ノ解釋ハ判事ノ考覈中ニ掲ケス而シテ唯リ法律ノ解釋ヲ掲クルモノハ何ソヤ（……）證據編第九條ニ掲クル所ヲ法文中ニ記載スヘキモノトスルモ或ハ近々發布アルヘシト噂スル法例中ニ記載スヘシ敢テ證據編中ニ記載スヘカラサルナリ」[49]として、同条文を証拠編に定めることに否定的であることが理解出来る。なお、この引用中に見られる「法例」とは、明治23年法律第97号「旧法例」のことを指している。

　こうした梅の意見が、その後の民法編纂過程において、どの程度反映したのかは定かではないが、その後、明治25（1892）年に「民法及商法施行延期法律案」が帝国議会で議決され、翌26年に法典調査会が設置されると、法典調査規定理由書第8条「民法証拠編ニ掲クル規定ハ時効ニ関スルモノヲ除クノ外ハ其法規ノ性質上訴訟法ニ属スヘキモノ多シ故ニ民事訴訟法ニ改正ヲ加ヘテ之に編入スルヲ可トス」に基づき、証拠編のうち、証拠に関する規定は民事訴訟法に編入されることとなった[50]。しかし、管見の限りではあるが、同9条と同趣旨の規定を、民事訴訟法に見出すことは出来ない。

以上より、法律の補充として「条理」に基づき解釈することを明言した規定が旧民法の中に見られること、そしてそこに明文化された「条理」とは、ボアソナードの自然法思想と大いに関連するものであることが理解出来た。尤も、この「旧民法証拠編」自体が施行を見送られたことから、こうした立法は実現しなかったものの、次に掲げる起草者としてのボアソナードの説明には、注目すべき論点が見出せる[51]。

〔フランスにおいて〕民法典が条項に不足し得るものを補うために自然法に準拠していることは確かである。最も顕著なのは、証拠に関して裁判官に対し、「法の解釈において、裁判官はその文言と同様にその理念を深く理解せねばならず、また条理の原則（principes de l'Équité et de la Raison）によって法を補わなければならない」と述べている点である。（……）〔日本においてもまた、〕民法典及び商法典の2つの私法典の公布前には、私法に関する勅令の数は少なく、特別なものであった。そのため、裁判官は大半の訴訟について、慣例や慣習を適用し、またそれらが不十分だった場合には、その地域の判例を適用して判決を下していた。（……）通常、それらは、衡平（Équité）あるいは正義（Justice）、理（Raison）あるいは実利（Utilité praqtique）にかなっていたのであるから、それらが、普遍法（Droit universel）の適用、つまり自然法の適用以外の何ものでもないことを十分に認めなければならない。

無論、この引用の限りでも、ボアソナードは明治8年制定の裁判事務心得に直接的には言及しない。しかし、立法の未整備な状況下での法適用につき、「条理」の果たす機能に注目していることは事実であり、その「条理」の内容は、ÉquitéとJusticeにあったとするボアソナードの理解をここでは確認しておこう。

5　法例（明治23年10月6日法律第97号／明治31年6月21日法律第10号）

「法例」というと、通常「明治31年法律第10号」が想起されるが、ここでまず論ずるべきは、所謂「旧法例」である。これは「〔旧〕民法其他の法典が公布された際に、法律第九十七號を以て、一般法律に通ずる例則を發布して、

之を法例と稱した」[52]「明治23年法律第97号」であり、同31年法律第10号の「法例」と区別するため、「旧法例」と称されている。旧法例は同26（1893）年1月1日より施行される予定であったが、民法典論争の結果、延期が決定し、明治31年法律第10号の施行により廃止されるに至った[53]。これら新旧両法例とも「一般法律の適用に関する通則」を規定する「特別法」[54]として位置づけられている。また両者は、民法典編纂の範囲内で調査が行われており、当初から民法とは強く関連づけられた法規範であったことが理解されよう[55]。

旧法例は第1条から第17条までの条文で構成されており、明治31（1898）年にこれに代わって施行された「法例」の第2条に見られるような、慣習に関する規定は未だ存していない。しかし、草案段階において削除された条文のうち、第22条から第26条までの規定はすべて「裁判官ノ法律適用ニ付テノ條款」[56]であり、特に第22条では「法律ノ不備若クハ欠缺アル時ハ判事ハ其裁判スヘキ事件ト同様ノ場合又ハ類似ノ事項ニ關スル法律ノ條例ヲ適用スヘシ」といった内容の規定が置かれている。つまり、裁判事務心得第3条にも見られる「裁判官の法適用」についての規定が「旧法例」の草案段階において設けられていたという事実をここに確認することが出来るのである。そこで以下では、同22条を同心得第3条との関わりで考察することにしたい。

草案第22条に関する、裁判所や司法官の「意見書」を見てみると、原案論者と修正論者との間で意見が対立しており、その対立要因が「条理」の扱い方にあることに気づく。まず本条を削除すべきとする原案論者の意見は次のようなものである[57]。

　　原案論者曰成文法ノ要ハ社會蔓般ノ現象ヲ網羅シテ又遺ス所ナキニ在リ然レトモ有限ノ法條ヲ以テ無限ノ現象ヲ豫定シ得ヘキ者ニ非サレハ立法者ハ特ニ茲ニ比附援引ヲ許シタルナリ裁判官ニシテ比附援引ヲナスコトヲ得ハ事件ヲ判斷スルニ足ラサル所ナク又何ソ條理ニ訴フルコトヲ須ヒンヤ彼ノ條理ニ依ルカ如キハ一ニ裁判官ノ脳裏ノ判斷ニ任スル者ナレハ最モ危險ニシテ決シテ立法者ノ意ニ非サルナリト又曰比附援引ヲナス能ハサル場合ニ於テ裁判官カ條理ニ依テ判斷スルハ當然ノコトニシテ特ニ法律ニ明記スルニ及ハス故ニ原案ヲ可トス

原案論者たちの中にはいくつかの意見があったようで、一方では、条理による判断は危険なものであり、立法者の意に反するものと言いつつも、他方では適用する法律がない場合、裁判官が条理で判断するのは当然なのでわざわざ明記する必要はないとも述べている。見解の相違こそあるが、この原案論者が条理を適用する旨を法例に規定することに否定的な見解であることがわかる。

それに対する修正論者はどうだろうか。修正論の中にもまた2つの意見があり、それぞれ「甲修正論」「乙修正論」となっている[58]。

> 甲修正論者曰ク（……）第二十四條ト第二十二條ヲ併セテ左ノ如ク改正スヘキト「第二十二條法律ノ不備若クハ欠缺アルトキハ判事ハ其裁判スヘキ事件ト同様ノ場合又ハ類似ノ事項ニ關スル法律ノ條例ヲ適用スヘシ」（第一項）「若シ適用ス可キ法律ノ條例ナキトキハ慣習ニ依リ慣習ナキトキハ條理ニ依リ裁判スヘシ」（第二項）
>
> 乙修正論者曰ク（……）〔正條ナキ場合ニ於テ裁判官カ依テ以テ裁斷スヘキ方法〕タル條理ニ依ルコトヲ明記セサレハ法律ハ條理ニ依ルコトヲ許サストナシ不恰好ノ援引ヲナシ判斷ヲナスカ如キ弊害ヲ生スルニ至ラン然レトモ乙修正論者ハ（……）第二十四條ヲ削除シテ一般ニ慣習ニ依ルコトヲ欲セス（……）故ニ第二十四條ヲ存シテ唯本條ヲ左ノ如ク修正セント欲ス「第二十二條法律ノ不備若クハ欠缺アルトキハ判事ハ其裁判スヘキ事件ト同一ノ場合又ハ類似ノ事項ニ關スル法律ノ條例ヲ適用シ若シ同一ノ場合又ハ類似ノ事項ニ關スル法律ノ條例ナキトキハ條理ニ依テ裁判スヘシ」

ここでは両者ともに、第24条（「判事ハ法律ノ特ニ慣習ニ譲リタル場合ニ非サレハ慣習ニ據リ裁判スル事ヲ得ス」）と関連づけながら論じられている。尤も、この規定の扱い方に関する見解の相違はあるものの、修正論者の共通の主張は、条理の適用を明文化するという点にあると言えよう。その他にも例えば、東京控訴院評定官北村泰一他5名による「第二十二條ノ末尾ニ若シ適用スヘキ法律ナキ時ハ條理ニ依ルヘシノ數字ヲ加フルハ必要ナルヘシ」[59]といった、第24条との関連性は考慮せず、第22条に「条理」たる文言を加入すべき旨を主張する者もある。

しかし結果的には、このような議論も意味をなさず、草案第22条は削除されるに至った。明治23（1890）年1月31日「法例修正案」にて、「第二十二條

乃至第二十八條刪除」と記され、その理由は「此諸條項ニ載スル所ノ規定ハ單ニ法律解釋ノ方針ヲ裁判官ニ示スニ止マリ全ク學理ノ範圍ニ屬スヘキ事項ニシテ法律ノ特ニ定ムヘキモノニアラサルニ因ル」とされた[60]。

このような裁判官の法令解釈に関する条文は、明治31 (1898) 年施行の「法例」にも存在しない。むしろこれを意図的に規定しなかったことが明らかである。例えば、法典編纂の際に行われた民法主査会での「法例」に関する審議の中で「法令ノ解釋ニ關スル規程ハ之ヲ法例中ニ掲ケサル事」との事項がある。そのなかの起草委員穂積陳重と主査委員横田国臣のやり取りを引用すると次の通りである[61]。

穂積陳重君　（……）〔法令ノ解釋ニ關スル規程ハ〕日本ノ草案ニモ這入ツテ居ルヤウニ思ハレルシ、又諸國ノ法例ニモ夫夫相當スル場所ニ往々解釋ノ規程モアリマスルガ、併シナガラ夫レヲ見レバ皆平常普通ノ論理ノ原則ヲ述ベタ丈ケデアリマス、或ハ若シ其文字ニシテ明カナラザレバ類似ノ法令ニ依レトカ、夫レデモ尚ホ明カナラザレバ法學ノ普通ノ原理ニ依レトカ極メテアル國モアル、或ハ國ニ依テハ自然法ノ原則ニ依レトモアル、然ルニ今日ノ所デハ裁判官ハ皆學識ヲ備ヘテ居リマスカラ普通ノ原理ノ事ハ明カデアリマス、殊ニ諸國ノ此法令ノ解釋ニ關スル規則ハ随分鄭重ニ調ベテ見マシタガ一モ特別ノ規程ヲ要スル箇條ヲ見出シマセヌ（……）
横田国臣君　（……）サウスルト法律ニ明文ノ無イトキ、民法ニ明文ノナイトキハ民事ハ何ウシヤウト云フヤウナ事モ置カナイト云フ御積リデアリマスカ
穂積陳重君　其積リデアリマス

上記の発言において、陳重は、裁判官は「法學ノ普通ノ原理」「自然法ノ原則」といった原理については既に心得ており、明文化する必要性を見出せないことを理由に「法令の解釈に関する条文」は設けないとの見解を示している。ここで、彼は「法學ノ普通ノ原理」という用語を用いているが、これは今日の論者によっては「条理」という言葉に包摂させることもあり得よう。

また明治31年「法例」では、解釈方法の規定は設けなかったものの、「慣習ノ效力ニ關スル規程ヲ掲グル事」は重要な課題の1つであった。それは法例第2条「公ノ秩序又ハ善良ノ風俗ニ反セサル慣習ハ法令ノ規定ニ依リテ認メタル

モノ及ヒ法令ニ規定ナキ事項ニ關スルモノニ限リ法律ト同一ノ效力ヲ有ス」に明文化されている。同条の制定目的に関して、穂積陳重は、「(……)何レノ國デモ法典編纂ノアッタ時ニハ必ズ法典ト慣習法即チ從來存シテ居ッタ慣例ノ效力ニ關スル問題ハ起ルモノノ様ニ思ツテ居リマス我國ニハ勿論商法第一條ニ商法ノ成規ト商慣習トノ關係ハ規定シテアリマスガ民法ト民事慣習トノ關係ノ規定ハアリマセヌ且ツ一般ノ成文法ト慣習ノ效力ノ關係モアリマセヌ又夫レデ日本デハ是迄ハ民事ノ事抔ハ重モニ慣習ニ依テ裁判シテ居タノデアリマセウガ今度法典調査ノ結果トシテ此ノ法典ガ實施ニナル時ハ是等ノ問題モ起ツテ來マセウカラ（……）大體ノ事ヲ規定シテ置カウト云フノデアリマス」[62]と述べている。そして『法例議事速記録』によると、同第 2 条の制定の参照法令として「八年六月一〇三號告三」「十二年二月司法省丁九號達」が挙げられており[63]、裁判事務心得第 3 条の「習慣」部分のみが参照されたことがわかる。このように同条に規定された「成文法」は、明治 31 年 7 月施行の「明治民法典」によって法典化され、また「習慣」は、同 31 年 6 月「法例」の第 2 条の規定によって、法律と同一の効力を与えられ、国家法規範内での位置づけを確立させたことで、同心得第 3 条に規定される法源の位階制の中からそれぞれ分離される形になった。それに対し「条理」は、その後も明文化されることなく、その存在自体に関しても賛否両論が生じ、その立法上の位置づけにおいて、なお一層、不明瞭な存在となっていくのである。

　以上、各法令集にみる裁判事務心得の効力への理解について整理し、また『法令全書』の編者が同心得第 3 条を「消滅」と判断した背景を推察する目的で、各法典の編纂過程を通して若干の考察を試みた。その結果、民事領域の各法典──民事訴訟法及び旧民法──からは興味深い事実を見出すことが出来た。まず民事訴訟法の編纂過程からは、明治 17 年時の「民事訴訟手続」の中で、裁判事務心得第 3 条と同様の内容を持つ条文も見られたが、同 23 年の民事訴訟法においてはそれがもはや見出せなくなったという事実を明らかにした。旧民法の編纂過程からは、証拠編第 9 条で法律の補充としての「条理」が明言されていたものの、同条は結局のところ、法律としての効力を持つことすらなく、その後の明治民法典にもこれに対応する条文を見出すことが出来ない。また法

例の編纂過程からは、旧法例の編纂時から既に裁判官の法令解釈に関する条文を定めることに否定的な傾向にあったこと、そして明治31年「法例」の第2条を制定する際には、同心得の「習慣」部分のみが参照されていたことがわかった。これらの事実の中には『法令全書』の編者の知り得なかった点もあろう。だが、編者が同心得を「消滅」と評価せざるを得なかった立法史的背景をここに確認することが出来よう[64]。

また、当時において、成文法体制が確立するまでの暫時的な方便として「条理」を位置づける法制定的場面における理解と、裁判官の事実上の指針として「条理」を位置づける法適用的場面における理解とが対峙する関係があったこともあわせて指摘しておく必要があるだろう。すなわち、制定者にとっての条理とは、あくまで法典が出来るまでの応急措置的な意味合いに過ぎず、彼らは成文法の整備や慣習（法）の適用の仕方の確立をより重視していた。従って法制度が形成され、各種の法令が世に出されるにつれ、実定的裁判規範の所在を規定した裁判事務心得の意義は次第に薄らいでいったのである。その一方、法律がないという理由で裁判（民事裁判）を拒否することが禁じられている裁判官に代表される法の適用者にとって、条理は裁判を進行させるために必要不可欠なものであり続ける。つまり、裁判の場には条理に依らざるを得ない現実が依然として存在し続けたのである。

注

1) 『法令全書』を刊行している内閣官報局は、明治 18 (1885) 年 12 月に「〔太政官〕文書局ヲ廢シ」て設置され、「慶應丁卯ヨリ明治一七年ニ至ル十有七年間餘ニ發布セル法令ヲ編纂スルニ至リ（……）斯編纂ハ十九年三月ヲ以テ始業」している。そして「改廢沿革アルモノハ欄外ニ標記シテ現行ノモノト互参媲覽スルノ便ヲ計リ尚ホ毎巻ノ末ニ改廢表ヲ附シ各年ニ於ケル法令ノ現非ヲ一目瞭然ナラシム」としている（『法令全書索引（甲）』（内閣官報局、1887 年）2-4 頁）。また『法令全書』の編者については、裁判事務心得が「消滅」と判断されたのは明治 23 年であるため、編者となり得るのは同 19 年から 23 年の間の官報局員であると推測出来る。同 19 年以降の『職員録』を見ると、多少の移動による変更はあるものの、少なくとも同 23 年までは、毎年ほぼ同一のメンバーで構成されていると言ってよい。従って以下には、明治 23 年度のものを挙げておく（『職員録（甲）（明治二十三年十二月十日現在）』内閣官報局（マイクロフィルム、国立公文書館蔵））。

　　局長　高橋健三　編輯課長　古川常一郎　翻訳課長　濱田健次郎　庶務課長　小原澤重雄　印刷課長　西田廣規（技手）屬　大島良逸　川田徳次郎　長尾俊二郎　田内憲晁　河野頼之　蛯江曉村　周田松輔　依田頼之　吉村彌太郎　小林定修　内川義章　中村省三　關信行　小林延世　平澤最章　竹内政五郎　佐野數定　白尾一也　市川春蔵　黒羽教孝　外山光芳　殿村政義　技手　野村莠

2) 『法令全書』編者の解釈した「二十三年法律第六号第二十九号ニ依リ」消滅・参看すべき法令を見てみると、①「裁判事務心得」関連の布告・達、②「勧解」に関する布達、③「大審院諸裁判所職制章程及控訴上告手續」関連の布告、④行政訴訟関連の布達・達の4つの大きなグループに分けることが出来る（下表参照）。そのうち②〜④に関しては、「二十三年法律第六号第二十九号ニ依リ」効力を持つことがもはや「不可能」となったことが各法令の変遷過程から明らかである。②については、勧解制度自体が、民事訴訟法の制定に伴い廃止されている（牧英正・藤原明久編『日本法制史』青林書院、2005 年、320 頁）。③については、「明治 10 年の太政官第 19 号布告により改革された大審院諸裁判所職制章程及び控訴上告手続」は、明治 19 年の裁判所官制によって改正、同法令もまた明治 23 年の裁判所構成法によって失効の運命を辿っている（岩谷十郎『明治日本の法解釈と法律家』慶應義塾大学法学研究会、2012 年、57 頁）。④についてもまた、明治 22 年に大日本帝国憲法が制定され、同憲法にて行政裁判所が定められたことにより、行政訴訟の管轄が行政裁判所に移行した。従ってここに挙げられた布達・達は、民事訴訟法や裁判所構成法と「相抵触」するため、「消滅」は理に適った結果である。それに対し、①は、民事訴訟法や裁判所構成法の条文からは直接な根拠を見出すことは出来ない。なお、①のグループには、裁判事務心得に関連する明治 12 年司法省丁第1号第9号達（第四章第四節参照）も属しており、「消滅」との判断が下されている。

【表】『法令全書』編者の解釈した「二十三年法律第六号第二十九号ニ依リ」消滅・参看すべき法令一覧

従　明治元年　　　法令改廃表　　明治二十三年十二月三十一日調			
至　明治十七年			
改廃	年次	官廳名	符號番號
① 二十三年法律第六號第二十九號ニ依リ消滅	八年	太政官	第百三號布告
二十三年法律第六號第二十九號ニ依リ消滅	十二年	司法省	丁第一號達 丁第九號達
② 二十三年法律第六號第二十九號ニ依リ消滅	九年	司法省	甲第十七號布達
③ 二十三年法律第六號第二十九號第五十號参看	十年	太政官	第十九號布告
④ 二十三年法律第六號第二十九號ニ依リ消滅	八年	司法省	甲第五號布達
二十三年法律第六號第二十九號参看	九年	司法省	第五號達
二十三年法律第六號第二十九號第四十八號ニ依リ消滅	十二年	司法省	丁第十五號達 丁第十八號達 丁第十九號達 丁第二十號達

　ここであわせて注目すべき点は、勧解と裁判事務心得がともに「二十三年法律第六号第二十九号ニ依リ」効力を持つことが不可能となったことである。当時は、訴訟件数が非常に多かったため、条理裁判による敏速な対応が求められていたことは前述の通りである。また、裁判所機構の不完全性を補助する必要から、勧解制度が積極的に導入されていた。そのうち、勧解制度に関しては、「裁判所構成法制定以降、裁判所機構の整備するにしたがって勧解制度は（……）重要性を失うにいた」ったことが指摘されている（染野義信『近代的転換における裁判制度』（勁草書房、1988年）120頁）。裁判事務心得第3条を勧解との関連性のなかで論じた学説（石田穣「スイス民法1条の法源イデオロギー」（同『民法学の基礎』有斐閣、1976年所収））も見られるが、確かに、裁判制度の不備を補充する役割を担うために、両者が密接なかかわりを持っていた可能性は高い。仮にそうであるのならば、『法令全書』の編者は、裁判所構成法の整備に伴い勧解制度が不要になったために裁判事務心得もまたその意義を失ったと考えたのだろうか。

　なお、勧解制度に関する研究として、林真貴子「勧解制度消滅の経緯とその論理」（『阪大法学』第46巻第1号、1996年）、同「紛争解決制度形成過程における勧解前置の役割」（『阪大法学』第46巻第6号、1997年）を挙げておく。

3)　『法令全書自慶應三年十月至明治元年十二月』（内閣官房局、1887年）4頁。
4)　岩谷前掲『明治日本の法解釈と法律家』54頁。
5)　広中俊雄『民法綱要第一巻総論』（創文社、1989年）42頁。
6)　本章の〔表1〕のなかで挙げた『現行類聚法規大全』は、内閣官報局の構成員（上記注1参照のこと）の一人である内川義章の編纂によるものである。『現行類聚法規大全』からは裁判事務心得を「現行」の法規として確認することは出来ない。内閣官報局によ

る「消滅」との見解に配慮しての判断であろうか。
7) 杉山直治郎「明治八年布告第百三號裁判事務心得と私法法源」(同『法源と解釋』(有斐閣、1969 年 (1957 年初版)) 28 頁以下参照。
8) 岩谷前掲『明治日本の法解釈と法律家』13 頁。
9) 岩谷前掲『明治日本の法解釈と法律家』14 頁。
10) 岩谷前掲『明治日本の法解釈と法律家』12 頁(「国家法規範形式照合表」)参照。
11) 法典編纂の際に行われた民法主査会における決議の際に起草委員である穂積陳重が「〔裁判事務心得のような〕規程ノアルノハ知ツテ居リマス併シ夫レハ有ツテモ閣令位ヒナモノデアツタト思ツテ居リマス」と述べている点は非常に興味深い(第六章第一節参照)。なお、その直後、こうした発言に対して「布告デアリマス」といった合の手が入れられることで、陳重は裁判事務心得を「布告」と修正している。
12) 一方、杉山は、裁判事務心得を「普通法律」であると断定し(杉山前掲「明治八年布告第百三號裁判事務心得と私法法源」29 頁)、さらに、大日本帝国憲法第 57 条第 1 項「司法権ハ天皇ノ名ニ於テ法律ニ依リ裁判所之ヲ行フ」の「法律」とは「慣習法乃至條理をも含むことは疑ひを容れない」と述べている(同 31 頁)。
13) 原秀成『日本国憲法制定の系譜 III』(日本評論社、2006 年) 685 頁。
14) 樋山資之「裁判所構成法講義」(『法学協会雑誌』第 77 号、1890 年) 558 頁。
15) 浅古弘・伊藤孝夫・植田信廣・神保文夫編『日本法制史』(青林書院、2012 年 (第 3 刷)) 284 頁、浅古弘「西欧型裁判の成立(基礎法・特別法講義 XI)」(『法学教室』第 281 号、2004 年) 104 頁。またこれは「従来のフランス型の司法制度をドイツ型の司法制度に体系的に統一し」たことを意味しているといえよう(山中永之佑編『新・日本近代法論』(法律文化社、2006 年 (第 3 版)) 190 頁)。
16) 筆者が現段階までに調査した裁判所構成法関連の資料として、新井勉・蕪山嚴・小柳春一郎著『近代日本司法制度史』(信山社、2011 年)、小柳春一郎・蕪山嚴編『裁判所構成法(日本立法資料全集 94)』(信山社、2010 年)、「帝国司法裁判所構成法草案議事速記」(法務大臣官房司法法制調査部監修『日本近代立法資料叢書 25』商事法務研究会、1986 年)、「裁判所構成法議事速記録」(同『日本近代立法資料叢書 25』)、染野前掲『近代的転換における裁判制度』128 頁以下を挙げておく。
17) 「ルードルフ氏裁判所巡回報告書」(小柳・蕪山前掲『裁判所構成法(日本立法資料全集 94)』713 頁)。
18) 区裁判所については第 17 条、地方裁判所については第 30 条、控訴院については第 39 条、大審院については第 52 条にそれぞれ規定がある。
19) 新井・蕪山・小柳前掲『近代日本司法制度史』96-97 頁。
20) 新井・蕪山・小柳前掲『近代日本司法制度史』96-97 頁。
21) 杉山前掲「明治八年布告第百三號裁判事務心得と私法法源」28 頁。
　　ここで杉山は、治罪法による裁判事務心得第 1 条の「改正」を「第一次の變遷」と理

解し、「布告第百三號の條理裁判は刑事に就ては發布後四年半にて廢止された」と断言している。

22) 鈴木正裕『近代民事訴訟法史・日本』(有斐閣、2004 年) 73 頁。
23) 染野前掲『近代的転換における裁判制度』211 頁。
24) 鈴木前掲『近代民事訴訟法史・日本』60 頁。
25) 石井前掲『明治文化史 2 法制編』417 頁。
26) 本書では「現行民事訴訟手續及カークード氏意見書」(法務大臣官房司法法制調査部監修『日本近代立法資料叢書 22』商事法務研究会、1985 年) を主に参照した。これは「民事訴訟手続」の中に司法省法律顧問カークウッド (William M. H. Kirkwood) による意見書が合載の形で組み込まれたものである。その他にも、現在東京大学の近代日本法政史料センターの「田部文書」として保管されている「民事訴訟手続」(田部文書蔵) や、東京大学総合図書館に所蔵されている「民事訴訟手続」(東京大学総合図書館蔵) がある。東京大学総合図書館所蔵のものは、他の二資料と比べ、条文数も多く、編別にも差異が見られる。例えば、裁判事務心得第 3 条を参照した条文は、田部文書のものは本書で採用したものと同様に第 232 条として規定されているが、東京大学総合図書館のものでは第 276 条となっている (松本博之・徳田和幸編『日本立法資料全集 191 民事訴訟法〔明治編〕(1)』(信山社、2008 年) 28 頁以下、同編『日本立法資料全集 193 民事訴訟法〔明治編〕(3)』(信山社、2008 年) 386・440 頁参照)。

なお、カークウッドについては、手塚豊「司法省御雇い外人カークード」(『明治史研究雑纂 (手塚豊著作集第 10 巻)』慶應通信、1994 年、205 頁以下)、末木孝典「司法省顧問カークウッドと明治政府」(『日本歴史』第 759 号、2011 年) 55 頁以下) に詳しい。

27) 第 364 条に関しては、前掲「田部文書」の方が「現行民事訴訟手續及カークード氏意見書」よりも適切な表現がなされていると判断したため、同文書の条文を引用した (松本・徳田前掲『日本立法資料全集 193 民事訴訟法〔明治編〕(3)』398 頁)。
28) 鈴木前掲『近代民事訴訟法史・日本』61 頁。
「民事訴訟手続」の成立時期については異説がある。例えば、兼子一は明治 15 年、染野義信は明治 17 年 3 月頃と推定している (鈴木前掲『近代民事訴訟法史・日本』68-69 頁)。
29) 鈴木前掲『近代民事訴訟法史・日本』80 頁。
30) 「訴訟法原案完」(XB500 S3-1)「訴訟法規則修正案」(XB500 S6-1)「テヒャウ氏訴訟規則修正原案」(XB500 T1-7)「哲憑氏訴訟規則翻訳原案修正完」(XB500 T1-5)「訴訟法草案完」(XB500 S13-1、T1-6)(法務図書館所蔵マイクロフィルム)。
31) 今村前掲『民事訴訟手續完』126-128 頁。
32) 「民事訴訟再調査案」(法務大臣官房司法法制調査部監修『日本近代立法資料叢書 23』商事法務研究会、昭和 61 年) の第 435 条条文に初めて「法則(ママ)ヲ通用セス又ハ不當ニ適用シタルトキハ法律ニ違背シタルモノトス」の文言が規定された。なお、ここには

「十一月六日」と記されており、再調査開始日は明治21年9月7日（同条について議決されたのは10月18日）であることから、第435条条文の書き換えは明治21年11月である可能性が高い。

33) この"法律"の概念については、明治19年に成立した「公文式」（同年勅令第1号）の規定する「法律」の定義が影響を及ぼしたと考えられよう。明治期の法令形式の変遷と公文式の関係については、岩谷前掲『明治日本の法解釈と法律家』9頁以下を参照のこと。

34) 山中前掲『新・日本近代法論』48頁。

35) 吉井啓子「梅謙次郎と旧民法証拠編」（梅謙次郎『日本民法証拠編講義』（新青出版、2002年（復刻版）所収））2頁。なお、この旧民法証拠編は、全164条から成り、「第一部証拠」「第二部時効」という構成をとっている。

36) 『〔仏語公定訳〕日本帝国民法典並びに立法理由書第1巻』（信山社、1993年（復刻版））482頁。

37) また、旧民法草案の段階では、第5編「證據及ヒ時效」の第1822条として、「若シ爭ハレタル事實ニ關シ法律ノ點ノミニ爭ノ存スルトキハ裁判所ハ當事者又ハ其代辯人ノ陳述ヲ聽キタル後其精神ト其明文トニ因リ解釋シ且公正ト條理トノ普通原則ニ因リテ完補ス可キトキハ之ヲ以テ完補シタル法律ノ條例トニ基キ自己ノ心證ヲ取ル」と定められている（『ボアソナード氏起稿再閲修正民法草案註釋第5編』（出版社、出版年不明）42頁）。

38) 城数馬訳『民法理由書（旧民法）証拠編全』（司法省）を参照のこと。
なお、上記の翻訳書は、"Code civil de l'empire du Japon : accompagné d'un exposé des motifs"(Tokio, 1891)（『〔仏語公定訳〕日本帝国民法典並びに立法理由書第4巻』信山社、1993年（復刻版））に見られるボアソナードの理由書と内容が合致しており、この史料を翻訳したものである可能性が高い。

39) 磯部四郎講述『民法証拠編講義』（明治法律学校講法会、1891年）30-36頁に証拠編9条の解説が見られる。

40) 磯部前掲『民法証拠編講義』35頁。

41) 磯部前掲『民法証拠編講義』34頁。

42) 磯部前掲『民法証拠編講義』35頁。

43) 磯部前掲『民法証拠編講義』35頁。

44) 城前掲『民法理由書（旧民法）証拠編全』参照。

45) 翻訳局訳述『仏蘭西法律書』（印刷局印行、1875年4月）26頁。

46) 前掲『ボアソナード氏起稿再閲修正民法草案註釈第5編』43頁。

47) 梅前掲『日本民法証拠編講義』4頁。

48) 吉井前掲「梅謙次郎と旧民法証拠編」4頁。

49) 梅前掲『日本民法証拠編講義』4頁。

50) 吉井前掲「梅謙次郎と旧民法証拠編」4 頁。
51) G. Boissonade, Les anciennes coutumes du Japon et le nouveau Code civil, à l'occasion d'une double publication de John Henry Wigmore. Mémoire présenté à l'Institut de France (Académie des sciences morales et politiques)., in ; Extrait de la Revue française du Japon n°s 4, 1893, pp. 409-410.
52) 穂積陳重『法窓夜話』（有斐閣、1926 年）185 頁。
53) なお、明治 31 年の法例は、平成 18 年法律第 78 号「法の適用に関する通則法」として全面改正がなされ、廃止されるに至った。
54) 岸本辰雄講述『法例講義』（講法会、1898 年）2 頁。「民法主査会第一回議事速記録」（「法典主査会民法主査会議事速記録」（法務大臣官房司法法制調査部監修『日本近代立法資料叢書13』商事法務研究会、1988 年））2 頁参照。
55) 穂積重遠『民法總論』（有斐閣、1921 年）19 頁以下の「民法関係法令表」に「法例（明治三一年法一〇）」が挙げられている。尤も現在では、民法典の「付属法」にも、また「補充法」にも「法例」を見つけることは困難であるように思われる（広中前掲『民法綱要第 1 巻総論』56-57 頁）。
56) 「法例并ニ人事編及ヒ獲得編ニ關スル意見書」（「民法編纂ニ關スル裁判所及司法官意見書」（法務大臣官房司法法制調査部監修『日本近代立法資料叢書16』商事法務研究会、1989 年））11 頁。なお、同草案第 21 条も裁判官の法律適用に関する条文であるが、これは削除されることなく、最終的に旧法例第 17 条として規定された。
57) 前掲「法例并ニ人事編及ヒ獲得編ニ關スル意見書」13 頁。
58) 前掲「法例并ニ人事編及ヒ獲得編ニ關スル意見書」13 頁。なお、乙修正論は広島始審裁判所裁判官の意見である。
59) 前掲「法例并ニ人事編及ヒ獲得編ニ關スル意見書」14 頁。
60) 「法例修正案」（「民法編纂法律取調委員會書類」（法務大臣官房司法法制調査部監修『日本近代立法資料叢書12』商事法務研究会、1988 年））4 頁。また同修正案は「第二〇條第二項」「第三十條乃至第三十二条」も削除とし、理由は第 22 条と同一であるとしている。
61) 前掲「民法主査会第一回議事速記録」15 頁。
62) 前掲「民法主査会第一回議事速記録」25 頁。
63) 「十二年二月司法省丁九號達」については前述している。
　　また法例第 2 条の制定の際、ここに挙げた法令の他、民法第 92 条、商法第 1 条をはじめ、ルツェルン州民法第 3 条、アールガウ州民法第 4 条、グラウビュンデン州民法第 3 条などのスイス・カントン法や、ドイツ民法第一草案、ドイツ商法、フランス民法典その他多数の法典も参照された点もここに指摘しておく（「法典主査会法例議事速記録」（法務大臣官房司法法制調査部監修『日本近代立法資料叢書26』商事法務研究会、1986 年）19 頁、法典質疑会『法典修正案参考書』（明法堂、1898 年）11 頁）。ここに裁判事

務心得とスイスの法が併記されていることは、後に問題となる裁判事務心得第3条とスイス民法典第1条との関連性の前兆であるかのようにも窺える。

64) 確かに、裁判事務心得と関連する諸法典の編纂過程からはこのような判断をせざるを得ないだろう。しかし、裁判事務心得の効力を否定する梅謙次郎の個人的見解が、我が国の私法制度に何らかの影響を及ぼしたと考えることも出来ないだろうか。そこで、明治31年3月19日になされた講演「法典ニ關スル話」の中から、梅の裁判事務心得に対する考えが理解出来る箇所を以下に引用する。

　　余ガ斷行論ヲ取リタル理由ハ今日ノ我邦ノ裁判上ノ有様明治八年裁判事務心得第三條ニ依リ民事ノ訴訟ニ於テ成文アルモノハ成文ニ依リ成文ナキモノハ慣習ニ依リ慣習ナキモノハ條理ニ依ルトノ規定ヲ以テ裁判スルコトナリ、然ルニ私法ニ付テハ其成文極メテ少ク慣習ニ從ハントスルモ私法上ノ慣習ト視ルヘキモノ稀ニシテ假令之アルモ其調査極メテ困難ナレバ裁判官ハ自己ノ都合ノ宜シキ事實際慣習アル事ニテモ慣習ノ見ルベキモノナシトテ直チニ條理ニ從ヒテ之ヲ裁判セントス、然ルニ條理ナルモノハ果シテ如何ナルモノナルカト云フニ佛法學者ハ條理ハ自然法ナリト云ヒ又或學者ハ其國ノ法律ノ原則ナリト云フ然レドモ我邦ニ於テハ此解釋ヲ以テ裁判ヲ爲スコト能ハサルベシ、何ニ兎モアレ條理ハ即チ理屈ニシテ各人自由ニ判斷スルコトヲ得ルモノナレバ佛蘭西法ヲ學ビタル人ハ佛法學者ノ一般ニ認メタルモノヲ取リ英法ヲ學ビタル者ハ英法學者ノ多ク同意スルモノヲ取リ獨逸法ヲ學ビタル者ハ亦獨法學者ノ説ヲ用ヒテ條理トス為ス加之外國ノ法理ヲ能ク咀嚼シテ之ガ裁判ヲ下セハ猶ホ可ナリト雖モ多數ノ裁判官中未ダ之ヲ理會セズシテ裁判ヲ爲ス者アリ甚シキハ翻譯書等ニ據リテ國ノ何レヲ問ハズ外國ノ法理ナリト信シテ判決ヲ下シ而モ一タヒ一問題ニ付テ判決ヲ與フルトキハ條理ノ正否ニ關セス之ヲ先例トシテ容易ニ之ヲ改メサルコト外國ノ法理ヲ知ラザル者ノ一般ノ狀態ナリトス、斯カル有様ナレバ未ダ嘗テ我邦ニ於ケル裁判上ノ一定ノ標準ナルモノアラス他ノ國ニ於テハ假令法典ナキモ必ズ其標準アリ即チ數多ノ單行法ヨリ生ズル一般ノ法理カ然ラサレバ慣習法ノ一般ノ法理ナルモノアリテ裁判ヲ下スモノナルニ我邦ニ於テハ前ニ述ベタル次第ナレハ人民ノ權利義務ハ完ク保護セラルルモノト謂フベカラス、故ニ假令不完全ナリトモ速ニ法典ヲ編纂シテ裁判官ヲシテ其據ル所ヲ知ラシメ然ル上ニ徐ロニ其法典ヲ研究シテ誤レルヲ正シ缺ケタルヲ補ヘバ一時不完全ナル法典ニテモ寧ロ無法典ニ勝サルモノアラントノ理由ヲ以テ余ハ今ニ至ルマデ斷行論ヲ主張シテ已マサルナリ。

これは、民法典論争の際に梅が断行派であったことの理由として語られているが、この引用文が示している彼の見解は、明治民法典の制定においても見出すことが出来るだろう。それは、同じ講演の中であわせて述べられた「明治二十六年ノ初メ法典調査會ナルモノヲ設立シ民法及商法ヲ修正スルコトトナレリ（……）種々ノ苦心ヨリ辛ウシテ五

193

年ヲ経テ之ガ完成ヲ見ルニ至リタルハ余ハ実ニ意外ノ喜ナキ能ハズ、シカシ速ニ修正ヲ終ワリタルト共ニ其実質ニ於テハ多少遺憾ノ個所ナキ能ハズ、又今コレヲ完全ナルモノト信ズルモ実際ニ行ウニ至ッテハ大イニソノ欠点ヲ発見シテ之ヲ改メザルヲ得サルコトアラン（……）之ガ実行ノ暁ニハ大イニ欠点を発見シタダチニ之ヲ改メサルヲ得サルノ個所アルコトヲ覚悟シ今ハ唯忍シテ之ヲ施行スルコトヲ希望スル」（梅前掲「法典ニ關スル話」338-340頁）との発言からも理解出来よう。梅によれば、不完全な法典であってもそれは後に改正していけばよいだけのことであり、一国の統一法典たるものは、なるべく早く編纂され、それに効力を与えるべきであるとしている。そしてその理由として梅が指摘しているのが、明治初期より裁判官によって行われている「条理裁判」の誤った使い方についてである。つまり「条理」に対する裁判官の理解が乏しく、また法典や単行法令から見出し得る「一般ノ法理」も我が国には存在しないため、裁判官は結局、外国法を「条理」として適用していくのだが、それもまた、裁判の一定の標準となり得るものではない。裁判上の不安定な状態が続くのであれば、いっそのこと、不完全ではあるかもしれないが、法典を施行し、少しでも早く裁判官にそれを適用させるべきである。このように梅においては、法典を作ることの目的自体が、従来の裁判で行われていた「条理裁判」の廃止にあったとまでいうことも許されるのではなかろうか。従って、裁判事務心得の効力の否定を明言した法令が仮に見当たらなくとも、同心得の消滅は、少なくとも梅の中では、当然に想定されていたものであったということは出来るのではないだろうか。実際、明治民法典をはじめ、本章で検討した明治31年の法例など、梅が制定に携わった法典のなかに、裁判事務心得の有効性を見出し得る法文が見当たらないのは、こうした梅の見解が多少なりとも反映している可能性があるかもしれない。しかし、これは推測の域を超えるものであり、さらなる実証が必要となるだろう。

第六章　消滅後の太政官布告
――「忘却」から「再自覚」へ

　本章では、第五章の考証を前提に、明治23（1890）年以降の日本法学界に視点を合わせ、裁判事務心得第3条の位置づけ、そしてそこに見られる「条理」解釈の変化を考察していく。その際の時期区分として、旧民法典が公布された明治23年から、民法典論争を経て、明治民法典が施行されるに至った明治31年までを「前半期」、同民法典の施行から大正期に至るまでを「後半期」と称し、論ずることにしたい。

一　明治23年「旧民法典公布」から明治31年「明治民法典施行」まで（前半期）

　明治23（1890）年、旧民法典が公布されるものの、いわゆる民法典論争が生じ、その施行は延期されることになった。『法令全書』にあらわれる裁判事務心得第3条の「消滅」にもかかわらず、民法領域の基本法が法律という形式で存在していないという事実に変わりはなく、同心得抜きで裁判を行うことは出来ない状況が継続することになった。尤も、この時期には、裁判事務心得第3条の「条理」の指し示す具体的内容が、『仏蘭西法律書』を通して見たナポレオン法典から、ボアソナードが起草に携わった旧民法へと移行していく（この点は第四章第四節にて既に指摘した通りである）[1]。

　民法典論争の中、いわゆる断行派の人々は、不完全とはいえ、ともかく法典を早急に施行させることの必要性を唱えたのであるが、その彼らの中に、「法

典ガ延期セラレタルトキハ〔ボアソナードによって起草された〕規定ヲ以テ直チニ条理若クハ法理ニ適スルモノトシ暗々裏ニ該法条ノ適施ヲナスヤ素ヨリ害ナカル可シ」[2]と主張する声が現れてきている。旧民法典が条理の名の下で適用された背景には、断行派のこうした意向が存在した可能性があり得よう。

　当時の状況は、穂積重遠による証言からも窺い知ることが出来る。彼が後に言うところによれば、「現行民法施行前即ち明治三十一年七月十五日以前の民事裁判は、大體に於て『條理裁判』であった」、あるいは「當時に於ける民事裁判の根本準則は（私はそれが今日に於ても根本準則であると思ふが）かの有名な明治八年六月八日太政官布告第百三號裁判事務心得第三條（……）であったが（……）裁判所が『條理ヲ推考シテ裁判ス』るのが普通の状態であつた」[3]。また重遠は、「成文法が公布されて直ちに施行されず其儘長期間据え置かれ、而して其規定の内容たる事項に關し慣習法も無く又現行の成文規定も無く、又は成文規定が有つてもそれが既に舊きに過ぎて現下の需要に適せぬといふ様な場合には、裁判所が『條理』の名の下に未施行の成文法を意識的に適用することがあり得る」[4]として、大審院判例の中で、旧民法典や施行前の明治民法典が適用されていた例を挙げている。

　法典編纂の際に行われた民法主査会における議論からも当時の状況を知ることが出来る。ここで裁判事務心得第3条に関連するやり取りが起草委員穂積陳重と主査委員高木豊三の間で行われている（第1回民法主査会明治26年5月12日（乙第4号））。その内容は次の通りである[5]。

　　四　法例中ニ慣習ノ効力ニ關スル規程ヲ掲クル事
　高木豊三君　是ハ掲ゲナクテモ今日ノ日本ノ裁判官ニハ心配ハ入ラヌト思ヒマス何故カト云フニ法律ニ依リ法律ニ明文アルモノハ法律ニ依リ明文ナキモノハ慣習ニ依リ慣習ノナイモノハ條理ニ依ルト云フノハ日本人ニ久シフ行ハレテ居ルノデアル裁判官ハ其レニ檢束サレテ居ルカラ（……）サウ云フ心配ハ入リマセヌ
　穂積陳重君　私ハ一向ニ何モ存ジマセヌケレドモ只今御話ノ様ナ規程ノアルノハ知ツテ居リマス併シ夫レハ有ツテモ閣令位ヒナモノデアツタト思ツテ居リマスガ（「布告デアリマス」ト呼ブモノアリ）布告デアツテモ此法律ヲ修正スルニ就テハ之ヲ法律ニ加ヘテハドウカト思ヒマス

ここでは、法例の中に慣習を入れるべきか否かについて議論がなされており、そこでの高木豊三の発言の中に条理が登場している。この高木豊三は大審院判事としての経歴をもつ人物である。彼の発言によると、明文の法律がない場合には慣習により、慣習もない場合には条理により裁判をするということは、いまなお裁判官を「検束」しているという。
　以上の点描により、この時点においてなお条理が生き延びていた事実を確認することが出来よう。

二　明治31年「明治民法典施行」から明治末年まで（後半期）

　民法典論争によって、旧民法が施行延期になったことを受け、明治26（1893）年に設置された法典調査会のもとで民法典の再編纂が行われた。明治28年に総則・物権・債権の前三編が、次いで同31年に親族・相続編が公布された。そして、これら全5編が同31年7月16日に施行された。
　明治民法典は、ドイツ法にみられるパンデクテン式の編別を採用した点に大きな特徴を有するものの、フランス法を源流とする旧民法がその土台となり、また穂積陳重などを通して英米法の影響もみられることから「比較法の所産」として理解するのが適切だとされている[6]。しかし、同民法典施行後の法解釈理論においては、ドイツの概念法学や法律実証主義にその範を求めるようになる。当時の多くの法学者や法実務家たちは、法体系の論理的整合性を追求し、法概念の緻密化と演繹的な三段論法に習熟することに努めた。こうして明治30年代の日本法学界は、ドイツ法学が圧倒的に法学者の考え方を支配したドイツ流解釈法学一辺倒となる時代となったとされる。
　このような状況のもと、裁判事務心得第3条に示される条理に基づく裁判は、当然その存在理由を失い、次第に同第3条はその存在意義を弱めていく。例えば、この時期に東京帝国大学で民法を講じていた川名兼四郎は、法源として条理を挙げておらず、裁判事務心得は類推解釈を根拠づけるものとしてのみ引用している[7]。また、富井政章は、明治36（1903）年に出版した『民法原論』の中で、条理や裁判事務心得については、あくまで過去のものとしてのみ言及しているに過ぎない[8]。これは、確かに杉山の言うように、「忘却」という表現

に値すると言えよう。しかしその一方、梅謙次郎や美濃部達吉の議論の中では、旧来の条理論がなお生き続けていることも見落としてはならない。梅は、『民法原理』の中で、条理が依然として制定法の補充としては機能していると考え、ここでいう条理を「性法」と解している[9]。

また、この時期には既に、条理の新たな存在意義の創出を基礎づけることになる兆しが見えていた。そのきっかけとなったのは、ヨーロッパ法学界で注目されていた自由法学とスイス民法典が日本で紹介されたことにあった。多くの法学者たちが「ドイツ法にあらずんば法にあらずというような気分」[10]に浸っていた中、一部の法学者たちの間では、法に対する社会の要求を十分に満たすことの出来ないドイツ法的な解釈方法を疑問視する声が出始めていた。いわゆる「ドイツ法的思考への反省」である。彼らは、法の無欠缺性を唱えるドイツ法に対し、裁判官による法創造を容認すべきだと主張するために、その根拠づけとして、法の欠缺を是認するヨーロッパ最新の学説や立法を利用することとなったのである[11]。

20世紀初頭の欧州では、ドイツ・フランスを中心に、「法の自由発見」の必要性を再認識させる新しい潮流が起こっていた。即ち、法の欠缺や裁判官の広範な法創造を主張する自由法学である。日本においては、一般的には、大正期以降、自由法学が注目されるようになったと言われているが、実際、この思想潮流は、明治30年代にその前兆が見られると言ってよい。牧野英一によると、明治35（1902）年に自らが『法学協会雑誌』にサレイユ（Raymond Saleilles）の『自然法と歴史派』を邦訳抄録したことがその始まりであったと述べている[12]。彼はまた、1899（明治32）年発表のジェニー（François Gény）『私法解釈論』[13]に触発され、この時期に既に「法律学の主観的新思潮」として新自然法を提唱している[14]。このようにフランスの自由法論が牧野によって紹介される一方、明治41年には石坂音四郎が「独逸近時ニ於ケル私法学会ノ趨向」にドイツの自由法論を紹介している[15]。さらにこうした思想は、大正期になると、ますます注目されていくようになった。とりわけこれに強い関心を示したのが、東京帝国大学の法理研究会である。明治45年以降、同研究会では、三潴信三「独逸ニ於ケル自由法説」、中田薫「仏蘭西ニ於ケル自由法説」、美濃部達吉「『スタムラー』氏ノ法理學説梗概」等の報告がなされた[16]。尤も、こうした

研究は未だに「獨佛等の法律學の流行に追髄する」[17]傾向が強く、欧州諸国の学説紹介の域を超えることはなかった。しかし彼らの活動を機に、その後、民法学者たちは、独仏の自由法学思想を我が国の民法解釈学の中へと精力的に摂取していった[18]。そして、このような自由法論の普及が、「条理」を定めた裁判事務心得第3条を、条理の考察において再想起させる引き金になったと考えられる。

また、新たな条理論が生じるきっかけを「スイス民法典」が提供していることも看過してはならない。とりわけ同民法第1条がその文言において裁判事務心得第3条と類似した思想を備えているとの理解が示されていたことは注目に値する。同条の正文の翻訳は以下の通りである[19]。

　A　此法律ノ適用
　第一條　文字上又ハ解釋上此法律ニ規定ヲ存スル法律問題ニ關シテハ總テ此法律ヲ適用ス
　　　此法律ニ規定ヲ存セサルトキハ裁判官ハ慣習法ニ從ヒ慣習法モ亦存在セサル場合ニハ自己カ立法者タラハ法規トシテ設定シタルヘキ所ニ從ヒ裁判スヘシ
　　　前項ノ場合ニ於テ裁判官ハ確定ノ學説及ヒ先例ニ準據スヘシ

1912（明治45）年施行のスイス民法は、我が国では比較的早い時期から知られていた（序論・第1章参照）。例えば、その2年前に大審院に提出された上告理由の中では、同民法第1条に「準拠スル」ようにとの記述がなされている[20]。

　　（……）假リニ此場合ニ法規又ハ慣習ナキモノトスルモ裁判官ハ條理ヲ適用シテ之ヲ判斷セサルヘカラス（……）現ニ世界最新ノ模範民法トシテ學界ニ嘆賞セラルル瑞西民法第一條ニハ「法規又ハ慣習法ヲ缺ク場合ニハ裁判官ハ自己カ立法者タラハ設ケタルヘキ規則ニ依リテ判決スヘシ」トアリ此大原則ハ吾國ノ法律ニ於テモ均シク承認セサルヘカラサルモノナルコトハ恐ラクハ疑ナカラン今本件ニ於テ當事者以外ノ者カ權利者タルコトニ付テノ法規又ハ慣習法ナシトスルモ條理上當然他人ノ權利者ト見サルヘカラス瑞西民法ノ發表シタル大原則ヲ世界ノ法理トシ

テ之ニ準據スルモ亦之ヲ認メサルヘカラス

　即ち、「法規又ハ慣習法ナシ」とされる場合に、「条理上当然」なる判断を導く契機として、スイス民法典第1条に見られる「大原則」に「準拠」すべきことが示されているが、ここには明らかに裁判事務心得第3条の原像を窺えよう。また、明治44 (1911) 年には、新スイス民法典の邦訳書である『瑞西民法』が穂積重遠によって刊行されている。このように、施行前のヨーロッパ最新の民法典が既に日本で紹介されており、ここに、当時の外国法典に対する日本法学の関心の深さを指摘出来よう。そしてこうした日本法学界におけるスイス民法の知識の増大にブリデルという存在が大きく関与していたことは第一章で述べた通りである。

　ブリデルは在日中、執筆、講義をはじめ、様々な手段を用いて、積極的にスイス民法典の紹介を行ってきたが、彼は、同民法第1条についての紹介もしており、特に「実定法の補充」方法の一例として、自らの著書の中でスイス民法草案第1条を取り上げている[21]。またブリデルが、来日した翌年の明治34年から36年に明治法律学校で担当していた法理学講義の中で、次のように法の無欠缺性への批判を行っていたことも興味深い事実であろう[22]。

　　法律學者ト云フモノハ法律ノ不完全ナル點ヲ擧ゲテ其改良ノ必要ヲ世間ニ知ラセルト云フ職務ヲ有ツテ居ルモノデアル併ナガラ往々此法律學者ハ理論法〔自然法〕ト云フモノニ注意シナイ現ニ行ハレテ居ル所ノ法則即チ實際法〔実定法〕ノミニ重キヲ置クト云フ弊害ヲ免レナイ（……）完全ナル法律家トナルニハ（……）法律ノ原則ニ遡ツテ之ヲ研究シテ居ラナケレバナラヌ即チ（……）理論法ト云フモノニ明ニナラナケレバナラヌ（……）此理論法ト云フモノニ力ヲ用井テ居レバ實際法ノ實際ノ缺點ト云フモノハ直グニ分ル

　こうしたブリデルのスイス民法典の紹介が、間接的ではあるにせよ、その後の裁判事務心得第3条の「再自覚」を促すきっかけの1つとなり得たことは十分に考えられ得る。そしてこの「再自覚」への彼のさらなる寄与は、「彼の講義を聴講した学生たちの存在」という点にも見られる。本書第一章で論及した

ように、ブリデルの学問に触れた学生として、杉山直治郎、牧野英一、末弘厳太郎、穂積重遠が挙げられるが、彼らこそ、この次の時代になり、従来支配的だったドイツ的解釈法学に否定的な見解を示し、裁判事務心得第3条の「再自覚」を促すきっかけを作っていく法学者たちである。彼らは、法典が成熟したことで「日本法の自立」が求められた大正期において、比較法学・法社会学・判例研究といった新しい方法論を用いて新たな「日本法学の構築」に取り組む際、自らが主張する法学説において「条理」に重要な位置づけを与え、それぞれが構想する日本法学の様々なイメージのもとに、それを裁判事務心得第3条とスイス民法第1条とを関連づけながら解釈していく。それでは、「再自覚」された裁判事務心得第3条はスイス民法典第1条との関わりの中で、いかに解釈されていくのだろうか。次章にて詳論していこう。

注

1) 近年、この時期の裁判事務について、条理を媒介として旧民法が法源として用いられていたことが、個別研究の中で明らかにされてきている。藤原明久は、連帯債務の効力に関し、この時期に大審院判例が旧民法の法理を明確に適用していることを明らかにした（藤原明久「明治23年旧民法と判例連帯債務法の展開」『神戸法学雑誌』第47巻第3号、1997年）477頁以下）。また、七戸克彦は、同様の分析を物権変動に関して行っている（七戸克彦「『法源』としてのボワソナード民法典」『法律時報』第70巻第9号、1998年）36頁以下）。また池田真朗は「旧民法およびその草案は、かなりの程度に『書かれた条理』『成文ノ道理』ratio scripta として利用された」と述べている（池田真朗『ボワソナードとその民法』慶應義塾大学出版会、2011年、97頁以下）。
2) 「社説我ガ最後ノ決心」（星野通編著『民法典論争資料集』日本評論社、1969年）242頁。
3) 穂積重遠「法律の施行前適用」（『牧野教授還暦祝賀法理論集』有斐閣、1938年）163頁。
4) 穂積前掲「法律の施行前適用」214頁。
5) 「法典調査会民法主査会議事速記録」（法務大臣官房司法法制調査部監修『日本近代立法資料叢書13』商事法務研究会、1988年）28頁。
6) 浅古他編前掲『日本法制史』314頁。

7) 川名兼四郎『日本民法総論』（金刺芳流堂、1912 年）13 頁には次のようにある。「法規ノ解釋ニ似テ非ナルモノアリ、類推適用是ナリ、類推適用ハ立法上ノ理由ヲ同フスルカ爲メニ、法律ニ規定ナキ事項ニ、之ト類似ノ事項ヲ定メタル規定ヲ、適用スルコトヲ意味ス、故ニ類推適用ハ、法律ニ規定ナキコトヲ前提トシテ行ハル、從テ法律ノ解釋ニハアラス、而モ猶ホ此適用ヲ許スハ又法律ニ其根據ヲ有スモノナリ、吾國ニ於テハ、明治八年太政官布告第百三號（……）ニ其根據ヲ有ス」

8) 富井政章『民法原論』第 1 巻総論上（有斐閣書房、1903 年）25 頁以下。

9) 梅謙次郎『民法原理』総則編巻之一（和佛法律学校、1904 年）10 頁。

10) 日本評論社編集局『日本の法學』（日本評論社、1950 年）40 頁。これは末弘厳太郎及び牧野英一の発言によるものである。

11) 末弘厳太郎の「向う〔ヨーロッパ〕の学界の論争が半年もたたぬ中にこっち〔日本〕の論争になった位、わが國の法学界は外國法学界の動きに敏感だった」との発言は、まさしくこのドイツ法学（概念法学・法実証主義）に対する批判という場面にも当てはまるだろう。

12) 日本評論社編集局前掲『日本の法學』57 頁。

13) 日本評論社編集局前掲『日本の法學』57 頁。これは "Méthode d'interprétation et sources en droit privé positif" (1899)のことであろう。

14) 小林直樹・水本浩編『現代日本の法思想』（有斐閣、1976 年）99 頁。

15) 日本評論社編集局前掲『日本の法學』58 頁。

16) 『法学協会雑誌』第 30 号第 10・11・12 巻（1912 年）、第 31 号第 1・2 巻（1913 年）参照。

17) 『法学協会雑誌』第 48 巻第 5 号（1930 年）135 頁。

18) その一例として、石坂音四郎「法律ノ解釋及ヒ適用ニ就キテ」（同『民法研究第 2 巻』有斐閣書房、1913 年）、富井政章「自由法説ノ價値」（『法学協会雑誌』第 33 巻第 4 号、1915 年）、穂積重遠『法理學大綱』（岩波書店、1917 年）を挙げておく。

19) 穂積重遠『瑞西民法』（法学新報社、1911 年）1 頁。また、同民法第 1 条の現代語訳として、大川四郎「スイス民法典第一条第二項の学説史的起源」（森田安一編『スイスの歴史と文化』刀水書房、1999 年、179・180 頁）を挙げておく。

20) 「損害賠償請求ノ件（明治 43 年 7 月 7 日第一民事部判決）」（『大審院民事判決録』第 16 輯第 16 巻、1911 年）528-529 頁。

21) "Encyclopédie juridique"(Paris, Lausanne, 1907, 2ᵉ éd, Tokio, 1910) や "Le droit et la justice"(『法学協会雑誌』第 25 巻第 6 号、1907 年（仏文））を挙げておく。

　上記の 2 つの著書に共通することは、ブリデルが「実定法と自然法」という枠組みのなかで「自然法（droit naturel）」を規定した条文の一例としてスイス民法典第 1 条を紹介しているということである。彼は、スイス民法第 1 条の他、同民法第 5 条、オーストリア民法第 7 条、イタリア法例第 3 条、ポルトガル民法第 16 条、スペイン民法第 6 条

を例証し、各規定において「自然法」「衡平」「法の一般原則」「裁判官が立法者として定めるべき規定」と表現の仕方は異なるが、これらはすべて同一であり、「実定法を補足する上位法」「人間の本質に適った法」「最も見識ある精神及び最も寛大な心が認識するような法」であると理解している。またこれは「十分に明示された実定法の規定がない場合に裁判所が既存の法（de lege lata）として拠り所にするもの」であり、「実定法を批判し改正する際に、あるべき法（de lege ferenda）として拠り所にするもの」、つまり裁判所の慣行と立法という二重の観点から見た「必要なもの」として存在するとされた。

　こうしたスイス民法第1条についてのブリデルの法思想は、法の欠缺を認めたという点においては進歩的ではあるが、その補充として、上位法としての自然法を認めている点、条文のなかに自然法を読み込んでいこうとする点において、本来のスイス民法の立法趣旨とは異なる。彼のこのような主張は、（フランスの）註釈学派の主張する法典万能主義から法の欠缺を認める自由法学への過渡期を象徴するもののように思われる。おそらくブリデルの思想は、彼の出自や研究環境から生じたものではないだろうか。つまりスイスの中でも、彼の出身はスイス・フランス語圏である。また法典編纂以前に支配的であったカントン法は、各カントンごとに全く異なった性質を有しており、彼の住んでいたヴォー州（Canton de Vaud）の法は、ナポレオン法典を模範としたものであったとされる。このように考えていくと、彼がローザンヌで学んだ法概念とは、当然フランスで未だ支配的であった「自然法を体現した法」であったと想像出来る。また大学での担当科目において、フランス法を講じていたことから、ブリデルは当然、フランス法関連の文献を扱い、そこから自らの理論をも形成していった。従って、彼の思想にもまた、一方では進歩的な要素を含みつつも、註釈学派に通じる保守的一面をも持ち合わせていたのではないだろうか。

22）　瑞西國法律博士ルイ、ブリデル君講述・同國「ジュネーヴ」大學法律博士野澤武之助君通譯『明治法律學校卅六年度第2學年講義録　法律原論　完　附比較法制學講義』（明治大學出版部講法會出版、1903年）56-57頁。

　ブリデルは、「實際法」を「其國ノ時代ニ於ケル法律若シクハ習慣ニ據ツテ作ラレ所ノモノデゴザイマシテ實際ニ強行的ノ法則トシテ存在シテ居ル（即チ實際ニ行ハレテ居ル）所ノ法律」（ブリデル前掲『明治法律学校卅六年度第2學年講義録　法律原論　完　附比較法制學講義』44頁）と定義づけ、「理論法」を「今デモ往々學者ガ自然法トイウ名稱ヲ用井テ居ル」（同前書47頁）ものであるとし、また「個人ノ判斷力ニ依ツテ發見セラレタル所ノ法律」（同前書45頁）であり、「人類相互ノ間ニ於ケル法律的ノ關係ニ對スル正義（justice）」、「個人ノ自由（liberté individuelle）或ハ自由權」、「社會ノ利益（utilité soeiale）」即チ「公益（一般ノ利益）」の「三ツノ大ナル原則ノ上ニ成立シテ居ルモノ」としている。つまり、ここでブリデルの言う「實際法」は「実定法」のことを、「理論法」は「自然法」のことを意味するものとみることが出来る。

第七章　「再自覚」された太政官布告

　前章でみたように、明治末期にあっては、法典編纂の結果、裁判事務心得第3条は「消滅」と評価し得る状況になっていた。例えば、富井政章が『民法原論』の中で法源の解説を行うにあたり、裁判事務心得を過去のものとして扱うなど、杉山のいう「忘却」に相応する態度を見出すことが出来る（第六章第二節参照）。ところが大正期に入ると、同心得第3条が再び注目されることとなる。特に条理が民法の法源の枠組みの中で、成文法や慣習法の補充方法として論じられるようになり、その際、裁判事務心得第3条とスイス民法第1条第2項が類似法規として着目され、法学者たちはそれに強く関心を抱くようになる。そして彼らの言説が現代日本の条理理解に繋がるのである。

　ここでは大正期の法学者たちによる言説の整理・分析を行い、どのように裁判事務心得第3条の「再自覚」という現象が生じたのか、またその要因は何だったのかを考察する。以下、条理研究が最も積極的に進められていた当時の「民法学領域」及び「比較法学領域」で発表された、裁判事務心得第3条に言及した著書・論文をまずは時系列順に紹介していくことにしよう[1]。

一　民法学領域における「条理」論

1　松本烝治「民法ノ法源」(明治 43 年)

　裁判事務心得第 3 条及びスイス民法第 1 条第 2 項の両法令が、民法解釈学の領域において引用された最も初期の論文として、明治 43（1910）年に発表された彼の「民法ノ法源」が挙げられる。この論文は、当初『注釈民法全書』（大正元年）に掲載される予定であったが、出版準備中に梅謙次郎が逝去し、『法学志林』が梅の追悼号を刊行することになり、急遽、掲載が決定した[2]。この松本の論文は、後に取り上げる石坂音四郎や富井政章が自らの条理論を展開する際、参考文献として等しく挙げられており、明治末期に発表されたものではあるが、大正期に展開する議論をリードしたものであったと思われる。

　まず松本は、「民法ノ法源トハ實質的意義ニ於ケル民法ノ淵源ヲ謂フ民法ノ法源ヲ大別スレハ制定法ト慣習法ト爲制定法ハ更ニ之ヲ分類シテ法令、自治法、條約ノ三種ト爲スコトヲ得ヘシ制定法、慣習法以外ニ於テ判例又ハ條理（理法、性法）ヲ法源ニ擧グル者アレトモ余ハ此説ヲ採ラス」[3]と、民法の法源として、制定法・慣習法を挙げている。そして、法学者のなかにはそれ以外に「判例又ハ條理（理法・性法）」を挙げる者もいるが、自分はその考えをとらないと明言している。その理由は、次の引用に示されている[4]。

　　制定法カ如何ニ精細ニ制定セラルルモ以テ社会萬般ノ現象ヲ規律スルニ足ラサルヘキハ何人モ之ヲ承認スル所ナルヘシ是ニ於テカ類推解釈ノ必要ヲ生ス（緒論第三ノ三參照）類推ニ用ユヘキ規定ヲモ缺クトキハ如何裁判官ハ法ノ不備ニ籍口シテ裁判ヲ辭スルコトヲ得ヘカラサルヲ以テ此ノ如キ場合ニ於テモ適用スヘキ法規ヲ發見セサルヘカラス其法規ハ即チ法律全體ノ精神ヨリ生スル原理是ナリト謂フヘシ（……）此法律ノ規定ナキ所ニ規定アルノ理ヲ解セサル者ハ法律ノ不備缺點ヲ補フニ自然ノ条理又ハ自然法ヲ以テセントス然レトモ何ヲ以テ自然法トスヘキカハ各個ノ場合ニ於ケル裁判官ノ判斷ニ任スルノ外ナキヲ以テ此種ノ自然法ハ畢竟スルニ裁判官一個ノ脳裡ニ存在スル主観的理想タルニ過キス之ヲ以テ客觀的ノ存在

ヲ有スヘキ法律ノ法源ノーナリト解スヘカラサルナリ（……）我明治八年第百三號布告裁判事務心得ハ明文ナキ場合ニハ慣習ニ依リ慣習ナキ場合ニハ條理ニ依ルト定メ墺國民法第七條ハ類推スヘキ法規ナキ場合ニ於テハ審思熟考セラレタル状態ニ鑑ミテ自然ノ法則ニ從ヒテ判斷スヘキモノト定メ又瑞西新民法第一条第二項ハ法律ノ規定ヲ発見スルコト能ハサルトキハ裁判官ハ慣習法ニ寄ルヘク慣習法ヲモ缺クトキハ立法者トシテ制定スルナルヘキ(ママ)規定ニ依ルヘキモノトス是等ノ我明治八年布告以下ノ立法例ハ必スシモ自然法ノ存在ヲ認メタルモノト解スヘキニ非ス例ヘハ明治八年布告ニ所謂條理トハ法律全體ノ精神ヨリ生スル原理ノ趣旨ト解釋シテ可ナリト雖モ疑ヲ招クノ虞アル語弊ヲ有スルヲ以テ余ハ立法論トシテハ此種ノ規定ヲ不可トスル者ナリ。

　松本によれば、制定法の単純な適用による問題解決が出来ない場合には、第一に類推解釈を行うべきであり、それが出来ない場合は、「法律全體ノ精神ヨリ生スル原理」を適用すべきであって、「裁判官一個ノ腦裡ニ存在スル主觀的思想」に過ぎない「自然ノ條理」や「自然法」による補充は認めるべきではない。その際、彼は、裁判事務心得第３条、オーストリア民法第７条、そしてスイス新民法第１条第２項を挙げ、これらはいずれも自然法の存在を認めたものでは必ずしもないとし[5]、例えば裁判事務心得第３条について、そこにいう「條理」とは「法律全體ノ精神ヨリ生スル原理」を指すものと解することも出来ると述べている。おそらく「條理」という用語にこのような新たな意味づけを与えるのは彼の独創によるものであろう。また、管見の限りではあるが、これは我が国の法学において、「條理」「裁判事務心得第３条」「スイス民法第１条第２項」を列挙しながら法源論が語られた初めてのケースと言ってよいだろう。

　このように松本の所説は、明治末に既に日本で紹介されていた自由法論を強く意識した上で、彼らの立場に強い疑念を示し、法適用はあくまでも法律の枠内で行われるべきであると主張していた。そして上記の記述から見れば、松本は同心得の趣旨については一応の理解も示しつつも、「余ハ立法論トシテ此種ノ規定ヲ不可トスル」見解であった。この意味において、彼自身はあくまで法典の無欠缺性ドグマの下におり、裁判事務心得の活用に消極的であったことを

見逃してはならない。

2　石坂音四郎「法律ノ解釈及ヒ適用ニ就キテ」（明治45年）

　石坂音四郎も松本と同様に、条理の法源性を認めていない論者の一人である[6]。彼の考える法律の補充方法については、明治45年に発表された論稿「法律ノ解釈及ヒ適用ニ就キテ」[7]から見てみよう。

　石坂は、法律に欠缺があり得ること、そして論理解釈や類推適用を駆使しても埋めることが出来ないことがあることを積極的に認めている。その上で次のように述べる[8]。

　　法律ノ不備存スル場合ニ於テモ裁判官ハ尚裁判ヲ爲ササルヘカラス即其不備ヲ補充スルヲ要ス然ラハ如何ナル標準ニ依リテ裁判ヲ爲スヘキヤ此問題ニ關シテハ先ニ自由法派ニ關シ述ヘタルカ如ク學説種種ニ分レ法律最高ノ目的、事物自然ノ道理、法律感情、正義、公平、便宜、條理、利益ノ較量等殆ト十人十説ヲ立ツ（……）吾人ハ瑞西民法第一条ノ規定ト同シク適用スヘキ法律ナキ場合ニハ裁判官ハ自ラ立法者トシテ作ルヘキ規則ニ從テ判決スヘキモノトナスヲ適當ナリト信ス此ノ如ク裁判官ハ法律ノ規定ナキ場合ニハ自由裁量ニ依リテ判決ヲ爲スコトヲ要スト雖モ裁判官ハ立法ヲ爲ス者ト解スヘカラス又裁判官カ據レル規則ヲ以テ法律ナリト解スヘカラス蓋裁判官ノ下シタル判決ハ唯其判決ヲ受ケタル當事者ニ對シテ拘束力ヲ有スルニ過キス一般的標準タルモノニアラサルカ故ナリ唯其判決カ裁判所ノ慣行トナリ遂ニ慣習法トシテ認メラルルニ至リテ始メテ法律タル効力ヲ有スヘキノミ且裁判官ハ其判決ニ依リテ法律ノ補充ノ作用ヲ爲スニ過キス即論理解釈又ハ類推適用ヲ爲スヲ得サルニ至リテ始メテ自由裁量ニ依ルコトヲ得故ニ成法ノ精神ニ反スルヲ得ス若シ成法ノ精神ニ反シテ裁判ヲ爲スコトヲ得トセハ裁判官ハ其權限ヲ踰越シ立法スルモノト云フヘシ

　石坂は、法の欠缺がある場合について、「自由法派」の諸説を挙げつつも、それとは別の補充方法を唱えるスイス民法第1条の「裁判官ハ自ラ立法者トシテ作ルヘキ規則ニ從テ判決スヘキモノトナスヲ適當ナリト信ス」と評価する。既に松本が、法の欠缺の補充という文脈においてスイス民法第1条を引き合い

に出しているが、松本がこれをあくまで消極的にとらえているのに対し、石坂は比較的肯定的な態度をとっていると言えるだろう。但し、石坂の理解のもとでは、裁判官は自らの自由裁量により裁判をすることは出来るとするものの、その時の判断はあくまでもその事案限りのものであって、後の裁判を拘束する法的な拘束力を有するものであるとは考えられていない。裁判所が下した判決はその判決を受ける当事者に対してのみ拘束力を有するのであり、裁判所には立法権が認められていないことを明言している。このように、石坂においては、自由法派やスイス民法典に好意的な姿勢を見せつつも、それらを全面的に認めていたわけではなかった。なお、石坂においては、裁判事務心得の言及は見られない。

3 富井政章「自由法説ノ價値」(大正4年)

前章末尾でみたように、明治民法典編纂後において、富井は裁判事務心得の効力を認めることに極めて消極的であった。ところが、以下に引用する「自由法説ノ價値」と題する論文では、彼は上記の自らの見解を変更している[9]。この論文の中で、彼は、「自由法派ノ主張ハ現今ノ法治制度殊ニ法典ノ存在ト相容レサルモノトス」[10]「自由法説ノ主張ハ廣汎ナル範圍ニ於テ無法律ニ等シキ狀態ヲ作ルコトニ歸着ス」[11]と述べ、自由法説を支持することは出来ないと明言しているものの、その一方で、「法律ノ不備ハ解釋ニ依リテ之ヲ補充スルコトニ努メサルヘカラスト雖モ之カ爲メ法律ニ不備欠缺ナシトスル從來ノ學說ニハ贊同スルコトヲ得ス」[12]として、法律の不備には論理解釈をもって対応すべしとしつつも、それをもっては埋めることの出来ない法律の不備があり得ることを認めている。そしてその補充方法として、富井は、「學說上ニ於テハ法律ノ目的、正義、條理、公平等種々ノ標準」がその補充方法として挙げられるものの、「唯我現行法ニ付テ言ヘハ明治八年第百三號布告ニ成文法、慣習法共ニ之ヲ缺クトキハ條理ニ依ルヘシトアリ而シテ此法規ハ前ニ述ヘタル如ク今日ニ在リテモ尙其效力ヲ有スルコト疑ナキカ故ニ上記ノ場合ニ於テハ結局條理ニ基キ裁判ヲ爲スヘキモノトス」として、裁判事務心得第3条に従い、「条理」をもって解決すべきだと述べている[13]。ここで注目すべきは、「〔裁判事務心得が〕

今日ニ在リテモ尚其效力ヲ有スルコト疑ナキ」という彼の認識である。大正9(1920)年に著された『民法原論』には、「此規則ハ民法實施後ノ今日ニ在リテモ尚效力ヲ有スルコト疑ナキカ故ニ（民施九条）現行法ノ説明トシテモ其意義ヲ明ニスル必要アリ」[14]と、民法施行法第9条に裁判事務心得が列挙されていないことを根拠に同心得の効力を認めている。但し、ここで彼は、「條理其者ハ之ヲ獨立ノ法源ト見ルヘキニ非ス」[15]と、条理の法源性についてははっきりと否定している。つまり、彼にとっての条理とは、あくまで成文法と慣習法がない場合における「裁判ノ準據タルノミ」[16]に過ぎず、裁判官が条理を推考する際には、成文法の精神を熟考し、それに合致した形で法創造をしなければならない、そしてこれはスイス民法第1条の「法律ノ規定又ハ慣習法ナキトキハ裁判官ハ自己力立法者ノ地位ニ在ルトシテ制定スヘキ規則ニ據ルヘシ」の「趣旨ニ大差ナキモノ」と解し得るとした[17]。これは重要な発言である。

富井による条理への理解は、基本的に石坂の条理論に依拠するものであるが、石坂が裁判事務心得に言及しないのに対し、富井は「余輩ハ我現行法ノ説明トシテハ右ニ示ス布告ノ用語ニ從フコトヲ妥當トスル」[18]として、我が国において「条理」に基づく裁判を行う際、その根拠はあくまでも裁判事務心得に基づくべきことを主張している。そして、富井の条理解釈においては、裁判事務心得第3条とスイス民法第1条第2項とを「同趣旨」にあるものとして理解されており、ここに両法令を引き合わせて論じるという現代の「条理」の言説の原型を見出すことが可能となるのである。

また富井は、「布告ニ所謂條理トハ『法律全體ノ精神ヨリ生スル原理』ノ趣旨ト解釋スル説アリ（松本博士、民法全書二一頁）」として、「法律其者ノ中ニ適用スヘキ規定アリテ解釋ニ依リ之ヲ見出スコトヲ得ルモノトスル」松本説にも言及している[19]。しかし富井は、松本の見解は法律の欠缺を認めないものであるとし、富井自身は「解釋ノ力及ハサル場合絶無ニ非ストスル」[20]との考えに立脚していると述べる。しかし、そうはいっても自由法派の主張するように論理解釈を排斥することは出来ず、あくまでもまずは論理解釈による法の発見に努めるべきであるとするが、それでもなお埋めることの出来ない「不備欠缺」がある場合には、「已ムナク條理ヲ標準トシテ裁判官ノ自由裁量」[21]によるべきという。条理が問題になるのは「甚タ狹キ」[22]場合に限定されるという

点に、富井と自由法派との違いを見出すことが出来よう。さらに「此限局サレタル範圍内ニ於テモ條理ノ如キ茫漠タル標準ニ依リテ裁判ヲ爲スハ望ムヘキコトニ非サルカ故ニ將來ニハ主トシテ立法手段ニ依リ益々其必要ヲ減少スルコトヲ圖ラサルヘカラス」[23]と、今後、適切な形での法改正を行うことを通じ、条理が問題にならざるを得ない場合をさらに極力限定していかねばならないとした。そのためには、「先以テ法律ノ構造ニ注意シ成ルヘク法律其者ノ解釋ニヨリテ凡百ノ場合ヲ解決シ得ヘキ仕組ト爲スコトヲ要ス卽チ其規定ハ細密ニ渉ルヨリモ寧ロ立法ノ趣旨ヲ明ニスル準則タルコトニ止メ其範圍内ニ於テ實際生活ト相離レサル適用ヲ爲ス爲メ裁判官ニ自由裁量ノ餘地ヲ與フルコトヲ適當トス是レ直接ニ法律其者ニ根據ヲ置クコトナルカ故ニ裁判官ノ主觀的標準ニ依ルニ比シテ其確實ナルコト同日ノ論ニ非ス又社會狀態ノ變遷スルニ從ヒ人民ヲシテ永ク法律ト實際トノ乖離ニ苦マシメサル爲メ敏活ニ法律ノ改正ヲ行フニ便ナル設備ヲ爲スコトモ甚タ肝要ナルヘシ（……）此他學者ノ研究ニ成ル立法意見ノ如キモ間接ニ法律ノ改良ヲ促ス一大原動力ト爲ルコトアリ故ニ此點ニ於テモ法學教育ノ擴張ハ根本的重要ナル事業ト謂ハサルコトヲ得ス」[24]として、白地規定の設定、積極的な法改正、法学教育の拡張の必要性も説いている。

　富井は、周知の通り、民法典の起草者の一人である。彼の目には、自らの携わった民法典はなお不完全なところが多数あり、これをもって欠缺のない法律と称することは出来なかったのであろう。しかし、彼は同時に、無欠缺な法律（具体的には民法典）というものも存在し得ると考え、それに向けた民法改正を重ねなければならないとしたのである。そこに至るまでの経過的な措置として裁判事務心得第3条の不本意ながらの使用を続けなければならないと考え、条理の適用については慎重な態度を崩すことがなかった。

4　杉山直治郎「『デュギュイ』ノ權利否認論ノ批判」（大正5年）

　大正5（1916）年には、杉山直治郎によって「『デュギュイ』ノ權利否認論ノ批判」が出された。彼は成文法の不備への補充方法として、類推解釈以外の補充運用方法も認めるべきとし、「之ニ付テハ吾國法上ハ殊ニ恰モ成法上ノ根據アリ明治八年第百三號布告是ナリ而シテ同法謂フ所ノ條理ノ意義ハ言表形式コ

ソ異レ實質ニ於テハ瑞西民法第一條ト同一ノ包容力及ヒ客觀性ヲ有スルノ趣旨ニ解スヘキモノタルヲ信スルナリ」と記している[25]。杉山は、さらにこの末尾に注を付し、次のように述べている[26]。

　吾布告ニハ條理ト規定セラルルモ其文義ノ如ク狭ク且ツ單純ナル主觀的標準ノ意義ニ之ヲ解スヘキニ非ラス瑞民法ノ通解ト同シク賢明ナル立法者カ立法ニ方ツキ考慮ヲ拂フヘキ諸標準即チ正義事物ノ性質公平（當事者双方ノ利害ノ均衡）公益取引信用ノ確保國民確信又ハ共同ノ時代意識社会的要求等ニ依ルヘキノ法旨ト爲スヲ要ス而シテ是等ノ標準ハ或程度マテ客觀的性質ヲ有セサルニ非ラス現ニ之ニ依テ或程度マテ裁判ノ主觀弊害ヨリ免ルルヲ得ヘシト爲スハ瑞民法ノ通解ニシテ移ツシテ吾布告ノ正解ト認ムルニ妨ケナキヲ信スルナリ（Egger, Das Personenrecht, Komm. z. Schweiz. Zivilg., S. 8; Tuor, Das Neue Recht, 1912, S. 36 f.）

ここで杉山は、裁判事務心得第3条のいう「条理」をいかに解すべきかについて述べている。彼は、それが意味するものは単なる「主觀的標準」——おそらくこれは富井の言葉を用いている——ではなく、より広く「正義」「事物ノ性質」「公平（當事者双方ノ利害の均衡）」「公益」「取引信用ノ確保」「國民確信又ハ共同的時代意識」「社会的要求」に依るべきの法旨であり、また「或程度マテ客觀的性質ヲ有セサルニ非ラス」とした。杉山の語る「条理」には、ある程度客觀的性質を備えた対象性が伴っている。

また杉山は、上記の論文内で「補充効説」なるものを採用するとし、その説明として「成法ノ解釋ハ立法者ノ意思闡明ナル厳肅解釈タルヘキモノトシ随テ成法ニ欠缺アルヲ認メ其欠缺ハ法ノ自由發見自由討究ヲ以テ之ヲ補充スヘシト爲ス主張ヲ謂フ而シテ、多數ハ此自由發見ノ法ヲ以テ自然法ナリト爲ス之ヲ自然法トスト爲ササルトハ解釋問題トシテハ寧ロ詞ノ争ニ過キス實質上ニハ損益ナシト信スルト共ニ敢テ自然法ノ名称ヲ拒ムノ必要ナキヲ思フ」[27]と述べている。ここから、彼が自らを自由法論者、あるいは（新）自然法論者と位置づけていることを確認出来る。

なお杉山は、この論文が発表されてから15年後の昭和6（1931）年から7年にかけて、条理の問題について改めて大部の論文を世に出す。これについては、

本章第二節第２項で改めて取り上げることにする。

5　穂積重遠『民法総論』（大正11年）

　穂積重遠が、裁判事務心得第３条及びスイス民法第１条第２項に言及したとされる最初の論文は、大正６（1917）年に『法学志林』で発表された「婚姻豫約有效判決ノ眞意義」である（本書第八章参照）。本論文で重遠は、この判決の争点となる内縁解消は、法律の否定する関係ではなく、法律の規定しなかった空隙、即ち、法の欠缺の現象であり、こうした法律に規定がない場合には「条理」に頼るしかないとし、「タトヒカノ太政官布告其モノガ既ニ死法デアッタトシテモ、又タトヒ斯ノ如キ布告ノ出タコトガナイトシテモ、余ハ此布告ノ趣旨ヲ以テ司法界千古不朽ノ大原則ト信ズルノデアル。同様ニ一九一二年ヨリ施行ノ『スイス』民法第一條第二項（……）ノ規定ハ、規定ナキ我國ニ於テモ當ニ然ルベキ所デアル」[28]として、裁判規準としての条理を認めるとともに、法律の欠缺補充としての条理は当然あるべきとした。

　またここで「条理」の根拠条文として裁判事務心得第３条とスイス民法第１条第２項を引き合いに出している。こうした彼の「条理」の捉え方は、彼が大正６年に発表した『法理学大綱』にも見出すことが出来る。しかし、この時期における彼の条理論が明瞭にまとめられているのは、大正11年に出た『民法総論』においてである。

　なお筆者は、現代の通説的な条理理解の原型は、前述の通り、富井政章によって与えられたと考えるが、同時代の法学的、実務的な環境下で、より深くその理解の方法を探求し、その意義を唱導した人物は穂積重遠であると考えている。その理由は、彼の条理論について詳述した次章にて展開するが、大正期の条理論の中で重遠の学説を素描し、彼の所論の革新性を示しておくことにしたい。従って以下では、彼の『民法総論』の中から次の一節について言及するにとどめよう[29]。

　　裁判所は條理を適用して裁判を爲し得るであらうか。自然法論者は條理が即ち法律なのであるから裁判所は之を適用して裁判すべしと云ふ。今日の通説は條理

は法律でないから裁判所は之を適用して裁判し得ないと云ふ。共に裁判所が法律のみを適用する機關であることを論據とする點に於て一致する。私は自然法論にも通説にも反對するのであって、條理は法律ではないけれども裁判所は條理を適用して裁判し得るものと信ずる。裁判所は元來條理に基づいて裁判する機關として發生發達したものであり、法律はむしろ裁判所の條理裁判に標準を與へて其自由裁量を制限する機關として發生發達したものと云ふことが出來る。而して法律が頗る發達した今日に於ても、法律が現在及び將來のあらゆる生活需要を網羅することは到底不能であつて、即ち法律には缺陷がない譯には往かず、而して裁判官は規定無きの故を以て裁判を拒むことは出來ないのであるから、裁判官が條理を以て法律を補充するのはむしろ當然の必要で、實際上常に行はれて居るのである。明治八年太政官布告第一〇三號裁判事務心得第三條は、『民事ノ裁判ニ成文ノ法律ナキモノハ習慣ニ依リ習慣ナキモノハ條理ヲ推考シテ裁判スベシ』と規定して居る。此規定が現行法であるか否かは疑問であつて、私はさうであると考へて居るが（民施9条）、反對論もあらう。しかしもし此布告が既に廢止されて居るとしても、元來當然の規定であるから今日でも理論上然らざるを得ない。スイス民法第一條の規定も結局同趣旨であつて、此問題の最も適當な解決と思ふから、全文を譯載すると、『文字上又ハ解釋上此法律ニ規定ヲ存スル法律問題ニ關シテハ、スベテ此法律ヲ適用ス。此法律ニ規定ナキトキハ、裁判官ハ慣習法ニ從ヒ、慣習法モ亦存在セザル場合ニハ、自己ガ立法者タラバ法規トシテ設定シタルベキ所ニ從ヒテ裁判スベシ。前二項ノ場合ニ於テ、裁判官ハ確定ノ學説及ビ先例ニ準據スヘシ。』といふのである。これ亦明文の規定を待たずさうなくてはならぬ所なのであつて、裁判官は民事事件に關し明文不文何等の法律規定がない場合には條理に基づいて裁判すべきものなのである。而して其判決が基礎となつて前述の通り判例法が成立することはあらうが、しかし條理其ものが民法法規なのではないのである。

まず重遠は、条理をめぐる当時の学説状況を説明する。彼によると、「今日の通説」は、条理は法律ではないから適用出来ないとする見解に立っているという。例えば、明治末年における富井の法律解釈論などがこうした立場を表明していた。尤も、前述のように、大正期になると富井は自説を改めるようにはなるが、重遠の言うところ、大勢は条理不適用説だったのだろう。この一方、ここでいう「自然法論者」とは、梅のような明治期のそれではなく、杉山のよ

うな「新自然法論者」のことを指していると理解し得よう。いずれにせよ、重遠の立場は、当時の「通説」からも「自然法論者」からも隔っていたことがわかる。この問題に関する彼の立場はこの両者とは異なる。

　重遠は、法律に不備がある場合にはまずは類推解釈による処理が行われるべきであるとした上で[30]、それでも不備を埋められない場合に、「条理に基づいて裁判すべき」と言う。この処理は、裁判事務心得第3条に基づくものであり、重遠自身は民法施行法第9条によって同心得が廃止されていないことを根拠にし、同条が法令としてなお有効であるというが、他面、同条が廃止されているとしてもこれは「元来当然の規定である」が故に同じ結論になると言う。なぜなら、重遠によると、元来裁判所は「条理裁判」をするための機関であるからである。そして彼は、スイス民法第1条と同心得第3条とが「結局同趣旨」であると言う。彼のいう「条理」が何であるかはこの引用からは判然としないが、上記「婚姻予約有効判決の真意義」の中では、はっきりと「当時の社会通念たる『道理』」であると明言し、自然法の適用ではないとする。このように重遠は、条理裁判こそが裁判の元来の形態であるとしてこれに積極的意義を付与し、さらにこの条理裁判から判例法が形成されていくと示唆している。

6　我妻栄『民法總則』（昭和5年）

　日本民法学の泰斗、我妻栄もまた、数多く出版された民法書の中で、条理についての記述を行っているが、ここでは、彼が昭和5（1930）年に発表した『民法總則』を取り上げることにする。まず、条理について説明がなされた箇所を引用してみる[31]。

　　（……）法律に規定なき場合には條理に従つて裁判せられねばならないことは、今日に於ては一般に認められて居る。明治八年太政官布告第一〇三號裁判事務心得第三條は『民事ノ裁判ニ成文ナキモノハ習慣ニ依リ、習慣ナキモノハ條理ヲ推考シテ裁判スベシ』と規定して居る。又前記スイス民法第一條は『文字上又ハ解釋上此法律ニ規定ヲ存スル法律問題ニ關シテハ總テコノ法律ヲ適用ス。此法律ニ規定ナキトキハ、裁判官ハ慣習法ニ從ヒ、慣習法モ亦存在セザル場合ニハ、自己

ガ立法者タラバ法規トシテ設定シタルベキ所ニ從ヒテ裁判スベシ。前二項ノ場合ニ於テ、裁判官ハ確定ノ學説及ビ先例ニ準據スベシ』といふ有名な條文を掲げて居る。然し裁判官は法律に規定なしとして裁判を拒むことは出來ないし、その場合には自己が立法者ならば規定すべかりし所・即ち條理に從ふの他はないのであるから、この兩規定は結局裁判の本質上當然なことを規定したに過ぎない。從つて前記太政官布告が布告として今日その効力を持續するや否やに關せず、かかる結果を是認しなければならない。然しこの場合に條理を以って直ちに法律なりとなすことは法律の本質上適當ではないので、これを強ひて法律なりとなすことはいささか事実を誣ふる嫌がある。寧ろ、裁判官はこの場合法律に非ざる條理を適用するのであって、條理は法律に非ざるも裁判所に適用せられるのだと見る方が妥當であると思ふ。故に正確に云へば條理は民法の法源ではないといふべきである。但し、この條理に基づいた裁判が判例となって判例法を生ずることは勿論極めて多い。

　彼の議論は、穂積重遠のそれとよく似ていることがわかる。それは、裁判事務心得第3条とスイス民法第1条とを同趣旨として、条理の根拠規定としている点、「太政官布告が布告として今日その効力を持続するや否やに関せず、かかる結果を是認しなければならない。」として、裁判事務心得第3条が今日効力を保っているかどうかにかかわらず、条理が裁判の準拠となることを認める点においてである[32]。また、条理の具体的定義についても、我妻は同書では何も語っていないが、昭和35 (1960) 年の民事法学事典所収の「法源」(我妻栄『民法研究』I私法一般 (有斐閣、1966年) 所収) の中で、条理とは「物事のすじみちであって、われわれの理性に基づいて考えられる規範」と定義づけている。それに、条理の「適用」という表現を採用しているところから、これがその都度発見される規範というよりは、個々の裁判官の認識を超えて、客観的にどこかに存在している規範であるとの理解が窺えるようである。これについても重遠の見解と大きく異なるものではない。

7　末弘厳太郎「法源としての条理」(昭和 24 年)

　末弘は前述した論者たちとほぼ同世代に属する法学者であるが、彼らが大正期に繰り広げた条理に関する一連の議論には加わらなかった。しかし、議論が一段落した昭和初期になると、末弘もようやく独自の法源論を提唱するようになる。尤も、彼の語る条理論もまた、上記の大正期の議論を強く意識したものであり、ここで若干の言及をしておく必要があろう。
　彼の捉えるところの「条理」が最も明確に述べられているのは、やや時代が下った昭和 24 (1949) 年の『続民法雑記帳』所収の「法源としての条理」の中においてである。その件は以下の通りである[33]。

> 　條理を以て客観的に定立されている法規體系であるとは考えない。従つて、制定法規を適用して裁判すると同じ意味に於て、條理を適用して裁判すると言うことはありえない。さればこそ明治八年の太政官布告も條理に依るとは言わずに「條理ヲ推考シテ」と規定しているのだと思う。スイス民法（……）は、この「條理ヲ推考」する趣旨を更に一層具體的に立言したものであつて、裁判官としては現に問題になつている事項の本質に鑑み條理に照して自らそれを適用せらるべき法規範を創成し、別に他日當面の事項と類型を同じうする事項が發生したならば、それにも適用して差し支えないかどうかを考えた上、その法規範を規準として裁判すべきことを命じたものであると考えている。即ち裁判官は客観的に存在する條理を規準として裁判すべきではなく、自ら條理に照して法規範を創成した上それを規準として裁判すべきである。

　末弘によれば、裁判官は客観的に存在する条理自体を規準として裁判するのではなく、条理を推考して法規範を創成した上、その「創造された法規範」を規準として裁判すべきだとしている。そして立法による法律規範がない場合、具体的社会関係を規律すべき規範を創造する必要があるとし、その際、裁判官は「他日當面の事項と類型を同じうする事項が發生したならば、それにも適用して差し支えないかどうかを考えた上」で「規範創造としての法律解釈」を行っていくべきだと言う[34]。
　また、裁判事務心得第 3 条とスイス民法第 1 条の関連性について、末弘は

「この『條理ヲ推考』する趣旨を更に一層具體的に立言したもの」とする一方、裁判事務心得第3条に関しては、「本来民法成文法令の殆ど整備していなかった明治初年において、裁判官が『條理』の名の下に、實は主としてフランス民法およびその解釋例を適用して裁判することを許した歴史的文書であり、現在の法学に直接関係ない」[35]ものとして、その法令としての効力を否定している。末弘にとっての法律規範が存在しない際になされるべき裁判官による法創造とは、もっぱらスイス民法第1条に類する理念をもって行うべきだとし、従って、裁判事務心得第3条を彼自らの法解釈理論の中で顧慮することは殆どなかったと考えられる。

末弘が描くこうした法規範の「創成」の過程は、スイス民法第1条と非常に類似しているということがわかる。スイス民法もまた、具体的な問題の利益状況を考察し、当該問題と類似した他の問題にも視野を広げて、他の問題も包摂出来るように当該問題の利益状況を一般化・抽象化する、そしてそこから法規範を発見しそれを適用するという一連の過程を辿っているからである。以上より、当時の法学者の中でスイス民法第1条の趣旨を最も理解しているのは、末弘厳太郎ではないかと思われる。しかし彼は、裁判事務心得第3条とスイス民法第1条が同趣旨であるとは言わず、同心得に直接依拠した形で条理の議論を展開してはいない。その意味で、末弘の条理論は現代の条理論と繋がるものではないと言えるのではないだろうか。

二　比較法学領域における「条理」論

1　穂積陳重『法律進化論　原形論』（大正13年）

大正13（1924）年に出版された『法律進化論　原形論』は、「東西ニ通シ複雑變遷窮ナキ法現象ヲ概観通察シ之ヲ彙類シ之ヲ比較シ之ヲ分割シ且詳ニ其ノ異同ノ由来ヲ尋繹シ以テ其ノ間一定ノ普遍性ヲ求メ」[36]た著書である。同書において、裁判事務心得第3条及びスイス民法典第1条は、自由法論と並ぶ「自由發見の立法的公認時代」[37]の所産物として、彼の比較法・法進化論的考察の

1つの法素材として考察された。

　陳重は「規範法」の発見というものを「第一次発見」と「第二次発見」とに分類する。「第一次発見」とは「類推解釋、精神解釋等（……）裁判官其他の執法者の調和的新發見を公認せずして、之を既存法規の適用なりと假定するもの」[38]である。そして「第二次發見」については「第一次發見に依つて規範法が既に發生したる後ち、尚ほ既成法規の靜止状態と、社會需要の變遷状態との間に生ずる溝渠を塡めて、其二者を調和するものは司法的第二次發見である。此第二次發見は、法律進化の恒久現象であつて、潛勢法時代に於ける規範法發生の初期より、立法機關の完成せる今日に至るまで連綿繼續し、社會の變遷の劇烈なるに隨うて、倍々其必要を增すものであるから、一方に於て自由發見を是認する學說が起ると同時に、他方に於ては之を公認する立法有るに至つたものである。」とした[39]。そして彼は、この自由発見を是認する学説をフランソワ・ジェニー（François Gény）の「科學的自由探求説」（libre recherche scientifique 以下ジェニー説）とし、司法的自由発見の立法的公認をしたものとしてスイス法とならべ裁判事務心得を挙げた。陳重にとってこの「自由發見の立法的公認」は、「法の自由發見」たる潮流の終局であり、スイス民法第１条こそ「國權を以て理想法の超越的存在を立法的に宣告し、其自由發見を公認」[40]したものであり、さらに裁判事務心得第３条は「近世立法の傑作とも稱すべきものにして（……）世界の稱讚を博したる『スヰス』民法第一條に先鞭を著けたもの」[41]であるとした。

　このように、陳重は、法律進化論的見地からは両法令は等価の位置関係にあるとした。しかし、彼の考える「成文法規以外の超越的基本觀念の發見」の標準たる条理とは、裁判事務心得第３条においては中国律における「不應爲律」の原則に由来するものであり、スイス民法第１条第２項の「立法者タラハ法規トシテ設定シタルヘキ所」とは異なる。従って、比較法的にみた彼にとっての両法令は、その表面的な類似性を超えて異なる制度文化的起源を持つものとして確認されるのである。

2 杉山直治郎「明治八年布告第一〇三號裁判事務心得と私法法源」
(昭和6・7年)

(一) 研究の概要

　杉山は、民法学研究の一環として「『デュギュイ』ノ権利否認論ノ批判」を著した後、再び、比較法的手法を駆使した条理関連の大著を世に送り出している。それが、フランソワ・ジェニーの古稀を祝して昭和6（1931）年に発表した論稿「明治八年布告第一〇三號裁判事務心得と私法法源」（以下「裁判事務心得と私法法源」と略す）[42]である。

　同論稿では、彼の言うところの「縦の考察」「横の考察」[43]と称する考察方法を駆使し、裁判事務心得第3条を総合的に分析している。その特徴として、次の3点を挙げることが出来るだろう。第一に、上述のように、大正期に入り、様々な法学者が、明治8（1875）年制定時の裁判事務心得第3条を、時代による変移を考慮することなく、条理研究の法素材としてその文言のみに注目していたのに対し、杉山は、我が国固有の伝統に起因する同心得第3条は、流動する法状況、社会の推移、担い手の受容の変化によって、「忘却」そして「再自覚」の道を辿ると同時に、この布告自体に解釈変遷があったという事実を丹念に跡付けていく。（なお、本書の第四章、第五章、第六章にて既に詳論しているので参照されたい）第二に、裁判事務心得第3条に見られる「裁判官による法の自由探求」に関し、西洋・東洋における古代から20世紀までの様々な法制度を取り上げ、ジェニーの見解に立脚しつつ、それぞれ比較している。そして第三に、「国内社会関係のみならず国際社会関係においても適用すべき法令」としての裁判事務心得に関する、彼の新たな解釈論が展開されている[44]。こうした杉山の所論には、本書の立場からの法思想の時代的集約線を見ることが出来るだろう[45]。

　杉山は、同論稿の冒頭で裁判事務心得を題目とした理由を挙げている。その内容を要約すれば、以下の通りである[46]。

　①本布告の理解は、民法解釈論の基礎として、また、私法領域の「進運」に必要不可欠である。

　②本布告は、「明治法律文化」の実情、「東洋法律思想」を知る「恰箇の資

料」である。また日本法とフランス法との関係を理解する上でも重要である。

③本布告は「ヂェニー先生の私法法源及び其解釋方法論の學説を、之に先んじて公認した自主的立法の一先蹤」であり、また現代的立法価値を含有しており、「比較法的興味」がある。さらに本布告を通して、ジェニー説の我が国への影響を明らかにすることが出来る。

杉山はこの中でも特に③を強く意識しているように思われる。「裁判事務心得と私法法源」が発表された当時、彼の比較法学の基礎理論に変化が生じていたことがその背景として挙げられる。彼自身、「田中耕太郎の『世界法の理論』(La théorie du droit mondial) の影響を受け、比較法の普遍的側面（côté universel）をより重視する方向に自説が変化した」[47]と述べているように、この時期、彼は、従来の国家法本位の比較法観を捨て、比較法の世界法的観点に立脚しつつあった[48]。そしてこの新たな観点のもと、杉山は、サレイユやジェニーの影響を受けた自由法学説と「一種の相関的関係にたつ」裁判事務心得第3条とに着目し、その「合理性」「立法価値の重要性」を再評価することで、「新自然法」に基づいた「世界法構築」を目指したのであった。しかしなぜ「裁判事務心得第3条」であったのか。それはおそらく、彼において「西欧法と東洋法の連結符 (trait d'union entre les droits occidentaux et les droits orientaux)」[49]として位置づけられた日本法の法源である条理こそが、世界法の発達を指導しえる地位にあるとの考えが、背後にはあったためだと思われる。そして杉山においては、「諸法が混合して形成された日本法の『独自な』比較法的な位置づけは、もはや影響を与えた母法へのスタティックな帰属関係の中に解消されて事足れりとするのではなく、『法律文化の交換影響』が今やあたりまえのこととなった国際環境下での、形成変化して止まないダイナミックな『同一性』の基準の中に再定位」[50]することが、日本の比較法学者としての自らの任務 (mission) であると自覚していた。

杉山が最も強調するのは、ジェニー説が裁判事務心得第3条を再自覚させる動機となった点である。即ち、ジェニー説が彼の論稿の底流に存するといっても過言ではない。これについて彼は次のように述べている[51]。

『學説』に在ては大正元年（一九一二年）頃より自由法學的新學風を生じヂェ

ニーの科學的自由探求説、サレイユの進化的解釋説の二大自由解釋學説の影響を看取し得るに至つた。更に大戰以後の法律變遷に因て右二大自由法説は益々我學説を動かした。殊に（……）ヂェニー先生の學説は益々重視さるるに至つた。（……）布告第百三號と自由法學説とり分けヂェニーの自由探求説とは法制と學説との相違こそあれ一種の相關的關係に立つ。されば如上の自由法學説の進展に伴ひ法典編纂以後一旦忘れ去られた感ある所の布告百三號が茲に再び我法學界少くとも自由法學者の自覺に上り來るべきは當然である。

しかし、同心得は制定時における「法旨」とは異なる形で想起されることとなる。つまり、「本布告制定時の法旨は（……）裁判官の獨立自主の法の適用に非らざる裁斷の觀念たるに在」り、「本條の立法者は漫然裁判官の自主的主觀裁判を以て滿足し、進歩實現の過程に付ても客觀性の保障に付ても依るべき基準を豫想しなかった様に解される」のに對し、「再自覺された裁判事務心得第3条」、即ち杉山にとって新たなる意義を付與された裁判事務心得第3条は、「本條の缺陷の補充としての現代的合理解釋として『條理裁判に對する科學性の賦與』」が求められた。これは「科學に依て自然法を發見し、技術に依つて之を事案に適用」することであり、「新自然法」をその本質としている[52]。これを踏まえ、杉山は以下のように結論づける[53]。

　我國に於て一旦廢止の外觀を呈せる明治八年第百三號はその實廢止されたものではなかつたのであつて、今日復た重要の意義を挽囘せむとする運命に在る。（……）我國は今正に『同法の主義の現代的合理解釋に依る更生の時代』に在ると言ひ得よう、蓋し同法は立法司法の協同に立脚せる自由探求を規定してその科學的なるべきを明にしなかつた、之に對して我現代の學説、否な、學説、判例、立法は之に含有さるる科學的要分を認め、その科學的積極構成の完成に努力を集中すべき共同の任務を帶びて居るからである。（……）今後に於ける叙上の使命の遂行に方つては益々右の文獻〔即ちヂェニーの二大主著〕並にヂェニーの今後の研究に依るべきものが多大なるべきを疑はない。此る次第で元來自由探求主義の母たる我國は自由探求學説の父たるヂェニー先生とは深い因縁があるのである。

次に、杉山の学説における裁判事務心得第3条と彼の条理理解を中心に考察

第七章 「再自覚」された太政官布告

をすすめていこう[54]。

(二) 裁判事務心得第3条の比較法研究

彼は、「法源裁判に関する法制についての年代的個別考察」を踏まえており、古代から18〜20世紀における、主としてヨーロッパの諸法制（ただし英米法は除く）を対象に検討を重ね、その際、スイス民法を次のように評した[55]。

> 同法は之を墺太利民法乃至我布告に顧みれば、別に「新奇獨創」の誇るべきものではないと言つてよい。併し佛民法の消極的默許主義、獨民法の類推主義乃至一般の成文法假託主義等、國民主權、歷史法學、註釋法學全盛以來の大勢に對し、先づ起つて新生面を開き、正々堂々と裁判官を信用して之に弘大なる權限を賦與する立法的公認主義を樹立せるは劃期的意義を有し、二十世紀の新立法の指導に就て貢献する所ありたるを認めて可なりと信ず。

こうした彼のスイス民法への評価は、彼の比較法史的分析方法に基づくものである[56]。「裁判事務心得と私法法源」の中で、彼は、「法源並びに裁判の態様に関する時代別的比較」を論じ、第1期「条理裁判時代」、第2期「立法者意思仮託の自由裁判時代」、第3期「自然法公行時代」、第4期「自由解釈立法禁止時代」、第5期「法源並裁判規定時代」、第6期「立法者意思万能時代」、第7期「立法者意思仮託時代」、第8期「二大自由法説出現時代」、第9期「法源並裁判規定の更正時代」といった時系列を構成する。そして、フランス民法を「第5期」、ドイツ民法を「第7期」、スイス民法を「第9期」に位置づけることで、裁判官の自由探究を立法的に公認したスイス民法をドイツ、フランス両法より「進化」した法典として評価した。そして、スイス民法第1条の「先覚立法」である裁判事務心得第3条もまた、それに匹敵する価値を有するとした。

また、杉山は裁判事務心得第3条とスイス民法第1条の性質の比較を行う。その際、(1)規定の普遍統一性の存否、(2)規範の性質（裁判規範か立法規範か国民に対する規範か）、(3)私法法源の範囲（法律、慣習、条理、判例、学説のどこまで認める

223

か)、(4)私法法源の階級性 ((3)で挙げた各形式の優先関係)、(5)民事裁判に於ける自由探求の本質の比較 (自由裁量主義か自然法適用主義か)、(6)民事裁判に於ける自由探求施用の隠秘と公行 (成文法仮託主義か自由探求公行主義) という6つの観点からの比較検討を提示する。尤も、これらの観点は、単に現行法制を比較するためというよりは、今後あり得べきものも含め比較するためのものである。

　各法令の比較を行うにあたり、杉山は、同条を「制定時の裁判事務心得第3条」と「再自覚された裁判事務心得第3条」とに想定し、それぞれの検討を試みている。まず、制定時の太政官布告は、(1)普遍統一的であり、(2)国民に対する規範であり、(3)法律、慣習、条理を法源として認め、(4)法律、慣習、条理の順の階級性を帯び、(5)自由裁量主義を採り、(6)自由探求公行主義を採るものであると杉山は言う。但し、法典編纂後に「再自覚」される裁判事務心得第3条のもとでは、(5)については「自然法適用主義」に、そして(6)については「成文法仮託主義」が採られるようになった。これに対し、スイス民法は(1)普遍統一的ではなく、(2)国民に対する規範であり、(3)法律、慣習、条理を法源として認め、(4)法律、慣習、条理の順の階級性を帯び、(5)自由裁量主義を採り、(6)成文法仮託主義を採用する。こうしてみると、制定時の裁判事務心得第3条とスイス民法第1条の相違点は(1)と(6)、そして「再自覚」される裁判事務心得第3条とスイス民法第1条の相違点は(1)と(5)にあることになる。つまり、ここで杉山は、両法令はその趣旨においてあたかも適合しているかのごとく見えるものの、実際にはその細部において無視できない相違点が見られ、決して同一視できるものではないことを明らかにしたのである。

　ここで何よりも注目すべきは、上記の「(5)民事裁判に於ける自由探求の本質の比較」における、裁判事務心得の変化であろう。同条は、制定時においては「自由裁量主義」を採用しているのに対し、再自覚された裁判事務心得は「自然法適用主義」を重んじていると、杉山は分析する。これは何を意味するのか。一言で述べるならば、ここにジェニー説の影響を認めることが出来よう。杉山にあっては、裁判事務心得第3条とジェニー説とを観念上合致させて論じる必要があり、そのためには、彼は裁判事務心得第3条を明治8年制定時のままではなく、ジェニー説の理念に沿った形で再生させなければならなかった。そこで、裁判事務心得第3条の再自覚的解釈にあたっては、ジェニー説に見られる

「自然法採用主義」への変更を目指し、同説とは異なる「自由裁量主義」を採用するスイス民法とは性質を異とするとして一線を置くことで、ジェニー説との共通点をより強調することに努めたのであろう。さらにいうならば、杉山の行った「制定時の裁判事務心得」「再自覚された裁判事務心得」という区分もまた、ジェニー説との合致を可能ならしめるための前提手段だったとも言えよう。

(三) 杉山の問題点

このように杉山は、裁判事務心得第3条の「条理」を、彼と同時代の論者の中で、最も思想的・方法論的・体系的に、しかも当時の国際主義的時代潮流を背景に論じた。また「太政官布告の蘇り」を無条件に可能とする方法的根拠は、杉山による比較法的研究によって与えられていたと言えよう。しかし、ここで彼の研究手法には幾つかの難点が存したことも認めなくてはならない。

第一に、前述した杉山による「縦の考察」の方法的限界であろう。杉山は、裁判事務心得第3条の立法変遷を検討に付すものの、明治19（1886）年の裁判所官制や同23（1890）年の裁判所構成法によって、同心得の効力がいかなる影響を被るのか、場合によっては「消滅」したと解される余地も十分にあったにもかかわらず（本書第五章参照）、そうした立法事実には一切言及していない。そればかりか、裁判所構成法と同心得の両者を、等しく当時の判例の独立法源性を否定する根拠として位置づけ、相互に関連づけてもいる。尤も、裁判事務心得第3条をめぐる理解が、時代的変遷の中にあるという事実は、明確に指摘されているのだが、「裁判事務心得」を構成する本来の条文についての文理理解には曖昧な点が目立つ。このことは杉山が、裁判事務心得を「私、刑法源、民刑両裁判に普遍する統一的規定」として捉える際、何よりも第3条が「民事ノ裁判」に限局された規範であることを考慮せず、これを「我布告」の特徴と拡大して評していることからも了解される。こうした杉山の議論には、制度の背景としての歴史事実的文脈に対する考慮が殆ど窺えない。

第二に、杉山のスイス法研究の限界が挙げられよう。これは民法学者石田穣が「極めて簡単な概観」[57]と評価する所以である。杉山は、起草者オイゲン・フーバーをはじめ、エッガー（Egger）、グミュール（Gmür）といった、スイス

民法典のコンメンタールの著者による研究論文や「スイス民法典を、英語を母国語とする人々に紹介する目的で執筆された」[58] ウィリアムス (Wiliams) 著 "The Sources of Law in the Swiss Civil Code" (1923) を参考資料としている点から、当時における最新の情報に基づいた研究がなされたことが推測出来る。しかしながら、現代的視点から評価するならば、彼によるスイス民法研究は、確かに大概的なものであり、また若干の点について、スイス民法第 1 条への誤った見解を抱いているように思われる。このことは例えば「瑞西民法が（……）主観的傾向即ち主観危険防止の充分なる客観的保障を伴うことなく（……）」[59] という彼の発言からも窺うことが出来る。ここで杉山は、スイス民法第 1 条は、ジェニー説と異なり、自然法を認めないことで、広義の法の完全性を否定したために、主観の弊害に陥ることは避けられないと理解している。しかし彼の発想は、両者の本質を考慮していないものと言える。即ち、ジェニー説は「註釈学派の法典万能主義への批判から生じた学説」であり、スイス民法第 1 条は「スイス古来からの民衆的裁判制度を継承した規定」として理解されている通り、両者間には全く異なる歴史的思想的背景が存在している[60]。また従来、スイスでは、自然法という思想自体が存在しなかったとされている。従って、スイス民法第 1 条第 2 項においても、伝統的な法慣習に従い、「裁判官自身が立法者であるならば定律するであろうようなところの規範に基づいて判断する」ことで「法の完全性」が目指されたのである。これはフーバー自身が「裁判官が認識しておいて然るべきことは『いかなる解釈によってもうめることのできない欠缺が制定法には存在する』ということである。そして以上のように理解した上で裁判官が判決を下すことが出来るのは制定法に欠缺がないからではなく、むしろ正義に欠缺がないからなのである。そして、裁判官が前提とするものは、『他の総ての法秩序と関連させて裁判官自身がもし立法者であるならば妥当であると看做すであろうところの法命題』である。」[61] と述べている通りである。このような相違点を考慮せず、自然法を成文法の不備への補充方法としていないという理由だけで、「広義の法の完全性を否定し、主観の弊害に陥ることは避けられない」とする杉山の考えは、ジェニー説に過度に傾斜するあまり、個別の立法例としてのスイス民法典を具体的に検討することに不十分であったと言わざるを得ないのである。

第七章 「再自覚」された太政官布告

　第三に、杉山の裁判事務心得第3条研究の真の目的は、彼自身が目指す「世界法の形成」の立証にあるという点である。杉山による両法令の相違点の指摘は、比較法的観点から確かに有意義な面も少なくないが、最終的には同心得をジェニー説と合致させることで、自らの法的理念論の構築へと向かっていく。彼は、「自由探求主義」の「先覚立法」として、裁判事務心得第3条を位置づけ、ある期間忘却の淵にあった同心得をジェニー説によって再び喚起させ、同心得はその観念において新自然法に合致するように変形されるべきだとした。そのために裁判事務心得第3条は、欠缺の補充としての現代的合理解釈である「条理裁判に対する科学性」[62]を付与され、世界法の形成の手掛りとなるべく現代的再生を目指すべきであるとされた。もはや裁判事務心得第3条は、彼にとっては事実認識の前提的根拠を離れ、彼の物語る法理念の展開に、むしろ適合的に解釈変容された歴史的法素材の1つとなってしまっている。換言すれば、杉山の「横の考察」が、裁判事務心得第3条を歴史的空間的に位置づける座標軸の箍を弛緩させてしまったのである。そして最終的には、同心得の「客観的理解」とはもはや言い難い、まさに新しい生命を付与された「布告」がそこにあったのである。

　以上、大正期の法学者たちの言説を整理することを通じ、当時、裁判官による法創造をめぐる議論に大きな変化が生じたことに気づくのである。この議論は当初は自由法論を強く意識したものであったが、時間の経過とともに、少なくとも表向きは自由法論よりもスイス法の強調がなされるようになった。また、松本、富井といった論者は、それぞれ若干の強調の違いはあるが、裁判官による法創造に関しては、消極的姿勢を隠さない点で共通している。これに対し、穂積重遠や杉山、末弘といった論者たちはむしろこれに積極的である。なお、後3者はいずれも、本書第一編で取り上げたブリデルに学んだ世代の法学者である。そしてその中でも穂積重遠は、条理に特に関心を示し多くの所論を発表していた。重遠は、とりわけ、裁判事務心得第3条の「条理」を「社会通念たる道理」と理解し、さらに条理裁判を起点とする判例法形成を積極的に認めていった。ここに彼の条理論の特殊性がある。また、本書第一編で確認したように、重遠はブリデルとともに日本にスイス法を紹介した人物であり、大正期に

227

おけるスイス法の影響を論じるに際しては、彼の条理論は何よりの好素材であることは論を俟たない。

次章ではこうした穂積重遠の条理論についてより詳細にみていくことにしよう。

注

1) 〝大正期における「条理」をめぐる議論にかかわっている論者としては、本書で取り上げる者の他、牧野英一、鳩山秀夫も挙げることが出来る。牧野の条理論については、『法学志林』第23巻第1号乃至第12号（1921年）に発表された論稿「二三の民法上の基本観念に就て―富井先生の民法原論の新版を讀む」に見ることが出来る。なお、同論稿は、1924年出版の牧野英一『民法学の諸問題』に採録されている。また、鳩山の条理論については、『日本民法総論』（上巻）（1923年）に見ることが出来る。しかし両者とも、必ずしもスイス法とのかかわりの中で「条理」を論じてはおらず、その所論の学界への影響も今回の考案では検証出来なかった。後考を俟ちたい。また、法学界に大きな影響を与えたものでもなかったため、ここでは取り上げない。
2) 松本烝治「民法ノ法源」（『法学志林』第12巻第9号、1910年）12頁。
3) 松本前掲「民法ノ法源」12頁。
4) 松本前掲「民法ノ法源」121頁以下参照。
5) 少なくとも、オーストリア民法典は自然法に立脚した法典であり（H.シュロッサー著・大木雅夫訳『近世私法史要論』（有信堂、1993年）115頁参照）、松本がどのような根拠でこのような見解を示したのかわからない。
6) 例えば、彼の講義録（石坂博士述『民法総論上巻』（東京帝国大学大正5年度））の「民法の淵源」の説明のなかで、条理は法源として挙げられていない。

    なお、石坂の法解釈論に関する近年の研究として、辻伸行「石坂音四郎の民法学とドイツ民法理論の導入―ドイツ民法理論導入全盛期の民法学の一断面」（『独協法学』第40号、1995年）69頁以下を参照のこと。
7) 石坂音四郎「法律ノ解釈及ヒ適用ニ就キテ」（『法律新聞』第762乃至764号、1912年）。これは後に同『民法研究』第2巻（有斐閣、1913年）174頁以下に所収された。
8) 石坂前掲『民法研究』第2巻191頁以下参照。
9) 富井政章「自由法説ノ價値」（『法学協会雑誌』第33巻第4号、1915年）59頁以下。
10) 富井前掲「自由法説ノ價値」64頁。

11）富井前掲「自由法説ノ價値」64 頁。
12）富井前掲「自由法説ノ價値」69 頁。
13）富井前掲「自由法説ノ價値」70-71 頁。
14）富井前掲『民法原論』35 頁。
15）富井前掲「自由法説ノ價値」71 頁。
16）富井前掲「自由法説ノ價値」71 頁。
17）富井前掲「自由法説ノ價値」71 頁。
18）富井前掲「自由法説ノ價値」71 頁。
19）富井前掲「自由法説ノ價値」71 頁。
20）富井前掲「自由法説ノ價値」72 頁。
21）富井前掲「自由法説ノ價値」73 頁。
22）富井前掲「自由法説ノ價値」73 頁。
23）富井前掲「自由法説ノ價値」73 頁。
24）富井前掲「自由法説ノ價値」73-74 頁。
25）杉山直治郎「『デュギュイ』ノ権利否認論ノ批判（三・完）」（『法学協会雑誌』第 34 巻第 12 号、1916 年）30 頁。同論文は、同『法源と解釋』（有斐閣、1957 年）115 頁以下に採録されている。
26）杉山前掲「『デュギュイ』ノ権利否認論ノ批判」40 頁。
27）杉山前掲「『デュギュイ』ノ権利否認論ノ批判」26 頁。
28）穂積重遠「婚姻豫約有効判決ノ眞意義」（『法学志林』第 19 巻第 9 号、1917 年）20-21 頁。
29）穂積重遠『民法総論』（有斐閣、1933 年（第 6 版））46-48 頁。
30）本文の引用では重遠はこの点について言及していないが、同じく『民法総論』に見られる「法律に準用規定がない場合（……）類推適用は許されねばならぬ」との発言から、この点を否定していないことがわかる（穂積前掲『民法総論』60 頁）。
31）我妻前掲『民法總則』36-37 頁。
　　また『民法總則（民法講義Ⅰ）』（岩波書店、1951 年）19・20 頁にも「条理」についての説明があるが、字体・送り仮名等の違いはあるものの、内容は昭和 5 年のものと同一であるため、本文には昭和 5 年のものを引用する。但し、昭和 26 年の民法書には「この問題に關する好箇の文献」として、杉山の「明治八年布告第百三號裁判事務心得と私法法源」が挙げられていることを付記しておく。
32）戦後、我妻は、自ら編集代表を務めた『旧法令集』（有斐閣、1973 年）の中で、同心得を「現在施行停止中の法律及び形式上廃止されてはいないが実質的に失効と解される法令」に分類している。つまり同じような「現行法性の検討の無意味」（大河純夫「明治八年太政官布告第一〇三号裁判官事務心得と井上毅（一）」（『立命館法学』第 205 号、1989 年）190 頁）を表す見解の中でも、穂積重遠は「効力肯定」なのに対し、我妻は

「失効肯定」に傾斜していたといえよう。
33) 末弘厳太郎「法源としての條理」(同『続民法雑記帳』日本評論社、1949年) 26頁。また、同『民法講話上巻』(岩波書店、1968年 (第13刷)) 所収の「民法の法源」(44頁以下) でも条理についての記述が見られる。
34) 末弘の法源論については、瀬川信久「末弘厳太郎の民法解釈と法理論」(六本佳平・吉田勇一編『末弘厳太郎と日本の法社会学』(東京大学出版会、2007年所収) 205頁以下) にて詳細に論じられている。また彼の法創造のあり方に関する議論については、後藤巻則「民法学の方法—末弘法学までの素描」(『独協法学』第40号、1995年) 164頁以下)) に詳しい。
35) 末弘前掲『民法講話上巻』52頁。
36) 穂積陳重『法律進化論第一冊原形論』(岩波書店、1924年)「巻首」(穂積奨学財団理事 岡野敬次郎書)。
37) 陳重の説く「法の自由發見の進化」の変遷については、穂積前掲『法律進化論』258頁に記されている。
38) 穂積前掲『法律進化論』181頁。
39) 穂積前掲『法律進化論』224頁。
40) 穂積前掲『法律進化論』257-258頁。
41) 穂積前掲『法律進化論』228-229頁。
42) この論文の仏語版は "Le pouvoir du juge et la libre recherche scientifique d'après la loi du 8 juin 1875 sur l'administration de la justice et les sources du droit privé" というタイトルで、『フランソワ・ジェニー古稀記念論集第2巻』(Recueil d'études sur les sources du droit, en l'honneur de François Gény, Tome 2, Paris, Sirey, 1934) に発表された (貝瀬幸雄「普遍比較法学の復権—杉山直治郎の比較法学」(同『普遍比較法学の復権—ヨーロッパ民事訴訟法と比較法』信山社、2008年) 185頁)。
43) 「縦の考察」では、我が国の法律変遷に伴う同心得の位置づけに考慮をめぐらし、「歴史素材としての裁判事務心得第3条」を時系列的・通時的に捉えている。また「横の考察」では、古来各国の法制と同心得を比較法的に考察し「比較法学的考察の素材としての裁判事務心得第3条」を空間的・共時的に捉えている。
44) ここで展開された「現行規範としての布告103号」は、杉山によると「国内社会関係」におけるそれと「国際社会関係」におけるそれとからなる (杉山前掲「明治八年布告第百三號裁判事務心得と私法法源」87-106頁参照)。無論、杉山は裁判事務心得第3条は今日もなお有効であるとした上で、これは民事・刑事の双方に適用される「統一基本法」であるとする。そして、ここにおける「条理」とは「新自然法」のことを指すという。ただ、その「新自然法」をどうやって認識していくかの方法については全く述べられていない。
45) なお、比較法学領域においては、近年、前掲の貝瀬論文「普遍比較法学の復権—杉山

直治郎の比較法学」に見られるように、論稿「明治八年布告第百参號裁判事務心得と私法法源」が、杉山比較法学への再検討の過程において、1つの重要な検討対象となっているが、それはもっぱら「比較世界法学と裁判事務心得第3条の連関」からの評価に徹底している。

46) 杉山前掲「明治八年布告第百三號裁判事務心得と私法法源」5頁参照。
47) 貝瀬前掲「普遍比較法学の復権」188頁。
48) 田中耕太郎は「〔杉山〕博士は本論文〔「明治八年布告第百三號裁判事務心得と私法法源」〕に於て從來採り來られた所の國法本位の比較法觀を去つて比較法的観點に立ち、比較法學の主たる任務を世界法の手段たることに置かれてゐられる」(田中耕太郎『世界法の理論第3巻』岩波書店、1948年、432頁) と述べることで、杉山の比較法の理論の変化が上記の論文であることを示唆した。
49) 岩谷十郎「日本法の近代法と比較法」(『比較法研究』第65号、2003年) 38頁。
50) 岩谷前掲「日本法の近代法と比較法」37-38頁。
51) 杉山前掲「明治八年布告第百三號裁判事務心得と私法法源」35-36頁。
52) 杉山前掲「明治八年布告第百三號裁判事務心得と私法法源」101頁以下引用・参照。
53) 杉山前掲「明治八年布告第百三號裁判事務心得と私法法源」111-112頁。
また、引用文にある「右の文献」とは、「ヂェニー・(ママ) 實定私法法源及解釋方法論〔Méthode d'interprétation et sources en droit privé positif〕並に科學と技術(ママ)〔Science et technique en droit privé positif〕の二大主著」(杉山前掲『法源と解釋』5頁) を指すものと思われる。
54) 杉山前掲「明治八年布告第百三號裁判事務心得と私法法源」42頁以下参照。
55) 杉山前掲「明治八年布告第百三號裁判事務心得と私法法源」63頁。
56) 杉山前掲「明治八年布告第百三號裁判事務心得と私法法源」74-75頁。
57) 石田穣「スイス民法一条の法源イデオロギー」(同『民法学の基礎』有斐閣、1976年所収) 4頁。
58) 松倉耕作「Ivy Williams, The Swiss Code. English version Oxford university press, 1925. And The Sources of Law in the Swiss Civil Code. Oxford university press, 1923, Nachdruck 1976, zusammen in 4 Bde.」(『アカデミア経済経営学編』第55号、1977年) 277頁。
59) 杉山前掲「明治八年布告第百三號裁判事務心得と私法法源」62頁。
60) スイス連邦公文書館の臨時研究員 (suppléant) を務めていたオスカー・ガウエ博士 (Oscer Gauye) によれば、ジェニー説とスイス民法第1条第2項の関係性について、ジェニー自身がそれを明確に否定していると指摘されている ("François Gény précisa qu'il n'était pour rien dans la genèse de l'article 1er du Code suisse. «Je tiens à écarter, dit-il, une légende qui voudrait m'attribuer une part dans l'inspiration de ce texte fameux...»" (Oscar Gauye, François Gény est-il le père de l'article 1er, 2e alinéa, du Code

civil suisse?, in: Zeitschrift für Schweizerisches Recht, Neue Folge, Band 92, 1973, S. 272.))。
61) Eugen Huber, Schweizerisches Civilgesetzbuch Erläuterungen zum Vorentwurf der Eidgenössischen Justiz- und Polizeidepartements, Ersten Heft, Bern, 1901, S. 37.（邦訳：大川四郎「スイス民法第一条第二項の学説史的起源」（森田安一編『スイスの歴史と文化』刀水書房、1999年、192-193頁））。
62) さらに貝瀬は、この点に関して、「いかにすれば条理裁判に科学性を付与出来るのかという重要課題の全面的検討は本論文〔「明治八年布告第百参號裁判事務心得と私法法源」〕では留保され、ただ自然法の重要な因子を構成する世界（私）法について言及するにとどめている。」（貝瀬前掲「普遍比較法学の復権」182頁）といった批判的評価を与えている。

第八章　穂積重遠の「条理」解釈
──大正 4 年 1 月 26 日大審院民事連合部判決
　　「婚姻予約有効判決」からの一考察

　前章で見たように、大正期には様々な法学者によって「条理」解釈をめぐる議論が積極的に行われてきた。それを受け、本章では、裁判事務心得第 3 条をスイス民法第 1 条との関わりの中で論じ、今日に至るまでの「条理」論の通説的見解を提供した穂積重遠の学説に注目したい。
　重遠は生涯にわたり「条理」裁判への関心を抱き続けていた。実際、彼は、民法学、法理学の著書[1]をはじめ、判例研究、さらには臨時法制審議会での民法改正作業や満州国民法の編纂の立法活動に至るまで、実に広範囲にわたるその活動の 1 つひとつにおいて条理に注目し、スイス民法第 1 条への言及を行っている。とりわけ、家族法領域における法規の自由解釈の必要性を彼は強く主張しており、このような重遠の民法解釈論は、我妻栄や中川善之助にも継承され、大正期民法学の通説を形成していくこととなる。そのなかでも、本章において特に考察の中心に据えるのは、内縁の妻を初めて保護した大正 4（1915）年 1 月 26 日大審院民事連合部判決（以下、婚姻予約有効判決）に対する重遠の評価である。のちに彼自身、この婚姻予約有効判決の判例研究を通して自らの法律観が「一定の方向を取つた」と述べているように、裁判や判例のあり方に関する彼の学説は、この時期にある程度確立しているように窺える[2]。また、「裁判規準としての条理」の根拠規定として裁判事務心得第 3 条とスイス民法第 1 条を引用するという彼の法学方法論は、この婚姻予約有効判決の評価を通して初めて現れてきたものである。従って、この判決に関する彼の言説、そしてそこから構築された彼の法理論を考察・分析せずして、彼の条理論を理解す

ることは出来ないといっても過言ではないだろう。

　本章ではまず、第一節にて、婚姻予約有効判決に至るまでの「婚姻の成立」について概観する。というのも、「社会学的法律学」(本書第二章第二節第3項参照) を支持する立場にある重遠の内縁理論への理解の前提には、明治以降の婚姻の成立に関する法規範の変遷、そして当時の社会事情を理解することが不可欠だからである。こうした点を踏まえた上で、第二節以下、具体的に婚姻予約有効判決を通して語られる重遠の言説を分析し[3]、彼が上記の判決において注目した「裁判所の立法的行為」に注目することで、彼の法（学）理論における条理の位置づけを明らかにしていく。

一　法律婚主義対事実婚主義

1　太政官期法令、旧民法及び明治民法典に見られる「婚姻の成立」規定

　明治以降の婚姻の成立をめぐる規定はいかなる内容を有していたのだろうか。明治8 (1875) 年太政官第209号達では「婚姻又ハ養子養女ノ取組、若シクハ其離婚離縁、縦令相対熟談ノ上タリトモ双方ノ戸籍ニ登記セザル内ハ其効ナキモノト看做ス」としている。しかし、明治10年司法省丁第46号達「八年第二百九号ノ論達後其登記ヲ怠リシ者アリト雖モ、既ニ親族近隣ノ者モ養父子ヲ以テ論ズ可キ儀ト相心得ベシ」によって、同8年第209号達によって定められた法律婚主義は実質的な夫婦関係の成立との調整が図られ、婚姻の「登記」がなくとも、親族や近隣の人々の間で夫婦として認知され、裁判官もそれを肯定できる場合には婚姻が成立しているとすべきことが、司法省から各裁判所へ命ぜられた[4]。こうした当時の婚姻方式をめぐっては、今日の近代家族法研究においても、「法律婚主義が原則として維持貫徹され、事実婚は裁判上必要な範囲において認められるに過ぎない」とする見解と「法律婚主義における戸籍届出は婚姻成立の一要件にすぎず、事実婚が承認されていた」とする見解が対立し[5]、議論の対象となっている。しかし、その程度こそ違いがあるものの、明治初期には事実上の夫婦を婚姻関係にあると認める余地はあったと言えよう。

第八章　穂積重遠の「条理」解釈

実際、事実婚を容認する裁判所の判決例も実際に存在していた[6]。

その後、明治23（1890）年に公布された旧民法の人事編でも、婚姻の成立についての条文が設けられた。梅謙次郎の言葉を借りてその内容を記すならば、「第一ニ戸籍吏ニ〔婚姻を為さんとすることを〕申出テ、身分取扱吏デアリマス此案〔＝明治民法草案〕デ言フト戸籍吏ニ届ケル〔（人事編第43条）〕夫レカラ第二ニ届出ノ日カラ三日乃至三十日間ニ證人二人ノ立會ヲ得テ慣習上ノ儀式ヲ擧ゲル〔（同編第47・48条）〕第三ニハ其儀式ヲ擧ゲテカラ後十日内ニ戸籍吏ニ其届出ヲ爲スト云フコトニ爲ツテ居〔（同編第49条）〕」[7]り、いわゆる儀式婚主義を採用したものであることがわかる。

しかし、こうした旧民法での規定は、その後の法典調査会による修正作業の中で否定されていく。例えば、梅謙次郎は「是迄ハ慣習上ノ儀式ト云フ事ト夫レカラ届出ト云フコトガアリマシタガ其ドチラカ婚姻ヲ成立セシメルノカト云フコトハ問題デアリマスケレドモ兎ニ角ドチラカ婚姻ヲ成立セシメルニハ違ヒナイノデ夫レガ今度ハ三ツノ條件ガ具ハラナイト往カナイ斯ウ云フ事ニ爲ルト云フノハ無論今日迄ノ慣習ニモナイコトデ即チ國情ニ適セヌデアラウト思ヒマス」[8]と、旧民法に対し、反対の見解を示している。梅はさらに、「本人ラノ考モ眞ニ婚姻ヲスル積リデナシニずる々々べつたりニ一人ノ婦人ガ一ノ男子ノ處ニ這入リ込ンデ居ル乍併世間カラ見ルト夫婦ノヤウデアツテおかみさん、亭主自分デモ宿ガ家内ガト世間ニ對シテ言ツテ居ル夫レデナケレバ體裁ガ惡ルイ、サウ云フ者ガ下等社會ニハ澤山」おり、また、当時の慣行として多く存していた「試メシデ、サウシテ後ニ届出ヲスルト云フヤウナ事」、所謂「試婚」についても不都合であると指摘し、こうした慣習をなくすためにも、「法律上ハ飽クマデモ届出ヲスルコトヲ必要條件トスル」べきであると主張していく[9]。そして「八年ノ布告〔太政官第209号達〕ガ出タノハ或ハ時期ガ早カツタカモ知レヌケレドモ夫レカラハ二十年モ經テ居ツテ今日ハ世間ノ程度モ進ンデ居リマスカラ夫レデソンナ曖昧ナ主義ハイケマイ」[10]と、明治8年太政官第209号達を現行法とし、これを明治民法に取り入れようとした。こうした議論を経て、最終的に、第775条（婚姻ハ之ヲ戸籍吏ニ届出ツルニ因リテ其効力ヲ生ス）が設けられるに至った。

尤も、梅自身においては、事実婚の中でも儀式を済ませた夫婦については、

「一方ニ嘘欺ガアレバ曲者カラ相當ノ賠償ヲシナケレバナラヌコトハアリマセウ」[11)]として、ある程度の法的な救済を示唆する意見もみられることから、事実婚の保護を完全に否定するという姿勢では必ずしもなかったことをここに付記しておこう。

2　明治民法典制定後の社会事情

　一方、実際の社会に目を転じて見てみると、梅の意図とは裏腹に、明治民法典の施行後も事実婚が減少する兆しは一向に見られず、むしろ法律が制定されたことによって内縁問題は一層深刻化していった。この状況について、のちに我妻栄は、「民法として、戸籍役場に届け出なければ婚姻は成立しないという理想を見定めたことは決して間違いではない」が「その法律一ヶ条で日本の慣習が動くだろうと予期したところに大きな錯誤があ」るとし、「内縁関係というものは、決して淫らな、社会的に非難すべき男女の結合ではない。親も許し、社会も許す、天下晴れての夫婦である。法律だけがそれを赤の他人だという。そういう矛盾から内縁関係というものができた。」と指摘している[12)]。

　大正期の内縁事情を理解するためには、社会学者戸田貞三[13)]による分析を見る必要があろう。戸田は大正9（1920）年に実施された国勢調査から得られる婚姻数（法律婚と事実婚を含む）とそれ以前の人口統計による婚姻数（法律婚のみ）との比較に基づいて、推算を行っている[14)]（〔表1〕参照）。それによれば、大正9年の内縁の割合は男性16.6％、女性15.9％、大正14年には男性17.2％、女性16.5％であった[15)]。これはほぼ6組に1組の夫婦が籍に入っていない内縁の夫婦にあたるため、かなり大きな割合であろう[16)]。また、民法学者中島玉吉の論稿「内縁の夫婦に就て」に取り上げられている京都西陣警察署による172組の内縁夫婦を対象とする調査によれば、婚姻届を提出しない理由として、40組が「何気なく怠慢に付し居るもの」に該当しているが、「男女双方戸主又は相続人なるがために入籍不能のもの（50組）」「両親戸主の承諾せざるもの（22組）」も上位を占めている[17)]（〔図1〕参照。なお、表中の（　）内は組数を示している）。確かに、梅の懸念する試婚のような伝統的な婚姻慣行や「婚姻ヲスル積リデナシニずる々々べつたり」な内縁関係があったことは否めないが、明治民

【表1】 法律婚による有配偶者数・内縁関係による有配偶者数とその割合

(大正9・14年、男女別)

	大正9年		大正14年	
	男性	女性	男性	女性
人口数（A）	28,044,185	27,918,868	30,013,109	29,723,713
総有配偶者数（B）	11,147,549	11,242,264	11,860,690	11,881,960
人口1000人あたりの総有配偶者数（C）	398	403	395	400
人口1000人あたりの法律上の有配偶者数（D）	332	339	327	334
人口1000人あたりの内縁関係の有配偶者数	66	64	68	66
総有配偶者1000人あたりの法律上の有配偶者数	834	841	828	835
総有配偶者1000人あたりの内縁関係の有配偶者数	166	159	172	165
総有配偶者における法律婚の割合（％）	83.4	84.1	82.8	83.5
総有配偶者における内縁関係の割合（％）	16.6	15.9	17.2	16.5

(A)～(C)：国勢調査による統計 (D)：人口静態統計（明31～大7）からの推計
（戸田貞三『家族と婚姻』（湯沢雍彦監修『家族と婚姻』クレス出版、1989年所収））

法によって定められた廃家禁止・相続人去家禁止を原則とする家族制度によって生み出された事実上の婚姻障害があったこともここから理解出来よう。

こうした中、次第に、内縁が依然として増加傾向にあった社会状況と、結婚の儀式を済ませ事実上の夫婦であっても婚姻届を出さない限り法律上の夫婦と認めないとする民法との間に「ずれ」が生じ始める。その結果、内縁関係にして不当にそれを解消された妻や内縁の夫婦から生まれた子は、不利な立場に置かれることとなった[18]。

【図1】 婚姻届を提出せず内縁となる理由

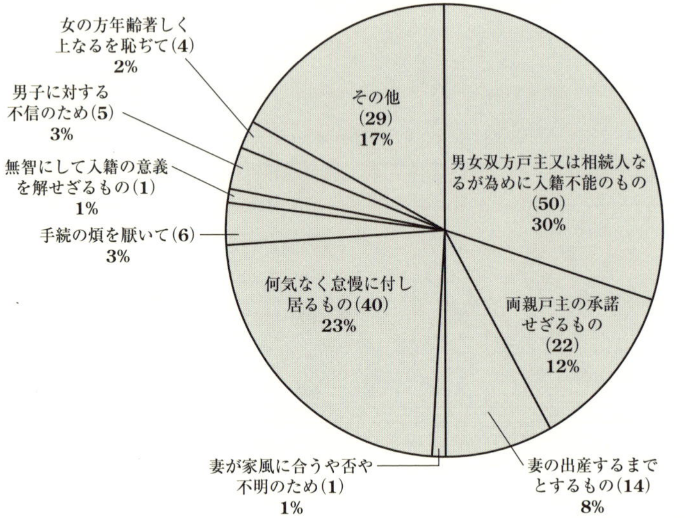

- 女の方年齢著しく上なるを恥ぢて(4) 2%
- 男子に対する不信のため(5) 3%
- 無智にして入籍の意義を解せざるもの(1) 1%
- 手続の煩を厭いて(6) 3%
- 何気なく怠慢に付し居るもの(40) 23%
- 妻が家風に合うや否や不明のため(1) 1%
- 妻の出産するまでとするもの(14) 8%
- 両親戸主の承諾せざるもの(22) 12%
- 男女双方戸主又は相続人なるが為めに入籍不能のもの(50) 30%
- その他(29) 17%

(大正12年京都西陣警察署の調査結果より)

3　婚姻予約有効判決（大正4年1月26日大審院民事連合部判決）

　婚姻の成立をめぐる裁判所の見解を見ておこう。明治民法典制定後の大審院は、内縁関係の一方が法律上の婚姻を拒否した場合にも、「婚姻予約は法律上無効であって、したがって予約者の一方がその約に反して、婚姻を実現しなかった場合にも、相手方はこれに対して、損害賠償を請求できない」として、相手方にその救済手段を与えることはしなかった（明治35年3月8日大審院判決、明治44年3月25日大審院判決）。こうした中、大正4（1915）年1月26日大審院民事連合部判決（婚姻予約有効判決）において、大審院は、従来の「婚姻予約無効論」を翻し、初めて婚姻予約が「有効」であると判示した。まずは、この事件の概要を以下に挙げておく[19]。

　Y（谷中惣三郎、被告、被控訴人、被上告人、被控訴人、上告人）とX（野沢ヒデ、原告、控訴人、上告人、控訴人、被上告人）は、明治44年4月13日、「媒酌人ありて事実上の婚姻を為」した。しかし「上告人（Y）は不幸にして結婚式まもなく病院

238

に入院したるにより、3日目より実家に帰り居りたる被上告人（X）に之を通知したるに、被上告人（X）は上告人宅に至りたるのみにて病院に来らず、しかも一泊後再び実家に帰れるのみならず、其際被上告人（X）と同伴したる其父は、地方の慣習に背きて媒酌人（A）を訪はざりしが爲め、媒酌人に於て行末を案じ、媒酌人たることを辞するに至りたるが爲め、上告人（Y）は彼是熟考の上、離縁するを可なりと思料し、其意を実家へ帰宅中の被上告人（X）に通じた」（民録21輯51頁）。それに対し、被上告人（X）は名誉を毀損されたとして、不法行為を理由に上告人（Y）に、損害賠償を請求した。

訴訟は、①下妻区判明治45年4月25日（Xの請求を棄却）②水戸地判大正元年10月22日（Xの控訴を棄却）③東京控判大正2年3月8日（原判決破棄差戻）④水戸地判大正2年11月21日（原判決を変更）と推移し、大正4年1月26日、大審院民事連合部判決において、原判決を破棄・自判し、Xの請求を棄却するに至った。判決理由については、以下にその一部を抜粋する[20]。

（……）婚姻ノ豫約ハ將來ニ於テ適法ナル婚姻ヲ爲スベキコトヲ目的トスル契約ニシテ其契約ハ亦適法ニシテ有效ナリトス法律上之ニ依リ當事者ヲシテ其約旨ニ從ヒ婚姻ヲ爲サシムルコトヲ強制スルコトヲ得ザルモ當事者ノ一方ガ正當ノ理由ナクシテ其約ニ違反シ婚姻ヲ爲スコトヲ拒絶シタル場合ニ於テハ其一方ハ相手方ガ其約ヲ信ジタルガ爲メニ被ムリタル有形無形ノ損害ヲ賠償スル責ニ任ズベキモノトス（……）婚姻ヲ爲ス當事者ハ其届出以前ニ先ヅ將來婚姻ヲ爲スベキコトヲ約シ而シテ後其約ノ實行トシテ届出ヲ爲スハ普通ノ事例ニシテ其約ヲ爲スハ實ニ婚姻成立ノ前提事項ニ屬シ固ヨリ法律上正當トシテ是認スル所ナレバ適法ノ行爲ナルヤ言ヲ俟タズ（……）從テ既ニ之ヲ約シタルトキハ各當事者ハ之ヲ信ジテ相當ナル準備ノ行爲ヲ爲シ尚ホ進ミテ慣習上婚姻ノ儀式ヲ擧行シ事實上夫婦同様ノ生活ヲ開始スルニ至ルコトアリ（……）畢竟上告人ガ當事者間ニ成立シタル婚姻ノ豫約ヲ履行セザルモノニ外ナラザレバ之ニ因リ生ジタル損害賠償ハ違約ヲ原因トシテ請求ヲ爲スコトヲ要シ不法行爲ヲ原因トシテ請求スベキモノニアラズ然ルニ本訴請求ハ全ク不法行爲ヲ原因トシテ主張シタルモノナルコト記録上明確ニシテ其原因トスル所既ニ失當ナレバ此點ニ於テ棄却スベキモノトス。

不法行為に対する損害賠償の請求は出来ないとして、内縁妻（X）の夫（Y）

に対する請求を退けたという点においては、従来の判例に従っている。しかし、ここでは傍論として、当該事件が婚姻予約不履行、即ち、一種の契約違反に基づく損害賠償請求を求めたものだったならば、それは可能であるとしている[21]。つまり、法律上の婚姻をなす約束（婚姻予約）で事実上の夫婦関係を創設した者に対して、予約者の一方が正当の理由なくそれに違反し、婚姻をすることを拒絶した場合においては、その違約者は、相手方がその約束を信じたために被った有形無形の損害を賠償する責任があると明言したのである[22]。

このような判決が出されたことで、下級裁判所での判決では、次々と婚姻予約の違反を理由とする損害賠償の請求が認められるようになった[23]。また、当時の法学界でもこの判決は大きな関心事となった。穂積重遠の他にも、例えば、中島玉吉、岡松参太郎、石坂音四郎、曄道文藝などの民法学者たちによる判例批評が法律新聞や学術誌等に掲載され、さらにはこれをテーマとする討論会が開催されるまでに至った[24]。そのなかでもとりわけ、重遠の当判決に対する関心は強く、「婚姻豫約有効判決ノ眞意義」をはじめ、「法律婚と事實婚」「法律に現はれたる維新の気分」「判例法に就て」といった論稿や、『親族法』『親族法大義』『判例百話』『民法読本』等の著書にこの判決に関する記述が見られる。それでは、こうした文献に見られる彼の婚姻予約有効判決の評価とはどのようなものであり、この判決からどのような「条理」論が導き出されていったのか、この点について次節で検討してみよう。

二　婚姻予約有効判決をめぐる穂積重遠の見解と「条理」論

1　穂積重遠における内縁問題の基本認識とその解決の方向性

まず重遠は、内縁問題が生じる原因として、民法の欠陥を指摘している。彼はこれについて次のように指摘している[25]。

　　民法施行前の我國は事實婚主義だつたのであるが、民法は法律婚主義の然かも最も形式的なものを採用した。（……）我々はここに（……）一大缺陥に注目せざる

第八章　穂積重遠の「条理」解釈

を得ない。それは事實と法律との不一致である。事實と法律とがややもすれば食ひ違ふことは、我國今日の社會の一つの持病と云つてよいが、其症状が婚姻制度に於て最も極端に暴露して居る（……）國家社會の重要な一基礎たる婚姻について事實生活と法律生活とが斯くも著しく不一致であることそれ自身が甚だ面白からぬことであつて、現行民法の一大缺陷と云はねばならぬ。

　上記の引用で示されているように、重遠は「法律」と「社會」の乖離の問題として内縁を位置づけ、この問題を法の欠缺問題として捉えようとしている。彼による「社會」と「法律」との乖離を克服する取り組みについては、第二章第二節第4項に述べた通りであるが、条理に基づく裁判は「法律」から「社會」への歩み寄りの1つとして理解され[26]、判例研究や民法改正と並んで、内縁問題への解決策として重要視される。以上の前提を踏まえた上で、本節では、彼の婚姻予約有効判決への評価を考察し、そこに見られる重遠の「条理」論について考察していくことにしよう。

2　穂積重遠による「婚姻予約有効判決」の評価

　重遠は、婚姻予約有効判決について、本来は事実婚の問題であるところを婚姻予約有効論に仮託した点[27]において甚だ牽強付会であるため、法律解釈論としては批難を免れないとしつつも、それを咎める前に、何故この牽強付会が行われなければならなかったのかを考察せねばならぬと説いている[28]。つまり、事実婚を一切認めない明治民法に対して、「國家社會の重要な一基礎たる婚姻について事實生活と法律生活とが斯くも甚しく不一致であることそれ自身が（……）現行民法の一大缺陷と云はねばならぬ。」[29]と強く批判し、そのような視点からこの判決を評価すれば、これは内縁の妻の弊風を矯正して婦人の利益を保護することを目的にした、時弊に的中した裁判であるとした[30]。また彼は、当該事件の「男女ガ既ニ慣習上ノ結婚式ヲ舉ゲタ後其一方ガ婚姻ノ届出ヲ拒ム場合ニ付テ民法ニ規定ガナイ」ことは、法律がこの関係を否定していることを意味するのではなく、法律の規定しなかった空隙、即ち「眞正ノ意味ニ於ケル法規ノ欠缺」がここにあるということであり、「大審院ガ其缺陷ノ範圍

241

内ニ於テ補充的立法行爲トシテノ判決ヲ爲シタコトハ裁判所ノ機能上正當ナ行爲デアル」[31]として、この判決に肯定的な評価を与えている。尤も、これは「知らず識らず明治八年第百三號布告の趣旨を實行して居」る、所謂「条理裁判」の一例である[32]。従って、「事實上結婚しながら婚姻届が拒まれた場合の處置は民法の豫期しなかつた缺陥であることを率直に承認し、成文法に規定なく慣習法もなきが故に條理を以て斯く裁判するのだと説明したら、最も宜かつたらうと思ふ」[33]との意見を述べている。さらに彼は、当判決文中の「慣習上ノ結婚式ヲ擧ゲテ事實上ノ婚姻生活ヲ開始セル後正當ノ理由ナクシテ婚姻ノ届出ヲ拒ミタル當事者ノ一方ハ、當事者ノ他方ガ之ニ因リテ被リタル有形無形ノ損害ヲ賠償スル責ニ任ス」は、その後、反復して同様の判決が下されたことにより判例法を成すに至っており[34]、事実婚を婚姻予約に仮託した「『こぢつけ』論がたうとう動かすべからざる判例」[35]になったとして、当判決を「法規欠缺ノ場合ニ於ケル裁判所ノ立法行爲ニ因ル判例法發生の好適例」[36]と位置づけた。

3　穂積重遠の「条理」解釈

(一)　条理の根拠条文としての裁判事務心得第3条とスイス民法第1条第2項

　それでは、重遠の条理論を見ていくことにしよう。まずは、彼自身が婚姻予約有効判決を「知らず識らず明治八年第百三號布告の趣旨を實行して居る」と評価していることからわかるように、彼もまた条理裁判を行う根拠を裁判事務心得第3条に求めているという点に注目したい。

　重遠が、裁判事務心得第3条とスイス民法第1条第2項を類似法規として着目し、条理を語る法素材として両法令を例証していることは前述の通りである。また、両法令の関係については、「此規定（スイス民法第1条第2項）は正に我が明治八年の布告と同じ事を云って居るのであつて、『自己ガ立法者タラバ云々』と云ふのは誠に巧妙な言い廻しであるが、結局『條理』と云ふことを説明したに外ならぬ。」と述べ、この両者を「同趣旨」なものとして捉えようとしている[37]。

　両法令を「同趣旨」として捉えるこうした見方は、前章でみたように、富井

第八章　穂積重遠の「条理」解釈

政章にも杉山直治郎にも見られるところである。富井は、裁判官による法律の補充を認めている点に同一性を見出した。杉山は自由法論の強い影響の下、両者がともに「正義、事物の性質、公平（当事者双方の利害の均衡）、公益、取引信用の確保、国民確信、または共同的時代意識、社会的要求等によるべきの法旨といった客観的標準」を求めているという点に同一性を見出している。

それでは、重遠の言うところの「同趣旨」とはどのような意味を有しているのか。彼は、「タトヒカノ太政官布告其モノガ既ニ死法デアッタトシテモ、又タトヒ斯ノ如キ布告ノ出タコトガナイトシテモ、余ハ此布告ノ趣旨ヲ以テ司法界千古不朽ノ大原則ト信ズルノデアル。同様ニ一九一二年ヨリ施行ノ『スイス』民法第一條第二項（……）ノ規定ハ、規定ナキ我國ニ於テモ當ニ然ルベキ所デアル。」[38]とし、裁判事務心得第3条の効力についてはあえて言及しないものの、仮にそれが現行の法令として存在が認められないとしても、その趣旨において不朽の大原則が謳われており、法律の欠缺補充としての「条理」は当然あるべきだと論じている。スイス民法第1条についてもまた同様であり、「これ亦明文の規定を待たずさうなくてはならぬ所なのであつて、裁判官は民事事件に關し明文不文何等の法律規定がない場合には條理に基づいて裁判すべきものなのである」[39]としている。このように重遠は、「司法界千古不朽の原則」という意味において両法令を「同趣旨」なものと理解しているようである。

このような理解からすると、重遠は、所謂、性法論ないしは自然法論あるいは杉山らが当時唱道している自由法論に立脚しているようにも見える。しかし実際の彼の条理論は、自然法論者や自由法論者に見られるそれとは——少なくとも彼自身の語るところでは——性質を異にするものであるということを指摘しておきたい。重遠は自然法について次のように述べている[40]。

　　法が「作」られるより前に人類普遍の原理が「在」り、それが法律の内容となるのだが、この原理そのものもまた法律であるとし、人定法たる國法の上に「自然法」があるのだ、とするのが「自然法論」である。あるいは「性法」とか「條理法」とか言う人もある。しかしそう何でもかでも法律にしたがらなくてもよさそうなものだ、これもまた一種の法律萬能思想ではないだろうか。

自然法を支持する学者によれば、「条理」とはすなわち「自然法」であるため、裁判所はそれを適用出来る。それに対し、自然法に対抗する立場にある者——重遠はこうした人たちを「厳格法論者」と呼ぶ——は、条理は「法律」（今日でいうところの「法」のこと）ではないが故に、裁判所では条理を適用することは出来ないという。こうした各意見に対して、重遠は、上記の論者の結論は一見すると正反対のようであるが、「法律のみを適用する機關」として裁判所を捉えている点において一致しており、これを理由にこれらの見解にはいずれも賛成することは出来ないとしている[41]。彼によれば、裁判所とは、上記の論者の主張するような「法律のみを適用する機關」ではなく、「裁判官は必ずしも法律を適用せずともよい」、あるいは「裁判官は自由裁量により裁判し得る」ため[42]、「條理は法律ではないけれども裁判所は條理を適用して裁判し得る」のであり、またそれは当然の必要であるとした[43]。その意味において、裁判官の法律補充を認めるかのような規定がない我が国においても、「余輩ハ『スイス』民法第一條ノ規定ヲ以テ斯問題ノ最モ適當ナル解決ナリトシ、明文ノ規定ナクトモ裁判官ハ此程度ノ法律補充能力ヲ有スルモノナリト信ズ。」[44]として、スイス民法の定めるような原則は当然あるべきものであると述べている。

　このような彼の主張に自由法論への傾斜を見ることは確かに出来るのかもしれない。彼の「從來ノ法律學ガ或ハ法律ノ無缺陷（Lückenlosigkeit des Rechts）ヲ假定シ、或ハ立法者ノ意思ヲ援用シ、或ハ擴張解釋類推解釋ヲ許スモ畢竟裁判官ノ立法行爲ヲ默認セルニ外ナラザルナリ。然カモ法律無缺陷ノ假定ハ空論ナリ、憲法上ノ手續ニ依リテ言明セラレザル立法者ノ意思ハ法律ニアラズ、而シテ擴張解釋類推解釋ハ其根據及ビ範圍頗ル明確ナラズ、寧ロ正々堂々ト裁判官ノ法律補充能力ヲ承認スルニ如カザルナリ。」[45]との考えは、自由法論の特徴でもある、法の不備の存在を認め、裁判官による法の補充を認める点において同様の考えを有しており、ここに重遠の同説への肯定的態度を確認出来る。しかし彼は、「結論において自由法論に賛成なんだけれども、ただあれは自由法だという自然法的な考え方にも納得できない」[46]、あるいは「裁判官ハ法律變更ノ權能ヲモ有スルモノトナシ、法規ハ裁判官ニ對スル指針乃至教科書ニ過ギズトナス極端ナル自由法説ニ至ツテハ、個々ノ事件ノ正當衡平ナル裁斷ノ重ン

第八章　穂積重遠の「条理」解釈

ズベキヲ知ツテ一般的『法律安定』(Rechtssicherheit)ノ更ニ重要ナルヲ忘レ、却ツテ法律其モノヽ社會目的ヲ滅却セントスル大謬見ト云フベシ」[47]として、自由法論と自らとの間に一線を画している。

　それでは重遠のいう「条理」とは何か。彼は、「条理」は「筋合」を意味するものだという。つまり、「〔物事は色々な筋道から考えなければならず〕上からも下からも右からも左からも前からも後ろからも色々の筋を押し詰め、その筋の合ふ所が『筋合』であつて、即ち條理である」[48]。さらに彼は、「民事では所謂『筋合』『社會通念』『実験法制』『條理』『情理』等と云はれているものにより裁判せられる」[49]、また、「條理とは『道理』である『物のあはれ』である」[50]とも言う[51]。このような彼の「条理」理解は一見多義的であるとの印象を持つ者もいるかもしれないが、そこには彼なりの一貫した理論がある。

　次の〔図2〕を見てもらいたい。これは、昭和5 (1930) 年7月に行われた文部省主催「第3回公民教育講習会」での講演にて、重遠が「法律と道徳との関係」について説明する際に用いた図である。重遠はまず社会規範を「第一段の社会生活規範」と「第二段の社会生活規範」とに分ける。前者は道徳的規範・

【図2】　法律と道徳との関係

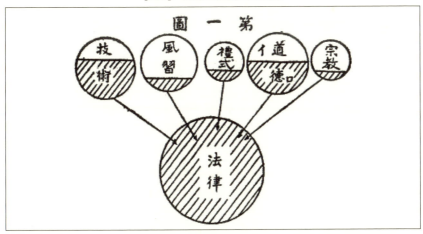

穂積重遠「法律生活」（文部省実業学務局編『公民教育講演集第三輯』
（文部省構内実業補習教育研究会、1930年）25頁）より転載

宗教的規範・技術的規範・経済的規範・風俗慣習上の規範、礼式的規範を指し、後者は法律を指している。両者の関係について、重遠は、「第一段の社会生活規範」の中で社会力殊に公権力によって強制力を持たされたものが「第二段の社会生活規範」としての法律であると述べる。また、彼の言う「条理」とは、「社會生活の第一段の規範の総称」であり、「其條理に特に力が加つたのが法律である」としている[52]。そうであればこそ、「第二段の法律がない時には第一段の條理で裁判するといふのが当然の事になる」のである[53]。さらに彼は、条理を「我々の社会生活に適している」という意味の「善」を意味するものであるとし、〔図2〕が示すように、法律が、条理に強制力が加わったものである限り、法律もまた善法でなければならないとした[54]。

　太政官布告を蘇らせ条理に基づく裁判を認めようとする論者は、この時代、他にもいる。こうした論者の多くは、裁判事務心得を手掛かりにして、単に1回限りの裁判官の主観に基づく裁判が認められると解するのみで、「条理」なる客観的規範の存在を認めない。また、「条理」なる客観的規範が存在すると認める者も、それは自然法であったり、事物の本性（Natur der Sache）というように、「法的な何か」という捉え方をしている。しかし、こうした論者たちと異なり、重遠は、条理の客観的存在を認め、さらにこれが法の外に存在するものであるとする。さらに進んで重遠は、法律を単に補充するというものを超えた役割があるとも理解しているのである。これにより、「条理」を道しるべとした裁判を通じた法創造が積極的に推奨されていくことになる。筆者はこの志向性を得ることにこそ重遠の条理論の存在意義があったと考えている。

(二)　条理と判例法の関連性

　重遠の評価する婚姻予約有効判決には、「法規欠缺ノ場合ニ於ケル裁判所ノ立法行爲ニ因ル判例法發生の好適例」という位置づけも与えられている。その中で彼は条理と判例法の関係についても言及している。

　重遠は、裁判による判決こそが成文法や判例法の真の起源であるとし、また、条理による成文法の補充は認められるものの、実際に法の欠陥を補っているのは、条理裁判での「判決」によって形成された「判例法」であると強調している。そしてその際、「條理裁判は結局是認せられ實行せられざるを得ないので

あつて、其條理裁判の判決が種になつて判例法が出來上るのであるが、條理其ものが法律なのではない。それ故法律の形式は成文法と慣習法と判例法となりと言ふ。」として、条理裁判によって出された判決が、その後も類似の裁判で支持され、この趣旨に従う判決が続くことによって、成文法とも慣習法とも異なる「判例法」が発生すると指摘した[55]。但し、判例の当否は学者の判断すべきところであり、判例法は、学者が判例研究を通して、判例の中から見出されたものであると彼は指摘している[56]。また、成文法と判例法との関連性について、両者は相伴って存在しており、前者は後者によって補正される、そして「我國の民法に於ても段段と判例法が働いて、それが民法の足りない所を補ひ、悪い所を改めて行く、民法以外の法律に於ても判例の立法的作用が認められ」[57]るとした。

　重遠によるこのような評価は、裁判所を単なる法則適用の機関とせず、具体的に発生した紛争＝法律問題の解決機関であると考え、そこに裁判の本質を見出そうとする彼自身の裁判観に由来しているものだと考えられる[58]。重遠によれば、裁判所はjudgeであるのみならずpeace-makerといった役割を担っており、「成文法ニヨッテ頗ル其自由裁量能力ヲ制限セラレタ今日ノ裁判所ニモ、法律規定ノ欠缺セル部分ニ付テハ依然固有ノ自由裁量能力ガ留保セラレテ居ルモノト考ヘルノガ正當デアル」[59]として、裁判所に法規の補充的立法行為を認めるべきであり、成文法の規定も慣習法の規定もない場合には、条理をもって裁判を行うべきであるとした。従来、裁判所とは条理に基づいて裁判する機関であった。法律は、むしろ裁判所の条理裁判に標準を与えて、その自由裁量を制限する規定として発生・発達したものであり、いわば「裁判が積り積つて」出来上がったものである。今日においては法律が非常に発達した。しかし、法律が現在や未来のあらゆる生活需要を網羅することは到底不可能であり、法律に欠陥がないなどというわけにはいかない。その一方、それを法律的に解決せねばならなくなったときに、民事裁判では、裁判官は規定がないからといって法律的解決を拒むわけにはいかない。そこで、法律よりも一層根本的なものをもって法律を補充すること、つまり条理裁判をなし得ることは、むしろ当然であり、我が国の裁判所も実際には知らず知らずのうちに条理裁判を行っていると重遠は指摘する。

重遠が裁判を通じた法形成に強い関心を抱くようになったのは、イギリス留学以来である[60]。そして、こうした関心の動機や判例法の法源性を肯定する見解を考察する限りにおいては、彼のいう「条理裁判」とは、川島武宜の次の言葉に依拠するならば、エクイティを基底としたイギリスの裁判を理想とするものと考えてよさそうである[61]。

　〔穂積〕先生の法律学で特色的なのは、先生の法律学の出発点が、当時のあらゆる支配的な法律学者と違って英法であつたということです。(……) 判例を素材にして扱うということが先生の法律学の中心をなしている。イギリスの法律学は、事実の中から裁判官が裁判規範を発見して創造していく、つまり事実から離れない。だから、先生の法律学は、抽象的な理論体系をつくって、それらの論理的な首尾一貫性を金科玉條として追求するというようなことなしに、いつも具体的な問題を頭に浮べて、一つ一つ解決して、そこからとらえられる限り理論をつくっていく、しかしそれ以上に論理だけで先に進んで行くことはしない。こういうイギリス法学的な点に先生の法律学の (……) 特色があつたと思うのです。(……)

　成文法主義をとる日本にあっては、社会事情と合致した裁判を志向するにあたり、判例法主義を採るイギリスの制度を直接の模範とすることは困難である。しかし重遠は、成文法主義を採る我が国においても判例法は十分に発生し得ると述べている[62]。このような姿勢が、重遠を成文法主義国における裁判官の法律補充能力の承認に向かわせ、その具体的方策が裁判事務心得第3条の条理の積極的活用であったと見ることが出来るのではないかと筆者は考えている[63]。

(三) 「条理」規定の機能——重遠の判例研究からの分析

　次に、重遠の「条理」条項の運用に際し、これに期待される機能について、彼の『判例民法』『判例民事法』における判例研究から見ていくことにしよう。

① 「悪法」を代替する「条理」の機能
　本来ならば適用すべき法律を「悪法」として排除せねばならない場合に、その代わりに「条理による補充」として異なる現行民法の条文をあてはめるとい

う機能が、まず第一に挙げられる。例えば、大正12（1923）年3月15日第二民事部判決「庶子認知請求事件」[64]の重遠の評価にこれを見ることが出来る[65]。この事件は、横溝万吉と川口とりとの間に、明治27（1894）年11月25日に私生子として出生した小河原政一が、実父に私生子認知請求の訴えを起こしたというものである。原告（小河原政一）は、被告（実父）自身も民法施行後に原告を実子と認めた事実があると主張したのに対し、被告側はこの事実を否認すると同時に、原告が戸籍上小河原兼吉の三男となっていること、原告が民法施行前の出生であることを論拠として争った。大審院は、控訴院の「本件には現行民法を適用すべきではなく民法施行前の法規に依るべき」ため、私生子の認知請求が出来ないという見解をとり、上告を棄却した。このような民法施行前に出生した私生子が民法施行後に認知を請求出来るかという問題に対し、重遠は「裁判官は明治六年第二一號布告を『悪法』として否認し、民法第八三五條の規定を『條理』として民法施行前出生の私生子についても適用すべきではなかつたらうか」[66]として、民法施行前の事例についても、それが「悪法」である以上、法の欠缺とみなして現行民法の条文を「条理」としてあてはめるべきだとした[67]。つまり「条理」とは、既存の法令の誤謬性を他の実定法規を優先適用させる方法の中に現れるものだと解することが出来るだろう。

② 法の欠缺補充としての「条理」

その事例に適合する法が存在しないという意味の「法の欠缺」に際し、その補充として「筋合」「道理」「常識」としての「条理」に照らし合わせた判決を可能にするのが第二の機能である。本章で取り上げている婚姻予約有効判決がこれに該当する。その他にも例えば、昭和2（1927）年1月31日第一民事部決定「親族会招集申請ノ申請却下決定ニ對スル抗告事件」を挙げることが出来るだろう[68]。当該事件では、法定または指定の家督相続人がいない中で、戸主・前田安吉が死亡した。家督相続人の選定権者として母まつがいるが選定をしない。そこで、安吉の妻こみつが、福山区裁判所に「家督相続人認定のための親族会招集の申請」をしたところ、区裁判所では却下され、広島地方裁判所でも抗告棄却となった。その後、大審院に再抗告をした結果、「廃棄委任」の決定が下された。ここで重遠が注目したのは、家督相続人選定の時期についての規

定がないという点である。抗告審では、父母が相当期間内に選定をしなければ親族会が選定すべきとして、相当期間を長く考えたのに対し、再抗告審である大審院では、家督相続人選定の「根本精神」から相当期間を短くみたとして、重遠は大審院による決定を「此決定は民法の規定の缺陥を條理を以て補填するによつて判例法を作り出す好適例として注目すべきである」と評価した[69]。彼によれば、家督相続人の選定期間に関する規定がないため、「条理」即ち「一般的な常識」でこれを考えるべきであり、そうした場合、家督相続人を速やかに決めるという選択肢を裁判官は採り、「条理裁判」の名の下でそれを言い渡すべきだということであろう。

　大正15（1926）年7月20日第一刑事部決定「恐喝被告事件」もまたここに該当するだろう[70]。これは「昭和二年五月十七日に終局判決」された、所謂「男子貞操義務判決」の中間決定として位置づけられ[71]、「『夫の貞操義務』を認めた新判例として世間の注目を惹」いた[72]。当該事件の概要を簡潔に述べるならば、和田丙は婿養子として和田甲女と婚姻をし、娘・和田乙女を設ける。その後、和田丙は家出をし、渡邊丁女の下男となるも、同人と情交関係をもつ。これが原因で、子供の養育費にも窮してしまった和田甲女は、被告人（弁護士事務員某）に「相當ノ出金ヲ爲スベク交渉シ呉ルル様ニ」と依頼をする。これを承諾した被告人は和田甲女とともに、渡邊丁女のところへ行き、同人に対し、情交関係に関する告訴をしないかわりに、「丙ト妻乙女トノ手切金名義ノ下ニ現金一百圓、及丙ノ子供ノ養育料トシテ大正十三年十月ヨリ大正十八年十月迄ノ向フ五年間一ヶ月九圓宛毎月二十五日限リ皆濟スル旨ノ、契約人渡邊丁女保證人和田丙ナル和田乙女宛ノ契約書」を和田甲女に交付させた。それに対し、渡邊丁女が被告人を恐喝罪で告訴したという内容である。第一審・第二審ともに被告人を有罪と判決したものの、大審院では「婦ハ夫ニ對シ貞操ヲ守ル義務アルハ勿論、夫モ亦婦ニ對シ其義務ヲ有セザルベカラズ」として、「事實ノ確定ヲ及ボスベキ法令ノ違反ヲ理由トシテ原判決ヲ破毀スベキモノト認」めて（刑事訴訟法第440条）、「本件ニ付當院ハ事實ノ審理ヲ開始ス」と言い渡し、昭和2年5月17日の判決では一転、「原判決ヲ破毀ス、被告人ハ無罪」とした。当時は夫に対して、貞操を強制する義務を設けておらず、民法第813条及び刑法第183条を根拠に、妻には貞操義務があっても夫にはないとか、夫婦の誠実の

義務は道徳上の義務にして法律上の義務にないといった説明がなされていた。このような中、上記の民法・刑法の規定はともに、夫の法律上の貞操義務を妨げるものではないと断言した大審院の判断を「大英断」として、重遠は高く評価した。その上で、重遠は、夫の貞操義務違反に関する直接の規定は確かに存在しないが、かといって現存の条文が夫の貞操義務を無視したものではないとし、「これは法律の解釋適用と云はんよりは、法律は夫に貞操義務ありともなしとも規定して居ない所を大審院が條理裁判をしたものと見るべきである」[73]と述べ、「大審院が明治八年太政官布告第百三號に所謂『條理ヲ推考シテ』、又スイス民法第一條に所謂『自己ガ立法者タラバ法規トシテ設定シタルベキ所ニ從ヒテ』、夫に貞操義務ありと裁判したのだ、と私は觀念したい」[74]との見解を示した。またその意味において、これは「將來の判例法たるべきものである」[75]と評した。

③ 調停の指導的規範としての「条理」

本来適用すべき既存の法律が当該事案に合致しないという意味において「法の欠缺」があり、当事者間の話し合いの中から見出せる「共通理解」としての「条理」に基づく判断が求められる場合がある。これが第三の機能である。この一例として、昭和2年5月27日第二民事部判決「遺骸引渡請求事件」を挙げておく[76]。これは「神永靖寛の長男寛が大正九年五月二六日に江尻『はる』と入夫婚姻をして江尻寛となつたが、〔妻たる江尻はるの虐待を怨んで〕大正十二年十月十五日實家の神永家で縊死し、遺骸は神永家の墓地に埋葬された。そこで寛の繼子として家督を相續した江尻新が神永家の現在の戸主神永卓次を相手取つて『遺骸引渡請求ノ訴』を起した」というものであり、第一審では江尻家の勝訴、第二審では神永家の勝訴となっている。そこで、江尻家が上告をしたところ、大審院は「遺骨ハ有體物トシテ所有權ノ目的ト爲ルコトヲ得ベキモノニシテ、其所有權ハ相續人ニ於テ之ガ管理ヲ爲ス權利ヲ有スルモノト解セザルベカラズ。」として、破棄差戻の判決を下すという結果となった。これに対し、重遠は、「遺骸に對する權利を所有權と見、被相續人からの相續によつて取得するものとして取り扱」う、従来からの裁判所の考えを否定した上で[77]、「被相續人自身の身體について相續なることを起るべき筈がないと同時に、元來其

権利を所有權と云ふのが適切でない」とて、「所有權の抛棄とか無主物先占とか云ふ議論をすべきでなく、やはり慣習上條理上の一種の權利として取扱ふべきだらう。」とした。つまり、遺骨遺骸の問題を相続や所有権といった民法の規定上の観念で解決しようとすること自体が無理な話であり、こうした場合は慣習法や条理を適用すべきだとした。そして「斯う云ふ事件に出會ふ每に『家事審判所』と云ふ様な親族爭議調停機關の必要が痛感される」として、家事審判所などの特別機関における非法律的な解決方法を、そして調停規範としての「条理」に基づく解決を新たに求めていったのである。

　以上、重遠の判例研究に見られる「条理」条項の運用のあり方について見てみた。そこから、裁判事務心得の制定時より支持されてきた、他の法規を参照するための引照標準としての「条理」が、大正・昭和戦前期においても未だに用いられていたことを確認することが出来る。また、「筋合」「道理」「常識」としての「条理」を裁判に持ち込むという機能も与えられており、これが重遠において適用頻度の最も高いものであったと思われる。即ち、「法律は條理の現はれなのだから、條理が法律として現はれて居ない場合に直ちに根本の條理に遡るのは當然」とし、裁判官の営みによる法の補充（あるいは裁判官による法創造）を積極的に求めていこうとした重遠の法思想をその背景に見ることが出来よう。さらに彼においては、法律よりも条理を前提とする調停にその解決策を求めることを念頭に置いていた点も興味深いところであろう。戦後に制定された民事調停法第1条「民事に関する紛争につき、当事者の互譲により、条理にかない実情に即した解決を図ることを目的とする」に見られるように、条理は次第に調停の場で重んじられるようになってくる[78]。その意味において、戦前期の法学界で調停の重要性を唱えてきた重遠の「調停上の条理」がここに法制上の裏付けを得た可能性もあり得るだろう。

(四)　条理裁判と民法改正

　前節で見てきたように、重遠は、条理を道しるべとした裁判官の法創造を積極的に求めていったことがわかる。しかしながら、重遠にとって条理に基づく裁判、そしてそこから生じる判例法とは、あくまで社会状況の変化に対する応

第八章　穂積重遠の「条理」解釈

急処置的な解決策であり、最終的には判例法に従って民法を改正しなければならないと考えていた。内縁問題についても彼は次のように言及している[79]。

　今日となつては其趣旨〔大正4年に裁判所によって支持された婚姻予約不履行〕の判決が繰返し行われて（……）判例法が出来上り、民法の缺點が一部分救濟されて居る。しかしこれは極めて部分的にして不徹底な救濟でモット根本的な救濟がなくてはならぬ。元來事實と法律とが懸け離れて居るのが病根なのだから、其治療は事實が法律に歩み寄るか、法律が事實に歩み寄るかでなくてはならぬ。（……）終局の解決は法律の改正でなくてはならず、それには結局、民法施行前のように思い切つて事實主義を採用し、たとい婚姻届が出て居なくとも「親族近隣ノ者モ夫婦ト認メ」るものは、法律上も夫婦と認めると云ふことにするがよいと思う。

この記述においても、前述で指摘したのと同様に、条理裁判によってなされた婚姻予約有効判決はその後、裁判で繰り返し適用されることによって「判例法」となったことが述べられている。しかし重遠は、判例法による国民の救済は「部分的にして不徹底な救済」であり、「終局の解決」のためには「民法改正」をもって対処しなければならないという。つまり、法律婚主義を採用する明治民法第775条を改正することが内縁問題を解決させるための最終手段であるとして、その必要性を強く主張していく。そしてそれは、自らが幹事・委員を務めた臨時法制審議会の民法改正作業という形で具現化することになる。

「婚姻の成立」は、この時の民法改正の重要問題の1つであった。重遠によれば、審議会では、婚姻の成立について、従来の法律婚主義を事実婚主義に改めるべく考案された[80]。それは、幹事会が取りまとめた調査要目の「第二十四」として挙げられた「民法ノ規定ニ依レハ婚姻ハ届出ニ因リテ其ノ效力ヲ生シ届出ナキ限慣習ニ從ヒ儀式ヲ擧ケタル場合ニ於テモ婚姻ハ成立セサルナリ故ニ儀式ヲ了リテ届出ヲ爲ス迄ノ間ハ法律上夫婦ノ關係ヲ生セス此ノ如キハ風儀上適當ノ制ト謂フヘキヤ或ハ婚姻ハ届出ニ因リテ其ノ效力ヲ生スルモノト爲ス外届出ナキモ慣習ニ從ヒ婚儀ヲ擧ケタルトキハ婚姻ハ之ニ因リテ其ノ效力ヲ生スルモノト爲スヲ可トセサルヤ（民法第七七五條）」[81] に確認することが出来る。尤も、その後にこれらを審議した主査委員会及び小委員会では上記の項目に対

する反対意見も少なくなく、最終的に当初の案を徹底させることは困難と判断され、昭和2 (1927) 年の「民法改正要綱」では事実婚主義と形式婚主義との折衷案を採用することとなった。内容は次の通りである[82]。

　　第十二　婚姻ノ成立
　　一　婚姻ハ慣習上認メラレタル儀式ヲ擧グルニ因リテ成立スルモノトシ、其成立證明ノ方法ヲ法律ニ定ムルコト
　　二　前項ニ依リ婚姻ヲ爲シタルトキハ、一定ノ期間内ニ届出ヲ爲スベキモノトスルコト
　　三　第一項ニ依ラザル場合ニ於テハ、婚姻ハ届出ニ因リテ成立スルモノトスルコト

　同項目では「婚姻ハ慣習上認メラレタル儀式ヲ挙グルニ因リテ成立スル」を原則とし、婚姻届による成立はその補充として位置づけられた。慣習上の儀式や法定証明方法といった制限があるものの、第1項で事実婚主義を認めたという点において、明治民法と比べれば大きな進歩であったと言えよう。これに対し重遠は、「〔自分の目指す方向と〕大体同趣旨」とするものの、改正要綱の立場は未だ不徹底であり、事実婚主義をさらに徹底すべきだとして、これを批判している[83]。つまり、婚姻成立の証明や婚姻の意思表示としての婚姻届は、結局のところ、形式婚主義への逆戻りを意味するのであり[84]、また第1項にも第3項にも該当しない夫婦は結局法律上の夫婦として認められないが故に、内縁の夫婦の絶滅は達成出来ないと考えたのであろう[85]。

　その後、民法改正に向けた起草作業が行われ、親族法の原案は重遠が作成した。昭和14 (1939) 年の第3草案の際に、同草案は民法典から切り離され、独立法典の親族編形式をとる「人事法案」となる。関連規定は以下の通りである[86]。

　　第五十七条　婚姻ハ慣習上認メラレタル儀式ヲ擧クルニ因リテ其效力ヲ生ス（要12ノ1)
　　　　　　　前項ノ場合ニ於テ戸籍吏ニ其届出ヲ爲スコト要ス（要12ノ2)
　　第五十八条　前條第一項ノ規定ニ依ル婚姻ノ當事者又ハ利害關係人ハ婚姻成立ノ

第八章　穂積重遠の「条理」解釈

　　　　　確認ヲ家事審判所ニ請求スルコトヲ得（要12ノ1）
　　　　　前條第二項ノ届出ヲ爲サスシテ一年ヲ經過シタル後ハ婚姻ノ成立ハ
　　　　　前項ノ確認ニ依ルニ非サレバ之ヲ主張スルコトヲ得ス
　　　　　家事審判所ハ當事者雙方及ヒ成年ノ證人ノ署名シタル書面、儀式ヲ
　　　　　擧ケタル場所ヲ管理スル者ノ作成シタル帳簿ノ記載其他婚姻アリタ
　　　　　ルコトヲ明確ニ證スヘキ書面アル場合ニ限リ婚姻ノ成立ヲ認ムルコ
　　　　　トヲ得
　　　第五十九条　第五十七条第一項ノ儀式ヲ擧ゲザルトキハ婚姻ハ戸籍吏ニ届出ヅル
　　　　　ニ因リテ其ノ効力ヲ生ズ（七七五条、要12ノ3）

　ここで儀式婚による婚姻成立の確認を家事審判所に委ねたことは興味深い点であろう。
　なお、この人事法案は、第5草案までは仮決定されたものの、戦局の悪化に伴い、昭和19（1944）年10月、他の政府事業とともに中止を命ぜられたため、ここで戦前の民法改正案の起草作業は終わる。そして戦後に再開した民法改正では、新たなメンバーのもとで審議がなされ、最終的には、婚姻の成立に関しては明治民法第775条が受け継がれることになった。ここで立法における事実婚の承認への途は絶えることになる。これに関して重遠は「龍をえがいてひとみを點ぜぬうらみ」[87]と述べている。ここに、事実婚主義の実現に向けた彼の強い思いが実を結ばなかった無念を窺い知ることが出来よう。

（五）　条理裁判の立法的承認

　以上のような、民法規定を条理や判例法に即したものとする他に、重遠は「条理」裁判そのものを立法により承認させる試みも行っていた。彼は従来より、いかなる問題も最終的には「法律」という形にしなければならないと述べており、裁判官の法創造の問題に関しても同様であった。たとえ裁判事務心得やスイス民法典の条文を引用して条理を是認し、それを個別の裁判で適用したところで、それは未だ不十分な対応であり、最終的には、「法の不備に対して裁判官が自由解釈を積極的に行っていく」ことが出来るということを民法の一条文として定め、今後は「民法の一規定を適用する」という形で裁判官の法創

255

造が実践されるべきだと考えていた。こうした考えを重遠は実際に行動に移している。即ち、彼は臨時法制審議会における民法改正要綱及び満州国民法典の編纂で「条理」裁判を認める条文の導入を試みている。この点について以下に言及しておこう。

① 臨時法制審議会における民法改正要綱の審議

重遠を中心とする臨時法制審議会の幹事たちは、スイス民法第1条を民法の条文に加えようと検討し、大正8年11月15日の第2回主査委員会の中で「調査要目」の1つとして具体的に提示している。関連資料を以下に引用する。

> 第五　民法中殊ニ親族及相續ニ關スル規定中不備不明ノ點少カラス爲ニ解釋上ノ疑義ヲ生シ法ノ適用ニ關シ少カラサル支障ヲ生スルハ憂フヘキ所ナリトス宜ク其ノ疑義ヲ明ニシ殊ニ人事ニ關スル法規ノ完備ヲ期スルト共ニ法文ノ體裁ヲ更メ一般人士ヲシテ容易ク法律ノ精神ヲ解スルコトヲ得シムルコトヲ圖ルヘキニ非スヤ又法律規定ハ其ノ制定當時ニ於テ完備スルモ事情ノ變更ノ爲當初豫想セサル問題ヲ生スル場合ニ於テ規定ノ不備ヲ訴フルニ至ルハ事例ノ乏シカラサル所ナリ故ニ外國ニ於テモ自由解釋法ノ必要ヲ唱フル學者及實務家多キハ顯著ノ事實ニシテ瑞西民法ノ如キ自由解釋ニ關スル明文ヲ設ケタリ今民法ノ改正ヲ爲スニ當リ法文ヲ以テ自由解釋ノ理義ヲ明ニスルノ要ナキヤ[88]

> 穂積幹事　此第五ノ問題ニ付テモ幹事中意見ヲ異ニスルコトアリト思フモ私ノ考ハ凡ソ法律ナルモノハ國民ノ規則ナル以上國民ニ於テ知得了解シ得ル樣ニ規定スルヲ必要トスルコトハ勿論ナルヘク就中親族相續ニ關スルモノハ國民ニ於テ一層了解シ居ルコトヲ必要ナリト思フ然ルニ現在ニ於テハ國民カ能ク了解シ居ラサルナリ之レハ人民ノ法律思想乏シキヲ責ムルヨリモ寧口法律ノ規定カ不備不明ノ點多キニ因ルト云フコトヲ顧慮セサルヘカラス殊ニ親族相續ノ法律ハ一層平易ニ了解シ易シキ樣ニ規定スルノ必要アリト思フ併シ法律ハ總テノ場合ヲ豫想シテ十分ニ網羅セントスルニハ複雑トナリ平易トナラス平易簡明ニセントセハ漏ルル場合多カルヘシ故ニ親族相續ニ付テハ其何レノ主義ヲ採ルヘキヤト云フコトカ此第五ノ前段ノ問題ナリ次ニ法律ヲ平易簡易ニ規定スレハ自然漏ルルコト多ク大綱ヲ明文ニ規定スルコトトナルヲ以テ裁判官ニ自由解釋ノ權能ヲ與ヘ細カキ事項ニ付テハ場合ト事情ニ依リ適當ナル判斷ヲ爲サシムル必要ヲ生スヘシ而シテ之ヲ人民

ニ知ラシムル爲メ自由解釋ノコトヲ規定スルノ必要アリ[89]

　この調査要目「第五」は、臨時法制審議会の幹事からの提案となっているが、重遠もこれには賛成の立場にあり、家族法領域における自由解釈の必要性を強く主張していることが彼の発言から窺うことが出来る。なお、ここで言う「自由解釈」とは、要するに「条理」による裁判を意味しており、これを明文でもって規定することによって条理裁判を制度化しようとしていることがわかる。
　また、上記引用文の「親族相續ニ關スルモノハ國民ニ於テ一層了解シ居ルコトヲ必要ナリト思フ然ルニ現在ニ於テハ國民カ能ク了解シ居ラサルナリ之レハ人民ノ法律思想乏シキヲ責ムルヨリモ寧ロ法律ノ規定カ不備不明ノ點多キニ因ルト云フコトヲ顧慮セサルヘカラス」という彼の発言であるが、これはつまり、明治民法の親族編及び相続編の規定が不備不明のために、法律の担い手である国民に十分に認識されていないことを指摘している。また法律は、すべての場合を予想して十分に網羅しようとすると複雑になりすぎる。そこで、親族や相続の法律は一層平易に了解し易き様に規定すべきであり、それによって生じた「漏れ」については、裁判官が自由な解釈を通じて補充していくことで国民の納得出来る解決に導いていく必要があるとした。このような理由から、成文法をもって家族法領域における自由解釈を公認させようとしていることがわかる。
　しかし、これについては、委員幹事の間で激しい論争を引き起こした[90]。例えば、富井政章のような「民法ノ規定中不備不當ノ點アルヲ以テ之ヲ改正補充スルト云フコトハ至極結構ニシテ必要ナリト思フモ此終リニ掲ケル自由解釋ト云フコトハ非常ニ大ナル問題ナリト思フ瑞西民法ノ初ニ左様ノ規定アルモ之ハ非常ニ議論ノアルコトナリ（……）明治八年頃ノ布告ニ成文法ニ規定ナキトキハ慣習ニ據ルヘシ慣習ナキトキハ條理ニ據ルヘシト云フコトアリ此布告ハ今日ニ於テモ廃止セラレス現行ノモノナリト思フ此條理ト云フ標準アリテ今日別段差支ナシト思フ其外ニ更ニ自由解釋ヲ爲スト云フ規定ノ必要ハナキ様ニ思ハル」[91]として、裁判事務心得第3条による条理裁判が認められており、これ以上の法制化は必要ないとする意見や、岡野敬次郎のような「法文ノ上ニ於テ個々ノ場合ニ素人ノ了解シ得ル論據ヲ設ケ置クコトカ親族相續ノ立法上ニ於テ最モ必要ナリト思考ス從前三編ハ簡單ニ規定シテモ親族相續ハ之レト異リ素

人ニ了解シ易スク規定スルコトヲ希望スルモノナリ（……）親族相續ノ規定ハ一般人ニ了解シ易スキ様ニ<u>成ルヘク詳細ニ規定シ完備ヲ期スル様ニスル</u>コトヲ望ム（下線部・筆者）」[92]として、家族法における白地規定の設定に真っ向から反対する意見もあった。このような賛否両論の中、結局、スイス民法第1条のような規定が我が国に明文上導入されることはなかった。しかし、重遠のこうした試みは意外なところで実現することになる。

② 満州国民法典の編纂

裁判事務心得第3条及びスイス民法第1条の両規定は、満州国の法典にも大きな影響を及ぼすこととなる。この「法律に定めなきときは慣習法に、慣習法なきときは条理によるとの法源上の原則」[93]は、康徳4（昭和12）年6月17日に公布された満州国民法典の第1条として規定された。その文言は「民事ニ關シ法令ニ規定ナキ事項ニ付テハ慣習法ニ依リ慣習法ナキトキハ條理ニ依ル」[94]というもので、裁判事務心得第3条とほぼ同一である。重遠は我妻栄とともに、「審核員」として、満州国民法典の起草作業における顧問的役割を果たしている[95]。同民法典は、「日本民法学者・実務家の理想の民法を満州国において実現しようとしたもの」[96]であり、その意味において、同民法典の規定は「民法典起草において実質的にも重要な役割を果たした」[97]重遠や我妻の学説に沿うものが多かったのではないかと思われる。また「〔滿洲國民法は〕その大體に於て日本民法に對する學說・判例の最高水準を攝取し、之に加へてドイツ・スイス等の民法の長所と滿洲固有の慣習を按配したもの」[98]であり、「滿洲國の民法も亦瑞西法の影響を受けたること些少でない」[99]ことから、スイス民法典の規定が大いに参照されたものと推測出来る。我妻は、論稿「満州国民法典の公布」の中で、「第一条を『民事ニ関シ法令ニ規定ナキ事項ニ付テハ慣習法ニ依リ、慣習法ナキトキハ条理ニ依ル』と定めたことはスイス民法を想起せしむるもの。しかし、わが民法の解釈と異なる結果となるものではないのはいうまでもあるまい」[100]としている。つまり、立法者側が念頭に置いていたのはスイス民法第1条であり、また、同法と「同趣旨」な法令として位置づけた裁判事務心得第3条も強く意識していたことがここから理解出来る。こうした法令は、重遠や我妻にとって理念上の法文であったことが窺えよう。

三　「条理」を重視する穂積重遠の真の目的

　本章では、婚姻予約有効判決にみられる内縁問題を出発点とし、重遠の条理論について考察してきた。当時、社会で問題視されていた内縁夫婦の婚姻解消という問題に関しては、それについての民法の規定が存在しない、つまり「法の欠缺」が存在する状況にあった。これに対し、重遠は、民法改正に至るまでの「応急措置」としての条理裁判を積極的に行う必要性を説き、その際、これを根拠づける条文として、裁判事務心得第３条とスイス民法第１条を「同趣旨」の規定として引き合いに出した。但し、ここに見られるような、日本とスイスの法令を「同趣旨」のものとして条理を位置づけるという彼の考察方法は、条文の背景にある、歴史・文化的異同に目を閉ざすことを帰結した。実践的な法要請に直接に応じる民法解釈論の目的からすれば、両法令を論じる枠組みもまた、おのずから解釈論的視点からのものとならざるを得ず、重遠も当然にそのような実践的意図に従ったまでのことではあろうが、それは却って「条理」概念の理解を複雑にする原因ともなった。

　しかし、本章の考察を通して、裁判事務心得第３条とスイス民法第１条第２項を「同趣旨」とみなす彼の意図について改めて考えてみると、彼にとっては、いかにして社会事情と合致した裁判を行えるかが重大な関心事であり、そのために有益な言説であるからこそ、裁判官の法律補充能力を承認する規定を定めた東西の二法令をその理念において同一なるものとみなし、それらの歴史・文化的相違を捨象する結果となったということが出来るのではないだろうか。また重遠は、「唯が我國に條理と云つて居るのを、スイス民法では『自己ガ立法者タラバ法規トシテ設定シタルベキ所』と云つて居るが結局同じ事で、條理と云ふのを詳しく説明したのに過ぎない。（……）即ち明治八年の太政官布告は世界最新立法の先駆と誇るべきである。」[101]とし、同心得をスイス民法の先覚立法と位置づけることで、日本人においてもまた、条理裁判とは本来馴染み深いものであることを印象づけようとしたのかもしれない。

　こうした彼の法理論の背景には、生涯にわたり首尾一貫した彼の「市民的家族観」[102]を基盤とする理念があったように筆者には思われてならない。重遠

の法理論には、社会における弱者を保護しようとする彼の使命感がその根底にあり、条理裁判は彼のこうした市民法学的な法律観を具現化したものであると考えたい。本章で考察した重遠の内縁理論の背景にも、内縁問題の「絶滅」[103]を切に望む彼の強い信念があった。これは偏に男女平等、妻や子供の保護を主張する彼の夫婦観・家族観の表れではなかろうか。

　重遠の法理論は時には条文の解釈を逸脱したものとなり、法学者たちの批判となることもあった。しかし彼の学説が当時の民法学において有力な地位を占め、後進に支持されていったということは、彼が活躍した第一次世界大戦中から1930年頃にみられる「日本の近代史において市民的民主主義思想および社会主義思想が、現実の社会的経済的地盤の上に最も華やかに開花し」[104]、また国民生活の変動も極めて激しかった時代にこそ求められた法理論であったという可能性もあり得よう。無論、今日の視点からすると重遠のこうした態度には様々な批判を投げかけることが出来るだろう。しかし、彼の展開した内縁理論や条理論は、当時の社会の要請に応えたものという観点から、当時の社会・法学のコンテクストの中に改めて位置づけ直し、その真価を評価することも今後必要ではないかと考えられる。

注

1)　『民法総論』『民法読本』『法学通論』『法理学大綱』『判例百話』『百萬人の法律学』『親族法』『親族法大意』「法律と裁判」「裁判の価値」「判例法に就て」「法律の施行前適用」「婚姻豫約有効判決ノ眞意義」「法律婚と事實婚」「法律に現はれたる維新の気分」は、条理についての重遠の見解が記された著論文の一部である。

2)　穂積重遠「大学生活四十年」(『法律時報』第15巻第10号、1943年) 23頁。
　「婚姻豫約有効判決ノ眞意義」を『法学志林』で発表する以前の重遠の論文は、主に海外の法制度の紹介や家族法の研究を中心とするものであり（第二章第三節第1項（一）参照）、具体的な判例を用いて解釈論を展開させたものは管見の限りでは見当たらない。しかし同論文の発表以降、様々な著論文の中で判例研究や「条理」をめぐる規定（裁判事務心得第3条及びスイス民法第1条）についての言及が積極的に行われるようになっている。従って、この時期あたりから「条理」をめぐる解釈論が彼の中で構築されてい

3) 婚姻予約有効判決の判例分析・研究については、唄孝一『内縁ないし婚姻予約の判例法研究』(唄孝一・家族法著作選集第 3 巻、日本評論社、1992 年)、川井健「内縁の保護」(中川善之助先生追悼現代家族法体系編集委員会『現代家族法体系 2 婚姻・離婚』有斐閣、1980 年所収)、佐藤良雄「婚姻予約(内縁)判例小史・序説」(『成城大学経済研究』第 39 号、1972 年)、太田武男『内縁の研究』(有斐閣、1965 年)等、数多くの研究発表がなされているため、これらを参照していただきたい。
4) 牧英正・藤原明久編『日本法制史』(青林書院、2005 年)282 頁。
5) 明治 8 年太政官達と明治 10 年司法省達の関係をめぐって展開されてきた「法律婚・事実婚論争」の到達点を示すべく「対照的な」見解を示したのは、山中永之佑(法律婚を原則とし事実婚を例外とするという説)と沼正也(戸籍届出は婚姻成立の一要件とする説)であろう。これについては、村上一博『日本近代婚姻法史論』(法律文化社、2003 年)5-6 頁に指摘されている通りである。
6) 村上前掲『日本近代婚姻法史論』の第一章「明治一〇年司法省丁第四六号達と婚姻の成立要件」では、控訴審段階における婚姻の成立要件の認定基準を検証するにあたり、東京控訴院の判決例が考察素材とされており、そのなかで、届出のない婚姻の成立を承認した判決が取り上げられている。また村上によると、上記の沼による大審院の民刑事判決原本の分析の成果をはじめ(同『財産法の原理と家族法の原理』三和書房、1980 年(新版))、近年、山中至により、下級審においても事実婚を認めた判決の存在が明らかになっているようである(同「明治八年太政官第二〇九号達(法律婚主義)についての一試論」(熊本大学法学部創立十周年記念『法学と政治学の諸相』成文堂、1989 年))(村上前掲『日本近代婚姻法史論』5-6 頁)。
7) 「法典主査会民法議事速記録 6」(法務大臣官房司法法制調査部監修『日本近代立法資料叢書 6』商事法務研究会、1984 年)181 頁。
8) 前掲「法典主査会民法議事速記録 6」181 頁。
9) 前掲「法典主査会民法議事速記録 6」183・186 頁。
10) 前掲「法典主査会民法議事速記録 6」212 頁。
11) 前掲「法典主査会民法議事速記録 6」186 頁。
12) 我妻栄「親族法・相続法の改正について」(『民法研究Ⅶ』(オンデマンド版)有斐閣、2001 年)53 頁。
13) 戸田については、川合隆男『戸田貞三—家族研究・実証社会学の軌跡』(東信堂、2003 年)が詳しい。同書では、戸田の生涯をはじめ、家族研究と社会調査論に代表される彼の学問活動に至るまで、詳細な研究がなされている。
14) 戸田貞三『家族と婚姻』(湯沢雍彦監修『家族と婚姻』クレス出版、1989 年所収)50 頁以下参照。
15) また穂積重遠や末弘厳太郎によって創設された東京帝大セツルメントが、大正 13 年

に同機関の所在地である東京市本所区柳島本町の戸口調査をしたところ、同町の夫婦346組の中、法律上の夫婦が275組、内縁の夫婦が71組であり、2割の夫婦が内縁関係にあるとしている（穂積重遠『親族法』岩波書店、1939年（第6刷）、253頁）。

16)　湯沢雍彦『大正期の家族問題』（ミネルヴァ書房、2010年）198頁。

17)　中島玉吉「内縁の夫婦に就て」（『法学論叢』第10巻第3号、1923年）3-4頁。

18)　本文で言及した、儀式を済ませた内縁夫婦の一方の「嘘欺」に対する法的救済についての梅の意見が現実化することはなかった。また工場法（明治44年法律第46号）や工場法施行令（大正5年勅令第193号）等に見られるように、遺族扶助料を受け得るのは法律上の妻のみであり、内縁の妻はその対象から外れている。内縁の妻は、法律上の妻が得られるような権利利益を享け得ることはなかったのである。工場法や遺族扶助料については臨時法制審議会で重遠自身も言及している。

19)　川井健『民法判例と時代思潮』（日本評論社、1981年）90頁、大村敦志「婚姻予約有効判決(1)」（『法学教室』第351号、2009年）77頁参照。但し、重遠が当判決の判例研究を行った際には、ここまで具体的な事件経過は明らかにされていなかった。従って彼の判例解釈は、研究がかなり進んだ現在においては、非常に粗雑であり、誤って解釈された箇所も多々見られるだろうが、本書では、あえてそれには触れず、当時の資料に基づいて解釈した彼の判例解説を考察するにとどめたい。

20)　『法律新聞』第998号（1915年3月5日発行）15頁。

21)　川井健「民法判例と時代思潮（最終講義）」（『一橋論叢』第107号第1巻、1992年）7頁。

22)　穂積重遠「法律婚と事實婚」（『親族法大意』（初版付録）岩波書店、1917年）184頁。

23)　穂積前掲「法律婚と事實婚」184頁。

24)　重遠以外による婚姻予約有効判決の判例批評として、中島玉吉「婚姻ノ豫約」（『京都法学会雑誌』第10巻第6号、1915年）、岡松参太郎「婚姻届出義務ノ不履行」（『法律新聞』第1016-1019号、1917年）、石坂音四郎「婚姻豫約ノ效力」（『法学協会雑誌』第35巻第2号、1917年）、曄道文藝「婚姻豫約ノ效力及ビ婚姻豫約不履行ニ因ル賠償責任ト訴ノ原因」（『京都法学会雑誌』第12巻第4号、1917年）などがある。また重遠は、大正6（1917）年3月に中央大学講堂で催された都下諸大学学生討論会において、この婚姻予約有効判決をめぐり、判例支持説の立場から、婚姻予約無効論を唱える石坂音四郎と議論を戦わせている（穂積前掲「大学生活四十年」22頁、穂積重遠「民法五十年」（『法律時報』第20巻第1号、1948年）4頁参照）。

25)　穂積前掲『親族法』251・259頁。

26)　一方、「社会」から「法律」への歩み寄り、即ち「非法律家」である一般市民への法教育や社会事業もまた、内縁問題の改善に向けて当然に取り組むべき課題であった。重遠が最も一般市民に伝えていきたいと考えていたのが「婚姻届の重要性」についてである。法律が婚姻届を要求している以上は、我々はそれにも重きを置かなければならず、

婚姻届をしないうちは夫婦になれないということを皆が十分に知ってそれを履行すればこの問題はなくなると主張する。国民側がさしあたり行うべき対策として、慣習上の儀式を挙げたその日に婚姻届を提出するという「婚姻の即日届出」を提示している。これについては、穂積重遠「私法生活」(文部省普通学務局・実業学務局編『最新公民科資料精説』帝国公民教育会、1931年) 33・34頁を参照のこと。実際、重遠は、公民教科書をはじめ、雑誌や新聞、大衆向けの本に婚姻の成立について記すことで、婚姻届の重要性を国民に訴えていった。例えば、重遠が編纂を携わった公民教科書には、実際に婚姻届の記入例を掲載することで、現行民法の婚姻の成立要件を理解させる趣向がこらされている。また彼が学校教員を対象とした公民教育講習会で講義を行った際も、「公民科の法律問題として、特に一つ力を入れて頂きたい」(穂積前掲「私法生活」477頁)。「婚姻に付て結婚届は大切なものであると云ふことをもつと皆に呑込んで貰ひたい」(穂積前掲「私法生活」479頁)と、現行民法の知識を促し、婚姻における届出の大切さを生徒たちに理解させるように指導し、さらに婚姻における届出の重要性は「法律の問題」としてではなく「国民道徳の問題」としても教えていくべきであるとした(穂積前掲「私法生活」480頁)。また、当時新聞や雑誌に掲載されていた(婦人対象の)法律相談の解答者としての立場から、例えば夫婦関係の相手方が入籍を拒んだ場合には婚姻予約不履行の訴えが出来るといった情報を積極的に提供していった(「問 離婚と子供の養育料」(穂積重遠述『婦人講座第百篇記念號家庭と法律の實際』社会教育協会、1938年、17-19頁所収))。

27) 唄孝一は、これを「擬制の概念」と称し、重遠や中川が婚姻予約有効判決を「仮託の手段」としての婚姻予約の中で、事実の概念としての内縁を保護したものとして捉えようとしたと指摘している(唄前掲『内縁ないし婚姻予約の判例法研究』42頁)。

　この「婚姻予約法理の仮託理論性」についての重遠の評価をもう少し整理するならば、まず彼は「我國民今日ノ婚姻生活ハ(1)婚姻豫約期 (2)事實婚期 (3)法律婚期ノ三段ノ時期ヲ經過スルノヲ普通ト」し「大正四年ノ判決ハ其第二期ニ關スルモノデアル」とし(穂積前掲「婚姻豫約有効判決の真意義」6頁)、婚姻予約とはそもそも「未ダ夫婦デナイ男女ガ將來夫婦ニナラウト約束スルコト」(穂積前掲「婚姻豫約有効判決の真意義」9頁) つまり婚約のことを指すのであって、当該事件の男女は、「習慣上の婚禮式を擧行して、事實上の婚姻關係を開始したにも拘らず、男が婚姻の届出を拒んで女を入籍せしめず、結局女を振棄てた爲めに、女から損害賠償を請求されたのであつて(……)普通に所謂『婚姻予約』とは少々趣を異とする」(穂積前掲「法律婚と事實婚」184-185頁)とした。つまりここでいう「婚姻予約の不履行」とは、事実上の離婚に相当するものであると重遠は理解しており、従って、大審院の判決は事実婚の問題を婚姻予約有効論に仮託したものであると判断したのである。なお、儀式を済ませた事実上の夫婦を「事実婚」ではなく「婚姻予約上の関係」とした大審院の判決は、婚姻予約有効判決以降に生じた同様の事件についても支持されており、重遠は「大審院も好い加減に『婚姻豫約』

の假面を脱いで『事實婚關係承認』の本音を吐いては如何」と強く批判している（『法学協会雑誌』第 39 巻第 11 号、1921 年、116 頁参照）。
28) 穂積前掲「大学生活四十年」22 頁。
29) 穂積前掲『親族法』259 頁。
30) 穂積前掲「法律婚と事實婚」185 頁。
31) 穂積前掲「婚姻豫約有効判決ノ眞意義」26 頁。
32) 穂積重遠「法律に現はれたる維新の氣分」（中央法律新報社編『新興文化と法律』同人社書店、1922 年所収）105 頁。
33) 穂積前掲『親族法』277 頁。
34) 穂積前掲「婚姻豫約有効判決ノ眞意義」27 頁、穂積前掲『親族法』277 頁。
35) 穂積重遠『判例百話』（日本評論社、1932 年）42 頁。
36) 穂積前掲「婚姻豫約有効判決ノ眞意義」25 頁。
37) 穂積前掲『判例百話』54 頁。
　　その他の彼の著書・論文の中には、スイス民法第 1 条は裁判事務心得第 3 条を「さらに一歩進めて」（穂積重遠『百万人の法律学』（思索社、1950 年）185 頁、同『法学通論』日本評論社、1942 年、119 頁）規定されたものであるとスイス民法の優位を表しているものや、逆に「〔布告第三条は〕スイス民法第一條の先鞭を附けたもの」と裁判事務心得第 3 条の優位を表しているもの（穂積前掲「法律に現はれたる維新の氣分」96 頁）などがある。但し、両法令の内容は同一であるという見解はいずれの文献も合致している。
38) 穂積前掲「婚姻豫約有効判決ノ眞意義」20-21 頁。
39) 穂積前掲『民法総論上巻』（有斐閣、1921 年）44 頁。
40) 穂積前掲『百萬人の法律学』94-95 頁
41) 穂積前掲『法学通論』118-119 頁及び同前掲『民法総論上巻』42 頁参照。
42) 穂積重遠「判例法に就て」（『早稲田大學法學部會誌』第 2 号、1933 年）552 頁。
43) 穂積前掲『法学通論』118-119 頁及び同前掲『民法総論上巻』42 頁。
44) 穂積重遠『法理学大綱』（岩波書店、1927 年）97 頁。
45) 穂積前掲『法理学大綱』96 頁。
46) 日本評論社編集局編『日本の法学』（日本評論社、1950 年）72 頁。
47) 穂積前掲『法理学大綱』96-97 頁。
48) 穂積前掲『法学通論』119 頁。
49) 穂積前掲「判例法に就て」552 頁。
50) 穂積前掲『判例百話』55 頁。
51) また、条理を道徳と同義だと解する説もある。関純恵は論稿「穂積重遠の公民教育論」（『奈良女子大学文学部教育文化情報学講座年報』第 3 号、1999 年、211 頁）の中で次のように述べている。

「(……) ある場合には、『道徳』が『条理』と言いかえられている。『法律のない時には裁判所は道徳に基いて裁判して宜しいのだ、條理に基づいて裁判して宜しいのだと云ふ。』この場合の『條理』とは次のように説明されている。『只一筋考へないで、此方の筋からも考へ彼方の筋からも考へ、何処から考へても結局一致する所が筋合いである。さうして、どう考へても斯うなくちゃならんと云ふのが條理です』。(……) 要するに、『天地自然』の原則を法律とみなす考え方には、法律解釈の拡大化、万能化が懸念されるので賛成はしないとしているが、『天地自然』の原則、事実に即してだれがどこから考えてもこうなるという、客観的合理性を有する『條理』が、穂積の用いている『道徳』とほぼ同義であるといえる。」

また、重遠自身も、この条理を「道徳」と意味づけ、法に欠缺がある場合、裁判官は道徳で裁判する必要性を唱えている。そして「根本の條理たる道徳に遡らねばならぬことは、如何に法律が發達しても變らぬ眞理」であるとした（穂積重遠「法律と道徳との交渉」（『丁酉倫理會倫理講演集』第 386 輯、1934 年）37 頁）。

尤も、本文での彼の理論では、条理を道徳的規範も含む「第 1 段の社会生活規範」の総称であるとも明言しているため、条理が道徳のみを意味するというわけではない。

52) 穂積重遠「法律と條理」（『丁酉倫理會倫理講演集』第 227 輯、1921 年）17 頁。
53) 穂積前掲「法律と條理」17 頁。
54) 穂積前掲「法律と條理」21 頁参照。
55) 「判例法ハ一定ノ國家機關ニヨリ一定方式ヲ以テ意識的ニ作成セラルル點ニ於テ慣習法トハ其根本ノ出發點ヲ異ニスル。而シテ（……）國家機關ガ普通ノ立法機關ニアラザル裁判所デアリ、其形式ガ普通ノ立法ト異ナル判決デアリ、而シテ當初ヨリ將來ノ事件ニ對スル抽象的準則ヲ作ルト云フ意識ノ下ニ作成セラルルニアラズシテ、當面ノ具體事件ヲ解決スルト云フ意識ノ下ニ行ハレタ判決ノ結果トシテ將來ノ事件ニ對スル抽象的準則ガ作成セラルル點ニ於テ著シク成文法ト趣ヲ異ニスル。即チ判例法ハ慣習法成文法以外ノ一種ノ法律デアル。」（穂積前掲「婚姻豫約有效判決ノ真意義」22 頁）
56) 穂積前掲「判例法に就て」552 頁。
57) 穂積重遠「裁判の價値」（『法律及政治』創刊号、1922 年）20 頁。
58) 山主政幸「穂積重遠」（『法学セミナー』第 52 号、1960 年）55 頁。
59) 穂積前掲「婚姻豫約有效判決ノ眞意義」19 頁。
60) 日本評論社編集局前掲『日本の法学』72 頁。
61) 磯田進・平野義太郎・戒能通孝・仁井田陞・川島武宜・福島正夫「穂積法学・末弘法学の分析と批判（座談会）」（『法社会学』第 2 号、有斐閣、1952 年）57-58 頁。
62) 穂積前掲『法理学大綱』172 頁。
63) この点について、利谷信義は、「ドイツでチーチルマンなどから学んだ自由法論を、イギリスで学んだ判例法理論で再構成したものとみることはできないであろうか」と述べている（利谷信義「日本における家族法学の生誕」（同『家族と国家―家族を動かす

法・政策・思想』筑摩書房、1987 年、187 頁))。
64) 『大審院民事判例集』第 2 巻第 4 号(1923 年)159 頁以下。
65) 民事判例研究会『判例民事法(大正一二年度)』(有斐閣、1925 年)129-134 頁参照。
66) 同前書『判例民事法(大正一二年度)』132 頁。なお、文中の明治 6 年 1 月 18 日太政官第 21 号布告の規定は以下の通り。

「妻妾ニ非サル婦女ニシテ分娩スル兒子ハ一切私生ヲ以テ論シ其婦女ノ引受タルヘキ事 但男子ヨリ己レノ子ト見留メ候上ハ婦女住所ノ戸長ニ請テ免許ヲ得候者ハ其子男子ヲ父トスルヲ可得事」

67) 重遠は、明治民法施行前後の法律の運用実態について関心を持っていたようで、本文中に取り上げた大正 12(1923)年「庶子認知請求事件」の他にも、昭和 13 年に牧野英一の還暦祝賀論文集で発表された「法律の施行前適用」と題する論文では、明治民法典が明治 31 年に施行される以前の裁判の中で、大審院が旧民法及び未施行の現行民法を適用したケースを分析し、判例中に「条理」を理由とするものを旧民法又は現行民法の規定との関係において観察している(本書第六章第一節参照)。なお、同論文で重遠は、条理を次の 3 つの形態──①判例が条理だとして適用した法則と、旧民法又は明治民法の規定が異なる場合(「純粋条理」)②判例が条理だとして適用した法則が、内容上未施行の成文民法の規定と一致しているが、この成文民法の規定の内容は、当然の条理だと考えられる場合(「符合条理」)③「判例が条理だとして適用した法則が、内容上未施行の成文民法の規定と一致しているが、これが当然の条理とは受け取りがたく、すなわち裁判所が条理の名の下に、実は成文法の規定を施行前に適用したものと認められる場合」(「仮託条理」)──に分類し論じている。重遠における条理論を理解するためには、このような分類に基づく考察も必要であろう。今後の課題としたい。

68) 民事判例研究会『判例民事法(昭和二年度)』(有斐閣、1929 年)1-3 頁、及び『大審院民事判例集』第 6 巻第 1 号(1927 年)1 頁以下参照。
69) 民事判例研究会前掲『判例民事法(昭和二年度)』3 頁。
70) 民事法判例研究会『判例民法(大正一五年・昭和元年)』(有斐閣、1928 年)332-337 頁、及び『大審院刑事判例集』第 5 巻第 8 号(1926 年)318 頁以下参照。
71) 当決定及び昭和 2 年 5 月 17 日の最終判決については、穂積重遠「男子貞操義務判決の眞意義」(『法学志林』第 29 巻第 7 号、1927 年)にて詳論されている。
72) 穂積前掲「男子貞操義務判決の眞意義」1 頁。

男子貞操義務判決について、牧野英一が昭和 2 年に『法学志林』第 29 巻第 1 号に「法律の新らしい目標」と題する論文を発表したところ、中川善之助が翌月の『法学協会雑誌』第 45 巻第 2 号に「夫の貞操義務に関する裁判に就いて」を発表し、上記論文に関する牧野の所論に触れたのがきっかけで、その後、両者の間で論戦が繰り広げられた。重遠はこの論争について「更に其意義及び價値に關する牧野博士中川學士間の折返しての論争は大に學徒の研究心を唆つた」ことを指摘している(穂積重遠「横田秀雄博

士の三判例」(明治大学創立六十周年記念論文集出版部編『創立六十周年記念論文集』明治大学、1940 年)597 頁以下)。
73) 民事法判例研究会前掲『判例民法(大正一五年・昭和元年)』330 頁。
74) 穂積前掲「男子貞操義務判決の眞意義」11-12 頁。
75) 穂積前掲「横田秀雄博士の三判例」617 頁。
76) 民事判例研究会前掲『判例民事法(昭和二年度)』241-244 頁参照。
77) 昭和 2 年 5 月 27 日第二民事部判決「遺骸引渡請求事件」以前に、遺骸に対する権利を所有権とした判決として、大正 10 年 7 月 25 日第二民事部判決「遺骨引渡請求ノ件」を挙げることが出来る。これは「戸主 X の家族 A は妻 B と婚姻をし、子(未成年)Y がいる。その後 A は死亡。B と Y の計らいで A の遺骨を X 所有の墓地以外に葬った。それに対し X は『遺骨引渡請求ノ訴』を起した。未成年者 Y にかわって B が応訴した。」というものであり、大審院は「遺骨はその相続人の所有に帰す」として、X の上告を棄却した。この判決についても、重遠は、民事判例研究会にて評釈を行っており、大審院の「解決の結果は正当」とするものの、「唯だ問題になるのは、親の遺骸が何故子に帰属するかという法律上の説明である。大審院はこれを相続と見て居る様だが、それは理論上も実際上も不都合ではあるまいか」とし、「遺骨に対する権利は、死者が戸主であっても、家族であっても、長男又は長女等一人、即ち、普通に喪主となるべき人に帰属すべきであり、その権利者と帰属の原因と権利の内容とは、民法の所有権論や相続論でいくべきではなく、慣習法又は条理に求めるより外にない」としている(民事法判例研究会『判例民法(大正一〇年)』有斐閣、1929 年(1923 年初版)、397-400 頁参照)。
78) 裁判規範としての「条理」と調停規範としての「条理」に関しては、三上威彦「調停手続による紛争解決の法令準拠性について―民事調停を中心にして」(『慶應法学』第 19 号、2011 年)に詳しい。
79) 穂積重遠『民法読本(第 7 版)』(日本評論社、1935 年)37-38 頁。
80) 穂積重遠「民法改正要綱解説(2)」(『法学協会雑誌』第 46 巻第 5 号、1928 年)77 頁。
81) 「諮問第一號ニ關スル調査要目(其一)」(堀内節『続家事裁判制度の研究』中央大学出版部、1976 年所収)43 頁。
82) 穂積前掲「民法改正要綱解説(2)」77 頁。
83) 青山道夫『日本家族制度の研究』(厳松堂書店、1947 年)97 頁。
84) 穂積前掲「親族法」280 頁。
85) 穂積前掲「民法改正要綱解説(2)」80 頁。
86) 前田達明『史料民法典』(成文堂、2004 年)1261 頁。
87) 穂積前掲「民法五十年」7 頁。
88) 前掲「諮問第一號ニ關スル調査要目(其一)」40-41 頁。
89) 「臨時法制審議會諮問第一號主査委員会日誌(第二回)」(堀内前掲『続家事審判制度

の研究』所収)394頁。
90) 堀内前掲『続家事審判制度の研究』54頁。
91) 前掲「臨時法制審議會諮問第一號主査委員会日誌 (第二回)」393頁。
92) 前掲「臨時法制審議會諮問第一號主査委員会日誌 (第二回)」395頁。
93) 小口彦太「満州国民法典の編纂と我妻栄」(池田温・劉俊文編『日中文化交流史叢書第二巻法律制度』大修館書店、1997年) 349頁。
94) 司法省調査部『滿洲國民法典 (司法資料、第233號)』(1937年9月) 65頁。
95) 満州国民法典の編纂に携わった人物たちについては以下の引用を参照のこと (小口前掲「満州国民法典の編纂と我妻栄」333-334頁)。

　「起草作業は司法部参事官、民事法典起草委員会、審核員の三者によって行なわれた。(……) 民事立法担当参事官としては、万歳規矩樓 (前大阪地方裁判所判事。民法総則、物権を担当)、菅原達郎 (前東京地方裁判所判事。物権)、川喜多正時 (前大阪地方裁判所判事。債権総則・各則)、角村克己 (前東京地方裁判所判事。商人通法、会社法、海商法)、松原重美 (前東京地方裁判所判事。運送法、倉庫法)、牧野威夫 (前東京地方裁判所判事。民事訴訟法、強制執行法) の六人で (……) あった。次に、民事法典編纂委員会は、司法部と最高法院の双方から構成され、そのメンバーは司法部側は前記の専任、兼任の参事官のほかに、司法部民事司長の青木佐治彦 (前司法書記官) と民事司第二科長の姜金書が加わり、最高法院側は次長の井野英一 (前大審院判事)、庭長の及川徳助 (前東京控訴院判事)、審判官の筒井雪郎の三人が加わった。参事官および起草委員会による起草作業において顧問的役割を果たしたのが、『審核員』であった。民事法関係の審核員は、元商工大臣松本烝治、大審院院長池田寅二郎、東京帝国大学教授穂積重遠、同田中耕太郎、同我妻栄、中華民国法制研究会幹事村上貞吉の六人であった。このうち民法の審核員は穂積と我妻が担当した。(……)」

96) 小口前掲「満州国民法典の編纂と我妻栄」349頁。
97) 小口前掲「満州国民法典の編纂と我妻栄」335頁。
98) 柚木馨『滿洲民法讀本』(満洲有斐閣、1942年) 7頁。
99) 柚木馨『滿洲國民法總論〔I〕』(有斐閣、1942年 (再版)) 18頁。
100) 我妻栄「満州国民法典の公布」(同『民法研究 IX-2』(オンデマンド版)、有斐閣、2001年所収) 507頁。
101) 穂積前掲「法律に現はれたる維新の氣分」95-96頁。
102) 川島武宜「穂積重遠博士の家族制度観」(同『川島武宜著作集第11巻』岩波書店、1986年所収) 280頁以下。
103) 穂積前掲「民法五十年」7頁。
104) 川島前掲「穂積重遠博士の家族制度観」265頁。

第九章　日本近代法学における「条理」理解の転換

　本書第二編では、明治8（1875）年の立法・司法状況下で制定された太政官第103号布告を論じる諸説を見てきた。その立法的存在性をめぐる議論において錯綜し、法学者の認識の上においても「忘却」「再自覚」の経緯を辿った同布告は、その歴史的所与性を超えて今なお語り継がれている。

　我が国の法学界では、明治期から昭和戦前期までの約80年間、2度にわたり「条理」を必要とする事態が生じた。1度目は、法制度が未整備段階にあった明治初期であり、2度目は、所謂、日本近代法体制の確立期とされる大正期以降である。

　裁判事務心得の制定当初における「条理」とは、「国家法規範が未整備である」という意味における「法の不在」を埋め合わせるための、裁判官の対処方法として理解されていた。それは外国法の翻訳書や未だ施行されない段階にあった我が国の法典を参照するための引照標準として用いられていた。

　その一方で、大正期における「条理」とは、国家法規範が完備された、所謂「成文法主義」を原則とする法秩序のもとでの「法の欠缺」に対応する中で論じられ、成文法や慣習法の補充方法として理解されるようになった。第一次世界大戦を契機とする社会の変化、ドイツ法的思考への反省がその背景にあったといえよう。大正期の先覚的な法学者たちは、明治国家体制の下で狭い枠の中に閉じ込められていた法や法学を解放し、裁判官の法創造の範囲を拡大させることで、「国家法万能主義」を相対化させようと努めた。また大正期は「日本法の独自性を自覚する」時代でもあった[1]。そしてこのような時代に語られた

「裁判事務心得」、さらにはそこに見出される「条理」は、この時期に模索された「日本」法学の様々なイメージのもとに、様々に解釈されるようになる。

例えばそこに、社会学的法律学の見地に立脚する穂積重遠と、新自然法の見地に立脚する杉山直治郎を対置させることが出来る。重遠の「判例を重視」する姿勢は、「条理」を日本の社会や人々の規範意識の中に探求する。彼は、外国法に範を求めた日本民法典と、実際の社会現実とがかけ離れている事実を目の当たりにし、その乖離を埋めることを目指していく。そして「法律は條理の現はれなのだから、條理が法律として現はれて居ない場合に直ちに根本の條理に遡るのは當然」のことであり、条理を道しるべとし、これを通じて、裁判官による法創造を積極的に承認していった。

他方において、杉山は世界に目を向け、「新自然法」をその本質とする「文明諸国に共通する法の一般原則」を定立させることを目指した。ここでいう「新自然法」とは、彼の言うところでは、裁判事務心得第3条の「条理」に「科学性」を付与したものであった。杉山にとって「西欧法と東洋法の連結符」として位置づけられた日本法の法源である「条理」こそが、世界法の発達を指導し得る地位にあり、また「成熟した日本法」を他国の法との「同一性」の基準の中に再定位させることが比較法学者としての任務であると理解されていたのであった。

ここでは、特に穂積重遠と杉山の条理論に焦点を当てて、それぞれの「条理」理解の射程と内容との食い違いを示したが、実際、大正・昭和戦前期における条理論は、民法や比較法に限らず、法哲学、行政法、国際私法など、法学のあらゆる領域において探求が進められ、さらに、海外の立法や学説との関連の中で新たな位置づけが模索されることにより、一層その錯綜性を呈することとなる。

本書は、我が国の近代法学における「条理」理解の多義性・多角性こそを指摘はしたが、その規範的収斂化を試みるものではない。しかし、明治初年期の近代法制の幕開け期に遡って「条理」の近代史を繙くならば、日本法（学）の体系的自立の過程において、「条理」は、従来の「法の不在」を埋め合わせる代替的な法源性から、「法の欠缺」を補う補充的法源性への機能転換を果たしたといえる。

最後にこの問題におけるスイス法の影響について述べることにしよう。自明のことではあるが、大正期に端を発する現在の条理論はスイス民法第1条をそのまま受容して成り立ったものではない。しかし、それ故にスイス法の影響がなかったと単純に結論づけ得るものでもないだろう。裁判官による法創造を認めているという点で、スイス法が、日本の法学者たちに対し、1つの模範像を提供したという事実は確かに存在する。同様の模範像を自由法論も提供しているものの、日本の論者たちが自説の拠り所にしたのは、むしろスイス民法第1条であった。各論者は、裁判官による法創造が可能であることを肯定するため、スイスの実定民法を引用したのである。結果的に日本法学は、独自の理論形成を果たし得る一契機をスイス法により与えられたのである。

注

1)　野田良之・奥田昌道・伊藤正己・田中英夫「日本における外国法の摂取」（伊藤正己編『外国法と日本法』岩波書店、1969年（第3版））164頁。
　　これに関連して、杉山直治郎は「殊に我が國としては是までは歐米先進諸國の法制や法學や實驗の手本が常にあつたが、大戰以後の今日では我が國も此等の國々と同時に改造・發達の轉回期に際會したので、世界の進歩に後れない爲には、我々は皆千里眼・順風耳たることを必要とすると同時に、それのみに依頼して居られず、我々獨自が充分なる自主的創造力を發揮せねばならぬ時節になつた。」（杉山直治郎「法律思想の發達」（同『法律と解釋』（有斐閣、1969年（第2刷））311頁））と、牧野英一は「此大正時代の法律の發展と云ふものは、或る意味に於ては列國の後を追うたのではございませぬ。是は先づ日本の獨立の發明であると言つて宜らうと私は考へます。全く西洋の書物の直譯ではなく、日本の獨立なる考へから、日本の社會の要求する所に從つて段々法律を變へて行つたのであらう。」（牧野英一「明治の法律と大正の法律」（『龍門雜誌』第478号、1928年）27頁）と述べている。

結　論

　本書全体の考察を踏まえ、最後に、我が国におけるスイス民法の影響について、整理・評価を行い、結びとしたい。

　日本法学界におけるスイス法（学）の影響は、明治20年代後半期の明治民法典の編纂時に、外国の立法例として引照される形で現れ始める。但し、この段階における「スイス」法とは、統一民法典制定以前のカントン法及び1883年スイス債務法（Obligationenrecht）であった。スイス連邦の統一法典である「スイス民法典（ZGB）」が、我が国に知らしめられ、普及するようになったきっかけは、明治33（1900）年のルイ・ブリデルの来日であった。それは、明治民法典施行の約2年後、スイス民法典の第一草案が提出された年のことであった。

　比較相続法・親族法の専門家として東京帝国大学に招聘されたブリデルは、同大学を中心にスイス民法典の普及・周知活動を行う。その方法は、専ら学術的な方法に基づくもので、講義や論説の執筆の他、草案段階にあった同民法典の冊子の配布などを通して、東京帝国大学法科大学の教授陣をはじめ、「仏蘭西法」専修の学生や「独逸法」専修の学生たち（明治43年以降）に向けてなされた。ブリデルの滞日中、スイス民法典に関心を抱いた者の中には、他に京都帝国大学法科大学の岡村司などもいたが、総じてスイス民法典の「影響」の範囲は、法科大学という、極めて頂点的な学府の中にとどまっていたといえよう。

　尤も、この一方で、当時の日本人法学者たちは、我が国とほぼ同時期に法典の編纂を進めているスイスの立法状況に多大な関心を払っていた。ドイツやフランスの民法典を参照しつつ、自国の法伝統を最大限に尊重し、それを法典に

見事に反映させることに成功したスイス民法の編纂作業は、我が国においても良き手本として紹介、参照された。またスイス民法典は、東京帝国大学の法理研究会のメンバーを中心とした教授たちの法学研究の素材としても多大な関心が持たれた。なるほど、同民法典を関心の的とするそれぞれの方法は、法学者ごとに多様であったが、いずれも我が国における法解釈方法論の転換を期し、それを論じるための一資料として同民法典に着眼していたことにおいて共通点が認められる。こうした兆候は、明治30年代後半に現れ始め、大正・昭和戦前期の法学界を舞台に、顕著に展開されてゆくこととなる。

そこで、大正・昭和戦前期におけるスイス民法典の影響力について、「立法」「司法」「学説」の3つの側面から、以下に、総括的にまとめておこう。

まず、立法面におけるスイス民法典の影響であるが、これについては、大正8 (1919) 年に設置された臨時法制審議会における民法改正作業に見て取ることが出来る。同審議会幹事の穂積重遠は、「幹事カ瑞西民法ヲ参考トシテ此調査要目中ニ折々之ヲ引用シタリ其レハ御承知ノ如ク瑞西民法ハ我民法ヨリ後ニ出來タルモノニシテ我民法制定當時ハ之ヲ参考トセラレ居ラサルヲ以テ今度ハ特ニ之ノ参考ニセント思ヒタル」[1]として、特にスイス民法に多くを学んだことを述懐している。その具体的成果とは、穂積重遠によって提出された「穂積私案」や、昭和2 (1927) 年「民法改正要綱」での、スイス民法典第333条が参照された「第六　戸主ノ監督義務」や、同民法典に採用されている「相対的離婚原因」を支持した「第十六　離婚ノ原因及ビ子ノ監護」などを挙げることが出来る。しかし、前者の「戸主ノ監督義務」規定については、その後の「人事法案」で、スイス民法の参照部分に関しての記述が見られなくなる。また唯一、スイス民法の立法的影響を確認出来る後者の「相対的離婚原因」に関しては、スイス民法のみが参照されたわけではなく、そこに同民法の排他的な影響、即ちその十全な「受容」を実証することは困難であろう。尤も、民法改正作業は途中段階で作業中止となったため、上記規定もまた、実現することはなかった。以上の事実に鑑みれば、大正・昭和戦前期における民法改正にあたり、スイス民法典の参照はなされたものの、結果として、その影響は間接的なものにとどまったと言わざるを得ない。

結論

　次に、司法面におけるスイス民法典の影響についてはどうだろうか。当時の大審院の判決録を見てみると、明治42（1909）年から昭和10（1935）年にかけて、判決文の中でスイス民法（債務法も含む）を引用している判決が9件あったことがわかる（但し、その殆どは弁護士による上告理由の中に現れている）[2]。そのうち、債務法に関する条文が最も多く、物権法に係わる条文やスイス民法第1条を参照するものもあった（本書序章注32）参照）。しかし、年間に250〜780件もの判決が下される当時の控訴院・大審院などの上訴裁判所の民事裁判において[3]、約30年間で9件であったことをどのように評価すべきか。ちなみに、同じ条件で、ドイツ民法は62件、フランス民法6件、オーストリア民法、イタリア民法、ロシア民法などはそれぞれ0件である。大審院で下された民事判決の中にドイツ民法の参照の痕跡を確認出来ることは[4]、日本民法典自体の制定事情に即して考えるならば、ある意味当然とはいえるが、スイス民法典がそれに続く事実は大いに注目してよい。また、東京控訴院長を歴任した経験を持つ山内確三郎が、自ら幹事を務めた臨時法制審議会の主査委員会の中で、家族法の不備に伴う自由解釈の許容に関して、その根拠をスイス民法第1条に求める意見に同調する態度を示している[5]。こうした当時の司法実務運営において、スイス民法第1条が切実な必要性をもって語られていた事実の背後に、当時の法律と社会的現実の乖離の大きさを読み取ることも出来るかもしれない。大正期・昭和戦前期における大審院において、もはや実定法の不在を理由とした外国法の直接的参酌が行われたとは考えにくい。むしろ国家法規範と社会的現実との懸隔を埋めるために、裁判官や弁護士たちは様々な法素材を活用せざるを得なかった。なるほど、ドイツ法の立法的、学説的継受が所与の条件をなした明治民法の解釈運用にあたっては、大審院においても母法たるドイツ法やその学説の参照もあり得たのだろうが、前述の通り、立法的には間接的というよりむしろ消極的な影響関係の中でしか論じられ得ないスイス法もまた、わずかな数ではあるが引照されていたことは特筆してよい事実ではなかろうか。ここにスイス法の我が国における影響の考証が、立法や司法などの制度的法形成・法運用の次元のみならず、その学理的・学説的受容の局面へと進まざるを得ない所以がある。

　最後に、学説面におけるスイス民法典の影響を最後に確認しておこう。本文

にて検討したが、大正・昭和戦前期のスイス民法研究の具体的成果として、辰巳重範訳・穂積重遠閲『瑞西民法』や水口吉蔵訳著『瑞西債務法（日本民法商法対比）』といった著書や、岡村司による「瑞西民法ニ就キテ」「瑞西民法に於ける妻の地位」、穂積重遠による「瑞西ノ新民法」「最新の親族法」「スイス民法の家制」「トルコ民法典」、中川善之助による「スウィス民法における家・家長・家長権」「スイスにおける家と家長」「瑞西婚姻法（婚姻の成立）」「瑞西婚姻法（婚姻の証明及効果）」「スイス婚姻法」などを挙げることが出来る（本書序論第二節参照）。これらは、スイス民法及びスイス民法学の顕著な学説的成果を反映した業績であった。日本の法学者たちがスイス民法典に向けたまなざしは、その家族制度や婦人の法律上の権利に関する規定に熱く注がれた。また、明治45（大正元）年以降、東京帝国大学内の法理研究会で活発に議論された「自由法論」が引き金となり「再自覚」された裁判事務心得第3条の類似法令として、スイス民法典第1条は注目されるようになる。こうした学問的潮流の中で、特に民法学及び比較法学の領域で精力的に進められた「条理」研究においては、スイス民法第1条が検討対象として注目される。本書において中心的に検討を加えた穂積重遠は、スイス民法第1条と裁判事務心得第3条を大正期の法学状況の中で「条理」を位置づける新たなる理論的根拠とする法学方法論を提唱した。彼の条理論が、今日に至るまで継承されている有力な見解であることは、本書第二編で詳述した通りである。

　このように、「司法」と「学説」の一部において影響力を持ち得たスイス民法であるが、同法は本来、実用的・民衆的な内容を持つ法典として認識されているものの、一般社会のスイス民法への認知度は未だ低かった[6]。また法学者の間でも、淳風美俗を重んじる保守派層、あるいはドイツ法理論を支持する者には、スイス民法への「反対者」が多かったと予想される[7]。となると、実際にスイス民法を支持していたのは、大正期という日本における法学の再構築の時期において、「新法律学」――「社会法学」「判例法学」「比較法学」[8]――を唱える人々、換言すると、ブリデルの講筵に列した、穂積重遠、杉山直治郎、牧野英一、末弘厳太郎らにほぼ絞られていたということが出来よう。彼らは等しくスイス民法典に注目したが、その主たる関心対象は、第1条に限定されていたといっても過言ではない（本書第七章・第八章参照）。彼らは「条理」の新た

なる法学的発見のために、スイス民法第1条に惹かれたのである。そして、第二編で考察したように、裁判官による法創造を積極的にする点において、これらの世代の法学者たちの共通する特徴がある。また実際に、こうした彼らの存在と活動により、裁判官による法創造の承認、そして判例を通じた法形成が市民権を得ていったのであるならば、彼らに及んだスイス人法学者ブリデルの法学的影響について、改めて細かな検証が求められてこよう。

　スイス民法典の我が国における影響力については、法典編纂期において、無条件にその参酌や模倣が目指されたフランスやドイツの民法典ほどの直接性を見出すことは出来ない。しかし、明治民法典の編纂の完成を見た我が国が、外国法への立法的依存状況を脱し、自ら国家法体制を備える段階に移行したその時に、スイス法は我が国の法学界に新たなる契機を促す存在として現れた。なるほど、学説における外国法、及び外国法学説の影響についても、ドイツ法が圧倒的であった中、スイス法はそのアンチテーゼ的な位置づけに甘んじたと言えるかもしれない。だが、ドイツ的な学説継受の限界に対し、新たな法学方法論——日本社会の現実を見つめ、外国起源の法的思惟を相対化しつつ「日本的」価値観に基づいて解決を図る方法——が自覚的に模索されざるを得なくなった時[9]、極めて有益な法素材として日本の法学者の目に映じたのがスイス法であった。明治期に始まる日本の近代法学は、外国法の参酌の方法において1つの大きな転換点を迎えるに至る。ここに"大正期"の日本法学を独自の対象として物語る所以があり、その形成と確立の過程の再構成にあたっては、もはやスイス法の影響とその意義への言及が不可避であることが示されるのである。

注

1) 「臨時法制審議会諮問第一号主査委員会日誌（第一回）」（堀内節『続家事裁判制度の研究』（中央大学出版部、1976 年）所収）384-385 頁。
2) TKC 法律情報データベース「LEX/DB インターネット」より検索。その際、戦前の大審院・控訴院の判決の民事裁判から、「スイス民法 OR 瑞西民法 OR 瑞西債務法 OR スイス法 OR 瑞西法」をキーワードに検索した結果、本文通り 9 件となった。なお、ドイツ・フランス・オーストリア・イタリア・ロシアも同条件のもとでの検索結果である。イギリス及びアメリカについては「英米法」として検索をしたところ 8 件となった。

 なお、ここで補記すべきは、上述のデータベースによる調査の限界性についてである。今回の調査では、検索条件として明治初期から昭和 20 年までとしたにもかかわらず、いずれも明治 34 年以降の結果のみ掲載された。おそらく、それ以前の判決文に検索が及ばなかったためだと思われる。

3) 年間の民事裁判の件数に関する検索上の対象時期として、本書では、スイス民法の判決上の参照期間である明治 42 年から昭和 10 年までとした。民事裁判の年間件数が最も少なかったのは明治 43 年の 250 件、最も多かったのが昭和 6 年の 781 件である。

4) 大正・昭和期の大審院判事・最高裁判所判事を務めた岩松三郎（1893-1978）によると、当時の裁判官はドイツのコンメンタールを多く参照しており、岩松自身は、民法ではプランク（Planck）のコンメンタール（Kommentar zum BGB）、商法ではシュタウプ（Staub）のコンメンタール（Kommentar zum HGB）、その他に、シュタイン（Stein）やファルクマン（Falkmann）のコンメンタールなどを読んでいたと述べている（岩野徹他「ある裁判官の歩み—岩松三郎氏に聞く(2)」（『法律時報』第 38 巻第 11 号、1966 年、59 頁））。

5) 「臨時法制審議会諮問第一号主査委員会日誌（第二回）」（堀内前掲『続家事裁判制度の研究』所収）392 頁。

 主査委員会における山内の発言を以下に引用する。

 「戸籍事務ヲ取扱フニ際シ親族法相續法ニ於テ種々ノ問題起リ特ニ相續問題等相續法ニ付キ數多ノ疑問ヲ生スルナリ而シテ解決スルコト能ハサル如キ難問題モ屢々起ルコトアリテ大審院ノ判決司法省ノ意見又ハ法曹會ノ意見等各見解ヲ異ニスルコトモ頻々起リ居レリ立法當時ニ於テ豫想セサルナラント思ハルル問題カ實務ノ上ニ於テハ屢々起リ居ルナリ（中略）又民法ノ文字カ素人ニ分ラサル爲メ屢々疑問ヲ生シ殊ニ親族法相續法ニ付キ非難アリ之ヲ何人ニモ解シ得ル様ニ規定スルヲ可トセスヤ次ニ立法當局ニ於テ豫想セサル問題力將來起ルヘキコトヲ豫想セサルヘカラス親族相續ニ於テ殊ニ然リトス故ニ自由解釋ノ權限ヲ明カニ爲シ置クヤ可トセスヤ之ハ親族相續ノ法律ニ限ラサル問題ナルヤモ知レス或ハ民法全體ニ付テ或ハ法律全體ニ關スル問題ナルヤモ知レス例ハ瑞西民法ノ冒頭ニ規定シアルカ如キ方法ヲ採ルノ必要ナキヤト云フ趣意

ノ問題ナリ」

6) 当時の大審院の判決文の中でスイス法を参照するものの多くは、弁護士による上告理由の中で引用されており、ここから、弁護士の間でもそれなりに同法が注目されていたことがわかる。スイス法は、ドイツ・フランスと比べ、「民衆的」で「実用的」な内容を包含していると評価されており、さらにイギリス法とは異なり、成文法主義を採用している点を鑑みると、同法が法典編纂後の弁護士たちにとって拠り所となりやすかった可能性はあるだろう。ただ、それが一般社会への認知度に結びついたかは定かではない。資料上ではむしろイギリス法の影響をより多く確認することが出来る。

7) 例えば、本書第七章で取り上げた松本丞治は、はっきりとその態度を表明している。また、富井政章の態度も決してスイス民法を賛美するというものではない。

8) 杉山直治郎「法律思想の発達」（同『法源と解釋』有斐閣、1969年（第2刷））295頁以下参照。

9) ここで我々は、野田良之が「日本の外国法摂取」を定義づけて、これを3段階に分けて詳論したことを想起する。即ち、「立法的摂取の時代」（明治初年から明治民法典以下法典の整備まで）、「法学的摂取の時代」（法典整備から大正初年まで）、「自覚的摂取の時代」（大正初年から現在まで）がそれである（野田良之「日本における外国法の摂取―序説」（伊藤正己編『外国法と日本法』岩波書店、1969年（第3版）164頁及び北川善太郎『日本法学の歴史と理論』（日本評論社、1968年）24頁）。この時代区分によれば、スイス民法が登場し、我が国の法学に影響を及ぼしたのは、「自覚的摂取の時代」にあたる。

「立法的摂取の時代」を締めくくるのは、12の外国法典を参照し編纂された明治民法典の公布・施行である。そしてこの民法典は、その後の「法学的摂取の時代」には、「法学者や実務家の法的思考様式のドイツ法への転換」、これを換言するならば、日本民法の法解釈論における「ドイツ民法型への『はめこみ』」が行われることとなる。北川善太郎によれば、こうした法現象は「学説継受」として定義づけられる。「ドイツ民法に依拠した法の合理化・学問化」としての「学説継受」は、「法典の継受よりも強力な外国法の影響」であり、非常に画期的な取り組みであったと評されている（北川前掲『日本法学の歴史と理論』151、154頁）。しかしその一方で、現実には、「当時の学者がドイツ民法理論の学説継受というもっぱらその目的のためにのみ専心していたというよりも、その渦中にあって現実的な問題をたえず抱いて」おり、「法と現実との乖離、法文に拘束された法解釈の非、外国法とくにドイツ法学一辺倒に対する批判」といった「対抗的・批判的傾向」が、大正10年頃前後から、民法学内部から出てきたことにより、「学説継受」は終止符が打たれることとなった（北川前掲『日本法学の歴史と理論』154-155頁、382-383頁）。その後の我が国の法学は、明治・大正期の代表的な民法学者の一人である石坂音四郎の「外國法ノ學説ハ我國法ノ解釋ノ爲メニ唯參考トシテ價値アルニ過キス（……）〔それ故に〕日本法學カ獨立スヘキハ殆ト自明ノコトニ屬ス（……）

279

今ヤ日本法學獨立ノ時期ニ達セリ」といった発言に象徴される傾向を有するようになっていく（石坂音四郎「日本法學ノ獨立」（『法学新報』第23巻第1号、1913年）73-74頁）。即ち「自覚的摂取の時代」の到来である。

　外国法の「自覚的摂取」とは、野田によれば、「日本法の独自性を比較法的に自覚し自律的に外国法を外国法として研究・摂取する」ことと定義されている（野田前掲「日本における外国法の摂取―序説」164頁）。まさしく杉山が、大正7（1918）年に、日本法と外国法との間に区別を意識した上で、「進歩改良を要する自国法の一定事項に最適合的な外国法を選抜」し、それを「自国特殊の社会状態に順応させる」と述べたことに呼応したものであろう（杉山直治郎「比較法学の観念に就て」（同前掲『法源と解釋』）372頁以下参照）。本書で取り上げたスイス民法の「学説」への影響は、まさにこの大正期を起点とする新たな外国法摂取の過程の産物であるといえよう。

補論　穂積重遠の法理論
―― 法律進化論を中心として

　穂積重遠の法理論・法思想については既に一定の先行研究の蓄積がある[1]。ここではそれらを参照しつつ、さらに「法律進化論」という新たな角度からの考察を試みることで、彼の法理論の特徴を再考してみたい。

　一般的に、法律進化論は重遠の父・穂積陳重が一生涯をかけて追究し続けた理論として知られている。重遠によれば、陳重は明治9 (1876) 年から同14年まで欧州留学をした際、当時のイギリスで新しい学問として注目されていたダーウィンによる「進化論」、そして、これを社会問題にあてはめ、社会国家は段々進化して出来上がったものであると主張したスペンサーの「社会進化論」に多大な感銘を受けた。そして「社會が進化するものであるといふなら、法律は社會の一つの現象であるから、矢張り進化論を以て説明すべきであると思附いた」のが「法律進化論」である[2]。こうして陳重は、「法律學は自然科學的の一つで、さういふ方で研究すべきものであるといふ途を示」し、「固つて居る法律を研究するのでもない、是から育つて行くべき方向を研究」することで、従来の法律学とは異なる斬新な視点からの研究手法を見出し[3]、その研究成果を『法律進化論』として著する。大正13 (1924) 年には「第一冊」及び「第二冊」が発表されたが、その後、陳重が死去したため、息子の重遠が、生前まで書き続けられていた未発表の原稿を整理補綴して、昭和2 (1927) 年に「第三冊」を出版した。こうした父の遺稿を整理するなか、重遠もまた、父の学風を自身の研究に取り入れていくようになる。重遠の法学研究における陳重の「法律進化論」からの影響については、川島武宜も指摘している。ここに川

島の発言を引用しよう[4]。

　僕は、穂積〔重遠〕先生の法律学の特色をつぎのように要約できるのではないかと思っているのです。その一つは、穂積陳重先生の「法律進化論」の影響です。それまでの非常にドイツ流の法律解釈学——聖書の神学的解釈に実に似た解釈学——に対して、穂積先生は、言わば始めから本来的に対蹠的な傾向を内にもっておられたのではないか、そうして、それは、言わば「お家芸」とも言うべき陳重先生の学問的遺産を重遠先生が相続されていたということによるのではないかと思うのです。つまり、法律を歴史の産物だというふうに見る——その歴史的とは何ぞやということになると、方法論的には問題は残っているけれども、進化論的な意味で、法律は歴史の産物だということの意識をとにかくはっきり持っておられた。そうして同時に法律は社会の産物だということもお家芸として先生が持っておられたと思うのです。（……）先生には、絶えず、陳重先生のあとを追いたいという気持があつて、それが法律学の中に現れていたのではないかという気がするのです。

　法律進化論を基底として構築された彼の法理論の中で本書が注目するのは、「共同生活規範としての法律」と「道徳と法律」に関する彼の見解である。これらはいずれも彼の法理論を特徴づけるものであり、両者を主軸として彼の様々な学説が展開されているといっても過言ではない。（なお、彼の言う「法律」は今で言うところの「法」のことを指していることもある。ただ、本人が区別をしていないため、本書では重遠の用語に従う）また本書の主たるテーマでもある「我が国の法学領域におけるスイス法の影響」、そしてそこに見られる「重遠の条理論」を理解するにあたっては、彼の背後にあるこうした法学観を認識することなしにその実態を捉えることは出来ない。そこで、以下に補論として上記の２点について概観する。

一　法律進化論と「共同生活規範としての法律」

　彼の座右の銘に「人ノ人タル所以ハ人ト人トノ結合ニ在リ（Was der Mensch

ist, verdankt er der Vereinigung von Mensch und Mensch)」[5] という言葉がある。これはオットー・フォン・ギールケ (Otto von Gierke) の名言であるが、重遠の「法律學・處世の根本原則」[6] でもあり、彼の法理論はすべてここに繋がっているといってよい。この言葉は、人類とは各個人が自己の人格を尊重すると同時に他人の人格をも尊重し、こうした人格の相互的尊重のもとに緊密な共同生活を営むものであるべきことを意味しており、重遠はこうした社会を国家社会の最終目的と位置づけていく。そしてそのために「人と家と國と世界とを倶に立ち並び進ましめて、修身齊家治國平天下の大理想に適合せんことを期」[7] するとしている。

このような彼の根本理念を理解するためには、次の2つの点に注目すべきである。

第一に、「人類共同生活の根本問題は全體と個體とをいかに両立調和させるか」[8] という観点から、「自己」と「他者」との関係、そして「社会」との関わりを追求する彼の姿勢である。重遠は、人間は万物の霊長といわれているが、人間は他の動物とは異なり、自分たちにとって共同生活（あるいは社会生活）をすることが不可欠であることを自覚していると指摘し、従って、「（人間一人ひとりとしての）個人」と「（他者との関わりの中で構築される）社会」の関連性をきちんと捉えていくことが大切であるとしている。

第二に、社会は共同生活であるがため、法則（法律）が不可欠であるということを強調し[9]、個人と全体（他者）の両者にとって最適な社会を構成することが可能かを法的側面から検討していく必要性を説いている点である。これについて重遠は、「全體と一つ一つの關係を結附け、其の一つ一つが集つて全體を作るのではなくて、全體があるから一つ一つがある、其の一つ一つが立派なら全體が立派になるといふやうに、一つと全體を結附けて考へることが將來の社會を考へるに大切なことゝ思ふ。法律進化論はそれを元としなければならない。即ち全體と一つ一つが互に關係して、人間社會の進む有様を法律の方面から見るのが法律進化論である。私の父は其の結論迄は言つて居ないが、私は左様に解釋して居るのである」[10] とか「人間全體發達の有様を法律の問題に就て考へれば、法律進化の理論を實際に當嵌めて、人間を益々良くして行くのが、法律に依る社會改善になる」[11] と述べ、法律進化論にその役割を担わせている。

283

社会と密接な関係にある法律は、社会の変遷にあわせながら進化しなければならず、「個人が互いに尊重しあうと同時に社会の一員として行動すべき社会」、つまり各人が「個人的自覚」と「社会的自覚」をあわせもつ社会を目指して変化していかねばならない。しかしながら理想は一躍して達すべきではないと重遠は説いていく。社会と法律の進むべき方向性について、彼は、著書『法理学大綱』にて次のように述べている[12]。

  法律ノ進化ハ義務本位ヨリ權利本位ニ移ルヲ以テ終局スベキニアラザルナリ。抑モ法律ガ義務ヲ強行シ權利ヲ擁護スルハ、義務ノ強行又ハ權利ノ擁護其モノヲ以テ終局ノ目的トスルニアラズ。(……) 其終局目的ハ即チ社會生活ノ利益ノ保護促進ナリ。故ニ法律ハ義務本位タルベキニアラズ、權利本位タルベキニアラズ、社會本位タルニ至ツテ初メテ理想的ノ法律タルヲ得ベキコト、殆ド多言ヲ要セズト云フベシ。然レドモ理想ハ一躍シテ達スベカラズ。個人不自覺時代ニハ法律ハ義務本位ナリキ。個人自覺時代ニ及ンデ法律ハ權利本位ニ進メリ。而シテ社會自覺ノ時代ニ入ラズンバ法律ハ社會本位タルヲ得ザルナリ。今ヤ此第三期既ニ始マレリ。今日ノ法律解釋ハ社會本位タルベシ。今日ノ法律適用ハ社會本位タルベシ。今日ノ立法ハ社會本位タルベシ。而シテ今日ノ法理學ハ社會本位タラザルベカラザルナリ。

また重遠の別の論文には、こうした法律の進化をさらに具体的に考察しているものも見られる。これについて、彼の言葉を借りて簡潔に述べるならば[13]、昔は「何々すべし」「何々すべからず」といった「義務本位」の法律が多かったのだが、フランス革命の影響により、「何々することを得」という文体を持つ「權利本位」の法律に変わっていった。フランス民法をはじめ、ドイツ民法や日本民法は、この「第十九世紀式權利本位の法律」である。ところが、こうした考えは20世紀になって変化し始め、再び「義務本位」という方向へと向かった。これが所謂、「社会本位」の法律、つまり「社會生活ノ利益ノ保護促進」[14]を促すべき法律である。但し、これはかつての「義務本位」とは全く性質を異としており、旧来のものが「強いものに抑えられて盲従した義務本位」であるならば、この新たな義務本位は、「自覺的義務本位」——即ち、社会構成員一人ひとりが皆で共同生活を営んでいるということを自覚し、自分の行動

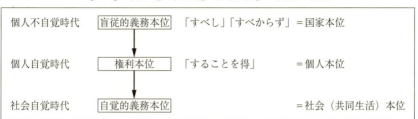

【図1】「個人」・「社会」と「法律」の関係の変遷

は制限されるべきことに気づく、所謂「訳のわかった義務本位」であると重遠は定義づけている。そして彼が活躍した時代——大正・昭和戦前期——はまさに「社会自覚の時代」であるとし、法律のみならず、法解釈、法適用、立法においても、「社会本位」になっていかねばならないとした（以上の議論を筆者なりに整理したのが〔図1〕である）。

　こうした法における「社会本位」を目指す彼の姿勢は、彼の法学研究・立法作業のあらゆるところに見出すことが出来、とりわけ「個人自覚時代」を未だ受け継いでいる明治民法に対しては「改良の餘地あり」[15]として、明治民法を批判的に意識しながら法理論を展開していくのである。また、法律は社会の変化に伴い義務本位から権利本位へそして社会本位へと進んでいるという彼の見解には、パウンドの影響がみられるという指摘もある[16]。

二　法律進化論と「法律と道徳」

　次に、重遠の「法律と道徳」論についてである。彼は、法理学の分野でこの問題について大きな関心を抱いており、これに付随して問題となる「法律万能思想批判」と「悪法論」は、彼が生涯を通じて一貫して持ち続けるテーマの1つであったとされている[17]。またこの問題に対する彼の見解は、彼の専門領域である家族法の分野でもしばしば確認することが出来、彼の法理論において重要な位置づけにあると言うことが理解出来よう。

1　法律進化論からみる重遠の「法律と道徳」

「法律と道徳」に関する重遠の見解について検討する際にも、前述の「個人」と「全体」についての重遠の認識に関連づけながら論じていく必要があるだろう。

人類はその進化の当初より、共同生活を送っており、野蛮未開の人類といえども、ある程度又はある範囲での社会を構成していたとされている。そして社会生活を送るためには規範というものが当然必要となるわけだが、これは社会生活の進化とともに、各方面に各種の規範が発生・発達することとなる。なお、これらの規範を大別すると、道徳的規範・宗教的規範・技術的規範・経済的規範・風習慣習上の規範・礼式的規範となる。また原始時代より、社会の構成員たる各個人の「有機力（生理力及ビ心理力）の聯合」[18]によって生じる、社会を統一しようとする力、即ち「社会力」も存在しており、その後、社会がある程度、進歩・発達した後、社会が国家なる「政治的社会」に進化していくと、その政治組織を通して表現する「社会力」——これを「公権力」という——が生じてくる[19]。そして、この社会力殊に公権力によって強行される社会生活の規範が「法律」となるわけである。

ここで重遠の捉える「法律と道徳との関係」について確認しておく。それに際し、本書第八章で挙げた、重遠直筆の〔図2〕を再度参照いただきたい。

重遠は、法律と道徳の関係について、従来の「法律と道徳とを同一平面で相対立する二つの制度と」して見る手法を採用せず、「法律と道徳とを段階的に観察」する必要性を唱え、社会の進化に伴う「法則」の変遷というものを見ている。ここで重遠は、道徳は第一段の社会生活規範であるとしている。また、重遠は、この第一段の規範として、道徳的規範の他に、「宗教」「礼式」「風習」「技術」の各規範も挙げている。なお、別の著書では、「道徳的規範（宗教的規範ヲ含ム）、技術的規範（経済的規範ヲ含ム）、風習的規範（禮式的規範ヲ含ム）」[20]として、上記の規範に加えて「経済的規範」を挙げており、これもまた第一段の規範とみなしてよいだろう。そしてこうした第一段の社会生活規範の一部分ずつ（第八章〔図2〕の斜線部分）が、社会力ことに公権力によって強行されるに至ったものが第二段の社会生活規範、即ち「法律」となる。ここで「一部分」と

いっているのは、「社会生活の規範（第一段の社会生活規範）のなかにはその性質上強行に不適当なものがあり、また、社会生活上強行の必要のないもの、また不可能なもの」もあり、従って第一段の全ての社会生活規範が法律となるのではなく、このうち強行に適し且つ強行の必要があるもののみが法律となるというわけである。ちなみに、第一段の社会生活規範のどの部分が法律となるかは、国や時代の違い、そして社会の変化に応じて、相違があることをここに付記しておく。これは穂積陳重の『法律進化論』でも検証されている問題であり、陳重は「昔は宗教に關する事が多かつたが、其の後道徳に關する事が多くなり、近世に至つては技術に關する事が多くなつてゐるが、此の如きは法律の内容に盛られる材料の進化で、それを〔『法律進化論』の中の〕原質論で取扱」ったのであった[21]。重遠自身も、昔は「宗教、道徳、法律と云ふものが一緒であつた時代」があったとして、3者間が密接な関係にあったということ[22]、また、社会が進歩するとともに「技術的規範」を内容とする法規が占める割合は大きくなり、我が国の現行法規を見てみても、行政法規や帝国議会、裁判所や学校関連の重要法規は技術的規範を包含していること[23]について指摘しており、陳重の見解とその大半において一致していることが窺える。

また重遠は、法律と道徳との関係が、社会の変化に伴って進化するという見方も採っている。これに関する該当箇所を以下に引用する[24]。

> 法律と道徳の區別關係（……）〔の〕實際の問題に付て其一端を申して見たいと思ふのでありますが、ずつと昔に於ては法律と道徳と云ふものは區別がなかつた。（……）それが段々と人間が進み、法律が發達し、國家の組織が整つて來ると共に道徳と法律と云ふものが分れて來た。法律といふ特別の規則が出來、法律家と云ふそれを専門に取扱ふ人々が出來て、法律と云ふものが専門の部門になつて來た。道徳と云ふものと法律と云ふものが其以後に於ては之を説く人取扱ふ人に於ても分れて來た。法律道徳が分化したと云ふことが今日までの現象であります。法律方面から云ひますと是が即ち法律の進化である。（……）併ながら是が決して法律に取つて其發達の終點ではなかつた。道徳と法律とが離れて法律が特別の發達をした。其終局が今度は又法律が道徳に近付いて行く。又近付いて行かなければならぬことになつて來たのが今日の有様であります。（……）今日の法律及び法律學に於てさう云ふ現象が、即ち法律道徳化の現象が至る所に現はれて居るのであり

ます。

　この彼の発言から、彼の捉える法律と道徳との関係とは、従来区別されることのなかった両者は、法律学の専門化とともに区別を求められるようになったものの、結果として両者があまりにも分離し、万事が法律づくめになりすぎたため、今度は再び距離を縮めるようになっていることを理解出来よう[25]。これについては、当時の法学界でも議論の多いところであり、主として「道徳と法律を完全に区別する考え方（道徳法律分離論）」あるいは「道徳と法律とを区別しない考え方（道徳法律合一論）」という枠組みの中で論じられてきた。これに対し、重遠はいずれの見解も否定する。彼によれば、従来の論者は「法律と道徳とを同一平面で相対立する２つの制度とみたところに誤謬があった」、従って、道徳法律分離論も道徳法律合一論も「たしかに一面の真理であるが、しかし、いずれもただ一面のみの真理にすぎない」と批判する[26]。重遠の捉える法律と道徳との関係は、一方においては「法律と道徳は同一物ではない」が、他方においては「法律と道徳は別物ではない」として、一部分において重複している関係であるとする[27]。従って、これらは両方、並行して捉えていかねばならない。そこで彼は、法律と道徳を区別すべきものについては「法律と道徳との分界」の現象と称し、一方、法律に道徳的観念を含ませる必要があるものについては「法律の道徳化」と称し、それぞれ論じていく。

　まず、ここで重遠のいう「法律と道徳との分界」とは、「どう見ても道徳問題で解決すべきものであると判断されるならば、道徳で片付けるようにし、法律はただその外廓を整へるに止めるべきである」という捉え方である[28]。これは主に家族に関する法の中に表れている。重遠によれば、親族法や相続法の問題はなるべく規定を細かくせずに、道徳をもって解決させた方がよいと考えられている。なぜなら民法（とりわけ家族法）は法律の中でも特に道徳的な根本法であるため[29]、これをあえて法律によって細かく規定し、解釈してしまうことは適切ではないからである。従って、この法領域における法律と道徳の関係とは、「法律は最小限度の道徳」[30] あるいは「法律の上に道徳がある」[31] ものとして捉えられる。

　また、「法律の道徳化」とは、「一旦分離した法律と道徳が再握手」すること

を意味するが、これは決して、「昔の混沌状態に還る」のではなく、「分化した上での綜合」であると重遠は言う[32]。20世紀という所謂「社会自覚時代」に生きる人間は、「個人が互いに尊重しあうと同時に社会の一員として行動」するために、時には自身の行為の制限を行わなくてはならない。そこで彼は、法律の中に道徳的な考えを入れることで、従来の法律規定の観念を少しでも緩和させていく必要があるとした。この現象は主に財産法の場面で現れてくるとし、その要請の典型的な現れとして、「信義誠実の原則」及び「権利濫用禁止の原則」を挙げ論じていく。

　こうした彼の法律と道徳への認識は、実際の法律上の問題を通して検証することで、より深い理解を得ることが出来るだろう。そこで、上記の「法律と道徳との分界」「法律の道徳化」への重遠の理解について、以下、具体的な法律問題を用いつつ論じることとする。またここではあわせて、法律と道徳の関係を「裁判」と「調停」という観点から注目する重遠の記述についても紹介しておく。但し、法律や制度自体に関する説明などは一切省略し、重遠による「法律と道徳」に関する言説のみを整理するにとどめたい。

2　具体的な法律問題にみる「法律と道徳」との関係について

(一)　法律と道徳の分界——「家族法」「家族制度」における「法律と道徳」との関係

　大正6（1917）年より行われている臨時法制審議会で実施された民法改正作業の「調査要目」に挙がったもののうち、「子の婚姻に対する父母の同意」をめぐる問題は、「法律と道徳の分界」についての重遠の考えを理解することが出来る好例の1つであろう。「子の婚姻に対する父母の同意」を規定した明治民法第772条には、「子カ婚姻ヲ爲スニハ其家ニ在ル父母ノ同意ヲ得ルコトヲ要ス但男カ滿三十年女カ滿二十五年ニ達シタル後ハ此限ニ在ラス」として、男が満30歳、女が満25歳以上にならなければ、父母の同意なしに自由に結婚することが出来ないとされている。これに対し、臨時法制審議会では、原則としては年齢の如何にかかわらず、子の婚姻には父母の同意を要するが、父母は正当の理由なくして子の婚姻に対して同意を拒むことは出来ないとした。こうした明治民法の規定や臨時法制審議会の見解について、重遠は、子が婚姻に際し

て父母の意思を尊重すべきは当然であるが、それはあくまでも「道徳上の問題」であり、法律でそこまで立ち入るべきでなく、むしろ法律ではその点に触れないこと、即ち、成年者の結婚についての法律上の要件に父母の同意を算えぬこととし、それを道徳問題に譲るほうがよいのではないだろうかとの意見を表明している。つまり家庭問題は、民法にどのように規定されても、結局のところ家族が皆仲良くさえあればそれで済むものであり、また大体は皆の話し合いで問題が片付いているようでもあるため、「道徳にまかせて、所謂『法律は家庭に入らず』ということにしておいてもよさそうだ」[33]との見解を持っていることが確認出来よう。

　戦後の民法改正によって制定された規定についても、家庭をめぐる問題について、法と道徳の関係から評価しているものがいくつか見られる。重遠の論稿「法律の上に道徳がある」の中に見られる、貞操義務規定の削除と家制度の廃止に関する考察はその一例であろう[34]。貞操義務そして家制度に関する規定は、明治民法において重大な役割を果たしたものであったが、昭和22年12月22日法律第222号「民法の一部を改正する法律」ではともに姿を消すこととなった。しかし彼は一貫して、これらはあくまでも「法律の改正」であり、必ずしも「道徳の改正」ではないとしている。妻の貞操義務問題については、従来、妻の姦通は犯罪として処罰の対象となっており、また夫からの離婚請求の原因となっていたのだが、戦後においてはこの「妻の姦通」をもはや法律問題にはしないとした[35]。しかし重遠によれば、これは「今まで道徳問題で同時に法律問題だつたのを、今度は道徳問題だけにし」ただけであり、「法律問題でなくなつただけで道徳問題として一層引締めねばならぬ」のだという。家制度については、「昭和22年改正民法」をもって「家」に関する規定を排除したものの、これについても、あくまで「制度」の廃止であり、「家族」の廃止ではないと重遠は主張している。彼によれば、明治民法における家制度は家族生活の実質と一致するものではなかったため、家族という「実際」をよりよく活かすために、家という民法の制度を廃止するに至ったのである。戸主制度についても同様である。そして家族制度については、法律で一様に規定するのではなく、むしろ、「法律には全然書かないで義理人情と實際生活とに一任」すべきだとした。このように重遠は、「法律の上に道徳がある」、つまり「法律で廃

するのは道徳で活かさんがためだ」とする見解を示していることがわかるだろう[36]。

また家族法以外にも、例えば、重遠が最高裁判所判事として関与した尊属傷害致死に関する昭和25（1950）年10月11日の最高裁大法廷判決から、「法律の上に道徳がある」という彼の主張を確認することが出来る[37]。当判決では、尊属傷害致死に関する刑法第205条第2項[38]の規定が憲法第14条（法の下の平等）に違反するかについて争点となり、結果的には「合憲」と断定されたが、その中で重遠はこれを違憲とする少数意見を出した[39]。この意見は、法と道徳に関する彼の年来の主張がまさしく具現化したものとみることが出来よう。ここで、裁判書中に見られる彼の意見を一部抜粋してみる[40]。

　　裁判官穂積重遠の少数意見は左のとおりである。
　　本件は刑法二〇五条に関するが、問題は同二〇〇条から出発するゆえ、両条にわたつて意見を述べる。そして先ず両法条の立法を批判したい。（……）
　　（二）多数意見は、刑法の殺親罪規定は「道徳の要請にもとづく法による具体的規定に外ならない」から憲法一四条から除外されるという。しかしながら憲法一四条は、国民は「法の下に」平等だというのであつて、たとい道徳の要請からは必らずしも平等視せらるべきでない場合でも法律は何らの差別取扱をしない、と宣言したのである。（……）多数意見が「夫婦、親子、兄弟等の関係を支配する道徳は、人倫の大本、古今東西を問わず承認せられているところの人類普遍の道徳原理」であると言うのは正にそのとおりであるが、問題は、その道徳原理をどこまで法律化するのが道徳法律の本質的限界上適当か、ということである。（……）「孝ハ百行ノ基」であることは新憲法下においても不変であるが（……）刑法諸条のごとく殺親罪重罰の特別規定によつて親孝行を強制せんとするがごときは、道徳に対する法律の限界を越境する法律万能思想であつて、かえつて孝行の美徳の神聖を害するものと言つてよかろう。本裁判官が殺親罪規定を非難するのは、孝を軽しとするのではなく孝を法律の手のとゞかぬほど重いものとするのである。

当該事件は刑法第205条に関わるものであったことは既に述べた通りであるが、合議では、尊属殺についての取扱の差別、即ち同法第200条が合憲か違憲かについても争われたことが上記の彼の説明からも理解出来る。そしてこのよ

うな判決意見の中で、重遠は、道徳で崇高なものはかえって法律に制定すべきでないという意味で、「法律の上に道徳がある」ことを示したのであった。

以上の考察より、こうした彼の姿勢の背景には、法律万能思想や法による道徳の強制に対する批判[41]があったことが理解出来よう。

(二) 法律の道徳化──信義誠実の原則と権利濫用の禁止

法律の道徳化の一現象としての「信義誠実の原則」及び「権利濫用禁止の原則」に関する重遠の記述は非常に少なく、「昭和22年改正民法」との関連で述べられていることが多い。従って、ここでは主に戦後に書かれた記述より分析を行っていく。まずその前提として、「昭和22年改正民法」において新たに規定された「民法第1条」を挙げておこう。

> 第一條　私権ハ公共ノ福祉ニ遵フ
> 　　　　権利ノ行使及ヒ義務ノ履行ハ信義ニ従ヒ誠実ニ之ヲ為スコトヲ要ス
> 　　　　権利ノ濫用ハ之ヲ許サス
> 第一條ノ二　本法ハ個人ノ尊厳ト両性ノ本質的平等トヲ旨トシテ之ヲ解釈スヘシ

同条には、第一に「社会福祉尊重の原則」、第二に「信義誠実の原則」そして第三に「権利濫用禁止の原則」が定められており、重遠はこれを「財産法の大原則」と謳っている。彼によれば、「昭和22年改正民法」とは、本来、親族法相続法の全面的な大改正とされているが、実際には、財産権もまた、大きくその理念を変更させており、親族法や相続法と同様に、個人本位から社会本位の方向へシフトさせたことを意味している。こうした彼の考えは以下の文に示されている[42]。

> 〔民法第1条は〕すなわち私有財産制度はもちろん維持尊重されるが、なぜ法律が個人の財産権を保護するかといえば、結局は社会共同生活の利益のためなのだから、われわれがめいめいの財産を運用するについても、人様の御役にも立つよう、世間の妨げにならぬよう、常に肝に銘じ心にきざまねばならないという大原則を第一條にかかげて、財産法一條々々の法文は書き改めなかつたけれどもその指導精神を個人的から社会的に切り替えよ、と厳粛明白に命令したのであります。従

つて新憲法新民法下においては、自分の権利だから遠慮會釋なく根こそぎ取り立てろ、義務はただ契約面に合せさへすればよろしい、という考え方が、単に道徳的でないのみならず、法律的でもなくなつたのです。

　重遠によれば、社会本位の時代への変遷に伴って、法律も「個人的から社会的に切り替え」、つまり、従来の「権利は権利にして義務にあらず」から「所有権者はその権利を濫用しない義務があると同時に、更に又それを適当にその目的に従って行使する義務がある」へと、権利・義務に対する理解を転換させるべきであり、新しい時代の権利義務のあり方を実現したものが「信義誠実の原則」と「権利濫用禁止の原則」規定であった。そしてこれらの規定は、「法律の中に道徳的な考へが這入つ」たものであるとも評価されている[43]。これらが初めて成文化されたのは戦後の改正民法においてであったが、それ以前から、裁判の判例・学説によって展開されてきた。
　まず「信義誠実の原則」であるが、重遠によれば、「法律と道徳とが再び接觸して來て居る」一現象であり、「義務の道徳化」を意味している。こうした彼の考えについては、以下の記述に確認することが出来る[44]。

　　義務と云ふことは固より道徳的のことで、金を借りた以上はなさなければならぬ。是は啻に法律の要求ではない。道徳の要求であるけれども、それが餘りに法律的になつた爲に兎に角契約の文字通りに返しさへすればそれで宜い、返すものを返せば義務は消滅で何も恩にきる必要はない。斯う云ふ風に法律が事務的になつて來た。是は本當でない。契約面だけのことをしたとて、必ずしも總ての義務が果されて居るとは言へないのではないか。斯う云ふことが段々問題になつて來まして、唯義務を行つたと云ふだけではいけない、其義務を行ふのに誠實信義に基かなければならぬと云ふことになつて來た。即ち義務は誠實信義に基いて行ふと云ふことが、啻に道徳問題であるのみならず、是が段々と法律問題になつて來たのである。

　重遠はここで債権者が担うべき義務、そして債務者が担う義務の２つを例にとって説明している。
　まず第一に、「〔債権者は〕権利があるからといつて〔債務者である〕相手の事情

も構はず十のものを十まで取り立てようとするのは信義誠實にかなふと言へない」[45]ため、そうならぬよう配慮することが「信義誠實」にかなうとする捉え方である。これについて重遠は、昭和9年2月26日大審院第一民事部判決を一例に説明する[46]。この事件の概要を説明するならば、債務者が1万円の借金のうち、9900円は既に支払い済みであり、残り100円も準備してあるので債権証書を返してほしい、抵当権の登記を消してほしいと請求したのに対し、債権者は皆済の上でなければ証書も返さぬ、登記も消さぬと拒絶したという内容のものであった。これに対し、大審院は「債務者ノ現ニ支拂ヒ又ハ提供シタル金額カ極メテ少額ノ不足アルニ過キサルトキ債権者カ其ノ不足ニ藉口シテ證書ノ引渡及登記手續ノ履行ヲ拒絶スルハ信義誠實ノ原則ニ反スルモノト謂ハサルヲ得サル」[47]であると明言した。重遠にしてみると、このように支払の目途が立っている時には、債権者は債務者の事情を酌んであげることこそが信義誠実にかなう行為なのである。なお重遠は、この判決を、法律の規定が未だ存在しない時期における「条理裁判があり得る一例」として、法規の窮屈を緩和して適当に解決しようとした「大岡さばき」の如く評している[48]。

　第二に、「充分に〔債権者である〕相手の利益都合を考へ、出來るだけ相手の心持を尊重して、〔債務者は〕義務を果すやうにしなければならぬ」として「信義誠実」を主張するものである。これについて重遠は、「金を返せといつて催促された、それが癪にさはると、向ふの顔に札束を叩き附けた。すると、相手は怒って、返すならお辞儀一つもして返すがいゝ、投げ返すとは何事だ、と云つて受取らなかった。それが法律問題になつたときに、こちらは債務を履行しようとしたのに、相手が受取らなかつたのだから、債務者には責任がないと云つて、それが通るだらうか」といった例題を挙げ[49]、「失禮千萬な金の出し方では本當に債務を果したとは言えぬ、借金を辨濟したとは認められない。從つて債権者が受取らないとしても、それを債権者の怠りとは言えない」として、単に契約面だけを履行すればよいというのではなく、債務者は債権者の都合を考慮した上で債務の履行をなさなければ本当の債務履行とは言えないのではないか、つまり債権者の利益になるよう行動することこそ「信義誠実」にかなうのだと彼は述べ、「斯くいふやうな方面でも、法律と道徳とが、再び接觸して來て居る」と指摘している[50]。

次に「権利濫用禁止の原則」についてである。明治民法では「所有権は絶対なり」といった「個人による所有権の尊重」がその基本原則の１つに置かれたが、時代の変遷とともに、所有権を持っているからといって他人の権利を侵害することは許されない、所謂「権利の濫用は権利にあらず」ということが段々と言われるようになってきた。これを重遠は、「土地といふものは他の時計、コップといふやうな物と違つて、全體がつながつて居りますから、土地の隣同志の關係、所謂相隣關係が問題になる。俺の土地だから、どう使つても構はぬ、どんな音をさせてもよい、どんな煙を出してもよい、と以前は考へたものですが、それも段々に考へが違つて來た。近隣の生活に夥しい影響を與へてもよいといふ權利は所有者と雖も與へられて居ないといふ風に、土地の所有權を制限して考へるといふやうになつて來た」とし、「權利は濫用させざる範圍に於てのみ權利なのであつて、從來の所有權は絶對なりといふ觀念がこれによつて適當に道德の範圍に持ち來たされることになる」としている[51]。つまり、法律が結果として社会の調和を乱すこととなった場合、社会生活を円滑化させるために、道徳でそれを補充すべきだと彼は考えていた。なお、信義誠実の原則と同様に権利濫用禁止の原則も、明治民法には明文の規定は設けられていないが、学説・判例において、大正期以降、特に第一次世界大戦を契機として日本資本主義が飛躍的な発展をとげて以後、権利濫用理論として本格的に展開することとなった。その先駆けとなった判例としては「大阪アルカリ株式会社事件」（大阪控訴院大正 8 年 12 月 27 日判決）や「信玄公旗掛松事件」（大審院大正 8 年 3 月 3 日判決）が、また権利濫用という構成を正面から採用した判例としては「宇奈月温泉事件」（大審院昭和 10 年 10 月 5 日判決）がある[52]。学説は大正から昭和初期にかけて、牧野英一・末弘厳太郎・平野義太郎などを中心に、「自覚的・意識的」に権利濫用の法理論が展開された[53]。こうした時代思潮を背景に、重遠もまた、「法律と道徳」との観点からこの問題について論じていたことがわかる。その後、「昭和 22 年改正民法」によって正式に条文が設けられたが、これについて重遠は「判例法が結晶して成文法になつた一例」だと評している[54]。

従来、法律の規定外のことは道徳問題として解決すべきであり、法律問題は

法律にのっとった解釈のもと判断すればよいと考えられていた。しかし、重遠によれば、時代の変化とともにそうした考えはもはや許されなくなり、その結果、法律問題の中にも道徳的解決の必要性が求められるようになった。法律というものは、債権者や債務者の一方を保護して他方を苦しめるものではない。従って、権利者が権利を濫用し、義務者が義務を免れようとすることは、法律の認めるところではない。法律はあくまでも両者の関係が円満な共同生活関係となることを目的としているため、両者ともに道徳的観念を持ちながら権利義務を果たしていく必要がある。こうした考えのもと、重遠は、信義則や権利濫用禁止の原則を尊重するのである。

(三)「法律と道徳の交渉」としての調停制度

　重遠は、自らの法理論を確立させる中で「裁判」に代わる家庭紛争の解決策としての「調停」に重要な位置づけを与えていくが、これもまた「法律と道徳との関係の問題として面白い現象」[55]であり、分化した法律と道徳を再度結びつけることを試みた制度の1つとして理解される。

　重遠は裁判の短所として、①「元来、争いのある程の事柄について、一方が100パーセント正しく白であり、相手が100パーセント邪であり黒であるということはむしろ少ない。しかし裁判は、正邪白黒があまりにもはっきりしすぎてしまうところがあり、5分5分乃至7分3分という解決法を見出すことはしない。」、②「裁判は法律を適用する。概括的抽象的の規範たる法律の規定を千差万別の個々具体的の事件に当て嵌めると、他の事件との公平は保ててもその事件の特別事情に適切でない遺憾がありえる。」、③「裁判は公開の法廷における勝負であるから、特に敗者は事件が終了しても怨恨が残る。今後も関係が継続する間柄においては尚一層のことである。」、④「訴訟を行なうと著しく金銭と時間がかかる。」、⑤「『地主対小作人』あるいは『資本家対労働者』といった個人の事件ではなく、所謂、小作争議・労働争議ということになると、これは性質上、到底、訴訟では解決し得ない。」といった点を挙げ、訴訟は争議解決には必ずしも適切でないところから、純粋な「法律的の裁判」でなく、さりとてまた全部法律を離れたものでもない、調停という制度が着眼されるべきだとした[56]。

そこで重遠が注目したのが「家事審判所」の創設である。これは実際に臨時法制審議会で提案されたものであり、「家庭ノ争議ヲ現行ノ制度ニ於ケル訴訟ノ形式ニ依ラシムルハ古来ノ美風ヲ維持スル所以ニ非ズ」という理由で「道義ニ基キ温情ヲ以テ家庭ニ関スル事項ヲ解決スル為特別ノ制度ヲ設クルコト」という決議が出されている[57]。重遠はこの一連の過程に大きく関与している[58]のだが、彼によれば、家庭の問題や近親間の紛議を裁判所に持ち込み、夫婦、親子、兄弟姉妹が原告・被告として法廷で黒白を争うということこそ、我邦古来の淳風美俗に反するものであり、仮に裁判によって問題解決が出来たとしても、切っても切れない間柄がそのまま喧嘩別れになることは甚だ困る。そこで法律尽くめではなしに義理人情を加味した解決の出来るように、家庭紛議の解決機関を作るべきだとした。彼はまた、調停とは「裁判官が法服を脱いで、当事者と同じ立場に立って、ひざをつきあわせて話し合う。そして人情と理屈とをかみあわせた解決をして、当事者を納得」させていかねばならない[59]。その意味において、調停制度なるものは「法律を通して義理人情に遡り、義理人情に基づいて法律を活かす」[60]という意味における「法律と道徳の交渉」であると認識されていくのである。

　重遠による「法律と道徳」観を概観したが、こうした思想の基底には、彼の儒教思想があったとの指摘がなされている[61]。彼は、法治と徳治という問題を取り上げ、法治は徳治の欠くべからざる一方面一手段であるが、終局の理想は人類社会をもっとも道徳的に完成することにあるとする。そしてその目的のためには、徳治の基礎が法治に置かれて両者が充分に調和されねばならない。そして法律と道徳との区別・関係が明確に観念されて、法律万能の謬想が排斥されねばならなかったのである。

　以上、本章では補論として、重遠の主要な法律論、そしてその基底にある法律進化論について論じた。重遠の法律進化論を概観してみると、父・陳重と同様、日本法の現況がヨーロッパの発展段階のどのあたりに相当しているかといった意識が見られ、また、ヨーロッパの研究を参酌しながら日本法の進むべき姿を想定していた足跡を確認することが出来る。その意味において、重遠は父

の進化論的発想を引き継いでいるといってよいだろう。しかしここで注目すべきことは、重遠の説く法律進化論が、陳重による理論の単なる請売りでは必ずしもなかったということ、そして重遠は、結果として、父とは異なる方向へ進んでいったということである。父と子の置かれた環境はあまりにも異なり、彼らによって共感された時代区分で分けるならば、父・陳重の時代が「個人自覚時代」であり、息子・重遠の時代は「社会自覚時代」ということになるだろう。重遠が生きた社会では、陳重が作りあげた民法によって社会的弱者が不当な立場に置かれるようになり、こうした現実に法律をどのように修正させていくかという新たな課題が求められていた。従って、この時期は、明治民法の母法であるフランスやドイツの民法に単に追随していればよいわけではなかったのである。ここに、明治期の法学から大正期の法学への大きな転換を見出すことも可能ではなかろうか。そして、こうした社会における彼の果たした役割をさらに理解するためにも──まさしくそのためにこそ──、重遠の学問におけるスイス民法研究の位置づけを考察していく必要があると言えよう。

注

1) 例えば、八木鉄男「穂積重遠の法と道徳についての見解」（八木鉄男・深田三徳編著『法をめぐる人と思想』（ミネルヴァ書房、1991年）所収）、川島武宜「穂積重遠博士の家族制度観—日本の法律思想史の一断面」（末川博・中川善之助・舟橋諄一・我妻栄編『家族法の諸問題』有斐閣、1969年（第3刷）、401-426頁）、利谷信義「穂積重遠」（潮見俊隆・利谷信義編『日本の法学者』日本評論社、1975年、301-333頁）、同『家族と国家—家族を動かす法・政策・思想』（筑摩書房、1987年）、大村敦志『穂積重遠』（ミネルヴァ書房、2013年）などを挙げておく。

2) 穂積重遠『法律の進化』（有終会、1912年）35頁。これについて、陳重は自著『法律進化論』で次のように述べている。
　「社會力には靜狀と動勢との二狀態が有る。故に社會力の一種たる法律にも亦靜狀と動勢の二狀態がある。法律の靜狀とは、法現象を單に行爲の規範として現はれたる社會力として觀たものを云ひ、法の動勢とは、行爲の規範として現はれたる社會力の實質又は形體が、時の經過に因つて變化するものとして觀たものと云ふのである。故

に法現象の普遍素の知識を目的とする法律學に於ても、其靜狀と對象とするのと、其動勢を對象とするのとに依つて法律靜學（Legal statics）と法律動學（Legal dynamics）との別が生ずる。前者は法現象の靜狀を觀察して其原理を求めるものであり、後者は法現象の動勢を觀察して其變遷の理法を論述するものである。（……）法律進化論は法律動學に屬するもので、法現象の時間的觀察に依つて、法律の發生、發展の理法を明かにするを目的とするものである。法律は社會力であるから、法規は社會の變遷に伴ひ、時間の經過と共に必ず其形態を變ずべきものである。（……）社會の組織自體が既に斯の如く常に動いて熄まぬものならば、社會力の一狀態なる法律も、之を時間的に觀察するときは、亦恒常の變動狀態に在るべきは明かな事である。（……）法律は素と社會力顯現の一狀態であるから、社會狀態の推移に伴はないで、獨り法規のみが靜止すべき筈は無い。假令ひ一時法規の形體が社會の變遷に伴はざるが如き外觀を呈する事があつても、其實質は必ず社會の推移と共に時々刻々變遷し、長き時の經過に於ては、必ず社會の實狀と合致するに至るべきものである（……）」（穂積陳重『法律進化論第一冊原形論前篇』岩波書店、1924年、2-4頁）。

3) 穂積前掲『法律の進化』2-3頁。これについて、陳重は『法律進化論』で次のように述べている。

「民族及地域に依つて法規を異にするのは、恰も自然界に於て其環象に依つて動植物が異なるのと同樣である。（……）力學には既に靜態を論ずる靜學があり、又其動勢を論ずる動學がある。社會力の科學にも、其靜態、動勢を論ずる靜學、動學が莫い筈は無い。（……）外觀異種多樣にして複雜究り無き法現象も、之を彙類し、之を比較し、之を分剖して、精しく其異同の由つて來る所を討究するときは、吾人は必ず其間に存在する普遍素を看出して、啻にその靜狀に於てのみならず、其動勢に於ても、亦一定の理法に依つて支配せられるものであることを認識することが出來るものである。法律進化論は此可能性を前提とし、（……）動勢に於ける法現象を對象として之が進化の理法を求めんとするものである。」（穂積陳重前掲『法律進化論』5-7頁）。

4) 磯田進他「穂積法学・末弘法学の分析と批判」（『法社会学』第2号、1952年）57頁。

5) この言葉はギールケの主著『ドイツ団体法論（Das deutsche Genossenschaftsrecht）』の冒頭にみられ、重遠に終生強い影響を与えたと言われている。ちなみに重遠は、ドイツ留学中に彼の親族法講義を実際に傍聴している。重遠はかつて、父陳重に「現在ドイツの法学者の中で誰が一番でしょう」と聞いたところ、「サーやはりギールゲだろう」と言われたため、「『一度は〔傍聴したい〕』とかねがね考えていた」と述べていることからも理解出来るように、当時、日本においても、ギールケによる法理論は注目されていたことがわかる（穂積重遠『欧米留学日記』岩波書店、1997年、88頁参照）。

6) 穂積前掲「法律の進化」39頁。

7) 穂積重遠「大学生活四十年」（『法律時報』第15巻第10号、1943年）28頁。

8) 穂積重遠『法学通論』（日本評論社、1942年）8頁。

9) 穂積重遠『法理学大綱』（岩波書店、1927 年）107 頁。
「此共同生活ノ法則ハ其社會存續發達ノ要件ナルヲ以テ、社會力公權力ハ漸次其勵行ヲ努ムルニ至リ、其法則中社會力公權力ニ依リ強行ニ適スルモノハ之ヲ強行スル手段ヲ採ル。此ノ社會力殊ニ公權力ニ依リテ強行セラル、社會生活ノ法則ガ即チ法律ナリ。」
10) 穂積前掲「法律の進化」38 頁。
11) 穂積前掲「法律の進化」39 頁。
12) 穂積前掲『法理学大綱』184 頁以下。
13) 穂積重遠「明治の法律と法律学」（『明治聖徳記念学会紀要』第 19 巻、1923 年）116 頁以下参照。
14) 穂積前掲『法理学大綱』184 頁。
15) 穂積重遠「現行民法と個人主義」（『思想問題十五講』日進堂、1926 年）211 頁。
16) 八木前掲「穂積重遠の法と道徳についての見解」264 頁。
17) 八木前掲「穂積重遠の法と道徳についての見解」263 頁。

　ここで「法典万能思想批判」「悪法論」に関する重遠の見解を整理したいと思うが、本書では概略的な説明にとどめ、詳細については、上記の八木論文及び利谷前掲「穂積重遠」を参照していただきたい。
　まず「法律万能思想」に関する重遠の見解は、彼の論文「法律ト道徳」（『法学志林』20 巻 4 号、1918 年）に見ることが出来る。法律万能主義には「積極的法律万能主義」「消極的法律万能主義」の 2 つがあり、重遠はそのいずれも批判するとしている。前者は「道徳ノ教デモ宗教ノ戒メデモ禮儀作法デモ經濟上技術上ノ法則デモ、何デモカデモ凡ソ人間ノ行為ノ規則トシテ望マシイモノハ、悉皆法律デ規定シ得ベキモノデアッテ又法律デ定メサヘスレバ希望通リニ行ハレルモノト考ヘル傾向」、つまり「其ノ基ク所ハ道徳法律合一論」であるところのものである（16 頁）。これに対して彼は、「立法者爲政者側の悪傾向」（24 頁）との見解を示し、「法律ヲ以テ爲シ得ザル所ナシトスル思想ニ因ッテ法律ヲ濫造スルコトノ弊害ハ、法律ノ威嚴ヲ損スルコトデアル。法ハ行ハルルガ故ニ法ナリ。『行ハレザル法ト云フハ吹カザル風ト云ハンガ如シ』。故ニ行ハレザル法ヲ造ルコトハ、其法律一箇ノミナラズ、法律全體ノ威嚴ヲ損シ、結局自ラ法律ナルモノノ目的ノ到達ヲ阻害スルコトトナルノデアル」（20 頁）、従って、「效果アル法律ヲ造リ又法律ヲ效果アル様運用スルニハ先ヅ法律ガ萬能ニアラザルコトヲ熟知セネバナラヌノデアル。」（23 頁）と評した。後者は「法律ノ命ズルダケノ事ヲ行ヒ、法律ノ禁ズルダケノ事ヲ差控ヘレバ、ソレニテ能事了レリトスル」ものであり、「被治者即チ一般人民ノ側ニ於ケル最モ憂ウベキ悪風潮」であるとした（24 頁）。こうした考えが生じた原因としては「従来ノ法律學ノ道徳法律分離論的學風」（24 頁）にその責任は当然あるが、それとともに積極的法律万能思想もまたその一責任を担うと重遠は言う。というのも、「爲政者立法者ガ積極的ニ法律ヲ萬能ナリトシテ一切ノ法律化セントスレバ、被治者ハ消極的

ニ法律ヲ萬能ナリトシテ、法律ニ從ッテ足レリトシ法律ヲ免レテ幸ナリトスルニ至ルコトハ蓋シ當然ノ結果デアル」(26 頁)とした。これは法律だけを考えその根本を忘れた結果であり、甚だ遺憾なことである。そこで、このような法律万能思想に対しては、法律家と道徳家が協力しあって社会の秩序を維持し、風教を積極的に行っていく必要があるとした(穂積重遠「法律と道徳との交渉」(『丁酉倫理會倫理講演集』第 386 輯、1934 年) 38 頁)。

また「悪法論」であるが、これに関する重遠の立場を理解するには、同「悪法ハ法ナリヤ」(『法学新報』第 30 巻第 3 号、1920 年) から多くの情報を得ることが出来る。当時、悪法論に関しては、治安警察法第 17 条をめぐる問題とあいまって、非常に活発な議論がなされていた。その中で重遠は、「私は『悪法は法に非ず』と主張します」(穂積重遠「法律と条理」(『丁酉倫理會倫理講演集』第 227 輯、1921 年) 18 頁) との立場を表明しているものの、その判断は慎重にならざるを得ないとしている。たとえ、それが内容上客観的に悪法というべきものであるとしても、それだけで直ちにその法規を無視してよいというわけではない。その法規自体の内容上、社会生活の利益に客観的に背反しそれを無視することが、法律全体の「システム」を崩さず、かえって社会生活の利益に合する程度のものでなくてはならないとした。このように重遠は、法律は善法であるべきであり悪法であってはならないとする一方、みだりに悪法呼ばわりをして法律の権威を傷つけてはならないとした(八木前掲「穂積重遠の法と道徳についての見解」274 頁)。

18) 穂積前掲「法律ト道徳」37 頁。
19) 穂積前掲「法律ト道徳」38 頁。
20) 穂積前掲「法律ト道徳」38 頁。
21) 穂積前掲「法律の進化」15 頁。
22) 穂積重遠「法律と道徳の関係」(『国民講演協会パンフレット』No.81、国民講演協会、1928 年所収) 3 頁。
23) 穂積前掲『法理学大綱』123 頁。
24) 穂積前掲「法律と道徳の関係」3-4 頁。
25) 穂積前掲「法律と道徳との交渉」26 頁以下参照。
26) 八木鉄男「穂積重遠の法と道徳についての見解」(同編著『法をめぐる人と思想』(ミネルヴァ書房、1991 年)) 267-268 頁。
27) 八木前掲「穂積重遠の法と道徳についての見解」267-268 頁。
28) 穂積前掲「法律と道徳との交渉」35 頁。
29) 穂積重遠「法律の上に道徳がある」(『公民教育講座』第 1 輯、社会教育協会、1946 年) 19 頁。
30) 穂積前掲『法学通論』30 頁。重遠によれば、法律によって道徳を規定することは出来るが、しかし法律によって道徳の全てを規定することは出来ない。法律には自らの領分

があり、道徳の根本さらには宗教の根本まで法律が決めることは出来ないのである。

31) 穂積前掲「法律の上に道徳がある」7頁。
32) 穂積前掲『法学通論』243頁。
33) 穂積前掲「法律と道徳との交渉」26頁。
34) 穂積前掲「法律の上に道徳がある」5頁以下参照。
35) 但し、夫婦(夫と妻の双方)の不貞は現在も民事上における離婚原因である(民法第770条1項1号)が、刑事罰の対象ではもはやない。
36) 効力関係を意味しているものではなく、法律と道徳とが別のものとして機能していると意味しているにすぎない。
37) 尊属殺人については重遠自身によって書かれた記述(穂積重遠「殺親罪是非」(『国民』第587号、1950年))がある。
38) この規定は、昭和48年4月4日の最高裁判決(所謂「尊属殺重罰規定違憲判決」)を受け、平成7年の刑法改正に伴い、他の尊属規定とともに削除された。
39) 当判決に携わった裁判官は、田中耕太郎、塚崎直義、長谷川太一郎、沢田竹治郎、霜山精一、井上登、栗山茂、真野毅、小谷勝重、島保、斎藤悠輔、藤田八郎、岩松三郎、河村又介、穂積重遠であり、そのうちの真野毅と穂積重遠が反対意見を、そして斎藤悠輔は反対・補足意見を表明している。
40) 昭和25年10月11日最高裁大法廷判決「尊属傷害致死被告事件」(『最高裁判所刑事判例集』第4巻第10号、1950年、2037頁以下(重遠の意見は2047-2054頁に所収))。
41) 八木前掲「穂積重遠の法と道徳についての見解」277頁。
42) 穂積重遠「信義誠實の原則―道徳と法律と(一九)」(『国民』第590号、1950年)6頁。
43) 穂積前掲「法律と道徳との交渉」30頁。
44) 穂積前掲「法律と道徳との関係」15頁。
45) 穂積前掲『法学通論』243-244頁。
46) 昭和9年2月26日第一民事部判決「損害賠償請求事件」(『大審院民事判例集』第13巻)366頁以下。詳細な内容については、穂積前掲「信義誠實の原則―道徳と法律と(一九)」7頁を参照のこと。
　　信義則をめぐる判例について、明治期にはまだそれを明言する事例はないが、そのような考え方を示唆させるようなものは現れつつあった。例えば、相隣者間の共助義務を論じた「大判明治44年12月23日」(『大審院民事判決録』第17輯886頁)を挙げることが出来るだろう。大正期になると、特に借地借家の分野で信義則による解決が積極的になされるようになる。例えば、下級審判決には信義則の考え方を基礎として、民法第605条の解釈を柔軟にして対応しようとする事例も見られるようになった(「東京地判大正8年12月13日」(『法律評論』(第9巻民法)753頁))。昭和期になると、大審院において信義則が一層頻繁に援用されるようになり、その適用範囲を広げて多様な事例を累

積するようになる。重遠が挙げた昭和9年2月26日の大審院第一民事部判決はその一例である。

　その一方、学説では、明治後期に法律の解釈や法律行為の解釈の準則として信義則を認める考え方が既にみられ始めていた。例えば、岡松参太郎『註釈民法理由（上）』（有斐閣、1897年）、石坂音四郎『日本民法（債権総論）』（有斐閣、1911年）が挙げられる。大正期になると、牧野英一や鳩山秀夫による信義則研究が代表的なものとなる。牧野の研究としては、同『現代の文化と法律』（有斐閣、1918年）、同『法律に於ける具体的妥当性』（有斐閣、1925年）を、鳩山の研究としては、同『日本債権法総論（増補版）』（岩波書店、1918年）、同『日本債権法各論（増補版）』（岩波書店、1920年）、同「債権法に於ける信義誠実の原則」（『法学協会雑誌』第42巻第1-8号、1924年）、同『債権法における信義誠実の原則』（有斐閣、1955年）が挙げられる。なお、本注の内容については、菅野耕毅『信義則および権利濫用の研究』（信山社、1994年）35頁以下に負うところが大きい。

47)　前掲「損害賠償請求事件」373頁。
48)　ここで重遠は、信義誠実の原則を適用した裁判を「条理裁判」と言っている。これはスイス民法第1条第2項を「条理」を規定した裁判事務心得第3条と「同趣旨」としている立場にある彼が決してしてはいけない発言である。というのも、スイス民法では同第2条で信義則が規定されており、同第1条第2項の「裁判官は、自己が立法者ならば法規として定めるであろうと考えるところに従って判断しなければならない」が「条理」であるのならば、同第2条の「信義則」が「条理」になることはあり得ないからである。彼の言う「条理」の指すものは一体何なのか、疑問が残る。
49)　穂積前掲「法律と道徳との交渉」34頁。
50)　穂積前掲「法律と道徳との交渉」34頁。
51)　穂積前掲「法律と道徳との交渉」27-28頁。
52)　重遠は権利濫用の禁止を認めた判例を2つの型に分類している。各事件の概要もあわせて記されている箇所を引用する。

　「第一の型は、自分の所有地内でするのだというので甚しい近所迷惑を顧みないことであつて、名所の松の樹の近くの鐵道敷地に給水タンクを造つたので停車給水中の機関車のはく煙で松が枯れたという大正八年の『信玄公旗掛松事件』、ビルディング建築の基礎工事杭打ちの震動が隣家を傾斜させた昭和六年の『日本興業銀行神戸支店事件』、他家の泉水のかれるのもかまわず池をほつた昭和十年の『玉川養魚地事件』などが有名だ。第二の型は、先方に取つては必要で當方に取つては無害な立入りを單に所有地だとの理由のみで拒否することであつて、所有地の一隅をわずかに通過している引湯管の撤去を強要して權利濫用なりとされた昭和十年の『宇奈月温泉事件』がその適例である。（……）〔第二型判例〕まで来ると権利濫用の法理も徹底し、所有権絶対の一角が突破されたものと言つてよい。」（穂積重遠『百万人の法律学』思索社、

1950 年、226-227 頁)。

なお、これらの判例のうち、「信玄公旗掛松事件」については、川井健『民法判例と時代思潮』(日本評論社、1981 年) 241 頁以下、東孝行「裁判過程における権利濫用論の展開―信玄公旗掛松事件の諸判決を中心として」(『判例タイムズ』第 29 巻第 5 号、1978 年)、山下りえ子「『信玄公旗掛松』事件研究史に新しい発見―民事判決原本の一調査紹介」(『東洋法学』第 100 号、2002 年) も参照のこと。また「宇奈月温泉事件」については、穂積重遠「所有権―侵害除去の請求が権利の濫用となる場合 (民事判例研究録・一三〇)」(『法学協会雑誌』第 54 巻第 4 号、1936 年)、中川善之助「権利の濫用―宇奈月温泉事件 (活きている判例・4)」(『法学セミナー』第 4 号、1956 年)、河上正二「民法総則講義(2)第一部序論第二章=民法における『権利』の意味―宇奈月温泉事件判決 (大審院昭和 10.10.5 判決)」(『法学セミナー』第 582 号、2003 年)、大村敦志「権利の濫用:宇奈月温泉事件」(『民法判例百選総則・物権 (第 6 版)』(別冊ジュリスト第 195 号) 2009 年) の判例紹介を挙げておく。

53) 小林直樹・水本浩編『現代日本の法思想』(有斐閣、1976 年) 95 頁。

権利濫用に関する主な著書及び論文として、牧野英一「権利の濫用」(『法学協会雑誌』第 22 巻第 6 号、1904 年)、同「権利の濫用と人格権の形成」(『民商法雑誌』第 8 巻第 6 号、1938 年)、末川博「ドイツ民法及びスイス民法における権利濫用に関する規定の制定過程」(『法学論叢』第 20 巻第 5・6 号、1928 年)、同『権利侵害と権利濫用』(岩波書店、1960 年)、平野義太郎『民法に於けるローマ法思想とゲルマン法思想』(有斐閣、1924 年) を挙げておく。なお、大正・昭和期の権利濫用をめぐる学説について言及した研究として、菅野前掲『信義則および権利濫用の研究』、松本暉男「わが国における権利濫用理論の特質についての一考察―学説史にあらわれた『公共の福祉』理念との結合の過程を通して」(『関西大学法学論集』第 9 巻第 5・6 号、1958 年)、宋健明「日本民法における『公共の福祉』の再検討(3)―『市民的公共性』形成の試み」(『北大法学論集』第 53 巻第 1 号、2002 年) がある。

54) 穂積前掲『百万人の法律学』227 頁。

55) 穂積前掲「法律と道徳の交渉」25 頁。

56) 穂積重遠『調停法』(現代法学全集 38) (日本評論社、1931 年) 1-3 頁参照。

57) 臨時法制審議会は、大正 10 年 7 月の主査委員会報告「家事審判ニ関スル綱領」で、司法大臣の所管のもとに、家事事件につき調停及び審判を行う家事審判所の設置を審議会に提案した。その後、審議会は「道義ニ基キ温情ヲ以テ家庭ニ関スル事項ヲ解決スル為特別ノ制度ヲ設クルコト」を内閣に答申、司法省は大正 13 年 12 月、これに基づき「家事審判所ニ関スル法律調査委員会」を発足させた。この小委員会は昭和 2 年 10 月、家事審判法案を起草したが、民法改正との関係でその後の進展はなかったとされる (牧英正・藤原明久編『日本法制史』青林書院、2005 年、404-405 頁)。なお、調停制度として初めて実施されたのは、大正 11 年法律第 41 号「借地借家調停法」であり、同年 10

月1日から施行された。その後、さらに3つの調停制度が次々に制定されている。大正13年法律第18号「小作調停法」が同年12月1日から、大正15年法律第57号「労働争議調停法」が同年7月1日から、そして大正15年法律第42号「商事調停法」が同年11月1日からそれぞれ施行された。

　家事審判所の設置をめぐる臨時法制審議会の取り組みについては、堀内節『家事審判制度の研究附家事審判法関係立法資料』（中央大学出版部、1970年）や同『続家事裁判制度の研究』（中央大学出版部、1976年）に代表される著書に貴重な研究成果が残されている。また、各調停法に関する研究として、借地借家調停法に関しては、小柳春一郎『震災と借地借家』（成文堂、2003年）、同「関東大震災と借地借家臨時処理法（大正13年法律第16号）（上）（中）（下）」（『独協法学』第41-43号、1995-1996年）、小池隆一「借地借家調停法を中心として」（『三田評論』第334・335・337号、1925年）、穂積重遠「大震火災と借地借家調停法」（『法学協会雑誌』第42巻第5号、1924年）を挙げておく。小作調停法に関しては、川口由彦「小作争議と小作調停(1)」（『法学志林』第108巻第4号、2011年）、同「小作争議と小作調停(2)」（『法学志林』第109巻第4号、2012年）、同「大正期日本・小作調停に見る和解の位相」（同編『調停の近代』勁草書房、2011年所収）、同「小作調停における規範構造」（利谷信義他編『法における近代と現代』日本評論社、1993年所収）、同「小作調停法のイデオロギー」（『法社会学』第44号、1992年）、同『近代日本の土地法観念』（東京大学出版会、1990年）、坂根嘉弘「小作調停法による土地争議調停事件の分析」（『土地制度史学』第27巻第3号、1985年）、同「小作調停法運用過程の分析」（『農業経済研究』第55巻第4号、1984年）、同「小作調停法体制の歴史的意義」（『日本史研究』第233号、1982年）、小野瀬有「立法過程からみた小作調停法の性格」（『法学論叢』第47巻第5号・第50巻第1号、1975-1977年）、末弘厳太郎「小作争議と小作調停法」（『改造』第6巻第9号、1924年）がある。そして「労働争議調停法」に関しても、矢野達雄「1920～30年代労働政策史研究に関する覚え書き――＜労働争議調停法体制＞をめぐって」（『愛媛法学会雑誌』第14巻第1・2号、1987-1988年）、同「大正期労働立法の一断面――労働争議調査法の成立過程」（『法制史研究』第27号、1977年）、梅田欽治「日本ファシズム形成期における抵抗と統合――2――労働争議調停法の機能について」（『宇都宮大学教育学部紀要第一部』第29号、1979年）、河田嗣郎「労働争議調停法案に就て」（『経済論叢』第22巻第2号、1926年）を挙げることが出来よう。

58)　家事審判所設置への重遠の関与について、我妻栄は「現在は家庭裁判所という名前になりましたが、その前身ともいうべき家事審判所は穂積先生の熱心な提唱にかかるものであります。（……）大正の臨時法制審議会以来の改正要綱や民法改正案は、常に家事審判所を作ることを前提としておりましたが、それは主として〔穂積〕先生の提唱にかかるといっても過言ではありません。」と述べている（我妻栄「穂積重遠先生の人と学問」（『法学セミナー』第157号、1969年）135頁）。なお、臨時法制審議会における家

事審判所の導入への重遠の貢献については、堀内前掲『家事審判制度の研究附家事審判法関係立法資料』及び同前掲『続家事裁判制度の研究』を参照していただきたい。

59) 我妻前掲「穂積重遠先生の人と学問」135 頁。
60) 穂積前掲『法学通論』247 頁。
61) 八木前掲「穂積重遠の法と道徳についての見解」271 頁。

　重遠の論語への関心は非常に高く、祖父・渋沢栄一からの影響だといわれている。彼によれば、渋沢は「『論語と算盤』を標語としたほどの大の論語信者」であり、「重遠」の名も論語の言葉「任重くして道遠し」から渋沢が命名したと言われている（穂積重遠『新訳論語』（講談社、1990 年）3 頁、中嶋忠三郎「穂積重遠」（『法曹百年史』法曹公論社、1969 年）937 頁）。重遠自身も幼少期より、渋沢からもらった『ポケット論語』を繰り返し読み、さらには、渋沢をはじめとする親族一同で、儒学者・宇野哲人を招いて論語の講義を受けるなど、論語は渋沢家の「お家芸」であったことがわかる。彼自身もこのことについて、「わたしは子供の時から、もちろん『論語讀みの論語知らず』ですが、論語だけは繰り返し何度讀んだかわかりません。それゆえ、キリスト教信者にバイブルについて同じことがあるのだろうと思いますが、事あるごとに論語の文句が反射的に心に浮び、それがその場合の善處の指針になります。」（穂積重遠「論語と裁判」（『国民』第 585 号、1950 年）4 頁）と述べている。彼によって著された『新訳論語』は有名だが、これはもともと、彼自身が家族に対して何度か試みた『論語』の講義を自分で書きとめたものである。また重遠は、法学関連の著論文にも度々論語を引用して論ずることがあることから、彼の法思想にも、当然この論語からの影響は大きいと推測されるだろう。その一例として、社会に訴訟をなくすことを法律の目的に掲げている彼の理念は、「子曰、聽訟吾猶人也。必也使無訟乎。（子のたまわく、訟えを聽くはわれ猶人の如し。必ずや訟えなからしめんか。）」（顔淵第 12、穂積前掲『新釈論語』315 頁）にも記されており、重遠が、法典万能思想を批判し、法律と道徳の関係について、「法律と道徳との分界」や「法律の道徳化」といった独自の理論を確立していった背景にも、「子曰、道之以政、齊之以刑、民免而無恥。道之以德、齊之以禮、有恥且格。（子のたまわく、これを道くに政を以てしこれを斉うるに刑を以てすれば、民免れて恥なし。これを道くに徳を以てしこれを斉うるに礼を以てすれば、恥ありて且つ格る。）」（為政第 2、穂積前掲『新釈論語』49 頁）とする論語の教えがあったと言えよう。また渋沢からの影響は、重遠の社会事業や女子教育を重視する姿勢にも表れている。渋沢自身も、養育院の設立や日本女子大学の創立に携わるといった経歴を持ち、その重要性を主張しており、重遠はこうした祖父の姿を幼少期から目の当たりにしてきた。

資料　穂積重遠の判例研究一覧

凡　例

・本表は、『判例民法』（大正 10・11 年度）及び『判例民事法』（大正 12～昭和 21 年）の穂積重遠による判例研究のみを扱っている。なお、本表には昭和 19 年以降の情報が記されていないが、これは重遠による報告が行われていなかったことを意味している。
・裁判月日の欄の「2.3」は 2 月 3 日、次の「民」「刑」は民事刑事の別、続く「1, 2, 3」はその部、「連」とあれば連合部、最後の「判」「決」はそれぞれ判決・決定を示す。
・集巻 – 頁の欄の「1-1」は大審院判例集第 1 巻 1 頁を、録輯 – 頁の欄（大正 10 年のみ）の「27-193」は、大審院判決録第 27 輯 193 頁を示す。
　なお、民判（決）の場合は民事判例集（判決録）、刑判（決）の場合は刑事判例集（判決録）である。
・「評釈内容」に記されているタイトルは、裁判名ではなく、『判例民法』及び『判例民事法』の各担当者が、「事案の具体的事実について、判決が直接に言明した『具体的判断』をアブリビエートしたもの」である。

裁判年	裁判月日	録輯－頁	評釈内容
大10	2.3 民2判	27－193	損害賠償並慰謝料の件
	3.2 民3判	27－395	親族会―内縁の夫は親族会に関する利害関係人か
	3.8 民1判	27－422	所有権―旧幕時代の土地所有権
	3.8 民1判	27－502	絶家―民法施行前の絶家の遺留財産―取得時効
	3.24 民2判	27－595	親権―子の財産に対する親権者の処分権と管理義務―権利の濫用
	5.17 民1判	27－934	婚姻予約―不当利得
	5.30 民2判	27－983	(1) 遺贈―債権遺贈の物権的効力 (2) 準占有―債権の準占有者に対する弁済
	6.1 民3判	27－1028	戸籍―戸籍法第164条の適用範囲
	6.2 民2判	27－1038	慣習―法律行為の当事者が慣習に依る意思を有せるものと認むべき場合
	6.13 民3判	27－1150	債権の抛棄―強制執行請求権の抛棄と債権の抛棄―法律上の義務と道徳上の義務
	6.28 民1判	27－1260	不法行為―共同絶交による自由権及び名誉権の侵害
	6.29 民3判	27－1291	不動産登記―登記なくして不動産所有権を対抗しうる場合―民法第177条の「第三者」の意義
	7.25 民2判	27－1408	物―遺骨の所有権者
	8.10 民3判	27－1476	親権―親権者と未成年の子と利益相反する行為
	10.1 民2判	27－1720	時効―売掛金債務を目的として消費貸借契約を為したる場合の消滅時効
	10.20 民2判	27－1808	遺産相続―消極的財産のみの遺産相続
	10.29 民2判	27－1847	親権―幼児引渡の請求
	10.29 民3判	27－1756	賃貸借―借家法の遡及効
	11.21 民2判	27－1976	法律行為の解釈―賃借家屋の売却承諾と賃借の解除
	11.28 民2決	27－1997	家督相続人の選定―不選定の「正当の理由」
	12.9 民1判	27－2100	親子関係―私生子と其母との法律上の親子関係は分娩によって生ずるか認知によってのみ生ずるか。
	12.28 民3判	27－2232	土地所有権―明治初年における土地所有権取得の要件―隠居による家督相続と地券名義の書換

裁判年	裁判月日	集巻－頁	評釈内容
大11	1.16 民2決	1－1	身分関係―謬まれる戸籍簿の記載
	2.25 民3判	1－69	離婚―仮装の協議離婚と第三者との関係―民法総則の規定は離婚の無効取消に適用ありや―離婚無効の訴の性質
	3.15 民3判	1－104	立証責任―債務消滅の主張
	3.27 民2判	1－137	認知―認知に対する反対事実の主張の相手方
	4.25 民1判	1－222	戸籍―除籍簿の訂正
	6.3 民3判	1－280	婚姻―内縁の妻の法律上の地位―日用品供給の先取特権の範囲
	6.27 民1判	1－353	相続―被相続人死亡の際胎児でもなかった者を家督相続人に選定しうるか
	7.22 民3判	1－474	私生子認知―私生子の母は認知無効確認の訴の被告たり得るか
	8.4 民1判	1－488	準禁治産―心神耗弱者に対する準禁治産宣告は必然的か

資料　穂積重遠の判例研究一覧

裁判年	裁判月日	集巻-頁	評釈内容
大11	9.2 民3判	1-448	養子—縁組の無効—芸妓稼業を為さしむる為の養子縁組
	10.26 民2判	1-626	遺失物—報労金額の定め方
	10.27 民1判	1-725	債権証書—相殺による債務の消滅と債権証書の返還
	11.6 民2決	1-633	(1) 戸籍—戸籍の記載と家族関係—戸籍訂正の意義 (2) 相続—限定承認を為すべき法定期間の起算点
	11.27 民2判	1-692	占有—占有回収の件—欺罔による占有の移転は占有の侵奪にあらず—代理占有
	12.19 民1判	1-779	親族会—未成年者にして法定代理人なき本家の戸主に対する親族会の通知
	12.21 民2決	1-783	戸籍—届出を受理しながら戸籍に記載せざりし場合の戸籍訂正
大12	1.20 民3判	2-19	親権—幼児引渡の請求
	3.9 民1判	2-143	私生子認知—母の為す私生子出生届出は認知か—事実上の婚姻と私生子
	3.15 民2判	2-159	私生子認知—民法施行前出生の私生子が民法施行後認知を請求し得るか
	4.12 民2判	2-230	寺院—管長の住職任命権
	4.17 民1判	2-257	隠居者の財産留保—遺留分決定に反する財産留保の効力—減殺請求権の時効
	5.14 民2判	2-295	準禁治産—保佐人が其資格を自覚せずして為せる同意の効力
	6.9 民3判	2-392	調停か仲裁裁判か—仲裁契約と妨訴抗弁
	7.9 民2判	2-463	家督相続—父が母の実家に養子として入りたる場合に其前出生の子と其後出生の子との相続順位
	7.14 民3判	2-510	身分関係—謬まれる戸籍簿の記載と家督相続権
	8.2 民2判	2-577	能力—詐術—無能力者が能力の補充を受けたる如く相手方に信ぜしめたる場合—無効婚姻の妻が保佐人としての同意
	11.29 民2判	2-642	親権—子の引渡請求と子の意思—親権行使の妨害とならぬ場合
	12.27 民2判	2-696	戸主権—婚姻—家族の婚姻に対する戸主の同意権とそれに伴う離籍権—同意は要式行為でない
大13	2.15 民1決	3-20	戸籍—親族法上の無効の行為と戸籍の訂正—戸籍法第164条か第165条か—第165条の適用範囲
	3.7 民1判	3-98	離婚—被告たる妻の知らぬ間に離婚の判決—民事訴訟法上原状回復を許すべき場合
	4.25 民1判	3-153	家督相続—承祖相続—第一の塔養子の子と第二の塔養子との先後
	5.19 民2判	3-215	債務引受—限定承認—重疊的債務引受後其債務につき限定承認があった場合
	6.20 刑1判	3-506	不法行為—共同絶交による自由及び名誉権の侵害
	7.9 民3判	3-303	相続—限定承認—単純承認と看做される場合—後見人の行為の被後見人に及ぼす効果—悪意の意義
	8.6 民3決	3-395	廃家—廃家許可の申請と法定代理人の同意
	9.22 民2判	3-429	強制執行—華族世襲財産たる株券の利益配当金差押
	10.15 民3判	3-482	家督相続—被相続人の意思を家督相続人選定の標準とすべきか—事実上の養子の家督相続における地位—親族会決議の実質的不当に対する不服の訴

309

裁判年	裁判月日	集巻-頁	評釈内容
大14	12.2 民1判	3-522	不法行為—殺害者が死者の遺族に対する損害賠償責任—葬式費用を賠償する責任あるか
	2.10 民2判	4-44	親族会—民法第975条の規定に違背する親族会の決議—無効決議に対する取消の訴
	3.9 民1判	4-106	遺産相続—壻養子の遺産相続権
	4.8 民3判	4-151	後見—親族会の決議による後見人の免黜
	5.9 民3判	4-596	家督相続人の廃除—「正当ノ理由」についての親族会の同意と訴訟提起との前後
	6.9 刑1判	4-378	無主物先占—占有に必要なる管理可能性と排他性
	8.10 民1判	4-442	隠居—懐胎中の女性の隠居—隠居無効か家督相続回復か
	10.3 民3判	4-481	未成年者—人事訴訟の訴訟能力—訴訟代理人の選任と報酬契約
	12.3 民1判	4-578	親族会—遺言による家督相続人の指定とその届出前にされた家督相続人の選定—親族会決議の当然無効と不服の件
	12.8 民2判	4-699	隠居—隠居許可の取消は隠居の取消にならぬ—隠居の取消泣きに戸籍の訂正
	12.26 民3判	4-774	婚姻—民法施行前の両戸主の事実婚
大15(昭元)	1.8 民2決	5-66	親族会—相続人選定のため招集された親族会の存続期間
	2.1 民連判	5-44	不動産取得と登記—不動産譲渡者の相続人による二重譲渡—民法第177条の「第三者」
	3.25 民1判	5-219	債務引受—債務者の意思に反する併存的債務引受
	6.17 民1判	5-468	未成年者—無能力者の身分上の行為—未成年戸主の転籍及び家督相続人の指定と法定代理人の同意—抗告を以て戸籍に関する届出の無効を主張し得るか
	7.17 民3判	5-665	婚姻—夫妻の相互的誠実義務—夫の貞操義務違反は妻に対する不法行為—情婦は共同不法行為者—目的は手段を撰ばず
	7.20 刑1決	5-318	継親子—民法施行前の連子は相続権なし
	8.3 民2決	5-679	遺産相続—相続抛棄のための期間の起算点—相続開始の具体的自覚の要否—法の不知も弁解となり得る
	11.16 民2決	5-750	家督相続—家督相続人不選定許可決定に対する抗告期間—裁判所の許可を条件とする親族会決議—決議の無効と取消
	11.30 民2判	5-822	遺言—特別方式による遺言と立会証人の拇印
	12.9 民1判	5-829	贈与—死因贈与と遺贈の規定—適用か準用か—方式に関する規定の準用なし
	12.20 民1判	5-869	私生子認知—認知無知の訴を起し得べき利害関係人の範囲
昭2	1.31 民1決	6-1	相続—家督相続人選定の時期—選定権者が選定をなさざる場合の親族会招集
	3.22 民2判	6-106	代理—無権代理人が本人を相続したる場合
	4.22 民2判	6-260	住所—親権者と別居する幼児の住所—庶子と嫡母と実母との関係
	5.4 民3決	6-219	不動産上の権利の取得と登記—遺言による廃除の遡及効—民法第177条の第三者
	5.27 民2判	6-307	物—遺骸に対する所有権は抛棄し得ぬ
	7.7 民1判	6-443	養子—自己の摘出子を養子と為すこと

裁判年	裁判月日	集巻-頁	評釈内容
昭2	10.8 民3判	6-515	遺産相続—民法施行前婚姻に因りて他家に入りたる者の遺産相続権喪失—民法施行後の離婚復籍に因る遺産相続権の回復
	11.2 民4判	6-585	廃家—廃家届に随伴入籍者の記載を脱したことは廃家を無効とするか—随伴入籍は当然に行なわれるか
	12.27 民2判	6-734	法律の土地的効力—借地法施行の地区と行政区劃の変更
昭3	1.30 民1判	7-12	私生子—私生子の母は認知をしなくとも扶養義務がある—私生子扶養の事務管理
	2.29 民4判	7-89	親権—養子に対する親権者—養母と養父とが養子と同じ家に在る場合
	4.28 民4判	7-239	夫婦—後見—夫が未成年の妻に代わり被告として訴訟行為を為すに親族会の同意を要するか—此場合の夫は後見人か
	5.5 民3判	7-317	養子縁組—「姉妹ノ為ニスル養子縁組」の意義—壻養子縁組たると否との標準は形式か実質か
	5.14 民1決	7-357	親族会—補欠員選定申請を為し得る者
	5.16 民4決	7-370	親族会—親族会決議に代るべき裁判—親族会員の不参集と決議不能
	8.3 刑1判	7-533	不法行為—共同絶交—制裁甘受の国体規約の効力
	9.7 民2判	7-731	養子縁組—法定の推定家督相続人が他家の養子となりたるや無効なりや
	12.11 民2判	7-1045	養子縁組—法定の推定家督相続人たる壻養子の代襲相続人たる男子と男養子
昭4	1.22 民2判	8-6	遺産相続—代襲相続—民法第995条中「遺産相続人タルベキ者」の意義
	3.9 民3決	8-106	親権—家督相続の承認
	4.2 民2判	8-237	時効—相続—相続回復請求権の消滅時効の当事者
	5.18 民4判	8-494	養子縁組—民法第841条第1項違反の縁組は無効か取消か
	5.24 民2判	8-543	家—本家分家—本家分家は家系関係か交際関係か
	6.22 民3判	8-618	相続—遺留分—相続開始1年前の贈与
	7.4 民1判	8-686	親子関係—養子縁組届に私生子認知の効果を有せしめ得るか
	9.25 民3判	8-763	嫡出子確認の訴は父母を相手方とする必要的共同訴訟
	10.8 民2決	8-853	婚姻—入籍—民法施行前の母の婚姻
昭5	1.28 民2判	9-22	親族会—親族会員の免黜—民法第908条第8号の注意
	2.21 民2判	9-184	養子—離縁—民法施行前における戸主の離縁
	3.8 民4判	9-240	親族会—決議無効確認の訴の原告—家督相続人選定決議につき被相続人の親族より無効の訴を起し得るか
	4.26 民4判	9-427	相続の承認抛棄—限定承認又は抛棄後の遺産処分が常に民法第1024条の効果を生ずるか—同条第1号と第3号との関係
	6.16 民1判	9-550	遺言—遺言執行中の相続人の財産処分—民法第1115条違反の行為は無効か
	6.28 民4決	9-640	相続—相続財産法人に対する訴訟と特別代理人—立法者の意思と法規の解釈
	9.12 民2判	9-906	親族会—家督相続人選定の為の親族会は決議を為すによって当然解散
	9.30 民2決	9-926	婚姻—夫婦同居義務と間接強制

311

裁判年	裁判月日	集巻－頁	評釈内容
昭5	12.4 民1決	9－1118	相続―数人の遺産相続人と債務の分割承継
	12.23 刑4判	9－949	親権―戸籍―事実上の父―戸籍上の父
昭6	3.9 民1判	10－108	親権―双方代理―未成年者と親権者との法律行為―民法第888条違反行為の効力
	5.20 民4判	10－344	養子―離縁後の再度の縁組は離縁前の相続法上の地位を回復せぬ
	5.22 民2判	10－384	家督相続―分家を廃して本家に復籍した者の相続順位―戸主の同意を得ざる婚姻のために離籍された者の子の地位
	6.27 民4判	10－486	親権―他家の家督相続人に選定せられたる未成年者の相続届出前の親権者
	7.31 民2判	10－623	法定の推定家督相続人たる女子の婚姻―民法第744条違反の婚姻届の効力
	10.21 民4決	10－921	調停―競買手続は調停開始によって中止されぬ
	11.13 民2判	10－1022	私生子―認知請求権抛棄は無効
	11.24 民5判	10－1103	親権―双方代理―「利益相反スル行為」の意義
	12.23 民3決	10－1282	養子縁組―継親子間に於て為され得るか
昭7	2.16 民5判	11－138	民法第195条の意義―「家畜外の動物」―「善意」―本権の訴と占有の訴
	3.16 民4判	11－300	親族会―家督相続人選定の為の親族会―期日の徒過と其後の召集
	4.19 民5決	11－756	親族会―親族会員補缺申請却下に対する抗告
	5.10 民5判	11－920	夫権―表見代理―妻の財産の管理と夫の代理権―夫の権限超越と民法第110条の適用
	6.2 民1判	11－1099	相続―限定承認―限定承認者に相続債務の支払を命ずる判決の様式
	7.8 民2判	11－1525	婚姻―婚約不履行に基づく慰藉料額の量定
	10.6 民1判	11－2023	不法行為―死者の内縁の妻と未認知胎児の損害賠償請求権―民法第709条の「権利」の意義―胎児のための和解契約
	12.23 民1判	11－2513	養子―壻養子の家督相続順位―代襲相続人が女子たる場合に男養子と為し得るか
昭8	2.2 民1判	12－99	親族会―決議無効の訴の法律上の利益―継母たる親族者の免黜―継母と後見規定の準用
	4.14 民5判	12－616	時効―消滅時効中断のための催告後の出訴期間―郵便配達証明書の日附印の意義
	6.13 民2判	12－1586	立木―立木所有権存続期間の特約の効力
	6.20 民2判	12－1543	親族会―決議不服の訴の提起者たる後見人の資格喪失
	7.5 民4判	12－2191	代位弁済―「代位を為すべき者」の保護―「懈怠に因る担保喪失」の意義
	7.7 民5判	12－1873	離婚―家督相続―離婚復籍者の実家における身分と家督相続順位
	8.29 民5決	12－2120	親族会―親族会事件の管轄―抗告権者
	9.29 民5決	12－2443	代位弁済―担保物の価値下落と保証人の免責―債権者の保証人に対する信義誠実
	12.26 民2判	12－2966	債権者取消権―特定不動産の二重譲渡は詐害行為となるか
	12.28 民1判	12－3008	寺院の財産―官庁の許可の趣旨に反する寺有土地の処分は無効
昭9	1.23 民5判	13－47	親権―事実上他家に在る未成年の子に対し現在同戸籍にある父が親権者なりや―もし然らずとせば誰が訴訟代理人たるべきか

資料　穂積重遠の判例研究一覧

裁判年	裁判月日	集巻－頁	評釈内容
昭9	4.20 民2判	13-542	隠居―隠居者に対する債権者の請求―隠居者が婿養子離縁離婚に因り其家を去りたる場合
	4.24 民5判	13-613	離籍―離籍無効と家督相続
	7.10 民2判	13-1341	公正証書に依る遺言の方式―口授とは何か
	7.11 民3判	13-1361	私生子認知―認知者及被認知者双方の死亡後は認知無効の訴を提起し得ず
	9.10 民1判	13-1777	代理―無権代理人が本人を相続したる場合―破産管財人の地位
	11.27 民5判	13-2090	期間―1月1日は民事訴訟法上の「一般ノ休日」なりや
昭10	2.25 民1判	14-226	不動産登記―未成年者の単独申請に基づく登記の効力―民法888条違反行為の効力
	4.26 民2判	14-1146	養子―民法施行前の養子縁組―養嗣子には指定届出を要す―長女のための塔養子―民法施行法第68条の法意
	6.7 民2判	14-1057	遺言―遺言による家督相続人指定とその届出―遺言執行の遅延と遺言の効力
	8.8 民1判	14-1541	債権の準占有者に対する弁済―代理人は準占有者たり得るか―弁済者の喪失
	10.5 民3判	14-1965	所有権―侵害除去の請求が権利の濫用となる場合
	10.31 民1判	14-1805	私生子―禁治産者に対して認知を請求し得るか―後見人を相手方となし得るか
	12.18 民3判	14-2084	相続―限定承認と相続開始後の賃支払義務
昭11	2.27 民1判	15-249	消費寄託―郵便貯金払戻と局員の注意義務―預金者に対する預金の払戻
	4.14 民2判	15-769	相続―塔養子の家督相続順位―後生の庶男子との優劣
	7.28 民2決	15-1539	嫡出子の確定と否認―父の死後の親子関係確定―其場合の訴訟の相手方は検事
	11.27 民2判	15-2110	賃貸借―賃貸家屋所有権の移転と敷金の引継
昭12	1.20 民4判	16-63	後見人又は親族会員の適格―民法第908条第8号は欠格事由か免黜事由か
	3.2 民2判	16-193	親権―親権喪失原因存否の判断―親権喪失原因としての不行跡
	4.8 民1判	16-418	戸主権―居所指定並に離籍権の濫用―内縁の妻に対する居所指定―法律上の夫婦にして事実上の夫婦にあらざる関係―事実上の協議離婚
	5.26 民4判	16-891	後見―親族会―訴訟に因る後見人又は親族会員の欠格
	6.9 民4決	16-771	養子縁組予約―予約破棄の場合にいかなる損害賠償を請求しうるか―積極的損害のみにして消極的損害に及ばず
	7.23 民5判	16-1257	法律の適用―法律事務取扱取締法の注意
	8.3 民5判	16-1329	本家分家の意義―親族会招集の通知
	12.10 民2判	16-1783	養子離縁原因としての悪意の遺棄
昭13	3.9 民4判	17-378	親権―意思能力を有する子については幼児引渡請求にあらずして居所指定
	3.24 民1判	17-499	養子―離縁原因としての悪意の遺棄―離婚の訴と離縁の訴との併合と附帯
	6.11 民4判	17-1249	弁済―供託―金額の僅少不足と弁済の提供及び供託の効力―信義誠実の原則 競買―競落許可決定確定後の債務弁済

313

裁判年	裁判月日	集巻-頁	評釈内容
昭13	9.6 民5判	17-1721	遺産相続―承祖相続―「相続開始前」の意義―遺言による廃除の遡及効
	12.26 民1判	17-2541	養子―民法施行前の養子の施行後における家督相続―養嗣子と単純養子―民法施行法第68条には遡及効なし
昭14	3.7 刑3決	18-93	物―遺骸の民法関係―火葬後の遺灰中に残存する金歯屑の所有権
	10.26 民1決	18-1216	親族会―無能力者の為の親族会―未成年者が父の親権に服するに至りたる場合の従来の親族会
昭15	9.20 民5判	19-1596	嫡出子の意義―嫡出子否認の訴と親子関係不存在確認の訴―判旨と傍論
	12.6 民5判	19-2182	養子縁組の無効―養子縁組無効の抗弁
昭16	2.3 民1判	20-70	離婚―強制執行回避を目的とする協議離婚届
	10.15 民4決	20-1303	分家の場合の随伴入籍同意の委託と同意者死後の分家届出
昭17	1.17 民3判	21-14	認知者の死亡後認知無効の訴を提起し得るか
	5.7 民1判	21-513	民法施行後の遺言養子
	8.27 民1判	21-882	離縁の効果―離縁復籍者と代襲相続人たる地位
昭18	7.12 民3判	22-620	子の親に対する訴は道義に反し許すべからざる場合がある―信義誠実の原則

参考文献

I 資 料

1 未刊行資料

- Louis Bridel Professeur de droit décédé le 23 mars, in: Biographies Genevoises, Bd. 68, 1913 (Bibliothèque publique et universitaire, Genève).
- Lettre de L. Bridel, in: Correspondance d'Eugen Huber avec la suisse romande (BAR Dfm-Erfassung/ ZAP Repertorium J1. 109 (-): Huber Eugen (1849-1923), 2. F Allgemeine Korrespondenz, 429 Bridel Louis (1852-1913)) (Schweizerisches Bundesarchiv, Bern).
- Korrespondenz an E. Huber von Shigeto Hozumi (BAR Dfm-Erfassung/ ZAP Repertorium J1. 109 (-): Huber Eugen (1849-1923), Archivnr. 437, Hozumi S, Bd. 149) (Schweizerisches Bundesarchiv, Bern).
- Korrespondenz an E. Huber von Yoshio Yusa (BAR Dfm-Erfassung/ ZAP Repertorium J1. 109 (-): Huber Eugen (1849-1923), Archivnr. 451, Yusa Y, Bd. 163) (Schweizerisches Bundesarchiv, Bern).
- Korrespondenz an E. Huber von Hideo Hatoyama (BAR Dfm-Erfassung/ ZAP Repertorium J1. 109 (-): Huber Eugen (1849-1923), Archivnr. 435, Yusa Y, Bd. 147) (Schweizerisches Bundesarchiv, Bern).

- 東京大学傭外国人教師関係書類・講師履歴書（東京大学総合図書館蔵（稿本））
- 公文録明治8年6月 司法省伺「裁判事務心得方御達ノ儀伺」（公01627100（マイクロフィルム）、国立公文書館
- 『太政官職員録』（明治7年12月5日改正）（国立公文書館蔵、マイクロフィルム）
- 『司法省職員一覧表』（明治7年5月20日）（国立公文書館蔵、マイクロフィルム）
- 内閣官報局『職員録（甲）（明治21年12月10日現在）』（国立公文書館蔵、マイクロフィルム）
- 内閣官報局『職員録（甲）（明治23年12月10日現在）』（国立公文書館蔵、マイクロフィルム）
- 『訴訟法原案　完』（XB 500 S 3-1）（法務図書館所蔵、マイクロフィルム）
- 『訴訟法規則修正案』（XB 500 S 6-1）（法務図書館所蔵、マイクロフィルム）
- 『訴訟法草案　完』（XB 500 S 13-1, T 1-6）（法務図書館所蔵、マイクロフィルム）
- 『哲憑氏訴訟規則翻訳原案修正　完』（XB 500 T 1-5）（法務図書館所蔵、マイクロフィルム）
- 『テヒャウ氏 訴訟規則修正原案』（XB 500 T 1-7）（法務図書館所蔵、マイクロフィルム）

2　刊行資料

(1)　事典・人名録

- Bridel, in: Recueil de Généalogies Vaudoises, Tome Ier. Société vaudoise de Généalogie, Lausanne, 1923.
- Liste des membres de la société des législations comparées, in: Bulletin de la société des législations comparées, Paris, 1897-1901.
- S. Kurita, in: Who's who in Japan?, Who's who in Japan office, 1913.

- 稲村徹元他編『大正過去帳』（東京美術、1973 年）
- 上田正昭監修『日本人名大辞典』（講談社、2001 年）
- クラインハイヤー・シュレーダー編、小林孝輔監訳、『ドイツ法学者事典』（学陽書房、1983 年）
- 新潮社辞典編集部『新潮日本人名辞典』（1991 年）
- 武内博編著『来日西洋人名事典』（日外アソシエーツ、1983 年）
- 武内博編著『来日西洋人名事典』（日外アソシエーツ、1995 年（増補改訂普及版））
- 手塚晃・国立教育会館編『幕末明治海外渡航者総覧』（柏書房、1992 年）
- 栃木県歴史人物事典編纂委員会『栃木県歴史人物事典』（1995 年）
- 富田仁編『海を越えた日本人名事典』（日外アソシエーツ、2005 年）
- 秦郁彦『日本官僚制総合事典』（東京大学出版会、2001 年）
- 『議会制度百年史　衆議院議員名鑑』（大蔵省印刷局、1990 年）
- 『議会制度百年史　貴族院・参議院議員名鑑』（大蔵省印刷局、1990 年）
- 『明治人名辞典Ⅱ下巻』（日本図書センター、1993 年（第 3 版））
- 「明治文化に寄興せる歐米人の略歴」（『明治文化発祥記念誌』1924 年）

(2)　日記・回顧録・座談会等

- 岩野徹・鈴木忠一・西村宏一・毛利野富治郎「ある裁判官の歩み─岩松三郎氏に聞(1)～(6)」（『法律時報』第 38 巻第 10・11・12・13 号、第 39 巻第 1・2 号、1966・1967 年）
- 大久保利通『大久保利通日記（第 2 巻）』（北泉社、1997 年）
- 尾崎三良『尾崎三良自叙略伝』（中央公論社、1976 年）
- 片山哲『回顧と展望』（福村出版、1967 年）
- 金井圓、吉見周子編著『我が父はお雇い外国人』（合同出版、1978 年）
- 田中阿歌麿「ブリデル先生とモーレー先生の思出」（『明治文化発祥記念誌』大日本文明協会、1924 年）
- 日本評論社編集局編『日本の法学』（日本評論社、1950 年）
- 日本法理研究会編『明治初期の裁判を語る』（日本法理研究会、1942 年）
- 平野義太郎・鵜沢聡明・布施辰治・中村哲・磯野誠一「(座談会)明治中期における人権擁護と在野法曹」（『法学志林』第 49 巻第 1 号、1951 年）

・平野義太郎他「柳島セツルメント(1)～(3)」(座談会)(『法律時報』第45巻第7号・8号・9号、1973年)
・穂積重遠『欧米留学日記』(岩波書店、1997年)
・穂積重遠・大森洪太・末弘厳太郎・我妻栄・山田わか・大濱英子・谷野節子「『婦人と法律』(座談会)」(『法律時報』第8巻第4号、1936年)
・穂積仲子・穂積重行・中川善之助「穂積三先生を語る」(座談会)(『書斎の窓』第63・64号、1959年)
・牧野英一「二人の故人―穂積重遠君と梅謙次郎先生」(『法律時報』第24巻第9号、1952年)

(3) 新聞・(学術)雑誌

・社会問題資料研究会『中央法律新報』(東洋文化社、1972年(復刻))
・Jahrbuch der Internationalen Vereinigung für vergleichende Rechtswissenschaft und Volkswirtschaftslehre, Berlin, 1902.
・Mémorial des séances du Grand Conseil, Tome I, contenant les numéros 1 à 22, Genève, 1896.

(4) 判例集・法令集

・翻訳局訳述『仏蘭西法律書』(印刷局印行、1875年)
・司法省調査部『滿洲國民法典(司法資料、第233號)』(1937年)
・『日文新制定滿洲帝國六法』(巖松堂書店、1937年)
・名古屋高等商業學校興亞會編『日本民商法條數對照 滿洲帝國民商法典(日文)』(1940年)

(5) 議事録・草案理由書・コンメンタール等

・Arthur Meier-Hayoz (Hrsg.), Berner Kommentar zum Schweizerischen Zivilrecht, Einleitungsband, Bern, 1966.
・Eugen Huber, Schweizerisches Civilgesetzbuch Erläuterungen zum Vorentwurf der Eidgenössischen Justiz- und Polizeidepartements, Ersten Heft, Bern, 1901.
・H. Oser, Schweizerisches Zivilgesetzbuch vom 10. Dezember 1907, Zürich, 1927.
・Peter Tuor/ Bernhard Schnyder/ Jörg Schmid/ Alexandra Rumo-Jungo, Das schweizerische Zivilgesetzbuch, 13. Aufl, Zürich/ Basel/ Genf, 2009.

・『〔仏語公定訳〕日本帝国民法典並びに立法理由書 第1巻』(信山社、1993年(復刻版))
・『〔仏語公定訳〕日本帝国民法典並びに立法理由書 第4巻』(信山社、1993年(復刻版))
・『ボアソナード氏起稿 再閲修正民法草案註釋第5編』(出版社、出版年不明)

- 『ボアソナード答問録』（法政大学出版局、1978 年）
- 法典質疑会『法典修正案参考書』（明法堂、1898 年）
- 城数馬訳『民法理由書（旧民法）証拠編全』（司法省）
- 法務大臣官房司法法制調査部監修『日本近代立法資料叢書 6』（商事法務研究会、1984 年）
- 法務大臣官房司法法制調査部監修『日本近代立法資料叢書 12』（商事法務研究会、1988 年）
- 法務大臣官房司法法制調査部監修『日本近代立法資料叢書 13』（商事法務研究会、1988 年）
- 法務大臣官房司法法制調査部監修『日本近代立法資料叢書 16』（商事法務研究会、1989 年）
- 法務大臣官房司法法制調査部監修『日本近代立法資料叢書 23』（商事法務研究会、1986 年）
- 法務大臣官房司法法制調査部監修『日本近代立法資料叢書 25』（商事法務研究会、1986 年）
- 法務大臣官房司法法制調査部監修『日本近代立法資料叢書 26』（商事法務研究会、1986 年）
- 小柳春一郎・蕪山嚴編『日本立法資料全集 94（裁判所構成法）』（信山社、2010 年）
- 松本博之・徳田和幸編『日本立法資料全集 191 民事訴訟法〔明治編〕(1)』（信山社、2008 年）
- 松本博之・徳田和幸編『日本立法資料全集 193 民事訴訟法〔明治編〕(3)』（信山社、2008 年）

(6) 判例研究

- 民法判例研究会『判例民法（大正十年度)』（有斐閣、1929 年（1923 年初版））
- 民法判例研究会『判例民法（大正十一年度)』（有斐閣、1932 年（1924 年初版））
- 民事法判例研究会『判例民事法（大正十二年度)』（有斐閣、1925 年）
- 民事法判例研究会『判例民事法（大正十三年度)』（有斐閣、1926 年）
- 民事法判例研究会『判例民事法（大正十四年度)』（有斐閣、1927 年）
- 民事法判例研究会『判例民事法（大正十五年・昭和元年度)』（有斐閣、1928 年）
- 民事法判例研究会『判例民事法（昭和二年度)』（有斐閣、1928 年（1929 年初版））
- 民事法判例研究会『判例民事法（昭和三年度)』（有斐閣、1934 年（1930 年初版））
- 民事法判例研究会『判例民事法（昭和四年度)』（有斐閣、1936 年（1931 年初版））
- 民事法判例研究会『判例民事法（昭和五年度)』（有斐閣、1938 年（1932 年初版））
- 民事法判例研究会『判例民事法（昭和六年度)』（有斐閣、1934 年）
- 民事法判例研究会『判例民事法（昭和七年度)』（有斐閣、1934 年）
- 民事法判例研究会『判例民事法（昭和八年度)』（有斐閣、1937 年）
- 民事法判例研究会『判例民事法（昭和九年度)』（有斐閣、1941 年）
- 民事法判例研究会『判例民事法（昭和十年度)』（有斐閣、1936 年）
- 民事法判例研究会『判例民事法（昭和十一年度)』（有斐閣、1937 年）

- 民事法判例研究会『判例民事法（昭和十二年度）』（有斐閣、1938 年）
- 民事法判例研究会『判例民事法（昭和十三年度）』（有斐閣、1939 年）
- 民事法判例研究会『判例民事法（昭和十四年度）』（有斐閣、1941 年）
- 民事法判例研究会『判例民事法（昭和十五年度）』（有斐閣、1942 年）
- 民事法判例研究会『判例民事法（昭和十六年度）』（有斐閣、1949 年（1944 年初版））
- 民事法判例研究会『判例民事法（昭和十七年度）』（有斐閣、1949 年）
- 民事法判例研究会『判例民事法（昭和十八・十九・二十・二十一年度）』（有斐閣、1973 年（1955 年初版））

(7) 大学史関連

- Université de Genève, Faculté de Droit de 1872 à 1896/ 1896 à 1914.
- Histoire de l'Université de Genève, L'Académie et l'université au XIXe siècle, Genève, Georg & Co., 1934.
- Charles Julliard/ Fernand Aubert, Catalogue des ouvrages, articles et mémoires, Genève, 1909.

- 『東京帝国大学一覧（自明治四十四年至明治四十五年）』（東京帝国大学、1911 年）
- 『東京帝国大学一覧（自大正四年自大正五年）』（東京帝国大学、1916 年）
- 『東京帝国大学一覧（自大正七年至大正八年）』（東京帝国大学、1919 年）
- 『東京大学百年史 通史一』（東京大学出版会、1984 年）
- 『東京大学百年史 資料二』（東京大学出版会、1985 年）
- 『東京大学百年史 資料三』（東京大学出版会、1986 年）
- 『東京大学百年史部局史一』（東京大学出版会、1986 年）
- 明治學會『明治法學臨時増刊第六五號 明治大學校友會員名簿』（1904 年）
- 明治大学歴史資料事務室編『明治大学学則一覧』（1903 年）
- 明治大学歴史編纂資料事務室『校友名簿 自明治三十五年至明治三十七年』（出版年不明）
- 明治大学広報課歴史編纂資料室編『復刻 成立期明治大学関係者略傳』（歴史編纂資料室報告第 6 集、1974 年）
- 明治大学広報課歴史編纂資料室編『復刻明治大学創立関係史料集』（歴史編纂資料室報告第 7 集、1975 年）
- 『明治大学百年史第一巻史料編Ⅰ』（明治大学、1986 年）
- 早稲田大学大学史編纂所『早稲田大学百年史第 2 巻』（早稲田大学出版部、1981 年）
- 早稲田大学大学史編纂所『早稲田大学百年史第 3 巻』（早稲田大学出版部、1987 年）
- 早稲田大学大学史編纂所『早稲田大学百年史第 4 巻』（早稲田大学出版部、1992 年）

(8) 講義録

・磯部四郎講述『民法証拠編講義』(明治法律学校講法会、1891 年)
・梅謙次郎『日本民法証拠編講義』(新青出版、2002 年 (復刻版))
・岸本辰雄講述『法例講義』(講法会、1898 年)
・樋山資之『裁判所構成法講義』(『法学協会雑誌』第 77 号、1890 年)
・瑞西國法律博士ルイ、ブリデル君講述・同國「ジュ子ーヴ」大學法律博士野澤武之助君通譯『明治法律学校卅六年度第 2 學年講義録　法律原論　完　附比較法制學講義』(明治大學出版部講法會出版、1903 年)

(9) その他

・『明治以降裁判統計要覧』(最高裁判所事務総局、1969 年)
・公益財団法人渋沢栄一記念財団渋沢資料館『法学者・穂積陳重と妻・歌子の物語』(2011 年)
・地図資料編纂会『地籍台帳・地籍地図〔東京〕第 3 巻』(柏書房、1989 年)
・林屋礼二・菅原郁夫・林真貴子編著『統計から見た明治期の民事裁判』(信山社、2005 年)
・文献資料刊行会編『明治前期官庁沿革誌集成』第 1 巻 (柏書房、1986 年)

II　研　究

1　単行本

・Louis Bridel, Encyclopédie juridique, Paris/ Lausanne, 1907.
・Louis Bridel, Encyclopédie juridique, 2e éd, Tokio, 1910.
・Nobushige Hozumi, Lectures on the New Japanese Civil Code as Material for the Study of Comparative Jurisprudence, Tokyo, 1912.
・Ivy Williams, The Sources of Law in the Swiss Civil Code, Oxford university press, 1923.
・Max Huber, Schweizer Juristen, Zürich, 1945.
・Martin Krieger, Geschichte Asiens, Band 1, Böhlau, 2003.

・青山道夫『日本家族制度の研究』(厳松堂書店、1947 年)
・浅古弘・伊藤孝夫・植田信廣・神保文夫編『日本法制史』(青林書院、2012 年)
・朝日新聞裁判班編『日本の裁判』(日本評論社、1972 年)
・安部磯雄『地上之理想国瑞西』(日本社會問題名著選、第一出版、1947 年)
・新井勉、蕪山嚴、小柳春一郎著『近代日本司法制度史』(信山社、2011 年)
・有地亨『家族法概論』(法律文化社、2004 年)
・五十嵐清『比較法入門』(日本評論社、1972 年 (改訂版))

参考文献

- 井口茂『裁判例にみる女性の座』（法学書院、1992年）
- 池田真朗『ボワソナードとその民法』（慶應義塾大学出版会、2011年）
- 石井良助編『明治文化史2法制編』（洋々社、1954年）
- 石井良助『日本婚姻法史』（創文社、1977年）
- 石坂音四郎『民法研究第2巻』（有斐閣書房、1913年）
- 石田穣『民法学の基礎』（有斐閣、1976年）
- 磯村哲『社会法学の展開と構造』（日本評論社、1975年）
- 伊藤孝夫『大正デモクラシー期の法と社会』（京都大学学術出版会、2000年）
- 伊藤正己編『外国法と日本法』（岩波書店、1966年）
- 伊藤正己・加藤一郎編『現代法学入門』（有斐閣、2005年（第4版））
- 今村信行『民事訴訟手續 完』（八尾活版所、1894年（再版））
- 岩谷十郎『明治日本の法解釈と法律家』（慶應義塾大学法学研究会、2012年）
- 植木枝盛『植木枝盛集』（岩波書店、1990年）
- 鵜飼信成・福島正夫・川島武宜・辻清明編『日本近代法発達史2』（勁草書房、1958年）
- 鵜飼信成・福島正夫・川島武宜・辻清明編『日本近代法発達史3』（勁草書房、1958年）
- 内田貴『民法改正』（筑摩書房、2011年）
- 宇野哲人『論語新釈』（講談社、2011年）
- 梅謙次郎『民法原理總則編』（明法堂、1904年）
- 梅渓昇『お雇い外国人』（日本経済新聞社、1965年）
- 大木雅夫『異文化の法律家』（有信堂高文社、1992年）
- 大木雅夫『日本人の法観念』（東京大学出版会、1996年）
- 大木雅夫『比較法講義』（東京大学出版会、1998年）
- 大久保泰甫『ボアソナアド』（岩波書店、1977年）
- 太田武男・溜池良夫編『事実婚の比較法的研究』（有斐閣、1986年）
- 大村敦志『民法読解総則編』（有斐閣、2009年）
- 貝瀬幸雄『普遍比較法学の復権—ヨーロッパ民事訴訟法と比較法—』（信山社、2008年）
- 川井健『民法判例と時代思潮』（日本評論社、1981年）
- 川合隆男『戸田貞三』（東信堂、2003年）
- 河上正二『民法総則講義』（日本評論社、2007年）
- 川口由彦『調停の近代』（勁草書房、2011年）
- 川島武宜『科学としての法律学』（弘文堂新社、1967年（新装版））
- 川島武宜『川島武宜著作集第11巻』（岩波書店、1986年）
- 川名兼四郎『日本民法総論』（金刺芳流堂、1912年）
- 北川善太郎『日本法学の歴史と理論』（日本評論社、1968年）
- 久米邦武編著『米欧回覧実記』（博聞社、1878年）
- 黒木三郎監修『世界の家族法』（敬文堂、1991年）
- 慶應義塾『福澤諭吉全集』（岩波書店、1959年）
- 小林直樹・水本浩編『現代日本の法思想』（有斐閣、1976年）
- 笹倉秀夫『法解釈講義』（東京大学出版会、2009年）
- 滋賀秀三『清代中国の法と裁判』（創文社、2009年）
- 四宮和夫『民法総則』（弘文堂、1996年（第4版補正版））

- 島田正郎『清末における近代的法典の編纂』（創文社、1980 年）
- 島田昌和『渋沢栄一』（岩波書店、2011 年）
- 末川博・中川善之助・舟橋諄二・我妻栄編『穂積先生追悼記念集　家族法の諸問題』（有斐閣、1952 年）
- 季武嘉也『大正社会と改造の潮流』（吉川弘文館、2004 年）
- 末弘厳太郎『続民法雑記帳』（日本評論社、1949 年）
- 末弘厳太郎著 戒能通孝改訂『民法講話上巻』（岩波書店、1954 年）
- 末弘嚴太郎『民法雑考』（日本評論社、1932 年）
- 杉山直治郎『法源と解釈』（有斐閣、1969 年）
- 鈴木正裕『近代民事訴訟法史・日本』（有斐閣、2004 年）
- 染野義信『近代的転換における裁判制度』（勁草書房、1988 年）
- 高梨公之『日本婚姻法論』（有斐閣、1958 年）
- 滝沢正『比較法』（三省堂、2009 年）
- 辰巳重範訳・穂積重遠閲『瑞西民法』（法学新報社、1911 年）
- 田中彰『岩倉使節団の歴史的研究』（岩波書店、2002 年）
- 田中彰『岩倉使節団『米欧回覧実記』』（岩波書店、2002 年）
- 田中耕太郎『世界法の理論　第 3 巻』（岩波書店、1948 年（第 4 版））
- 田中耕太郎『法律哲学論集　一』（岩波書店、1942 年（第 2 版））
- ツヴァイゲルト・ケッツ著、大木雅夫訳『比較法概論・原論（上）』（東京大学出版会、1982 年）
- 鄭鍾休『韓国民法典の比較法的研究』（創文社、1989 年）
- 手塚豊『明治史研究雑纂（手塚豊著作集第 10 巻）』（慶應通信、1994 年）
- 利谷信義『家族と国家—家族を動かす法・政策・思想』（筑摩書房、1987 年）
- 富井政章『民法原論』（有斐閣書房、1903 年）
- 富井政章『訂正増補　民法原論　第一巻總論』（有斐閣書房、1920 年）
- 中江兆民著、桑原武夫・島田虔次訳『三酔人経綸問答』（岩波書店、1983 年）
- 中川善之助『身分法の基礎理論』（河出書房、1939 年）
- 中川善之助『日本親族法—昭和 17 年—』（日本評論社、1943 年（1942 年初版））
- 中川善之助『新民法の指標と立案経過の点描』（朝日新聞社、1949 年）
- 中川善之助教授還暦記念家族法体系刊行委員会編『中川善之助教授還暦記念　家族法体系—家族法総論』（有斐閣、1959 年）
- 中川善之助先生追悼現代家族法体系編集委員会『現代家族法体系 2　婚姻・離婚』（有斐閣、1980 年）
- 中川善之助・青山道夫・玉城肇・福島正夫・兼子一・川島武宜編集『相続』（酒井書店、1966 年）
- 中川善之助・青山道夫・玉城肇・福島正夫・兼子一・川島武宜編集『家族』（酒井書店、1974 年）
- 成田龍一『大正デモクラシー』（岩波新書、2007 年）
- 唄孝一『内縁ないし婚姻予約の判例法研究（家族法著作選集(3)）』（日本評論社、1992 年）
- 鳩山秀夫『日本民法總論』（岩波書店、1927 年）
- 林屋礼二『明治期民事裁判の近代化』（東北大学出版会、2006 年）

- 林屋礼二・石井紫郎・青山善充編『明治前期の法と裁判』（信山社、2003 年）
- 原秀成『日本国憲法制定の系譜Ⅲ』（日本評論社、2006 年）
- 広中俊雄『民法綱要第一巻総論』（創文社、1989 年）
- 広中俊雄・星野英一編『民法典の百年Ⅰ』（有斐閣、1998 年）
- 福島正夫『日本資本主義の発達と私法』（東京大学出版会、1988 年）
- 福島正夫・川島武宜編『穂積・末弘両先生とセツルメント』（東京大学セツルメント法律相談部、1963 年）
- 福島正夫・石井哲一・清水誠編『回想の東京帝大セツルメント』（日本評論社、1984 年）
- フリチョフ・ハフト『正義の女神の秤から』（木鐸社、1995 年）
- 星野英一『民法のすすめ』（岩波新書、1998 年）
- 星野通編著『民法典論争資料集』（日本評論社、1969 年）
- 穂積重遠『民法総論』（有斐閣、1921 年）
- 穂積重遠『法律の進化』（有終会、1926 年）
- 穂積重遠『改訂民法總論』（有斐閣、1933 年）
- 穂積重遠『離婚制度の研究』（改造社、1924 年）
- 穂積重遠『共同生活観念の確立』（教化団体連合会、1924 年）
- 穂積重遠『婚姻制度講話』（文化生活研究会、1925 年）
- 穂積重遠『法理学大綱』（岩波書店、1927 年（第 27 版））
- 穂積重遠『民法読本』（日本評論社、1927 年）
- 穂積重遠『法律と道徳の関係』（国民講演協会パンフレット No.81）（国民講演協会、1928 年）
- 穂積重遠『婦人問題講話』（社会教育協会、1930 年）
- 穂積重遠『調停法』（現代法学全集 38）（日本評論社、1931 年）
- 穂積重遠『判例百話』（日本評論社、1932 年）
- 穂積重遠・四宮茂共著『新撰公民教科書』（上・下巻）（三省堂、1932 年）
- 穂積重遠『有閑法学』（日本評論社、1934 年）
- 穂積重遠『民法読本（第 7 版）』（日本評論社、1935 年）
- 穂積重遠・四宮茂共著『新撰女子公民教科書（上・下巻）』（中等学校教科書株式会社、1937 年）
- 穂積重遠述『婦人講座第百篇記念號 家庭と法律の實際』（社会教育協会、1938 年）
- 穂積重遠『続有閑法学』（日本評論社、1940 年）
- 穂積重遠『親族法』（岩波書店、1939 年）
- 穂積重遠『法学通論』（日本評論社、1942 年）
- 穂積重遠編『青年学校教科書指導書（普通学科、本科男子五年制用）』（社会教育協会、1941 年）
- 穂積重遠『相続法』（岩波書店、1946 年）
- 穂積重遠『百万人の法律学』（思索社、1950 年）
- 穂積重遠『新訳論語』（講談社、1990 年）
- 穂積重遠『われらの法―第 1 集 法学―』（信山社、2011 年）
- 穂積重遠『われらの法 第 2 集 民法』（信山社、2011 年）
- 穂積重遠『親族法大意』（岩波書店、1917 年）

- 穂積重遠『法律入門』（宝文館、1952 年（NHK 教養大学））
- 穂積重遠・海野普吉編『家庭の法律百科』（日本評論社、1950 年）
- 穂積重遠先生を偲ぶ会発起人『穂積重遠先生を偲んで　穂積重遠先生御逝去三十周年記念』（1982 年）
- 穂積陳重『法典論』（哲学書院、1890 年）
- 穂積陳重『法窓夜話』（有斐閣、1926 年（第 8 版））
- 穂積陳重『法律進化論第一冊原形論』（岩波書店、1924 年）
- 法學博士梅謙次郎先生述　法學博士富井政章先生述　大学教師ルイ、ブリデル先生述　法學博士井上正一先生述　法學博士穂積陳重先生述『仏蘭西民法百年記念論集』（法理研究會出版、1905 年）
- 堀内節『家事審判制度の研究』（中央大学出版部、1970 年）
- 堀内節『続家事裁判制度の研究』（中央大学出版部、1976 年）
- 牧英正・藤原明久編『日本法制史』（青林書院、2005 年）
- 水本浩・平井一雄編『日本民法学史・各論』（信山社、1997 年）
- 三谷太一郎『大正デモクラシー論』（東京大学出版会、1995 年（新版））
- 宮地正人監修『日本近現代史を読む』（新日本出版社、2010 年）
- 明治大学短期大学史編集委員会編『明治大学専門部女子部・短期大学と女子高等教育』（ドメス出版・2007 年）
- 村上一博『日本近代婚姻法史論』（法律文化社、2003 年）
- 村上一博『日本近代法学の揺籃と明治法律学校』（日本経済評論社、2007 年）
- 森田安一編『スイスと日本─日本におけるスイス受容の諸相─』（刀水書房、2004 年）
- 森田安一編『日本とスイスの交流』（山川出版社、2005 年）
- 山中永之佑編『新・日本近代法論』（法律文化社、2006 年（第 3 版））
- 湯沢雍彦監修『家族と婚姻』（クレス出版、1989 年）
- 湯沢雍彦『明治の結婚　明治の離婚』（角川書店、2005 年）
- 湯沢雍彦『大正期の家族問題』（ミネルヴァ書房、2010 年）
- 柚木馨『滿洲民法讀本』（満州有斐閣、1942 年）
- 柚木馨『滿洲國民法總論〔I〕』（有斐閣、1917 年（再版））
- 依田精一『家族思想と家族法の歴史』（吉川弘文館、2004 年）
- 我妻栄『民法總則』（岩波書店、1930 年）
- 我妻栄『民法總則（民法講義Ⅰ）』（岩波書店、1942 年）
- 我妻栄『民法總則（民法講義Ⅰ）』（岩波書店、1951 年）
- 我妻栄『改正親族・相続法解説』（日本評論社、1949 年）
- 我妻栄『民法研究Ⅸ-2』（有斐閣、2001 年（オンデマンド版））
- 我妻栄『民法研究Ⅶ』（有斐閣、2001 年（オンデマンド版））
- 渡邊昇一監修「渋沢栄一『論語と算盤』の哲学」（一個人編集部編『「論語」の言葉』（『一個人』特別編集）2011 年）

2 論文

- Gustave Boissonade, Les anciennes coutumes du Japon et le nouveau Code civil. À l'occasion d'une double publication de M. John Henry Wigmore, in: Revue française du Japon No. 24, 1893.
- Louis Bridel, Le Futur Code Civil Suisse, 1907.（『法学協会雑誌』第25巻第5号）
- Louis Bridel, Le droit et la justice, 1907.（『法学協会雑誌』第 25 巻第 6 号）
- Louis Bridel, Le Code Civil Suisse (du 10 Décembre 1907), 1908.（『法学協会雑誌』第 26 巻第 12 号）
- Louis Bridel, Le code civil suisse au Japon, Gazette de Lausanne, 20. Janvier, 1912.
- Leo Neuhaus, Das Eugen Huber Archiv im Bundesarchiv in Bern, in: Schweizerische Juristen Zeitung, 15. 12. 1957.
- Oscar Gauye, François Gény est-il le père de l'article 1er, 2e alinéa, du Code civil suisse?, in: Zeitschrift für Schweizerisches Recht, Neue Folge, Band 92, 1973.

- 浅古弘「西欧型裁判の成立（基礎法・特別法講義 XI）」（『法学教室』第 281 号、2004 年）
- 石坂音四郎「婚姻豫約ノ效力」（『法学協会雑誌』第 35 巻第 2 号、1917 年）
- 石坂音四郎「日本法學ノ獨立」（『法学新報』第 23 巻第 1 号、1913 年）
- 磯田進・平野義太郎・戒能通孝・仁井田陞・川島武宜・福島正夫「穂積法学・末弘法学の分析と批判（座談会）」（『法社会学』第 2 号、有斐閣、1952 年）
- 井上正一「仏国民法ノ我国ニ及ホシタル影響」（法理研究会編『仏蘭西民法百年紀年論集』有斐閣、1905 年）
- 石部雅亮「法解釈方法の比較史」（『南山大学ヨーロッパ研究センター報』第 16 号、2010 年）
- 岩谷十郎「日本法の近代法と比較法」（『比較法研究』第 65 号、2003 年）
- 岩野英夫「栗生武夫の法律観について」（『同志社法学』第 49 巻第 5 号、1998 年）
- 梅謙次郎「我新民法ト外國ノ民法」（法典質疑会『法典質疑録（巻之一）』有斐閣、1989 年（復刻版））
- 梅謙次郎「法典ニ關スル話」（『国家学会雑誌』第 34 号、1898 年）
- 大川四郎「スイス民法典第一条第二項の学説史的起源」（森田安一編『スイスの歴史と文化』（刀水書房、1999 年））
- 大川四郎「明治期一日本人留学生の大日本帝国憲法論—野澤武之助（一八六六--一九四一）がジュネーヴ州立大学法学部に提出した博士号請求論文について」（『愛知大学法学部法経論集』第 172 号、2006 年）
- 大河純夫「明治八年太政官布告第一〇三号「裁判事務心得と井上毅（一～三）」（『立命館法学』第 205・206、227、234 号、1989-1994 年）
- 大河純夫「明治前期連帯債務法の構造分析によせて」（『立命館法学』第 271・272 号、2001 年）
- 大木雅夫他「討論（シンポジウム「日本の近代化におよぼした外国法の影響」）」（『比較法学』第 6 巻第 2 号、1971 年）
- 大木雅夫「サレイユとダビッド―現代比較法学の岐路」（『上智法学論集』第 30 巻第 2・3

号合併号、1987 年）
- 大村敦志「婚姻予約有効判決⑴」（『法学教室』第 351 号、2009 年）
- 岡孝「明治民法と梅謙次郎」（『法学志林』第 88 巻第 4 号、1991 年）
- 岡松参太郎「婚姻届出義務ノ不履行」（『法律新聞』第 1006-1009 号、1915 年）
- 岡村司「瑞西民法ニ就キテ」（『京都法学会雑誌』第 7 巻第 9 号、1912 年）
- 岡村司「瑞西民法に於ける妻の地位」（『京都法学会雑誌』第 8 巻第 7 号、1913 年）
- 荻野七重「樋口愛子先生—文化の薫り高い愛情あふれる教育者」（『地域と教育』第 16 号、2008 年）
- 小口彦太「満州国民法典の編纂と我妻栄」（池田温・劉俊文編『日中文化交流史叢書第二巻 法律制度』大修館書店、1997 年）
- 小田穣「帝大法学部の三教授—牧野英一博士・末弘厳太郎博士・穂積重遠博士」（『解放』第 3 巻第 5 号、1921 年）
- 鍛冶良堅「破綻主義離婚のあり方」（『法律論叢』第 68 巻第 3・4・5 合併号、1996 年）
- 片岡優子「原胤昭の生涯とその事業—中央慈善協会における活動を中心として」（『関西学院大学社会学部紀要』第 103 巻、2007 年）
- 勝田有恒「紛争処理法制継受の一断面」（比較法制研究所『ユリスプルデンティア 国際比較法制研究Ⅰ』ミネルヴァ書房、1990 年）
- 嘩道文藝「婚姻豫約ノ効力及ビ婚姻豫約不履行ニ因ル賠償責任ト訴ノ原因」（『京都法学会雑誌』第 12 巻第 4 号、1917 年）
- 川島武宜「穂積重遠先生の家族法学」（青山道夫・武田旦・有地亨・江守五夫・松原治郎編『講座家族 4 婚姻の解消』弘文堂、1974 年）
- 北村一郎「フランス民法典二〇〇年記念とヨーロッパの影」（『ジュリスト』第 1281 号、2004 年）
- 木村誠二郎「瑞西将来ノ民法ニ於ケル婦人ノ地位ヲ論ス」（『法学志林』第 8 号、1900 年）
- 後藤巻則「民法学の方法—末弘法学までの素描」（『独協法学』第 40 号、1995 年）
- 小松隆二「穂積重遠—初代学園長・日本法社会学の先駆者」（『地域と教育』第 3 号、2001 年）
- 佐藤良雄「婚姻予約（内縁）判例小史・序説」（『成城大学経済研究』第 39 号、1972 年）
- 七戸克彦「外国法学説の影響」（『法律時報』第 70 巻第 7 号、1998 年）
- 七戸克彦「『法源』としてのボワソナード民法典」（『法律時報』第 70 巻第 9 号、1998 年）
- 末木孝典「司法省顧問カークウッドと明治政府」（『日本歴史』第 759 号、2011 年）
- 杉山直治郎「洋才和魂の法学者 ボワソナード 盡瘁半生の生涯」（『帝国大学新聞』第 649 号、1936 年）
- 杉山直治郎「『デュギュイ』ノ権利否認論ノ批判」（『法学協会雑誌』第 34 巻第 12 号、1916 年）
- 瀬川信久「末弘厳太郎の民法解釈と法理論」（六本佳平・吉田勇一編『末弘厳太郎と日本の法社会学』東京大学出版会、2007 年）
- 関純恵「穂積重遠の公民教育論」（『奈良女子大学文学部教育文化情報学講座年報』第 3 号、1999 年）
- 高柳賢三「概念法學の没落と新法學の基調」（『中央公論』第 410 号、1922 年）
- 利谷信義「穂積重遠」（潮見俊隆、利谷信義編『日本の法学者』日本評論社、1975 年）

- 富井政章「自由法説ノ價值」(『法学協会雑誌』第 33 巻第 4 号、1915 年)
- 中井晶夫「一八六四年における日瑞外交の開始について」(百年祭委員会『日本スイス外交・文化・通商関係の百年』1964 年)
- 中川善之助「婚姻予約有効判決」(『法学セミナー』1957 年 5 月号)
- 中川善之助「身分法学の父、穂積重遠先生」(『書斎の窓』第 9 号、有斐閣、1954 年)
- 中川善之助「婚姻の儀式(1〜5)」(『法学協会雑誌』第 44 巻第 1・2・4・5・6 号、1926 年)
- 中嶋忠三郎「穂積重遠」(『法曹百年史』法曹公論社、1969 年)
- 中島玉吉「内縁の夫婦に就て」(『法学論叢』第 10 巻第 3 号、1923 年)
- 中島玉吉「婚姻ノ豫約」(『京都法学会雑誌』第 10 巻第 6 号、1923 年)
- 中島玉吉「親族法相続法改正要綱を評す(一)〜(五)」(『法学論叢』第 19 巻第 6 号、第 20 巻第 2・3・4 号、第 21 巻第 2 号、1928〜1929 年)
- 野田良之「明治八年太政官布告第百三号第三条の「条理」についての雑観」(『法学協会百周年記念論文集』1983 年)
- 野田良之「日仏法学交流の回顧と展望」(『日仏法学』、日仏法学会、1972 年)
- 唄孝一・利谷信義『『人事法案』の起草過程とその概要」(星野英一編『私法学の新たな展開』有斐閣、1975 年)
- 深谷格「明治前期の広島裁判所における条理裁判とフランス民法」(『西南学院大学法學論集』第 37 巻第 1 号、2004 年)
- 深谷格「明治前期の熊本裁判所における条理裁判とフランス民法」(『西南学院大学法學論集』第 38 巻第 3・4 合併号、2006 年)
- ルイ・ブリデール述・木村誠次郎訳「有夫ノ婦ノ無能力」(『明法志叢』第 22・23・24 號、明法會、明治 26-27 年)
- ルイ・ブリデル述「法學の理想」(『明治法学』第 15 號、1900 年)
- ブリデル講述、法学士宮本平九郎訳「泰西比較法制論」(『明治法學』第 18 号、43 頁以下、第 20 号 13 頁以下、第 21 号 13 頁以下、第 24 号 29 頁以下、第 27 号 24 頁以下(1901 年))
- 法科大學教師ルイ、ブリデル、法科大學々生安部四郎譯「瑞西民法(千九〇七年十二月十日)」(『法學協會雑誌』第 26 巻第 12 号、1908 年)
- ルイ・ブリデル「婦人ノ地位ノ改良」(『法学志林』第 21 号、1901 年)
- ルイ・ブリデル「婦人の位地」(『早稲田学報』第 54 号、1901 年)
- 穂積重遠「家制論」(『法学協会雑誌』第 27 巻第 1・2 号、1909 年)
- 穂積重遠「最新の親族法」(『法学志林』第 11 巻第 3 号、1909 年)
- 穂積重遠「家産法原理」(『法学志林』第 12 巻第 7 号、1910 年)
- 穂積重遠「婚姻豫約有効判決ノ眞意義」(『法学志林』第 19 巻第 9 号、1917 年)
- 穂積重遠「婚姻豫約有効判決の眞意義」(『法律新聞』第 1323 号、1917 年)
- 穂積重遠「法律婚と事實婚」(同『親族法大意』(初版付録)岩波書店、1917 年)
- 穂積重遠「スイス民法の家制」(『日本社会学院年報』第 6 巻第 1・2・3 号合冊、1918 年)
- 穂積重遠「法律ト道徳」(『法学志林』第 20 巻第 4 号、1918 年)
- 穂積重遠「法律の畫解」(『中央法律新報』第 1 年第 1 号、中央法律相談所、1921 年)
- 穂積重遠「民法施行前の離婚原因(離婚原因論一〜五)」(『法学協会雑誌』第 39 巻第 12

- 号・第 40 巻第 3 号・第 40 巻第 7 号・第 41 巻第 6 号・第 41 巻第 8 号、1921〜1923 年）
- 穂積重遠「裁判の價値」（『法律及政治』創刊号、1922 年）
- 穂積重遠「法律に現はれたる維新の氣分」（中央法律新報社編『新興文化と法律』同人社書店、1922 年）
- 穂積重遠「明治の法律と法律学」（『明治聖徳記念学会紀要』第 19 巻、明治聖徳記念学会、1923 年）
- 穂積重遠「私法に関する事項」（文部省実業学務局編『公民教育講演集 第一輯』文部省校内実業補習教育研究会、1924 年）
- 穂積重遠「法律と裁判（上）（中）（下）」（『朝鮮司法協会雑誌』第 4 巻第 9-11 号、1925 年）
- 穂積重遠「現行民法と個人主義」（『思想問題十五講』日進堂、1926 年）
- 穂積重遠「夫婦と親子」（鉄道夏期大学『鉄道大学講座』1926 年）
- 穂積重遠「男子貞操義務判決の眞意義」（『法学志林』第 29 巻第 7 号、1927 年）
- 穂積重遠「トルコ民法典」（『法学協会雑誌』第 44 巻第 11 号、第 45 巻第 7-9 号、1927 年）
- 穂積重遠「民法改正要綱解説(2)」（『法学協会雑誌』第 46 巻第 5 号、1928 年）
- 穂積重遠「民法改正要綱に於ける婦人の地位」（新生協会編『新社会の基調』日本評論社、1928 年（再版））
- 穂積重遠「家族制度の発達と個人主義」（『朝鮮及満州』第 265 号、1929 年）
- 穂積重遠「口語民法二十箇條」（天野弘一編輯『開業二十年記念論文集』同労舎活版所、1923 年）
- 穂積重遠講演「民法改正と婚姻問題」（『啓明会第 47 回講演集』啓明会、1932 年）
- 穂積重遠「判例法に就て」（『早稲田大學法学部會誌』第 2 号、1933 年）
- 穂積重遠「法律と道徳の交渉」（『丁酉倫理會倫理講演集』第 386 輯、大日本出版、1934 年）
- 穂積重遠「法律と条理」（『丁酉倫理會倫理講演集』第 227 輯、大日本出版、1921 年）
- 穂積重遠「法律生活」（文部省実業学務局編『公民教育講演集第三輯』文部省構内実業補習教育研究会、1930 年）
- 穂積重遠「私法生活」（文部省普通学務局・実業学務局編『最新 公民科資料精説』帝国公民教育会、1931 年）
- 穂積重遠「法律の施行前適用」（『牧野教授還暦祝賀法理論集』有斐閣、1938 年）
- 穂積重遠「エンジェルの原さん」（『厚生問題』第 26 巻第 5 号、社会事業研究所、1942 年）
- 穂積重遠「大学生活四十年」（『法律時報』第 15 巻第 10 号、1943 年）
- 穂積重遠「横田秀雄博士の三判例」（明治大学創立六十周年記念論文集出版部編『創立六十周年記念論文集』明治大学、1940 年）
- 穂積重遠「法律の上に道徳がある」（『公民教育講座』第 1 輯、社会教育協会、1946 年）
- 穂積重遠「民法五十年」（『法律時報』第 20 巻第 1 号、1948 年）
- 穂積重遠「社会事業家としての渋沢さん」（『厚生時報』第 3 巻第 7 号、1948 年）
- 穂積重遠「法律を学んだころ」（『法律時報』第 22 巻第 4 号、1950 年）
- 穂積重遠「論語と裁判」（『国民』第 585 号、社会教育学会、1950 年）
- 穂積重遠「殺親罪是非」（『国民』第 587 号、社会教育学会、1950 年）
- 穂積重遠「信義誠實の原則―道徳と法律と（一九）」（『国民』第 590 号、社会教育学会、1950 年）

・穂積重遠「新民法と社会事業」(『厚生時報』第 3 巻第 1 号、1948 年)
・穂積重遠「婚姻制度」(『社会学及雑篇 (社会問題講座第 4 巻)』新潮社、1927 年)
・穂積重遠・山本有三・岡本一平・久米正雄・菊池寛「穂積博士誌上講演会」(『文藝春秋』第六年第七号、1928 年)
・堀内節「布告・達の謬った番號標記について」(『法学新報』第 91 巻第 5・6・7 号、1984 年)
・牧健二「明治八年民事裁判の原則」(『法学論叢』第 17 巻第 2 号、1927 年)
・牧健二「明治初年に於ける民事裁判の確立」(『史林』第 12 巻第 1 号、1927 年)
・牧健二「御成敗式目と道理の意識」(『法学論叢』第 39 巻第 2 号、1938 年)
・牧野英一「明治の法律と大正の法律」(『龍門雑誌』第 478 号、1928 年)
・松倉耕作「スイス民法典の統一とその特色」(『名城法学』第 23 巻第 2 号、1974 年)
・松倉耕作「オイゲン・フーバー (一八四九-一九二三年) —スイス民法典立法者の横顔」(『名城法学』第 24 巻第 2-3 号、1975 年)
・松倉耕作「Ivy Williams, The Swiss Code, English version Oxford university press, 1925. And The Sources of Law in the Swiss Civil Code, Oxford university press, 1923, Nachdruck 1976, zusammen in 4 Bde.」(『アカデミア 経済経営学編』第 55 号、1977 年)
・松本烝治「民法ノ法源」(『法学志林』第 12 巻第 9 号、1910 年)
・松本暉雄「身分法学者ルイ・ブリデルのフェミニズム—『女性と権利』を中心として」(『法学論集』第 9 巻第 2 号、1960 年)
・水本浩「民法学の転回と新展開-1-大正 10 年〜昭和 20 年の民法学史」(『独協法学』第 40 号、1995 年)
・村上一博「明治初期の裁判基準」(『商経学雑誌』第 11 巻第 1 号、1992 年)
・村上一博「明治期における『条理』裁判とフランス法の影響」(『法律論叢』第 67 巻第 1 号、1994 年)
・村上一博「裁判基準としての『習慣』と民事慣例類集」(『同志社法学』第 49 巻第 5 号、1998 年)
・村上一博「明治大学法学部機関紙の沿革 (三・完)」(『法律志叢』第 76 巻第 1 号、2003 年)
・村上一博「横田秀雄」(明治大学史資料センター編『明治大学小史 (人物編)』学文社、2011 年)
・八木鉄男「20 世紀初頭 (明治後期) の日本の法哲学」(『同志社法学』第 42 巻第 1 号、1990 年)
・八木鉄男「穂積重遠の法と道徳についての見解」(八木鉄男・深田三徳編著『法をめぐる人と思想』ミネルヴァ書房、1991 年)
・山主政幸「穂積重遠」(『法学セミナー』第 52 号、1960 年)
・我妻栄「スイス民法五十年」(『ジュリスト』第 156 号、1958 年)
・我妻栄「穂積重遠の人と学問」(『法学セミナー』第 157 号、1969 年)
・和田啓作「臨時法制審議会の民法改正作業における配偶者相続制度の登場—穂積重遠の配偶者保護構想と法定均分相続制への展開」(『西南学院大学大学院法学研究論集』第 16 号、1998 年)

初出一覧

　本書は、筆者が 2012 年 12 月に慶應義塾大学に提出した博士学位請求論文（「日瑞比較法史論考―明治期から大正期への日本法学の転換」）を加筆・修正したものである。博士論文の提出後、比較法学会学術総会（大陸法部会）、日独法学交渉史研究会、日本近代法史研究会で、本書の内容に関し、報告させていただく機会を得た。また本書の出版にあたり、公益財団法人末延財団より助成を得るに際し、査読者の諸先生方より有益なアドバイスを得た。本書を出版するにあたっては、これらのアドバイス、また博士論文審査の評価（『法学研究』第 86 巻第 11 号（2013 年）171-182 頁）を踏まえ、改稿した。

　また本書は、スイス・ベルン大学修士課程以来取り組んできた研究をまとめたものであり、ここには、既に発表した拙著・拙稿が組み込まれている。初出は以下の通りであるが、その中には部分的に原型をとどめないほどに修正したものもある。

・Louis Adolphe Bridel –Ein schweizer Professor an der juristischen Fakultät der Tokyo Imperial University–, Peter Lang GmbH, Frankfurt am Main, 2010.

・「東京帝国大学スイス人法学教師ルイ・アドルフ・ブリデルの生涯」（『法学政治学論究』第 74 号、2007 年）

・「東京帝国大学スイス人法学教師ルイ・ブリデルの比較法講義とスイス民法典紹介」（『法学政治学論究』第 77 号、2008 年）

・「『条理』の法思想史―明治八年太政官第一〇三号布告論小史」（鈴木秀光・高谷知佳・林真貴子・屋敷二郎編著『法の流通』慈学社、2009 年）

・「『条理』解釈の法史―明治八年太政官第一〇三号布告裁判事務心得第三条の効力とその解釈論的射程」（『法学政治学論究』第 88 号、2011 年）

・「穂積重遠の『条理』解釈―大正 4 年 1 月 26 日大審院民事連合部判決『婚姻予約有効判決』からの一考察」（屋敷二郎編『夫婦』国際書院、2012 年）

・「オイゲン・フーバー宛ルイ・ブリデル書簡（1900-1912 年）」（『法学研究』第 87 巻第 4 号、2014 年）

あとがき

　本書の読者の多くは、私が何故かくも法学分野における「スイス」の位置づけにこだわるのか疑問に思うかもしれない。そこには私自身の20年来にわたるスイスとの繋がりがある。

　スイスとの出会いは予期せぬ形で訪れた。1995年8月、高校生の時、国際ロータリー青少年派遣プログラムの一員に受け入れられ、その派遣先として指定されたのがスイスであった。バーゼルに1年間留学し、現地の高校に通学したり、家族の一員として生活する中で、この国の独特の歴史や文化に魅了された。それと同時に、スイス・日本間の相互理解が未だ十分ではないと強く感じ、将来は両国の架け橋になりたいという強い思いを持つようになった。その後、慶應義塾大学法学部に進学し、そこで法制史という学問に出会う中で、研究の世界で自らのこの目標を追求しようと決意した。本書はその一応の成果をまとめたものということになる。もちろん本書が様々な観点からして不完全なものであることは、私自身、明確に認識しているところであるが、このような小著とはいえ、数多くの恩師たちの導きなしでは到底形にすることはなし得なかった。

　故宮下啓三先生（慶應義塾大学名誉教授）との出会いは、高校時の留学の直前だった。スイスに留学する私のために、知人が宮下先生を紹介してくれたのが始まりだった。その時以来、折に触れ、講演会に誘っていただいたり、研究会や授業への参加を促してくださった。深淵なテーマに軽妙に切り込んでいく先生のお話にふれる中で、スイスへの関心を育むことができた。先生が急逝され、早くも2年が経ってしまった。先生に本書をお見せすることが出来れば、手厳しくも温かいご指導をいただけたのではないかと残念に思っている。

　法制史の世界に私を導いてくださったのは、森征一先生（慶應義塾大学名誉教授）である。周知の通りスイスは、いくつもの異なる民族がひとつの国家を形成しているが、法の歴史的発展という観点からこうしたスイスを捉える姿勢を私に示唆してくださったのが森先生であった。さらに先生のご指導の下、スイス民法の編纂過程について勉強したことも良い思い出である。先生の講義の中で研究の世界の魅力に触れることができ、それが大学院進学を希望するきっかけとなった。

修士課程在学中にスイス・ベルン大学に留学する機会を得た。ブリデルという人物との出会いは、私を喜んで研究室に迎えてくださったピオ・カローニ先生（ベルン大学名誉教授）の示唆によるものである。ブリデル研究を端緒として、社会法史的方法を用いて法の歴史的発展を多角的に捉えようとする先生の研究世界を垣間見させていただいた。また、先生は折にふれ、内発的な知的好奇心を常に保つことの重要性を強調されていた。カローニ先生のもとでの勉学の中で、既存の学問区分にとらわれることなく、むしろ日本のスイス法継受について研究していきたいという思いを強くした。

　私のこうした関心を真正面から受け止めてくださったのが岩谷十郎先生（慶應義塾大学法学部教授）である。先生のご指導により、ブリデルを近代日本法史の文脈に入れ、日本がスイス法を吸収していく過程を厳格に実証していく道が拓けた。また、日瑞比較の対象として条理を取り上げるべきことを示唆してくださったのも岩谷先生である。しかし、先生のご指導はこうした個別的な研究指導の域にとどまるものではない。テーマの選択に始まり、史料に没入しつつも冷静で客観的な視点を忘れない史料の読み方、実証の境界を明確に画した形で文章を書いていくといった研究の基本はもとより、研究者として生きていく心構え、研究の目指すべき方向性などあらゆる点に及ぶものであった。また、分不相応に先を急ごうとしているときには厳しく、落ち込んでいるときには優しく声をかけてくださるなど、先生が常に気にかけてくださったからこそ、研究をここまで続けていくことができた。私は2012年より日本学術振興会特別研究員（RPD）として大木雅夫先生のご指導を受けることになったが、これも岩谷先生のお口添えがあってのことである。

　本書の研究の最後の数年間を大木雅夫先生（上智大学名誉教授）の下で進めることができたことは本当に幸せなことであったと感じている。先生が「からまつの道は、われのみか、ひともかよひぬ」という北原白秋の「落葉松」の一節をひきつつ、研究に行き詰まったり、研究者としての将来に不安を感じている私に、諦めることなく前向きに進むよう励ましてくださったことは一度や二度のことではない。また、先生のご指導の下で、これまでの諸研究を比較法のより大きなパースペクティブの中に入れることが出来るようになった。ただ先生のご指導を本書に十分に取り入れることができたかについては今ひとつ自信がないというのが正直なところである。外国法の継受・受容とはそもそも何であるのかという点については今後も引き続き考えていかねばならない。

　以上の五人の先生方にここで感謝の意を表させていただきたい。

この他にも、本書の刊行にいたるまで、ピオ・カローニ教授のアシスタントの方々、スイス史研究会・法文化学会・法制史学会の諸先生方など、数多くの方々からご支援やご助言をいただいた。失礼ながら一人ひとりお名前をあげることはできないが、この場を借りて御礼を申し上げたい。

　私が落ち着いた環境の中で研究が出来るよう、自らの生活を犠牲にし、惜しみなく協力してくれた家族にもとても感謝している。まもなく9歳の誕生日を迎える娘は、母にもっと甘えたいと思いながらも、私の状況を理解してくれるとともに、私の心の大きな支えとなってくれた。今は良き相談相手にもなってくれている娘に、この場でありがとうの言葉を伝えたい。

　本書を上梓する段階にいたり、改めて読み返してみると、スイスへの思い入れが強いあまり、またスイスの影響について結論を出すことを急ぐあまり、やや強引な議論を展開しているところが目につく。それは特に第二編において顕著である。条理についての研究にあたり当然必要となる、明治以前の日本の法思想、ドイツやフランスをはじめとするさまざまな法学思想などを取り入れることはできなかった。また昭和期についてはそのごく初期以外はほとんど論じることができなかった。また大正期についてもすべてを総覧するような研究にはほど遠いことは自覚している。また第一編で扱うべき人物も他にいないわけではない。さらに大正期日本法学の有り様についても自らの定見をもって本書に取り組めたわけではない。こうした点については別稿で補っていきたい。また、本書は私が修士論文以来発表してきた論文をとりまとめたものである。今回の出版にあたり全体的に改稿しているが、表現や表記を完全に統一させることはできなかった。読者諸兄のご宥恕を願うとともに、今後も諸先生方にご指導をいただければと願っている。

　刊行にあたっては、公益財団法人末延財団より平成26年度出版刊行助成をいただいた。また本書の研究は、平成26年度科学研究費補助金（特別研究員奨励費）の成果の一部であることを付記しておく。最後になったが、出版助成の申請から入稿・校正にいたるまで、未熟な私にさまざまな形でアドバイスをくださった慶應義塾大学出版会の岡田智武氏に心から御礼を申し上げたい。

2015年2月

小沢奈々

事項索引

あ行

悪法 …………………… 248, 249, 285, 301
アメリカ法 ……………………… 51, 175
家財団 ………………………………… 112
家制度 …………………………… 110, 290
イギリス法 ………………… 51, 117, 168
岩倉使節団 …………………………… 1
引照標準 ………………… 163, 252, 269
宇奈月温泉事件 …………………… 295
エクイティ ………………………… 248
『大久保利通日記』 ……………… 157
大阪アルカリ株式会社事件 …… 295
お雇い外国人 ………………………… 24
『御雇外国人教師関係書類』 … 26, 31

か行

外国の法理 …………………… 162, 168
外国法 ……………… 45, 162, 269, 277
　──の「自覚的摂取」 ………… 280
外国法摂取 ………………………… 279
改正 ……………… 43, 44, 48, 52, 98, 118, 211
改定律令 …………………………… 162
概念法学 ……………………… 89, 197
科学的自由探究説（ジェニー説）
　………………… 144, 219, 221, 224, 226, 227
学説 ………………………………… 147
学説継受 ……………………… 277, 279
閣令 ………………………………… 173
家産 ………………………………… 112
家産共有 …………………………… 112
家産制度 …………………… 109, 110
家事審判所 ……… 91, 252, 255, 297, 305

家族主義 …………………………… 98
家族制度 …………………… 109, 276
家族的共同生活 …………………… 110
家族法 …………… 48, 49, 52, 53, 81, 83, 85, 89, 96, 104, 118, 233
家宅 ………………………………… 112
「仮託条理」 ……………………… 266
家長 ………………………………… 111
家長権 ……………………………… 110
家庭裁判所 ………………………… 305
家督相続 …………………………… 111
勧解 ………………………… 158, 187, 188
韓国 ………………………………… 49
慣習 …………………… 155, 156, 162, 197
姦通 ………………………………… 290
カントン法 …………………… 4, 273
儀式婚主義 ………………………… 235
義務の道徳化 ……………………… 293
義務本位 …………………… 284, 285
旧法例 ……………………… 181, 182, 186
旧民法 …………… 162, 163, 178, 180, 185, 195, 196, 235
「旧民法証拠編講義」 …………… 180
行政裁判所 ………………………… 187
共同生活 …………………… 283, 286
共同生活観念 ……………………… 112
共同生活（社会）本位 … 112, 113, 117
去家 ………………………………… 237
形式婚主義 ………………………… 254
芸娼妓解放令 ……………………… 155
「現行ノ法令」 …………………… 172, 173
「権利の濫用は権利にあらず」 … 295
権利本位 …………………… 284, 285
権利濫用禁止の原則

事項・人名索引

.... 115, 116, 118, 289, 292, 295
梧陰文庫 157
公権力 246, 286
工場法 262
控訴上告手続 152, 173, 187
公道 179
公文式 172, 173
公文録 153
衡平法 155, 156
公民教育 93, 263
公民教科書 93, 263
小作調停法 305
戸主 111
戸主制度 290
個人自覚時代 285, 298
個人の自覚 284
国家法万能主義 269
言葉の民衆化 116
婚姻
　——の解消 105
　——の効果 30
　——の成立 234, 235, 238, 253
　——の即日届出 263
婚姻届 262
婚姻法 43
婚姻予約 240
婚姻予約不履行 240
婚姻予約有効判決
　................... 233, 238, 241, 249, 253, 259
「婚姻豫約有効判決ノ眞意義」......... 213, 240

さ行

裁判事務心得 151, 187, 188, 193
　——の「固有法説」..................... 154, 155
　——の「西欧法承継説」.............. 154, 155
裁判事務心得第3条 10, 11, 115, 143,
　　144, 152, 176, 185, 205, 242, 248, 251, 257-259
　——の「現代的再生」..................... 227
　——の「再自覚」................. 11, 144, 148,

　　200, 220-222, 224, 276
　——の「忘却」............ 11, 144, 148, 197, 220
裁判所 244, 247
　——の立法行為 242
裁判所構成法 169, 174, 187, 188
裁判離婚 105
自覚的義務本位 284
試婚 235
事実婚 235, 236, 241
事実婚主義 240, 253, 254
自然法 154, 167, 203, 207,
　　214, 215, 224-226, 243, 246
「實質的ニ家族主義」............ 98, 112, 115, 117
児童虐待防止法 83
事物自然の道理（Natur der Sache）....... 142
事物の本性（Natur der Sache）........... 246
司法省 154, 159, 161, 162, 175, 176
司法省丁第1号達（明治12年）........ 161, 187
司法省丁第9号達（明治12年）
　... 161, 185, 187
司法省丁第46号達（明治10年）......... 234
市民法学 89, 260
社会学的研究 86
社会学的法律学 86, 270
「社会」から「法律」への歩み寄り 91, 262
社会教育 86, 93
社会教育協会 84
社会自覚時代 117, 285, 289, 298
社会事業 86, 93, 306
社会的協同 113
社会的自覚 284
社会法学 276
社会本位 284, 285, 293
社会力 246, 286
借地借家調停法 304
自由解釈 233, 257, 275
「習慣」 159, 161, 185
自由裁量 209, 210, 224, 225, 244, 247
自由発見の立法的公認 218
自由法学 198, 203, 221

337

自由法説 …… 209
自由法派 …… 208
自由法論 …… 207, 212, 218, 227, 243, 244, 271, 276
自由民権運動 …… 2
儒教 …… 297
ジュネーヴ州議会 …… 31
ジュネーヴ大学 …… 30, 32, 68
「純粋条理」 …… 266
消極的法律万能主義 …… 300
小国主義 …… 2
商事調停法 …… 305
情理 …… 154, 164, 165, 245
条理 …… 10, 90, 115, 142, 179, 194, 233, 245
条理裁判 …… 90, 162, 188, 194, 215, 222, 227, 233, 241, 242, 247, 248, 253, 255, 257, 259
昭和22年改正民法 …… 118, 290, 292, 295
女子教育 …… 306
白地規定 …… 258
信義誠実の原則 …… 115, 118, 289, 292, 293
信玄公旗掛松事件 …… 295
清国 …… 49, 50
新自然法 …… 198, 212, 215, 221, 222, 227, 270, 271
人事法案 …… 254, 255, 274
『信託法提要』 …… 104
新律綱領 …… 154, 162
スイス債務法 …… 4, 273
スイス法 …… 45, 98, 227, 271
『瑞西民法』 …… 96, 100, 200, 276
スイス民法（ZGB） …… 5, 7, 24, 38, 39, 41, 42, 46, 51, 52, 81, 96, 97, 104, 110, 116, 198, 199, 223, 225, 273, 277
スイス民法第1条 …… 6, 10, 115, 118, 143-145, 199, 205, 218, 233, 242, 244, 251, 256, 258, 259, 271, 275, 276
スイス民法典第一予備草案 …… 30
スイス連邦公文書館（Schweizerisches Bundesarchiv） …… 26, 82
筋合 …… 245, 249, 252

精神病離婚 …… 105, 107, 118
政体取調掛 …… 153, 157
成文法 …… 155, 185, 295
成文法主義 …… 163, 248, 269
性法 …… 155, 198
性法講義 …… 162, 166
世界法 …… 221, 227, 270
積極的法律万能主義 …… 300
先覚立法 …… 223, 259
相対的離婚原因 …… 107
尊属傷害致死被告事件 …… 84, 291

た行

「第一次発見」 …… 219
「第二次発見」 …… 219
第一高等学校 …… 37, 82
「第一段の社会生活規範」 …… 245, 246, 286
大審院 …… 152, 166
大審院諸裁判所職制章程 …… 152, 173, 187
泰西比較法法論 …… 42
「第二段の社会生活規範」 …… 245, 246, 286
大日本帝国憲法 …… 172, 187
太政官 …… 153, 175
太政官第209号達（明治8年） …… 234, 235
太政官布告 …… 162
断行派 …… 193, 195
男子貞操義務判決 …… 126, 250, 266
『中央法律新報』 …… 94
中央法律相談所 …… 94
中華民国 …… 50, 51
中国 …… 49-51, 76
中国律 …… 154, 219
註釈学派 …… 203, 226
チューリッヒ私法法典 …… 5
調査要目 …… 91, 253, 256, 289
調停 …… 91, 252, 296
長男子相続 …… 111
妻の無能力 …… 44
貞操義務 …… 250, 251, 290

338

事項・人名索引

「テヒヤウ氏訴訟規則修正原案」………175, 176
「テヒョー草案」………………………………177
ドイツ法………………………45, 98, 197, 277
独逸法
　──（講義）………………………37, 42, 96
　──（専攻）………………………37, 46, 273
ドイツ民法…………………5, 46, 51, 110, 144
東京家庭学園………………………………84
東京専門学校…………………………38, 68
東京帝国大学………………31, 36, 37, 82, 273
東京帝国大学セツルメント………………84, 93
東宮太夫……………………………………84
道徳…………………………………………265
道徳法律合一論……………………………288
道徳法律分離論……………………………288
道理………………………155, 215, 245, 249, 252
徳治…………………………………………297

な行

内縁………………………………213, 253, 259, 262
内閣官報局……………………………………171, 172
ナポレオン法典………………………………203
日瑞修好通商条約……………………………1
日本法……………………………201, 221, 269
日本法学………………………45, 201, 270, 277, 280

は行

廃家…………………………………………237
パンデクテン式……………………………197
判例………………………………147, 206, 270
判例研究…………87, 90, 201, 233, 241, 247, 252
判例法……………………………90, 215, 227,
　242, 247, 248, 252, 253, 295
判例法学……………………………………276
判例法主義…………………………………248
比較親族法……………………………………41
比較相続法……………………………………33
比較法……………………………34, 43, 53, 220

比較法学……………………………201, 276
比較法制学……………………………43, 45
比較立法協会………………………31, 45, 66
「人ノ人タル所以ハ人ト人トノ結合ニ在リ」
　…………………………………………112, 282
不応為……………………………………154, 219
「符号条理」………………………………266
婦人
　──の地位……………………………109
　──の法律上の権利……………………276
　──の法律上の地位……………31, 38, 41
婦人問題……………………………86, 99
父母共同親権………………………108, 109, 118
父母の同意…………………………………289
扶養義務…………………………………110
フランス法………34, 45, 98, 175, 178, 203, 221
仏蘭西法
　──（講義）………………………36, 40
　──（専攻）………………………46, 273
『仏蘭西法律書』………………………162, 195
フランス民法……………46, 51, 110, 162, 165
ブリデル・フーバー書簡……………………26
法（教）育…………………………………92
法解釈方法論………………………………274
法源…………………………90, 206, 208, 210
法社会学……………………………………201
法政大学………………………………………76
法創造………………………………147, 198, 218,
　227, 246, 252, 255, 269-271, 277
法治…………………………………………297
法典調査会………………………………4, 84
法典の無欠缺性……………………………207
法典万能……………………………203, 226
法典編纂……………………………46, 49, 84
法の継受………………………………………7
法の欠缺……………………………6, 198, 203,
　208, 213, 241, 249, 251, 259, 269, 270
法の自由探究………………………………220
法の自由発見………………………………219
法の不在……………………………269, 270

339

法理学	42
法理研究会	38, 198, 274, 276
法律	173
「法律」から「社会」への歩み寄り	90, 241
法律原論	43
『法律原論 完 附比較法制學講義』	40, 72
法律婚主義	234, 240, 253
法律実証主義	197
法律社会学	86
法律進化論	113, 281, 297
『法律進化論』	117, 218, 281, 287
「法律」と「社会」の乖離	88, 118, 241
法律と道徳	285, 286, 295, 306
——との分界	306
「法律ニ關スル話」	193
「法律の上に道徳がある」	288, 290, 292
法律の欠缺	210, 241, 243, 247
法律の社会化・民衆化	94, 129
法律の道徳化	115, 288, 292, 306
「法律は最小限度の道徳」	288
法律万能	243, 285, 292, 297, 300
法律文の口語化	116
法律文の平易化	116
法例	181, 184-186, 194, 197
「法令改癈表」	169
『法令全書』	169, 171, 172, 174, 188
ホームステッド	112
穂積私案	91, 110, 113, 274

ま行

満州国司法部審核	83
満州国民法	233, 117, 258
「民事訴訟手続」	175, 176, 185
民事訴訟法	168, 169, 175, 185
民事調停法	143, 252
民事判例研究会	87
民主共和制	2, 50
民法及商法施行延期法律案	84
民法改正	90, 241, 253, 259

民法改正要綱	91, 254, 274, 305
民法主査会	184, 196
民法施行法	210, 215
民法典論争	84, 178, 195
「民法理由書」	179
明治大学専門部女子部	84, 92
明治法律学校	37, 38, 42, 45, 68, 200
明治民法	3, 23, 44, 46, 52, 76, 144, 193, 196, 197, 235, 236, 238, 241, 254, 257, 285
命令	173

や行

『傭外国人教師・講師履歴書』	26, 28

ら行

臨時法制審議会	81, 83, 91, 97, 99, 109, 110, 113, 114, 117, 233, 253, 256, 274, 275, 289, 297, 305
類推解釈	197, 207, 215
類推適用	208
労働争議調停法	305
ロシア法	51
論語	306
論理解釈	208, 209

わ行

和仏法律学校	37, 38, 180

欧文

"Encyclopédie juridique"	40, 41
"Erläuterungen zum Vorentwurf des Eidgenössischen Justiz- und Polizeidepartements"	81
"Premier cahier pour les questions"	155
"Schweizerisches Zivilgesetzbuch"	95

人名索引

あ行

芦田均 …… 37
安部磯雄 …… 3, 75
アンベール、エメ
　（Aimé Humbert） …… 1
石坂音四郎 …… 198, 206, 208, 210, 240, 279
磯部四郎 …… 179
井上正一 …… 162
井上毅 …… 157
植木枝盛 …… 2
鵜沢総明 …… 67
宇野哲人 …… 306
梅謙次郎 …… 4, 34, 49, 67, 76,
　84, 180, 193, 194, 198, 235
大河純夫 …… 157
大久保泰甫 …… 156
岡田朝太郎 …… 76
岡野敬次郎 …… 257
岡松参太郎 …… 240
岡村司 …… 6, 273, 276
奥田義人 …… 85

か行

カークウッド、ウィリアム
　（William Kirkwood） …… 190
片山哲 …… 37, 94
加藤弘之 …… 2
川名兼四郎 …… 197
木村誠次郎 …… 34
ギールケ、オットー・フォン
　（Otto von Gierke） …… 283
グリフィン、チャールズ・サムナー
　（Charles Sumner Griffin） …… 32
栗山茂 …… 37
コーラー、ヨゼフ
　（Josef Kohler） …… 100
児玉源太郎 …… 82

さ行

サレイユ、レイモンド
　（Raymond Saleilles） …… 78, 198, 221
ジェニー、フランソワ
　（François Gény） …… 78, 198, 219-221
渋沢歌子 …… 82
渋沢栄一 …… 82, 306
末川博 …… 6
末弘厳太郎 …… 37, 53,
　87, 89, 93, 201, 217, 218, 227, 276, 295
杉山直治郎 …… 11, 37, 53,
　144, 155, 157, 163, 166, 197, 201, 211, 220, 227,
　243, 270, 276, 280
孫文 …… 49, 50

た行

高木豊三 …… 196, 197
瀧川長教 …… 162
辰巳重範 …… 96
田中阿歌麿 …… 68
田中耕太郎 …… 129, 221, 268
鶴田皓 …… 158
テヒョー、ヘルマン
　（Hermann Techow） …… 168, 175, 176
デュモラール、ヘンリー
　（Henri Dumorard） …… 60

341

寺尾亨……………………………………69
徳川家茂……………………………………1
戸田貞三…………………………………236
富井政章……………31, 33, 47, 66, 82, 84,
　197, 206, 209, 210, 213, 214, 227, 242, 257

な行

中江兆民……………………………………2
中川善之助……………6, 7, 118, 149, 266, 276
中島玉吉………………………………236, 240
中田薫……………………………………198
名村泰蔵…………………………………158
南部甕男…………………………………176
野澤武之助………………………………43, 68
野田良之……………155, 166, 167, 279, 280

は行

ハイゼ、リヒャルト
　（Richard Heise）………………………63
鳩山秀夫…………………………103, 303
睦道文藝…………………………………240
原胤昭……………………………………121
平野義太郎………………………………295
フーバー、オイゲン
　（Eugen Huber）……………26, 36, 46, 80,
　81, 99, 116, 225, 226
福澤諭吉……………………………………2
ブリデル、ルイ・アドルフ
　（Louis Adolphe Bridel）………8, 30, 52,
　81, 95, 97-100, 200, 201, 203, 227, 273, 276, 277
ブルンチュリー、ヨハン・カスパル
　（Johann Caspar Bluntschli）……………5
ボアソナード、ギュスターヴ・エミール
　（Gustave Emile Boissonade）……155,
　156, 158, 162, 163, 166, 167, 178, 180, 181, 195
星島二郎…………………………………94
穂積重遠………………6, 8, 49, 53, 82,
　196, 200, 201, 213, 216, 227, 233, 259, 268, 270,

274, 276, 281
穂積陳重……………84, 96, 117, 154,
　184, 185, 196, 287
堀内節……………………………………156

ま行

牧健二………………………………155, 161
牧野英一………………6, 37, 53, 69, 78,
　89, 94, 198, 201, 266, 271, 276, 295, 303
牧野伸顕………………………………32, 75
松岡義正…………………………………69
松本烝治……………206, 209, 210, 227, 268
マルタン、アルフレッド（Alfred Martin）
　……………………………………………36
水口吉蔵…………………………………276
箕作麟祥…………………………………162
美濃部達吉………………………………198
三潴信三…………………………………198
村上一博………………………………159, 161

や行

安澤喜一郎………………………………72
山内確三郎………………………………275
遊佐慶夫…………………………………103
横田秀雄…………………………………126

ら行

ランベール、エドゥアール
　（Edouard Lambert）……………………78
リース、ルードヴィッヒ
　（Ludwig Riess）…………………………62
リンダウ、ルドルフ
　（Rudolf Lindau）…………………………1
ルヴォン、ミシェル
　（Michel Revon）…………………5, 31, 66
ルソー、ジャン・ジャック
　（Jean-Jacques Rousseau）………………2

ルドルフ、オットー
　（Otto Rudolf） ················ 174
レーンホルム、ルードヴィヒ
　（Ludwig Loenholm） ········ 33, 36, 42
ロガン、エルネスト
　（Ernest Roguin） ················ 5, 66

わ行

我妻栄 ················ 6, 7, 215, 258, 268
渡辺信 ································ 69

本書は公益財団法人末延財団の助成を得て刊行された。

小沢 奈々（おざわ なな）
1977年生まれ。日本学術振興会特別研究員（RPD）、東京電機大学情報環境学部非常勤講師、白百合女子大学文学部非常勤講師、大妻女子大学非常勤講師。
専攻は、日本近代法史・比較法史。
慶應義塾大学法学部法律学科卒業、ベルン大学法学部附属高等修士課程修了、慶應義塾大学大学院法学研究科前期博士課程修了、慶應義塾大学大学院法学研究科後期博士課程単位取得退学。
LL.M（ベルン大学）。博士（法学）（慶應義塾大学）。
著書に、『法の流通』（共著、慈学社、2009）、"Louis Adolphe Bridel –Ein schweizer Professor an der juristischen Fakultät der Tokyo Imperial University–"（Frankfurt am Main, 2010）、『夫婦』（共著、国際書院、2012）。

大正期日本法学とスイス法

2015年2月28日　初版第1刷発行

著　者―――小沢奈々
発行者―――坂上　弘
発行所―――慶應義塾大学出版会株式会社
　　　　　　〒108-8346　東京都港区三田 2-19-30
　　　　　　ＴＥＬ〔編集部〕03-3451-0931
　　　　　　　　　〔営業部〕03-3451-3584〈ご注文〉
　　　　　　　　　〔　〃　〕03-3451-6926
　　　　　　ＦＡＸ〔営業部〕03-3451-3122
　　　　　　振替 00190-8-155497
　　　　　　http://www.keio-up.co.jp/
装　丁―――鈴木　衛
印刷・製本――株式会社加藤文明社
カバー印刷――株式会社太平印刷社

Ⓒ2015 Nana Ozawa
Printed in Japan ISBN 978-4-7664-2201-6